제2판

신상품 마케팅

박흥수
하영원
우 정
강성호

New Product Design & Development

박영사

제2판 머리말

기업에게 있어 신상품의 개발은 달콤한 유혹이다. 성공은 업계를 호령할 만큼의 큰 이익을 가져다주지만 실패라는 커다란 아픔 역시 감당해야하기 때문이다. 따라서 많은 기업들이 성공확률을 높이기 위한 다양한 시도들을 수행한다.

수년 전만 해도 다양한 시도들은 소비자들에 대한 관심에서부터 시작했다. 소비자들에 대한 관심을 바탕으로 끊임없이 대화하고 그들이 요구하는 것을 하나라도 놓치지 않기 위한 다양한 방법들이 고안되었다. 하지만 최근의 기업환경은 소비자에 대한 관심만으로는 살아남기 힘든 세상이 되었다. 로봇과 AI, 빅데이터 등과 같은 공상과학영화에서나 들음직했던 과학기술들이 신상품 개발 과정에 깊숙이 관여하고 있어 진보한 과학기술을 소비자의 언어로 전환해야 하는 과업까지 짊어지게 된 것이다. 이러한 변화는 신상품 개발 담당자들에게 위협과 동시에 기회요인으로 다가온다. 보다 혁신적이고 신속하게 신상품 관리 시스템을 변화시켜 이 변화를 기회로 전환시킬 어려움이 이들에게 부여된 것이다.

현업이 처한 이러한 어려움에도 불구하고 신상품의 개발과 마케팅 과정을 체계적이고 쉽게 이해할 수 있는 서적들이 많지 않아 늘 아쉬웠다. 이는 저자들이 기업과 학교에서 관련 주제들의 경험을 바탕으로 2005년 신상품 마케팅을 저술한 이유이기도 하다. 하지만 14년 전 저자들이 고민했던 다양한 문제들의 해결책과 사례들 역시 세월의 풍파를 이겨내지는 못한 듯하다. 이에 저자들은 최근의 마케팅 상황에 부합하면서도 신속하고 쉽게 신상품 마케팅을 경험할 수 있도록 개정판을 저술하기에 이르렀다.

본 개정판은 다음과 같은 점에 주목하였다.

첫째, 빅데이터, IoT, Co-creation, Design thinking 등과 같은 신상품 마케팅 방법론들을 사례 중심으로 소개함으로써 독자들에게 최근 벌어지는 신상품 의사결정의 변화들을 경험할 수 있게 하였다.

둘째, 본문에서 기술하고 있는 다양한 학문적 연구들의 결과가 다소 어렵다는 지적에 따라, 수학적 서술은 가급적 지양하였으며, 독자들의 가독성을 높이기 위해

결과 위주로 쉽게 기술하고자 하였다.

셋째, 신상품과 관련된 다양한 최근 연구결과들을 기존의 기술내용에 추가하고 읽을거리를 통해 실제 적용과정을 제시함으로써 독자들에게 보다 풍부한 신상품 마케팅 경험을 제공하고자 하였다.

이 책은 학부에서 개설되는 신상품 마케팅 및 제품관리론 수업의 주교재로 적합할 것이라 사료되며 시장조사론, 마케팅관리론 등의 수업의 보조교재로 사용되기에 적합하리라 생각한다. 또한 현업에서는 신제품 개발에 임하는 실무자들의 체크리스트나 문제해결을 위한 가이드라인으로서의 역할도 기대한다.

저자들은 이 책이 나오기까지 많은 분들에게 도움을 얻었다. 연세대학교 경영대학과 서강대학교 경영대학, 조선대학교 경상대학의 동료 교수님들 및 SK경영경제연구소의 연구위원들의 격려는 이 책의 완성을 위한 원동력이었다. 다시 한번 감사의 인사를 전하고 싶다. 또한 이 책의 출판을 위해 물심양면으로 힘써 준 박영사 임직원분들께도 고마움을 표시하고 싶다. 마지막으로 불평없이 저자들의 연구와 저술활동을 지원해 준 가족들에게 무한한 감사를 드린다.

2019년 2월

박 홍 수(rkohli@hanmail.net)
하 영 원(ywha@sogang.ac.kr)
우　　정(j.woo@sk.com)
강 성 호(shkang123@chosun.ac.kr)

차례

PART 02 아이디어 관리

CHAPTER 03 신제품 아이디어 관리

CHAPTER 04 소비자 분석

PART 05 　제품 개발

CHAPTER 10 　제품 디자인

신제품 개발 준비

**New Product
Design
&
Development**

CHAPTER 01

신제품 마케팅이란?

신제품은 우리 일상 생활에서 언제 어디에서나 접할 수 있다. 백화점, 편의점 등과 같은 상점에 가면 매일 수많은 신제품들이 출시되어 경쟁하고 있는 것을 확인할 수 있다. 이는 기업들의 성공적인 신제품 개발을 위한 노력의 결과이다.

기업에게 있어 신제품 개발은 지속적인 수익 창출의 원동력인 동시에 소비자들에게는 보다 좋은 제품, 개선된 제품을 사용할 수 있는 기회를 제공한다. 신제품 개발의 성공은 기업의 성장에 좋은 영향을 미치고 있다. 1902년 설립 이후 약 6만여 개의 신제품을 출시한 3M의 경우, 4년 동안 출시된 신제품을 통해 매출의 30%를 달성한다는 경영목표를 세우고 신제품 개발을 위한 노력을 꾸준히 하고 있다. 신제품 개발은 지금의 3M의 성장에 지대한 공헌을 한 셈이다.

그렇다면 어떻게 하면 성공적인 신제품을 개발할 수 있을 것인가?

좋은 신제품을 만들기 위해서는 신제품의 개념을 잘 이해해야만 한다. '신제품'이라 하면 시장에 존재하고 있지 않은 새로운 제품을 출시하는 것만을 생각하기 쉽다. 그러나 신제품은 혁신적인 신기술이 사용된 새로운 제품뿐만 아니라 새로운 향이 첨가된 음료수, 탈취제로 쓰이는 베이킹파우더 등과 같이 기존의 제품을 개선하거나 새로운 용도로 재포지셔닝한 제품까지도 모두 포함하는 개념이다.

이번 장에서는 신제품 개발에 착수하기에 앞서 정확히 신제품의 개념을 이해하고 왜 어떤 신제품은 성공하고 어떤 신제품은 실패하는지 알아보고자 한다.

📄 그림 1-1
3M의 신제품

출처: 3M 홈페이지.

신제품 마케팅

수많은 기업들이 신제품 개발에 관심을 기울이고 있다. 매년 발표되고 있는 히트상품은 이러한 노력의 결과라고 해도 과언은 아닐 것이다. 신제품의 성공은 지속적인 기업의 발전으로 연결된다. 성공적인 기업들은 대표적인 신제품을 적어도 하나씩은 보유하고 있고 이를 통해 꾸준히 성장하고 있다. 국순당은 백세주를 출시하여 전통주 시장을 개척하면서 주류 시장에서 입지를 굳혔다. 삼성전자의 반도체와 스마트폰, LG전자의 세탁기, OLED TV 등과 같은 뛰어난 신제품은 기업 성장의 밑거름이 되고 있다.

미국의 경우 1990년대 초반에 매년 1,400억~2,000억 달러의 비용을 신제품 개발에 투자하였는데, 단일 회사의 경우를 살펴보면 GM은 1990년대 초반에 매년 60억~70억 달러를 신제품 개발에 투자해 왔다. 미국에서는 매년 10,000종 이상의 신제품이 개발되어 시장에 출시되고 있다.

그만큼 신제품 개발은 기업에 없어서는 안 되는 중요한 역할을 담당하고 있다 하겠다.

2017년	2016년	2015년
삼성갤럭시S8	삼성갤럭시S7	삼성페이
비트코인	LG그램15	신형 아반떼 AD
배틀그라운드	공기청정기	짜왕(라면)
카카오뱅크	ISA(금융상품)	카카오택시
택시운전사(영화)	채식주의자(도서)	메리츠코리아펀드
제네시스 G70	저가주스	샤오미 보조배터리
전자담배	태양의 후예(드라마)	유아인(배우)
AI스피커	SM6, 말리부	이모티콘
무선청소기	편의점	LG트롬 트윈워시
방탄소년단	바디프랜드	먹방

📄 표 1-1
시기별 히트상품

출처: 매경이코노미(2015, 2016, 2017), 부문별 배열이며 순위와는 무관함.

📄 그림 1-2
성공적인 신제품
의 개발

왼쪽 상단부터 갤럭시 S8, 비트코인, 배틀그라운드, 전자담배, 카카오뱅크, AI 스피커, 방탄소년단, LG
그램 15, 바디프랜드, LG 트윈워시
출처: 각사 홈페이지 및 구글 이미지 검색.

1.1 신제품이란?

그렇다면 과연 신제품이란 무엇일까? 신제품이라 하면 대부분 사람들은 無에
서 有를 창조하는 것이라고 생각한다. 결론부터 이야기하자면 굳이 無에서 有를 창
조하는 것만을 신제품이라고 하는 것은 아니다. 어떤 제품이든지 소비자의 입장에
서 혹은, 기업의 입장에서 참신성(newness)이 추가되는 모든 제품을 신제품이라고
말할 수 있다.

[표 1-2]를 보면 기업, 혹은 소비자 측면에서 참신성의 정도에 따라서 신제품
을 6가지로 분류해 놓는 것을 알 수 있다. 혁신제품에 따라 제품 재포지셔닝, 제품
개선, 비용절감 등에 이르기까지 제품의 참신성 정도는 차이가 있겠지만 이러한 모
든 제품을 신제품으로 볼 수 있다.

(1) 혁신 제품(New to the world products)

혁신 제품이란 기존 시장에 없는 전혀 새로운 제품을 말한다. 혁신 제품은 시
장에 처음으로 선보이는 제품으로 소비자 입장에서나 기업 측면에서 참신성이 매

		소비자 측면 참신성		
		낮음	중간	높음
기업 측면 참신성	높음	제품계열 확장 (New to the company)	n/a	혁신 제품 (new-to-the-world)
	중간	제품 개선 (product improvement)	기존 제품라인 추가 (additions to existing product lines)	n/a
	낮음	비용절감 (cost reduction)	제품 재포지셔닝 (product repositioning)	n/a

출처: Booz, Allen and Hamilton(1982), *New Product Management for the 1980s*, New York: Booz, Allen & Hamilton, Inc.

표 1-2
참신성에 의한 신제품 분류

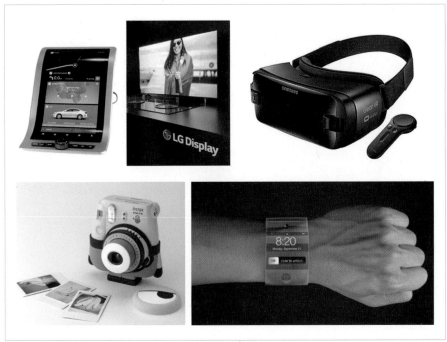

그림 1-3
혁신제품의 예

왼쪽 상단부터 삼성디스플레이의 S-커브드 CID, LG디스플레이의 UHD크리스털 사운드 OLED, 삼성전자 VR, 폴라로이드카메라, 애플워치
출처: 각사 홈페이지 및 구글 이미지 검색.

우 높은 제품이다. 예를 들어, 폴라로이드 카메라, VR 등은 출시 당시 시장에 처음 선보이는 혁신적인 제품이었다.

4년 뒤 세상을 확 바꿀 혁신기술 세 가지

여러 분야에서 혁신이 한꺼번에 일어나 세상을 바꾸는 경우가 있다. 혁신 기술들 간의 시너지효과 때문이다. 20세기를 전후해 일어난 2차 산업혁명이 바로 그런 사례다. 19세기 후반 이후 철도, 석유, 자동차, 전기, 전신전화 등의 혁신기술들이 잇따라 등장하면서 인류는 지난 세기에 천지개벽의 경험을 했다. 지금 유행어처럼 번지고 있는 4차 산업혁명론에도 디지털, 바이오, 나노 등 각 분야에서 동시다발적으로 진행되고 있는 혁신의 성과에 대한 기대감이 반영돼 있다. 2021년은 이 혁신의 물줄기에서 하나의 변곡점이 형성되는 때가 될지도 모르겠다. 자동차, 바이오, 디지털 등 몇몇 분야에서 이 때를 도약의 해로 잡고 기술개발에 한창이다.

2021년 자율주행차 출시 경쟁

2021년 경쟁이 가장 뜨거운 분야는 자율주행차다. 이 분야에는 전통의 자동차제조업체들 뿐 아니라 구글 같은 IT업체들이 치열한 각축전을 벌이고 있다. 미 캘리포니아주 교통당국으로부터 자율주행 도로시험 승인을 받은 업체만도 구글, 폴크스바겐, 벤츠, 애플, 삼성 등 43개에 이른다. 주요 자동차제조업체 중 유럽의 베엠베와 볼보, 미국의 포드, 중국의 바이두 등이 2021년이라는 명확한 목표 시점을 잡고 적극적인 행보를 보이고 있다. 지엠 등 일부선 일정을 더욱 당겨 2020년 출시를 공언하기도 하지만, 업계의 대체적인 개발 로드맵은 2021년에 초점이 맞춰져 있다.

미국의 독립 싱크탱크인 리싱크엑스는 2021년을 자동차산업의 빅뱅이 시작되는 해로 규정한다. 보고서는 자동차산업의 새로운 핵심 경쟁요소로 '전기차, 자율주행차, 호출차' 세 가지를 꼽고 "새로운 비즈니스 모델은 승객이 스마트폰 앱을 이용해 자율주행 전기차를 호출하는 데서 나올 것"이라고 주장했다. 이는 소비자 입장에선 자동차가 소유 대상물이 아닌 이동성 서비스 도구로 바뀐다는 걸 뜻한다.

도축이 필요없는 배양육 시대 예감

2021년을 준비하는 두번째 혁신 기술은 배양육이다. 배양육이란 고기를 목장이나 축사가 아닌 실험실에서 생산하는 방식을 말한다. 세계 온실가스 배출량의 18%는 인류에게 고기를 공급하는 축산업에서 나온다. 그러나 동물 세포를 배양해 만들어낸다면 살아 있는 동물을 도축하지 않고도 고기를 먹을 수 있다. 이 부문에서 선두를 달리고 있는 미국의 멤피스 미츠는 2021년 배양육 치킨을 일반에 시판한다는 목표를 세워놓고 있다. 2016년 이 회사는 배양육으로 만든 미트볼을 선보인 데 이어 2017년에는 배양육 치킨과 오리고기 시식회를 열었다.

물론 맛, 가격 등에서 아직 넘어야 할 벽들이 많이 있다. 제일 관건은 가격이다. 멤피스 미츠의 배양육 치킨 생산단가는 올해 초 1파운드(453g)당 9,000달러(약 1천만원)에서 현재 2,500달러(약 280만원)로 내려왔다. 미국 시중에서 파는 치킨 가슴살 가격 3.22달러에 비하면 아직도 턱없이 높은 수준이지만 생산단가 하락속도가 빨라지고 있어 2021년에는 가격경쟁력을 갖출 수 있을 것으로 기대하고 있다.

가상현실보다 더욱 뜰 증강현실

셋째는 가상/증강현실 기기다. 가상현실은 현실과는 전혀 다른 가상의 상황인 반면, 증강현실은 현실 상황 위에 가상의 이미지나 디지털 콘텐츠를 덧붙인 것을 말한다.

그러나 가상현실은 소니 플레이스테이션 VR, HTC 바이브, 오큘러스 리프트 등 강력한 기기가 나왔음에도 아직 대박을 치지 못하고 있다. 시장 조사업체인 IDC는 2017년부터 2021년까지 해마다 2배 이상 커질 것이란 예측한다. 기기와 서비스를 합친 시장 규모가 2017년 114억 달러(13조원)에서 2021년 2,150억 달러(243조원)로 4년 새 19배로 늘어난다는 것이다. 전용 헤드셋 기기 판매만 2021년 9,200만개로 지난해의 10배에 이를 것으로 예상했다.

지금까지의 시장은 가상현실이 주도해 왔지만, 앞으로는 증강현실의 성장세가 두드러질 전망이다. 지금은 가상현실 시장에 못 미치지만 3D 모델링 같은 기술을 채택하는 기업들이 증가하면서 사정이 달라질 것으로 전문가들은 본다.

업체들의 로드맵대로 이런 기술들이 대중에게 확산된다면 이는 인류 생활 패턴의 큰 반전이다. 자동차는 구입 항목에서 서비스 항목으로 옮겨가고, 도축에 대한 죄책감 없이 고기를 섭취할 수 있으며, 현실과 상상이 뒤섞인 생활공간이 열린다. 그러나 신기술의 정착 여부는 기술 완성도 자체보다는 기존 관행에 익숙한 사람들의 마음을 얼마나 훔칠 수 있느냐에 달려 있다. 사람이 아닌 인공지능에 대한 불안감, 실제 축사의 가축이 아닌 실험실 고기에 대한 거부감, 실제 현실이 아닌 가상 이미지에 대한 이질감 등의 심리적 장벽이 성패의 관건이 될 수 있다.

신기술이 가져온 생활 혁신의 대표적 성공사례는 아이폰이다. 2007년 나온 아이폰은 10년도 안돼 전 세계인의 라이프스타일을 바꿔놓았다. 머지않은 미래에 다가올 자율주행차, 배양육, 증강현실기기는 어떤 길로 들어설까?

출처: 한겨레신문, 2017. 11. 6.

도요타의 자율주행차 콘셉트카 '콘셉트아이'
출처: 각사 제공.

멤피스 미츠가 실험실에서 만든 배양육 치킨

마이크로소프트의 증강현실기기 '홀로렌즈'

(2) 제품계열 확장(New to the company)

완전한 혁신적인 제품뿐만 아니라 기업이 기존에 가지고 있던 제품계열의 확장을 통해서도 신제품을 개발할 수 있다. 여기서 제품계열이란 제품의 기능이 비슷하여 밀접히 관련된 제품의 집합을 말한다. 시장에서는 신제품 개발의 기회를 찾아 자사의 제품계열을 확장하여 신제품을 출시하기도 한다. [그림 1-4]는 CJ주식회사의 생활화학 사업부의 제품계열을 나타낸 것인데, 세제 제품계열에서 비누/샴푸, 화장품, 구강제품 등의 제품계열을 추가하면서 확장시킨 것을 알 수 있다. 제품계열 확장을 통한 신제품 개발은 기업의 입장에서는 새로운 제품을 출시하는 것이므로 매우 참신성이 높다. 반면에 시장에는 이미 유사한 제품들이 판매되고 있으므로 소비자들이 체감하는 참신성은 낮은 편이다. CJ주식회사의 경우 새로운 시장의 기회를 파악할 때 유통력, 판매력 등 자사의 강점을 충분히 발휘할 수 있는 제품계열로의 확장을 도모하였다. 비록 시장에서 이미 판매되고 있는 제품이라 하더라도 자사의 강점을 살릴 수 있는 제품을 개발하는 것도 신제품 개발에 포함된다.

📄 그림 1-4
CJ 주식회사의
제품계열의 확장

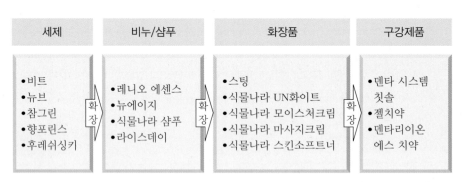

(3) 제품라인의 추가(Additions to existing product lines)

제품라인의 추가는 동일한 제품계열에서 새로운 제품을 출시하는 것을 말한다. 예를 들어, 비누로 유명한 도브에서 샴푸를 출시한다든지, 가장 인기가 좋은 맥주인 버드 와이저에서 버드 라이트를 출시하는 것은 제품라인의 추가에 해당되는 신제품이다. 제품라인의 추가의 참신성은 소비자 입장에서나 기업의 입장에서 중간 정도에 해당된다.

최근 미세먼지와 화학제품 이슈 등으로 친환경, 피부과 의사가 검증한 제품을 찾는 소비자들이 늘어나면서 더마코스메틱 시장이 뜨거워지고 있다. 더마코스메틱은 피부 과학을 뜻하는 '더마톨로지(Dermatology)'와 '화장품(Cosmetic)'의 합성어로 피부 전문가가 만든 화장품을 뜻한다. 화장품 업계는 현재 약

서울 서대문구에 위치한 LG생활건강의 '르메디' 매장에서 모델이 피부 측정기기를 이용해 피부 타입을 점검받고 있다.

LG생활건강의 탈모전용 더모 샴푸 '실크테라피 알엑스 프로'

출처: LG생활건강.

5,000억원으로 추정되는 국내 더마코스메틱 시장 규모가 매년 두 자릿수 성장률을 기록하며 2020년에는 1조 2,000억원 규모로 커질 것으로 내다보고 있다.

특히 LG생활건강의 경우 2013년 더마코스메틱 브랜드 '더마리프트'를 내놓은 이듬해 CNP차앤박화장품의 지분을 인수한데 이어 기미·주근깨 치료제로 유명한 태극제약을 인수하면서 화장품 M&A에 시동을 거는 모습이다. LG생명과학과 손잡고 선보인 더마리프트는 2016년 매출액이 전년대비 약 22% 성장했고, CNP차앤박화장품은 LG생활건강에 인수된 뒤 2015년 321억원, 2016년 524억원의 매출을 올렸다. LG생활건강 관계자는 "태극제약의 600여 개 의약품 허가를 신규 화장품·생활용품 브랜드 출시 등에 활용해 더마코스메틱 사업을 강화할 예정"이라며 "이번 인수로 확대된 생산력을 토대로 미국과 중국, 동남아시아 등으로 수출을 확대할 것"이라고 말했다.

CNP차앤박화장품 이어 태극제약 인수…"더마코스메틱 사업 강화"

LG생활건강은 2016년 5월에는 신규 럭셔리 브랜드 'CNP Rx'를 선보이고 고급 더마코스메틱 화장품 시장으로 영역을 확대했다. 그해 8월에는 현대백화점 압구정본점에 첫 매장을 연 지 1년 여만에 국내 최대 규모의 면세점인 롯데월드타워에 입점하며 면세점으로 유통채널도 넓혔다.

맞춤형 화장품 서비스도 도입했다. 2017년 1월 선보인 맞춤형 화장품 'ReMede by CNP(르메디 바이 씨앤피)'다. 매장을 방문하면 먼저 피부 전문가와 개별 피부 측정 인터뷰를 한다. 이후 피부 측정기기로 피부 상태를 분석한 결과를 토대로 1대1 레시피를 추천하고, 이 레시피를 기반으로 '나만의 세럼'을 완성하는 식이다. LG생활건강 관계자는 "르메디 매장 이용 고객의 약 80%가 제품을 구매한다"며 "세럼 라인 외 차츰 다른 라인도 늘려갈 계획"이라고 말했다.

LG생활건강은 탈모관리 전문 브랜드 '닥터그루트(Dr. Groot)'를 출시하고 헤어 제품에 의약 효과를 내세운 '헤어슈티컬' 시장에도 도전장을 내밀었다. 2016년 9월에는 탈모전용 더모 샴푸 '실크테라피 알엑스 프로'

를 내놨다. 유통업계에서는 올해 탈모 관련 시장이 4조원에 달할 것으로 추산한다. 국내 탈모 인구는 1,000만 명 수준인 것으로 알려졌다. 여기에 스트레스성 탈모를 겪는 젊은 층과 여성 탈모 인구도 매년 늘면서 관련 시장은 더 커질 것으로 전망된다.

출처: 조선비즈, 2017. 11. 5.

(4) 제품 개선(Product Improvement)

제품개선은 현재의 제품을 개선하거나 수정하여 재출시하는 것을 말한다. 실제로 시장에 나와 있는 많은 제품이 지속적으로 개선되거나 수정되어 출시되고 있다. 기업은 소비자의 욕구가 변하는 것에 맞추어 제품을 수정하거나 개선하여 완벽한 신제품을 만들어 낸다. 특히 FMCG(fast moving consumer goods)의 경우 소비자 기호의 변화에 맞추어 지속적으로 제품을 개선하여 출시해야 한다.

(5) 재포지셔닝(Repositioning)

제품 재포지셔닝은 새로운 사용상황 또는 용도의 개발을 통해 또 다른 목표고객을 공략하는 것이다. 예를 들어, Arm & Hammer의 베이킹 소다는 본래 빵을 반죽할 때 사용되었던 재료인데 탈취제, 구강청정제 등과 같은 새로운 용도로 시장에서 새롭게 포지셔닝하여 신제품을 출시한 예이다. 자일리톨 껌 역시 기존의 껌 시장에서 자기 전에 씹는 충치예방 껌이라는 새로운 사용상황을 제시하여 소비자에게 좋은 반응을 얻은 신제품 중의 하나이다.

(6) 기타

다소 견해의 차이가 있을 수 있으나 앞서 설명한 신제품의 유형 이외에도 비용절감, 새로운 시장으로의 진출, 새로운 유통채널, 포장의 개선, 새로운 생산방법, 제품원료의 변화 등에 이르기까지 다양한 분야를 신제품 개발의 영역으로 포함할 수 있다.

이와 같이 신제품 개발의 영역은 매우 넓다고 볼 수 있다. 따라서 기업은 신제품 개발을 위한 노력을 지속적으로 해야 하며, 성공적인 신제품을 개발하기 위해서 신제품의 성공 요인과 실패 요인을 살펴보는 것도 매우 중요하다.

그림 1-5
제품 재포지셔닝
을 통한 시장 개척

1.2 신제품의 성공 요인

미국의 저명한 경제지 중의 하나인 The Wall Street Journal은 신제품 성공의 20가지 조건에 대한 기사를 실었다. 신제품의 성공 가능성을 가늠할 수 있는 20가지의 척도를 제시하면 [표 1-3]과 같다. 기사는 이 중 11개~14개의 긍정적인 응답을 얻은 신제품의 경우 성공적인 신제품이라고 볼 수 있고, 8개 이하로 나온 경우

표 1-3
신제품 성공의
열쇠 20가지

1. 최근 1년 동안 개발을 하고 있는 신제품입니까?
2. 현재 개발 중인 신제품과 유사한 제품을 만들어 본 적이 있습니까?
3. 관련된 시장 또는 소비자를 대상으로 제품을 판매해 본 적이 있습니까?
4. 전체 신제품 개발 비용 중 R&D 비용은 1/3 이상을 투자하였습니까?
5. 적어도 일정 기간 동안 테스트 마케팅을 실시하였습니까?
6. 회사에서 신제품 개발을 위해 아낌없는 지원을 하고 있습니까?
7. 광고비로 적어도 예상되는 매출액의 5% 이상을 투자하였습니까?
8. 신제품의 브랜드 네임이 뛰어나다고 생각하십니까?
9. 회사에서 위험을 감수하고라도 판매를 시작하고 1년 동안 히트 제품이 되기까지 기다릴 수 있습니까?
10. 신제품 개발할 때 소비자의 욕구에 초점을 맞췄습니까?
11. 세 개 정도의 광고문구를 미리 준비해 놓았습니까?
12. 단순한 모방이 아닌 참신성이 충분합니까?
13. 다수가 아닌 개별소비자에 의해 구매의사 결정이 가능한 제품입니까?
14. 시장에서 비슷한 제품이 많이 출시되어 있지 않습니까?
15. 제품 출시 후 추가적인 서비스나 수리가 필요하지 않습니까?
16. 신제품 개발시 정형화된 작업절차가 있습니까?
17. 최고경영자의 끊임없는 관심과 배려가 있었습니까?
18. 신제품 개발 프로젝트의 리더는 최소한 두 건 이상의 신제품 개발 경험을 갖고 있습니까?
19. 향후 10년 동안 시장에서 지속적으로 판매될 수 있는 제품입니까?
20. 신제품 개발 프로젝트 리더의 결정에 따라 신제품 개발 여부를 정할 수 있습니까?

출처: The Wall Street Journal(1981), Dow Jones & Company, Inc.

매우 비관적일 수 있다고 설명하고 있다.

반드시 [표 1-3]에서 제시된 리스트에 의해 신제품 성공 또는 실패 이유를 결정지을 수는 없겠지만, The Wall Street Journal의 기사는 성공적인 신제품을 개발하기 위한 가이드라인을 제시해 준다는 데 그 의미를 둘 수 있다.

앞서 우리는 신제품 성공의 20가지 조건에 대한 기사를 살펴보았다. 좋은 신제품을 개발하기 위해서는 우선 신제품의 성공 요인을 알아보는 것이 매우 중요하다. 성공한 신제품의 원인을 살펴보면 다음과 같다.

(1) 소비자와 관련된 요인들

시장에서 신제품이 성공하기 위한 첫 번째 조건은 새로운 제품이 소비자의 필요에 적합해야 한다는 것이다. 그러기 위해서는 표적고객의 필요에 부응할 수 있는 상품 아이디어가 창출되어야 한다. 상품 아이디어는 고객의 필요에 관한 자료의 수집을 통해서 얻어질 수 있다.

또한 새로운 제품이 시장에서 성공을 거두기 위해서는 고객에게 가격에 비해 높은 효용을 줄 수 있어야 한다. 따라서 고객들이 중요하게 생각하는 편익을 충족시키는 제품을 개발해야 할 것이다.

(2) 기술과 관련된 요인들

신제품이 성공하기 위해서는 기술상의 우월성을 필요로 한다. 그러나 기술상의 우월성이 다른 기업들이 '모방하기' 힘든 독점적 기술을 보유하는 것만을 의미하는 것이 아니다. 독점적 기술을 구비하는 데 있어 보다 중요한 특성은 소비자들이 진정으로 원하는 편익을 제공해줄 수 있는 능력이다. 시장지향적 연구개발능력을 갖춘 기술적 우월성은 시장에서의 성패를 결정하는 중요 조건들 중 하나임에 틀림 없다.

자동차 산업에서 성공적인 신제품을 시장에 내놓을 수 있는 가장 유용한 요소로, 마케팅, 연구개발, 엔지니어링 간의 협력을 통해 얻어지는 총체적 품질(total product quality)의 실현 여부를 들고 있다. 이처럼 신제품의 성공은 단순한 기술적 우월성 이상의 능력을 기업에게 요구한다.

[그림 1-6]은 마케팅과 기술적 능력의 조화를 통해 시너지를 창출할 때 신제품의 성공 확률이 매우 높게 나타나고 있는 것을 볼 수 있다. 그러므로 마케팅 혹은 기술 어느 한쪽에 너무 치우치지 않고 서로의 협력을 통해 시너지를 극대화 할 수 있는 신제품을 개발해야 한다.

그림 1-6 마케팅 및 기술적 능력의 조화

마케팅 시너지 효과 \ 기술적 시너지 효과	높음	중간	낮음
낮음		40.9% (전체 중 12.6%)	22.7% (전체 중 12.6%)
중간	82.4% (전체 중 9.7%)	71.1% (전체 중 47.4%)	33.3% (전체 중 8.6%)
높음	53.3% (전체 중 8.6%)		

출처: Cooper, R. G., and Kleinschmidt, E. J.(1990). *New Products: The Key Factors in Success*, Chicago: American Marketing Association.

(3) 시장 환경과 관련된 요인들

신제품이 성공적일 수 있으려면 성장 잠재력이 커야 한다. 성장 잠재력이 큰 제품은 일반적으로 제품수명주기상 성장기에 있는 제품을 말하는데, 마케터는 신제품의 진부화 속도, 전체 잠재시장의 크기 등을 모두 고려하여 성장 잠재력을 판단하여야 한다. 그러나 성장이 빠른 시장이라고 해서 무조건 신제품이 성공할 수 있는 것은 아니다. 기업은 성장 잠재력과 함께 진출한 제품시장에서의 경쟁자 수, 경쟁자의 자원과 능력 등도 고려해야 한다.

(4) 기업 내부적 조건들

신제품이 시장에서 성공하기 위해서는 기업이 자신의 강점과 조화될 수 있는 제품을 개발해야 한다. IBM은 대형컴퓨터 시장에서는 선도기업이지만 워크스테이션(workstation)분야에서는 큰 성공을 거두지 못한 반면 workstation기술에서 경쟁우위를 가진 DEC와 Sun Microsystem은 이와 관련된 신제품 개발을 통해 성공을 거둘 수 있었다. 따라서 독특한 기술을 가지고 기존제품과의 관련성이 높은 신제품을 출시하는 것이 시장에서 가장 성공가능성이 크다고 할 수 있다.

그 외에도 신제품의 성공에 중요한 기업 내부적 조건들로는 최고경영자의 지원, 신제품 개발과 관련된 기능 부서들 사이의 원활한 의사소통, 신제품을 성공시키려는 강한 의지를 가진 임직원, 효과적인 신제품 개발 조직 등을 들 수 있다.

3M의 성공적인 신제품 개발 문화

비즈니스에는 문외한이라 해도 좋을 평범한 개인들에 의해 설립된 3M이 현재의 모습으로 성장하게 된 데는 100년 가까운 역사에서 보다 나은 인간의 삶을 위해 노력했던 사람들과 '혁신'으로 거론되는 그 기업 문화가 큰 몫을 했다.

3M이 창립 초기부터 만들고 지켜온 혁신은 타 기업과의 큰 차별점이 되는 동시에 3M에 생명을 불어 넣어주는 동력이 되었다. 혁신을 위한 노력은 사원들의 자발적인 노력과 경영진들이 사원들을 믿고 지지해 주는 사풍이 있었기 때문에 실현될 수 있었다. 사원들은 개인의 자발적인 노력과 혁신적인 아이디어를 발휘, 고객의 필요와 요구에 맞는 제품을 개발하고 회사는 이를 위한 최대의 자유와 여건을 제공했다. 사원들의 실수도 신제품 개발과정에서 흔히 있을 수 있는 일로 여기고 실수에 대한 책임을 묻기보다 개인이 발전적인 연구개발을 계속적으로 할 수 있도록 관리해 왔다.

① 아이디어를 죽이지 말라

기독교에서는 모세의 십계가 있지만 3M에는 거기에 제11번째의 계율이 하나 더 있다. 그것은 '아이디어를 죽이지 말라'이다. 이것은 어떠한 아이디어라도 중요시하고 착실하게 지원하여 가능한 한 많이 살릴 수 있도록 하자는 것이다. 아이디어가 많으면 많을수록 상품화에 성공하는 신제품의 수가 증가한다는 것이다. 연구개발 분야에서는 타율보다는 타석에 몇 번이나 들어섰는가가 중요하다고 생각하고 있다. 따라서 새로운 아이디어는 확실한 반증 자료가 없는 한 톱 매니지먼트라도 무시할 수 없도록 한다는 것을 철저히 지켜가고 있다. 의외로 이해할 수 있는 아이디어는 평범이라는 벽을 넘지 못하고 성공 가능성이 희박하며 오히려 기상천외한 아이디어가 성공한다는 점을 경험을 통해 알게 된 것이다.

3M에서는 아이디어를 상식이라는 흉기로 죽지 않도록 여러 종류의 제도를 설치하고 있다.

② 창조와 혁신의 세계를 넓혀가는 15% 규칙

3M에는 기술직 사원은 자신의 노동시간 중 15%를 자신의 일과와 무관한 개인적으로 흥미를 가지고 있는 것이나 꿈을 키워가는데 사용해도 좋다는 불문율이 있다. 기술자들은 이 규칙을 활용하여 자유롭게 흥미 있는 연구 테마에 도전할 수 있다. 우연성과 혼돈이 있기는 하지만 이러한 자유로운 휴식이나 여유로운 시간 속에서 새로운 아이디어가 생겨나고 독특한 신제품 개발로 이어지고 있다.

③ 벤처를 육성하는 풍토

3M은 '과거 4년간 개발한 신제품으로 총 매출의 30%를 차지한다'는 점을 경영 목표로 내걸고 있다. 현시점에서 6만 여종의 제품을 공급하면서도 신제품으로 매출의 30%를 차지한다는 목표는 현재의 제품 개선만으로는 달성 불가능하다고 생각되고 있다. 그 때문에 3M은 전혀 새로운 획기적인 기술을 개발하고 그러한 노력의 성과를 신제품 개발에 적극적으로 활용하여 신규고객이나 새로운 용도 개발을 실현하여 새로운 시장을 창조해 가는 것을 목표로 하는 조직형태를 형성하고 있다.

3M 본사 산하에 소규모의 기구와 수많은 사업부로 구성되어 각 사업부는 어디까지나 독립된 일개 기업과 같은 운영체제를 취하고 있다. 이것은 조직의 비대화로 인한 경직화를 피하고, 벤처 육성이 용이하도록 유연한 사업 운영이 이루어져야 한다는 믿음에 기초를 둔 것으로 사업이 성장함에 따라 사업부는 또다시 분할된다. 오늘날 3M에는 50개의 사업부문이 있고 관련성이 있는 사업부가 모여 '그룹'을 형성하고 그룹은 다시 3개의 사업 영역을 구성하고 있다. 게다가 3M에는 이러한 유연한 조직과 함께 3M의 기업 문화의 특징 중 하나인 자유와 자주성이 발휘될 수 있는 환경이 성숙되어 있다.

출처: 3M 홈페이지(http://www.3m.co.kr).

(5) 효과적인 신제품 개발과정의 도입

신제품 아이디어의 창출, 소비자의 지각과 선호의 측정 등의 제품설계과정을 충실하게 거친 신제품이 그렇지 않은 신제품보다 성공확률이 크다. 산업재 분야의 신제품 관련 연구에 의하면 제품 출시 전에 예비과정을 충실히 거친 신제품이 그렇지 않은 경우보다 성공확률이 거의 3배(29% vs 73%)에 달하였다.

(6) 신제품 개발기간 및 출시의 타이밍

많은 제품들이 제품수명주기가 짧아지면서 진부화의 속도도 빨라지고 있다. 좋은 아이디어라고 하더라도 출시의 적기를 놓치면 시장에서 성공하기 어렵다. 특히 자동차나 반도체처럼 기술 집약적인 제품에 있어서는 적시 출시가 신제품 성공의 관건이 되는 경우가 많다. 따라서 신제품을 출시할 때는 가능한 한 개발기간을 단축시키는 노력이 중요하다고 하겠다.

이와는 반대로 아직 성숙되지 않은 시장에 출시하여 좋은 신제품 아이디어가 실패로 끝나는 예도 적지 않다. 1970년대에 McDonald's가 한국시장에 진출을 시도하였으나 실패하였고 1980년대에 재시도한 끝에 성공의 실마리를 잡은 것은 제품 출시의 타이밍이 얼마나 중요한가를 가르쳐 주는 좋은 예이다.

[표 1-4]는 신제품 성공 요인과 관련된 여러 연구결과를 정리해 놓은 것인데, 소비자의 욕구에 잘 부응하였을 경우, 시장의 성장 잠재력이 높은 경우, 기업 내부의 강점을 잘 살렸을 경우, 공식적인 신제품 개발 과정이 있을 경우 등 다양한 성공 요인을 제시하고 있다.

이를 참고로 신제품을 개발하기에 앞서 신제품 개발과 관련된 성공 요인을 파악하고 향후 진행될 신제품 개발에 적절하게 반영하여야 할 것이다.

📄 표 1-4
여러 연구에서
제시하고 있는
신제품 성공 요인

신제품 성공 요인	Booz, Allen and Hamiltom	De Brentani	Cooper and Kleinschmidt	Duerr
소비자 욕구	✓	✓	✓	
높은 가치 제공		✓	✓	
혁신성		✓	✓	
기술적 우위	✓		✓	
성장 잠재력		✓	✓	✓
경쟁환경	✓			
기업 내부의 강점	✓	✓	✓	✓
조직간 커뮤케이션		✓	✓	
최고경영자	✓		✓	✓
신제품 개발 열정				✓
신제품 친화적 조직	✓			✓
신제품 개발 과정	✓		✓	✓
위험관리		✓	✓	

출처: Urban, G. L., and Hauser, J. R.(1993). *Design and Marketing of New Products*, 2nd edition, Prentice Hall.

1.3 신제품 성공의 장애 요인

앞에서 우리는 신제품의 성공 요인에 대해 살펴보았다. 신제품의 성공 요인을 파악하는 것도 중요하지만 성공의 장애 요인이나 실패 요인을 함께 고려한다면 똑같은 실수를 범하지 않고 좋은 신제품을 개발할 수 있을 것이다.

[표 1-5]를 보면 알 수 있듯이 신제품의 성공은 매우 어려운 일이다. 청량음료 시장의 경우 최근 2년 동안 900여 개의 신제품이 출시되었지만 채 1% 미만의 신제품만이 성공적으로 시장에 진출한 것을 알 수 있다. 이와 같이 신제품의 성공은 매우 어려운 일이며 성공확률 또한 매우 낮다. 그렇지만 지속적인 수익창출의 원천인 신제품 개발을 포기하는 것은 매우 우둔한 일이며, 따라서 신제품 개발 담당자는 신제품의 실패 요인을 철저히 분석하여 실패 확률을 보다 줄이는 노력을 해야 한다.

신제품의 실패 요인은 신제품관련 조직의 부재, 경직된 기업 문화, 부정확한 시장조사 및 마케팅 전략, 충분치 않은 자원, 소비자관련 요인 등을 들 수 있다.

	최근 2년 동안 신제품수	성공적인 신제품수	성공비율(%)
청량음료	900	10	1
빙과류	1,500	100	7
유제품	500	25	5
라면	80	8	10
일반가공식품	10,000	500	5

표 1-5
신제품 개발수와 신제품의 성공 비율

출처: 나종화 · 이준희(1997). 마케팅 길라잡이, 청림출판, p. 55.

(1) 사내 조직 관련

사내 조직간의 충돌 또는 충분하지 못한 커뮤니케이션 등으로 인해 신제품이 실패하는 경우가 많다. 신제품은 마케팅, R&D, 생산 부서들이 협력할 때 성공할 수 있으나 실제로는 각 부서간의 충돌로 인해 신제품의 개발기간이 지연된다거나 적절한 의사결정을 못 내리는 경우가 많다. 이러한 결과는 많은 경우 마케팅 부서가 기술적 능력을 간과하고 제품을 기획하거나 기술 부서가 소비자의 욕구와 동떨어져 있는 제품을 설계하기 때문이다. 따라서 정기적으로 세미나와 같은 모임을 통해 자연스럽게 부서간 의견이 잘 조정될 수 있도록 하는 등 공식적, 비공식적인 방법을 통해 원활한 커뮤니케이션을 장려해야 한다.

(2) 기업문화

비유연적인 기업의 문화로 인해 원활한 신제품 개발이 되지 못하는 경우도 있다. 성공적인 신제품 개발을 위해서는 창의적이고 자유로운 기업 문화가 조성되어야 한다. 너무 경직되어 있다거나 자신의 의견을 자유롭게 표현할 수 없는 기업문화에서는 성공적인 신제품 개발이 어렵다. 따라서 신제품 개발을 위해 조직간 또는 개인간 자신의 의견을 창의적이고 자유롭게 표현할 수 있는 기업문화를 조심해야 한다. 특히 국내기업의 경우 자신의 의견을 자유롭게 표현하는데 익숙치 않은 기업문화를 갖고 있다. 따라서 기업 문화를 신제품형으로 바꾸는 체질개선이 필요하다. 예를 들어, 참신한 아이디어를 공모하여 채택되었을 경우 성과급을 제공하는 방법과 같이 자유롭게 자신의 아이디어를 표현할 수 있는 기업문화를 만들어야 한다.

(3) 부적합한 시장조사 및 마케팅 전략

부정확한 시장조사의 결과 신제품이 실패하는 경우가 많다. 예를 들어 소비자의 기호를 파악하기 위해 여러 차례 조사를 했지만 잠재적인 소비자의 욕구를 파악하지 못한 경우, 소비자의 기호 변화를 제대로 읽지 못하는 경우, 매출 등과 같은 예측을 과대 또는 과소예측했을 경우 등을 들 수 있다. 이러한 부정확한 시장조사 결과 기업은 엉뚱한 방향으로 마케팅 전략을 수립하게 되어 시장에서 결국 실패하는 경우가 많다. 따라서 성공적인 신제품 개발을 위해서는 정량조사와 정성조사를 함께 병행하는 것이 좋으며 소비자의 기호 변화를 지속적으로 파악하거나 매출을 정확하게 예측하기 위해 개발단계 중간에 제품테스트, 테스트 마케팅 등과 같은 소비자 기호 및 수요를 예측할 수 있는 장치를 만들어 놓아야 한다. 또한 마케팅전략을 수립할 때에는 정확한 시장조사를 바탕으로 객관적이고 창의적인 마케팅전략을 수립해야 한다.

(4) 소비자 관련

신제품이 실패하게 되는 요인들 중에서 가장 빈번하게 언급되는 것이 기존제품과 차별화된 독특한 편익을 소비자에게 제공하지 못하는 경우이다. 모방신제품이 시장기반을 구축한 선도제품을 따라잡는 것은 거의 불가능하다. 독특한 편익의 신제품 역시 소비자들의 기호가 바뀌어 성공을 거두지 못할 수 있다. 2001년 세간의 관심을 받으며 출시한 세그웨이가 버블쇼크에 빠지게 된 이유 중 하나도 세그웨이에 기대했던 안전성, 유용성, 경제성에 대한 기호가 변화하면서 소비자들이 돌아섰기 때문이었다.

(5) 충분하지 않은 마케팅/유통환경 자원

광고, 판촉, 유통상의 자원이 충분하지 못한 것도 신제품 실패의 한 원인이다. 특히 사내의 영업조직이나 유통경로 구성원들이 신제품의 취급을 꺼리는 경우 신제품이 시장에서 성공하기는 어려울 것이다. 그러므로 광고, 판촉 및 영업활동 그리고 적절한 사후서비스(after-sales service)는 신제품의 성패를 좌우하는 중요한 요소이다.

신제품 실패요인 중 기업 외부적인 요인으로는 소비자 관련 요인, 마케팅 및 유통환경의 변화, 경쟁의 심화 등을 들 수 있다. 기업 내부 요인은 어느 정도 기업의 노력에 의해 통제가 가능하다. 그러나 기업 외부적인 요인은 불확실성이 높기 때문에 보다 적극적으로 관리하고 통제하려는 노력을 기울여야만 한다.

요약정리

신제품이란 혁신제품뿐만 아니라 재품개선, 재포지셔닝 등에 이르기까지 포괄적으로 사용되고 있는 개념이다. 기업은 신제품을 통해 이윤을 창출할 수 있으며 이를 통해 지속적인 발전을 도모할 수 있다. 매년 발표되고 있는 히트상품을 보더라도 기업이 항상 신제품 개발에 많은 노력을 아끼지 않고 있음을 알 수 있다. 따라서 신제품에 대한 명확한 이해와 개발을 통해 성공적인 신제품을 개발하여야 한다. 신제품이 시장에서 성공하고 실패하는 데는 많은 요인이 있다. 기업이 이를 정확하게 파악하여 성공할 수 있는 조건들은 갖추어 나가고, 실패 요인들을 피하기 위해서 노력하는 일은 기업의 사활과도 관련이 있는 매우 중요한 일이라고 하겠다. 따라서 신제품의 성공요인들을 살펴보고 실패확률을 줄일 수 있는 개발방향을 과학적으로 모색한다면 시장에서 신제품의 성공 확률은 높아질 것이다.

사례

밀레니엄 세그웨이 혁명은 없었다

그것은 폭발적인 기대를 받았다. 누군가는 "인터넷 이후 최고의 발명품"이라고 했다. "인류가 마침내 두 다리를 대체할 수 있는 수단을 얻었다"고도 했다. "도시의 출·퇴근 광경을 바꿀 가장 혁신적인 제품"이라는 말에 별다른 이견은 없었다. 아마존 창업자 제프 베조스는 "그것은 혁명적인 제품이다. 도시의 설계방식을 바꿀 것이다"고 말했다. 그와 함께 스티브 잡스는 그것에 수백만 달러를 투자했다.

2001년 그렇게 '세그웨이(Segway)'가 탄생했다. 세그웨이는 바퀴가 2개 달린 T자 모양의 1인용 운송수단이다. '환생한 에디슨'이라 불리던 발명가 딘 카멘이 개발했다. 그는 1970년대 인슐린 펌프를 최초로 발명했으며 지금까지 150여 종의 발명 특허를 출원한 인물이다.

카멘은 한 인터뷰에서 "세그웨이가 자동차를 대체하는 교통수단이 될 것"이라고 장담했다. 그의 자신감에 세상이 매료된 걸까. 월스트리트 투자은행 크레디트스위스 퍼스트 보스턴은 세그웨이가 과거 세상에 나온 발명품들이 첫 해에 거둔 성과를 훌쩍 뛰어넘을 것으로 전망했다. 일부 언론은 카멘이 "5년 내에 빌 게이츠를 뛰어넘는 억만장자가 될 것"이라고 전했다.

세그웨이는 쉽고, 간단하고, 재미있고, 경제적이고, 유용해보였다. 무엇보다도 운전이 쉽다는 것은 큰 장점이었다. 카멘은 "운동신경이 없는 사람도 1분 이내에 운전할 수 있다"고 말했다. 발판에 부착된 센서가 탑승자의 무게 중심을 100분의 1초 단위로 측정해 중심을 잡아주기 때문이다. 조작도 간편하다. 몸을 앞으로 기울이면 전진하고, 뒤로 기울이면 후진한다. 멈추고 싶으면 가만히 서 있으면 된다.

친환경적이라는 것도 마케팅 포인트다. 세그웨이는 전기를 동력으로 사용하기 때문에 내연기관이 없다. 매연이나 기타 환경오염 요소가 없는 것이다. 5시간 남짓한 시간 동안 충전하면 25km 정도를 주행할 수 있다. "화석연료의 고갈에 따른 에너지 위기와 환경오염 해결"이라는 카피라이트가 가능했던 이유다.

최고속도는 20km/h로 빠르진 않았지만 다양한 지형을 달릴 수 있었다. 언덕은 물론 비포장도로나 잔디밭 등에서 운행이 가능했다. 이 모든 것을 누리기 위한 하루 유지비는

출처: 뉴시스.

고작 100원쯤이었다. 밀레니엄이라는 시대적 배경에 따른 집단 흥분이었을까. 그 당시 세그웨이는 완벽해보였다.

세그웨이 버블 쇼크

세그웨이는 소음도 없고 배기가스도 없었다. 그리고 인기도 없었다. "인류의 두 다리를 대체할 이동수단"이라던 세그웨이의 판매량은 참담했다. 출시 후 18개월 동안 고작 6,000여 대가 팔렸을 뿐이다. 시간은 흘러 2009년 미국 시사주간지 타임은 세그웨이를 '지난 10년간 기술적으로 실패한 10대 혁신 제품' 중 하나로 선정했다.

'세그웨이 혁명'은 결과적으로 실패했다. 이제 세그웨이는 도심 공원에서나 간혹 볼 수 있다. 한국에서는 남산이나 제2롯데월드 등에 가면 체험해볼 수 있다. 중고장터에 가끔 등록되기도 한다. 2015년 현재 도로는 세그웨이가 아닌 자동차가 점령하고 있다. 이동수단 혁명은 일어나지 않은 것이다.

환상도 시간과 함께 떠내려갔다. 세그웨이는 싸지도, 유용하지도, 안전하지도 않았다. 우선 20km/h 남짓한 속도는 몹시 애매했다. 자동차를 대체하기에는 충분히 빠르지 않았다. 더군다나 20km/h라는 속도는 인도에서는 너무 빠르고 차도에서는 너무 느렸다. 더구나 1,000만원을 호가하는 가격은 소비자의 발길을 다른 곳으로 향하게 했다. '차라리 자동차를 사는 게 낫겠어.'

충분히 안전하지 않다는 것도 문제였다. 출시된 지 얼마 되지 않아 세그웨이는 전량 리콜에 들어갔다. '절대 넘어지지 않는다'는 광고와 달리 배터리가 약해지면 쉽게 균형을 잃고 쓰러지기 일쑤였기 때문이다. 이후에도 세그웨이를 타다가 사고를 당했다는 소식들이 이어졌다. 심지어 2010년에는 미국 세그웨이사를 인수한 영국의 사업가 지미 헤셀든이 세그웨이를 타다 사고로 사망했다. 카멘은 "안전도 테스트를 통해 걷는 것보다 안전하다는 결과를 얻었다"고 자신했지만 현실은 실험대로 흘러가지 않았다. 안전하지도 싸지도, 유용하지도 않은 세그웨이는 그렇게 우리 기억 속에서 사라져간 것이다.

출처: 이코노믹리뷰, 2015. 5. 25.

기업의 신제품개발을 위한 노력―3M의 기업철학

비즈니스에는 문외한이라 해도 좋을 평범한 개인들에 의해 설립된 3M이 현재의 모습으로 성장하게 된 데는 100년 가까운 역사에서 보다 나은 인간의 삶을 위해 노력했던 사람들과 '혁신'으로 거론되는 그 기업 문화가 큰 몫을 했다.

1. 맥나이트 경영 철학

윌리암 맥나이트의 경영 철학은 3M 혁신 기업 풍토의 근간이 된다. 윌리암 맥나이트는 1907년에 3M에 사서로 입사, 이후 고속 승진을 계속해 1929년에 사장에 임명되었고 1949년에는 최고 경영자로 선임됐다.

맥나이트의 최대 공헌은 그가 종업원들의 자발성과 혁신을 장려하는 기업 풍토를 창조함으로써 3M의 철학을 세웠다는 점이다. 그가 천명한 경영의 기본 방침은 아래의 그의 어록에 녹아 있다.

"우리의 사업이 성장을 계속하게 되면 우리 종업원들이 그들의 자발성을 충분히 발휘할 수 있도록 권한을 위임하고 그들을 격려할 필요성이 대단히 중요하게 대두될 것입니다. 이를 위해서는 상당한 포용력이 필요합니다. 우리가 책임과 권한을 위임한 사람들이 선의의 사람들이라면 그들은 자신들이 원하는 방식으로 일하기를 바랄 것입니다."

"실수는 일어날 수 있습니다. 근본적으로 올바른 생각을 가진 종업원이 저지르는 실수는 장기적으로 볼 때 경영진이 권한을 내세워 종업원에게 일하는 방식을 조목조목 지시하는 실수보다는 심각한 일이 아니라고 봅니다."

"실수를 저질렀을 때 이를 심하게 비판하는 경영진은 종업원의 자발성을 죽이는 행위입니다. 우리가 계속 성장하기 위해서는 자발적인 사람들이 필수적으로 필요합니다."

2. 3M의 기업문화

3M이 창립 초기부터 만들고 지켜온 혁신은 타 기업과의 큰 차별점이 되는 동시에 3M에 생명을 불어넣어 주는 동력이 되었다. 혁신을 위한 노력은 사원들의 자발적인 노력과 경영진들이 사원들을 믿고 지지해 주는 사풍이 있었기 때문에 실현될 수 있었다. 사원들은 개인의 자발적인 노력과 혁신적인 아이디어를 발휘, 고객의 필요와

요구에 맞는 제품을 개발하고 회사는 이를 위한 최대의 자유와 여건을 제공했다. 사원들의 실수도 신제품 개발과정에서 흔히 있을 수 있는 일로 여기고 실수에 대한 책임을 묻기 보다 개인이 발전적인 연구 개발을 계속적으로 할 수 있도록 관리해 왔다.

① 아이디어를 죽이지 말라

기독교에서는 모세의 십계가 있지만 3M에는 거기에 제11번째의 계율이 하나 더 있다. 그것은 [아이디어를 죽이지 말라]. 이것은 어떠한 아이디어라도 중요시하고 착실하게 지원하여 가능한 한 많이 살릴 수 있도록 하자는 것이다. 아이디어가 많으면 많을수록 상품화에 성공하는 신제품의 수가 증가한다는 것이다. 연구개발 분야에서는 타율보다는 타석에 몇 번이나 들어섰는가가 중요하다고 생각하고 있다. 따라서 새로운 아이디어는 확실한 반증 자료가 없는 한 톱 매니지먼트라도 무시할 수 없도록 한다는 것을 철저히 지켜가고 있다. 의외로 이해할 수 있는 아이디어는 평범이라는 벽을 넘지 못하고 성공가능성이 희박하며 오히려 기상천외한 아이디어가 성공한다는 점을 경험을 통해 알게 된 것이다.

3M에서는 아이디어를 '상식'이라는 흉기로 죽이지 않도록 여러 종류의 제도를 설치하고 있다.

② 창조와 혁신의 세계를 넓혀가는 15% 규칙

기술직 사원은 자신의 노동시간 중 15%를 자신의 일과와 무관한 개인적으로 흥미를 가지고 있는 것이나 꿈을 키워가는데 사용해도 좋다는 불문율이 있다. 기술자들은 이 규칙을 활용하여 자유롭게 흥미 있는 연구 테마에 도전할 수 있다. 우연성과 혼돈이 있기는 하지만 이러한 자유로운(휴식)이나 (여유로운) 시간 속에서 새로운 아이디어가 생겨나고 독특한 신제품 개발로 이어지고 있다.

③ 벤처를 육성하는 풍토

3M(과거 4년간 개발한 신제품으로 총 매출의 30%를 차지한다)는 점을 경영 목표로 내걸고 있다. 현시점에서 6만여 종의 제품을 공급하면서도 신제품으로 매출의 30%를 차지한다는 목표는 현재의 제품 개선만으로는 달성 불가능하다고 생각되어지고 있다. 그 때문에 전혀 새로운 획기적인 기술을 개발하고 그러한 노력의 성과를 신제품 개발에 적극적으로 활용하여 신규고객이나 새로운 용도 개발을 실현하여 새로운 시장을 창조해 가는 것을 목표로 하는 조직형태를 형성하고 있다.

3M 본사 산하에 소규모의 기구와 수많은 사업부로 구성되어 각 사업부는 어디까지나 독립된 일개 기업과 같은 운영체제를 취하고 있다. 이것은 조직의 비대화로 인한 경직화를 피하고, 벤처 육성이 용이하도록 유연한 사업운영이 이루어져야 한다는 믿음에 기초를 둔 것으로 사업이 성장함에 따라 사업부는 또다시 분할된다. 오늘날에는 50개의 사업부문이 있고 관련성이 있는 사업부가 모여 '그룹'을 형성하고 그리고 그룹은 3개의 사업 영역을 구성하고 있다. 게다가 이러한 유연한 조직과 함께 3M의 기업문화의 특징 중 하나인 자유와 자주성이 발휘될 수 있는 환경이 성숙되어 있다.

출처: 한국3M 홈페이지(http://www.3m.com), 2005. 1. 20.

참·고·문·헌

삼성경제연구원 (2003). CEO Information, 제 430호.

Booz, Allen and Hamilton (1982). *New Product Management for the 1980s*. NY: Booz, Allen and Hamilton, Inc.

Bouncken, R. B., Fredrich, V., Ritala, P., and Kraus, S. (2018). Coopetition in new product development alliances: Advantages and tensions for incremental and radical innovation. *British Journal of Management*, 29(3), 391−410.

Cooper, R. G., and Kleinschmidt, E. J. (1990). *New Products: The Key Factors in Success*. Chicago: American Marketing Association.

The Wall Street Journal (1981). Dow Jones & Company, Inc.

Srinivasan, R., Wuyts, S., and Mallapragada, G. (2018). Corporate board interlocks and new product introductions. *Journal of Marketing*, 82(1), 132−148.

Urban, G. L., and Hauser, J. R. (1993). *Design and Marketing of New Products*. 2nd Ed., NJ: Prentice Hall.

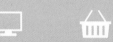

New Product
Design
&
Development

CHAPTER 02

신제품 개발 프로세스

레고의 오픈 이노베이션: 외부 기술, 아이디어 더하고 내부 자원 공유

이른바 '오픈 이노베이션(Open Innovation)'은 2003년 미국 버클리대학교의 헨리 체스브로 교수가 제시한 개념으로 기업이 필요로 하는 기술과 아이디어를 외부에서 조달하는 한편, 내부 자원을 외부와 공유하면서 새로운 제품이나 서비스를 만들어내는 것을 의미한다. 이런 오픈 이노베이션은 기존의 '폐쇄형 혁신'이나 '아웃소싱(Outsourcing)'과는 구별되는 개념이다. 폐쇄형 혁신은 기업 내부에서 이뤄지는 연구·개발(R&D) 활동만을 중시하며 아웃소싱은 한쪽 방향으로 역량을 이동시킨다. 이와 달리 오픈 이노베이션은 기술이나 아이디어가 경계를 넘나들며 기업의 혁신으로 이어지도록 하는 것이므로 차이점이 존재한다.

오픈 이노베이션은 인터넷의 발전과 융합현상의 급속한 진전, 과거 방식의 폐쇄적 R&D 투자방식의 리스크에 대응하기 위해 등장했다. 단일 기업의 기술과 능력으로는 빠른 사업 환경 변화를 따라잡기는 역부족이며, 소비자의 급변하는 요구에 필요한 요소 기술은 다양해지고 복잡해지는 양상이 심화됐기 때문이다. 오픈 이노베이션은 조직 내부와 외부의 협력관계 아래 가치를 공동 창출해 불확실성의 위험을 줄이고 제품 개발 속도를 극대화시켜 기업의 성장과 이익을 촉진할 수 있는 장점이 있다. 오픈 이노베이션은 2000년대 초반까지 R&D 중심으로 적용됐지만 2006년부터는 기업 활동 모든 영역에 해당하는 '크라우드소싱(Crowd sourcing)'과 집단지성으로까지 확대됐다. 크라우드소싱은 대중(Crowd)과 아웃소싱의 합성어로 생산과 서비스 과정에 대중을 참여시켜 제품과 서비스를 향상시키고 수익을 참여자와 공유하는 방식이다. 집단지성의 개념은 '웹(Web) 2.0'이라는 용어가 등장하면서 부상했고, 여러 개인의 협력적 상호작용을 통해 시너지 효과를 창출하는 공동체의 능력을 의미한다.

크라우드소싱으로 분위기 되돌린 레고

덴마크의 글로벌 완구 기업 레고(Lego)는 크라우드소싱으로 신제품을 개발, 시너지 효과 창출에 성공하고 있는 대표적인 사례다. 창의적인 놀이문화의 대명사로 입지를 구축하며 흑자행진을 거듭했던 레고는 2003년 파산 위기에 직면하게 됐다. 주력 시장이었던 유럽과 미국의 베이비붐 시대가 끝나고 저출산 시대로 접어들면서 어린이 장난감 시장이 위축됐고, 일본 소니의 플레이스테이션 게임기 등이 등장하면서 디지털 게임이 급부상하자 아날로그 장난감인 레고의 인기가 시들해진 것이다.

위기에 몰린 레고는 오픈 이노베이션을 도입하면서 기사회생에 성공하게 된다. 제품의 기획과 개발 단계에서부터 기존 고객의 아이디어를 크라우드소싱 형태로 확보하고, 이를 생산하고 판매하는 데 집중해 성공을 거두었다. 레고는 '레고 디지털 디자이너(Lego Digital Designer)'라는 프로그램을 만들어 고객이 직접 제품 개발과 개선에 참여하는 것을 허용하고 가치가 있다고 판단되는 경우 실제 완구로 출시했다. 레고 소속 디자이너는 180명에 불과하지만 디지털 디자이너 프로그램을 통해서 외부의 자발적인 아마추어 디자이너 12만 명을 확보하는 효과를 냈다. 또 레고는 성인 레고 팬들로 구성된 20만 명 이상의 AFOL(Adult Fans of LEGO) 중 약 100명을 '레고 앰배서더'로 지명하고 이 중 12명을 'LEGO Certified Professional'로 선발해 의견을 청취하고 반영하는 프로세스를 추진했다. 그리고 레고는 PC와 연결해 프로그래밍하는 로봇 제품인 '마인드스톰'의 소프트웨어를 '오픈소스화'했다. 이를 통해 세계 많은 엔지니어가 무급에도 마인드스톰의 구동 프로그램 개발에 자발적으로 참여했다. 레고가 추진한 마인드스톰 소프트웨어 오픈소스화에는 에피소드가 있다. 2005년에 한 사용자가 마인드스톰 소프트웨어를 해킹해 임의로 변경한 마인드스톰

레고 디지털 디자이너 프로그램으로 외부 아마추어 디자이너가 직접 디자인한 기차 모양의 레고 디자인
출처: 이코노미스트.

제어 프로그램을 인터넷상에 유포하는 사건이 발생했다. 레고는 해킹에 대한 법적 조치 대신 소스 코드를 무료로 공개하고 제품 약관에 '해킹할 권리'가 있음을 명시하면서 해커들에 의해 마인드스톰은 다양한 모습으로 탄생하게 되는 결과를 가져왔다. 레고는 이런 다양한 오픈 이노베이션을 통해 2005년 흑자 전환에 성공했고, 지난 10년간(2004~2014년) 매출이 기존 대비 5배로 확대되는 성과를 이루었다.

외부 기술·지식 활용하는 국내 기업 49.2%

크라우드소싱과 집단지성을 활용한 오픈 이노베이션은 이미 기업의 지속적인 성장을 위한 필수 요소로 자리잡았다. 많은 글로벌 기업은 새로운 아이디어와 혁신 자원의 많은 부분을 기존 전문 집단뿐만 아니라 내·외부의 다양한 집단에서 획득하는 추세이다. 급변하는 시장환경에서는 집단지성이 가지고 있는 잠재능력을 활용해 기업 역량을 제고할 필요성이 커지고 있기 때문이다. 하지만 한국 기업의 경우 글로벌 기업과 비교해 오픈 이노베이션 추진에 소극적이라는 평가가 많다. 2016년 대한상공회의소가 발표한 '외부 기술·지식 활용 실태와 시사점' 조사 보고서에 따르면 국내 응답기업의 71.1%는 '변화와 혁신을 위해 경영활동에 외부 기술·지식을 활용할 필요성을 느낀다'고 밝혔지만 외부 기술과 지식을 활용하고 있는 기업은 전체의 절반 수준인 49.2%이었다. 이는 글로벌 선진 기업에 비하면 30%포인트가량 떨어지는 수치다.

한국의 기업들도 성장과 생존에 직결될 수밖에 없는 오픈 이노베이션에 더 많은 관심을 기울여야 한다. 오픈 이노베이션 추진에 성공하기 위해서는 우선적으로 '내부에서 개발된 혁신만이 진정한 혁신'이라는 폐쇄형 혁신의 사고 방식에서 탈피해 외부의 우수한 역량을 조기에 발굴, 육성하고 이를 빠르게 내재화하려는 사고 방식의 전환이 필요하다. 외부 기술과 지식을 활용하지 않는 한국 기업이 그 이유로 '외부 의존성 확대'(43.5%)를 가장 먼저 꼽았다는 조사 결과를 보면, 오픈 이노베이션에 대한 사고방식의 전환이 절대적으로 필요함을 알 수 있다.

이와 함께 대중의 참여를 극대화하기 위한 인센티브 부여 방안을 적극적으로 고민할 필요가 있다. 집단지

성 참여자의 참여 동기를 유지하고 강화할 수 있도록 금전적인 보상뿐만 아니라 비금전적인 보상을 함께 활용하는 것이 중요하다. 집단지성 활동에 참여하거나 의견을 공유할 때 일이나 의무감이 아닌 재미(Fun)를 느낄 수 있도록 배려해야 지속적인 참여 동기를 유발할 수 있기 때문이다.

출처: 이코노미스트, 2017. 7. 2.

신제품 개발과정을 명확히 계획하여 실행하는 것은 성공적인 신제품 개발을 위해 반드시 필요한 활동이다. 신제품 개발과정은 제품의 특성, 시장의 상황, 기업 내부여건 등에 의해 접근 방법이 달라질 수 있다. 그러나 일반적으로 신제품 개발과정은 아이디어 관리, 컨셉 개발과 테스트, 사업성 분석 및 마케팅 전략 수립, 제품 개발, 시장 진출의 단계로 이뤄져 있다. 신제품 개발을 시작하기에 앞서 신제품 개발단계별로 이뤄지고 있는 활동들에 대해 이해하는 것이 매우 중요하다. 개발과정의 이해를 통해 보다 뛰어난 신제품 개발계획을 수립할 수 있다. 신제품 개발계획은 전체적인 신제품 개발과정을 보여주는 지도(map)의 역할을 한다. 잘 짜여진 신제품 개발과정은 제품 개발방향, 개발기간, 적절한 자원의 배분 등과 같은 의사결정을 내리는데 많은 도움을 준다(Kuczmarski, 1988).

이번 장에서는 기본적인 신제품 개발과정을 알아보고 각 단계에서 행해지는 마케팅 활동과 의사결정 등에 대해 알아보도록 하겠다.

SECTION 01 신제품 개발 프로세스

일반적인 신제품 개발 프로세스를 살펴보면 [그림 2-1]과 같다. 신제품 개발 프로세스는 아이디어 관리에서부터 시장 출시에 이르기까지 다섯 단계로 이루어진다. 아이디어 관리단계에서는 기업의 내·외부에 있는 아이디어를 수집하고 관리하며 컨셉 개발과 테스트 단계에서는 소비자의 시각에서 신제품 아이디어를 구체화하게 된다. 사업성 분석과 마케팅 전략 수립단계에서는 개발된 제품 컨셉의 실현가능성과 시장성이 있는지를 검토하고 마케팅 전략을 수립한다. 여기서 사업성이 있다고 판단되어지면 제품 개발단계를 거치고, 제품 개발이 완료된 후 비로소 시장에 출시하게 된다. 신제품 개발 프로세스는 이러한 5단계로 이루어지고 있다.

하지만 신제품 개발 프로세스가 항상 일정한 것은 아니며 개발상황, 기업의

그림 2-1
신제품 개발
프로세스

1단계: 아이디어 관리

신제품 개발의 기회를 포착하고 신제품 아이디어를 창출하는 단계. 아이디어 관리는 기업 내·외부에 존재하고 있는 아이디어를 수집하고 관리하여 신제품 개발의 기회를 제공하는 기초적인 단계이다.

⇩

2단계: 컨셉 개발 및 테스트

컨셉 개발	컨셉 테스트
창출된 아이디어를 제품화 시키기 위해 소비자의 시각에서 구체화 또는 정교화 시키는 단계이다.	개발된 컨셉을 테스트하여 수정 및 보완하는 단계이다.

⇩

3단계: 사업성 분석과 마케팅 전략 수립

시장성 분석 및 수요예측을 통해 사업성을 평가하고 진행 여부, 개설사항 등을 파악하여 향후 신제품 개발과 관련된 마케팅 전략을 수립하는 단계이다.

⇩

4단계: 제품 개발

제품 설계를 통해 프로토타입(prototyes) 및 실제 제품을 개발하는 단계. 사용자 테스트를 거쳐 제품의 수정 및 보완 사항을 반영하여 소비자의 욕구를 충족시킬 수 있는 제품을 개발하는 단계이다.

⇩

5단계: 시장 출시

시장 진출을 위한 전략을 수립하고 테스트 마케팅을 실시하여 바람직한 시장 출시 방법을 모색하고 제품 출시 후 관리 전략을 수립하는 단계이다.

여건 등에 의해 단계가 순차적으로 진행되지 않거나 건너뛰는 경우도 발생할 수 있다(Crawford, 2000).

1.1 아이디어 관리

아이디어 관리는 기업 내·외부에 널리 퍼져 있는 신제품 아이디어를 체계적으로 수집하고 관리하여 신제품 개발의 기회를 포착하는 활동이다. 성공적인 신제품을 개발하기 위해서는 먼저 아이디어를 탐색하고 좋은 아이디어를 걸러낼 수 있도록 체계적인 관리가 필요하다.

많은 기업들은 신제품 아이디어를 얻기 위해 많은 노력을 하고 있다. 사내 아이디어 제안 등과 같은 제도를 실시하여 직원들이 갖고 있는 참신한 아이디어를 수집한다. 기업은 소비자로 하여금 자사의 제품에 대한 좋은 의견, 생각 등을 수집하는 간접적인 방법과 소비자로 하여금 직접 아이디어를 제안하는 방법 등을 통해서도 신제품의 아이디어를 얻을 수 있다. 삼성전자는 제품에 대한 아이디어를 수집하기 위해 주부 모니터링 그룹과 대학생 아이디어 그룹을 모집하여 소비자들의 생생한 목소리와 참신한 아이디어를 수집하려는 노력을 기울이고 있다. 현대자동차는 내부직원의 아이디어 제안을 제품에 반영한 후 약 500여 억원의 기대 효과를 거두기도 했다.

사례

락앤락 "고객의 소리 받아 신제품으로 만들죠"

트렌드를 가장 잘 파악하는 방법은 고객과 마주하라는 것이라는 원칙을 15년째 지켜 온 기업이 있다. 최근 세계적 기업으로 도약하기 위해 아시아 최대 사모투자펀드 운영사에 경영지분을 양도한 락앤락이다.

락앤락이 고객과 만나는 창구는 15년간 운영해온 '락앤락 서포터즈'다. 2002년 12월 오픈한 락앤락 서포터즈의 가입자 수는 현재 36만 명으로 고객과의 소통창구 역할을 톡톡히 하고 있다. 락앤락은 충성도 높은 고객과 실제 주방을 관리하는 여성을 위해 서포터즈를 만들었다. 30대부터 50대까지 다양한 연령층으로 구성된 서포터즈는 락앤락이 출시하는 신제품을 체험하고, 블로그 등을 통해 보완할 점과 다양한 아이디어를 본사에 전달한다.

2013년에 만들어진 락앤락의 공식 대학생 서포터즈 '그린메이트'는 20대 대학생을 대상으로 하는 체험형 프로그램으로 제품 체험과 이색적인 마케팅 활동까지 체험할 수 있다. 신제품의 온·오프라인 마케팅 전략을 수립하고, 홍보 영상 제작, 제품 패키지 디자인 등 실무 감각도 익힐 수 있다. 소비자의 체험, 의견은 개발팀에 전달돼 신제품에 고스란히 반영되고, 생활의 노하우를 담은 제품으로 탄생된다.

락앤락이 2017년 출시한 건식용기 시리즈는 연이은 무더위로 인한 식재료 보관의 어려움을 해소시킨다. 건식품 등이 눅눅해지는 것을 방지하고 싶은 고객의 니즈를 포착, 오로지 건식품을 위한 전용용기로 개발됐다. 기존 밀폐용기로도 보관할 수 있지만 여러 번 여닫는 과정에서 용기 내부에 습기가 찰 수밖에 없다. 락앤락은

락앤락이 출시한 건식용기 시리즈, 냉동식품보관용기, 간편식 글라스
출처: 락앤락.

내부 습기를 제거하는 방법에 대해 고민한 결과, 밀폐용기와 제습제를 결합하는 아이디어를 생각해 제품을 만들었다.

소비자가 기존 제품의 새로운 활용도를 발견해 만들어진 제품도 있다. 락앤락 스페셜 시리즈 중 하나인 '아이스큐브 세트'는 원래 얼음을 얼리는 용기였다. 하지만 아이스 트레이와 함께 밀폐용기가 첨부돼 위생적 보관이 가능하자 일부 주부들 사이에서 이유식 냉동용기로 각광받기 시작했다.

아울러 마늘, 고기, 각종 양념을 소분해 냉동하는 용기로도 인기를 끌자 최근 락앤락은 한층 업그레이드 된 '냉동양념 보관용기'를 출시했다. 이 제품은 아이스 트레이를 탄성있는 소재로 만들어 얼린 내용물을 꺼내 쓰기에 용이하며, 위생적인 보관을 할 수 있다.

소비자 아이디어를 바탕으로 트렌드를 반영해 만들어진 용기도 있다. 최근 1인 가구 및 혼밥족이 많아지자 가정간편식(HMR) 전용용기 '간편식 글라스'를 출시했다. 이 제품은 열에 강한 내열유리를 사용해 전자레인지, 오븐에서도 사용할 수 있다. 간편하고 신속한 조리를 추구하는 현대인의 식습관을 반영해 조리까지 할 수 있는 만능용기로 인기를 끌고 있다. 뚜껑에는 내부 증기를 빼내기 위한 스팀홀을 장착해 전자레인지 조리 시 음식의 수분이 증발하는 것을 막는다.

출처: 아시아투데이, 2017. 8. 29.

그러나 아이디어는 추상적이며 아직 실현되지 않은 상태이기에 관리하기가 매우 어렵다. 아직 개구리 알과 같은 불완전하며 비구조화된 아이디어를 체계적으로 관리하지 않으면 성공적인 제품 개발이 불가능하다(Drucker, 1982). 따라서 수립되고 창출된 수많은 아이디어에서 옥석을 가리듯 좋은 아이디어를 골라 실제 제품으로 연결하는 체계적이고 계획적인 아이디어 관리가 필요하다.

신제품 아이디어 관리는 신제품 기회의 파악, 신제품 아이디어 창출, 신제품 아이디어 스크리닝으로 나누어진다.

(1) 신제품 기회의 파악

신제품을 개발하기에 앞서 처음으로 해야 되는 일은 시장에서 기회를 파악하는 것이다. 기회를 파악할 때는 전략적 접근이 중요하다. 우선 개발목표를 세우고, 이를 효과적으로 달성하기 위해 기업의 내·외부적인 환경 및 강·약점을 분석하여야 한다. 인터넷의 등장으로 소비자의 구매행동과 라이프 스타일에 많은 변화가 있었다. 인터넷 쇼핑몰, 온라인 뱅크, 온라인 주식 등과 같이 인터넷이라는 매체의 특성을 이용한 많은 새로운 서비스와 제품들이 출시되었다. 그러나 신제품 개발기회를 포착하지 못하게 되면 기존의 회사가 보유하고 있는 강점도 한 순간에 소멸할 수 있다. 세계적인 백과사전인 브리태니커 백과사전은 인터넷, 디지털 등과 같은 새로운 시장 기회에 대응할 수 있는 새로운 제품출시의 기회를 놓치는 바람에 결국 수백 년 동안 쌓아 왔던 명성을 뒤로하고 몰락의 길로 접어들고 말았다. 따라서 기업은 시장의 변화를 예의주시하고 신제품의 개발기회를 파악하여야 한다.

(2) 아이디어 창출

아이디어 창출을 위해서는 아이디어의 원천을 잘 관리하여야 한다. 신제품 아이디어는 기업의 내부 또는 외부에서 얻을 수 있다.

아이디어의 기업 내부원천은 마케팅/영업 부서, 생산 부서, R&D 부서 등 매우 다양하다. 앞서 언급한 대로 많은 기업에서는 내부 직원이 신제품 아이디어를 제안할 수 있는 제도를 도입하고 있다. 신제품 아이디어를 창출하기 위해 정기적으로 아이디어 회의를 실시하는 기업도 있다.

특히 고객과의 접점에서 일하고 있는 영업사원이나 판매사원들에게서 다양한 신제품 아이디어를 얻을 수 있다. 직접 고객을 만나는 영업사원 또는 판매사원들은 고객을 직접 응대하므로 누구보다도 고객의 욕구와 자사 제품에 대한 불만사항을 많이 알고 있다. 이에 Warner Electric Brake and Clutch社는 판매원들에게 매달 고

📄 그림 2-2
경쟁제품 분석을
통한 신제품 개발
–LG 무선청소기
코드제로 A9

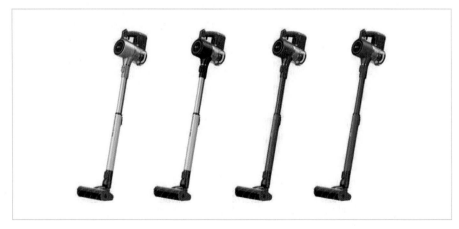

객으로부터 얻은 아이디어를 보고하도록 정례화하고 있다. 보고받은 아이디어는 관련 부서의 담당자들에게 전달되고 좋은 의견은 신제품 개발에 적용된다.

사내에서 좋은 아이디어를 얻기 위해서는 직원들의 동기부여와 적절한 보상이 뒷받침되어야 한다. 직원의 아이디어가 실제 제품에 반영되었을 때 이에 대한 적절한 보상을 해야만 사내의 좋은 아이디어를 얻을 수 있을 것이다.

아이디어의 외부원천 또한 매우 다양하다. 소비자에서부터 협력사, 경쟁자에 이르기까지 아이디어를 얻을 수 있는 곳은 매우 다양하다. 그러나 무엇보다도 가장 중요한 신제품 아이디어의 원천은 소비자이다. 신제품이 성공하기 위해서는 소비자의 필요와 욕구를 잘 파악하고 이를 제품에 반영해야 한다. 고객의 불만사항을 파악하고 이를 해결하는 과정에서도 신제품의 아이디어를 얻을 수 있다. 기업들은 소비자의 욕구와 불만 사항들을 파악하기 위해 다각적인 소비자 분석을 실시한다. 소비자 분석의 자세한 내용은 제 4 장 소비자 분석에서 다루도록 하겠다.

경쟁제품을 분석하면서 신제품 아이디어를 얻는 경우도 많다. 2018년 프리미엄 무선청소기 시장에서 급격한 시장점유율 상승을 보여준 LG코드제로 A9은 경쟁제품 분석을 통해 탄생했다. 무선청소기 기능 중에서 뛰어난 경쟁제품들을 분석한 후 이를 제품에 적용시키거나 개선할 수 있는 아이디어를 창출한 것이다.

다양한 아이디어 원천을 잘 관리하기 위해서는 다음과 같은 노력이 필요하다.

첫째, 참신하고 다양한 아이디어를 얻을 수 있는 기업 문화를 정착시켜야 한다. 창의적이면서 실현 가능한 아이디어를 제안하고 받아들일 수 있는 기업 환경을 조성하는 것이 중요하다.

둘째, 아이디어 창출의 원천을 범주화(categorization)하여 체계적으로 관리하여야 한다. 신제품 아이디어는 무궁무진하다. 하지만 기업에서는 이러한 아이디어를 수집하는데 많은 어려움에 부딪히고 있다. 기업의 상황과 처지에 맞는 아이디어 창출원을 발굴하고 이를 관리하기 위한 범주화된 리스트가 필요하다.

셋째, 수많은 아이디어 중에서 일정한 기준을 통해 스크리닝하는 작업이 필요하다. 많은 아이디어를 모두 제품화할 수는 없는 일이다. 많은 아이디어 중에서 성공가능성이 높은 아이디어를 걸러주는 작업을 통해 보다 구체적으로 신제품 개발을 착수할 수 있다.

(3) 아이디어 스크리닝(Idea Screening)

모든 아이디어를 전부 제품화할 수는 없기 때문에 성공가능성이 높은 좋은 아이디어를 걸러낼 필요가 있다. 아이디어 스크리닝은 좋은 아이디어를 선발하는 일련의 평가활동이다.

아이디어 스크리닝을 할 때에는 다음과 같은 실수를 범하지 않도록 해야 한다. 첫째, 좋은 아이디어를 선택하지 않는 실수이다. 이는 실제로 좋은 아이디어임에도 불구하고 선택하지 않아 신제품 개발의 기회를 상실하는 경우를 말한다. 둘째, 좋지 않은 아이디어를 선택하는 실수이다. 좋지 않은 아이디어를 선택할 때는 성공적인 신제품을 개발하는 데 많은 어려움이 따른다. 따라서 신제품 아이디어 스크리닝을 실시할 때에는 체크리스트를 활용한다. 체크리스트란 사전에 만들어 놓은 평가기준으로서 아이디어를 평가할 때 객관적으로 평가를 할 수 있도록 많은 도움을 준다. 예를 들어, 일본의 생활용품회사인 가오(Kao)는 신제품 아이디어를 평가하는 데 있어 ① 이 제품이 소비자와 사회에 유용한가? ② 이 제품이 자사에 기여하는가? ③ 이 제품이 자사의 목표와 전략에 부합되는가? ④ 이 제품을 성공시키기 위한 기술과 자원을 충분히 확보하고 있는가? ⑤ 이 제품이 고객들에게 경쟁사보다 더 많은 가치를 제공하는가? ⑥ 차별적 광고와 유통의 도입이 용이한가? 등의 기준을 고려하여 신제품 아이디어를 스크리닝한다.

더욱 자세한 아이디어 관리 내용은 제 3 장 신제품 아이디어 관리에서 보다 구체적으로 설명하겠다.

1.2 컨셉 개발과 테스트

신제품 아이디어가 창출되고 난 뒤에는 컨셉을 개발하고 테스트하는 과정을 거치게 된다. 신제품 컨셉은 창출된 아이디어를 소비자의 시각에서 정교화 과정을 통해 보다 구체화시킨 것을 말한다. 신제품 아이디어가 시장에서 출시 가능한 잠재적인 제품들을 준비하는 단계라고 한다면 신제품 컨셉은 준비된 아이디어를 소비자의 입장에서 더욱 정교화(elaboration)시키는 단계라고 할 수 있다.

소비자는 제품을 구매할 때 아이디어를 구매하는 것이 아니라 제품의 컨셉을 구매하는 것이다(Kotler and Keller, 2016). 예를 들어, 쌀을 주원료로 만드는 음료수를 개발한다고 가정해 보자. 음료수를 만들 때 쌀을 주원료로 한다는 것은 신제품 아이디어라고 말할 수 있다. 그러나 소비자의 입장에서는 이러한 아이디어만으로는 별 의미가 없다. 제품 아이디어를 보다 구체적으로 다음과 같이 표현해 볼 수 있다.

- 신제품 컨셉 1 아침식사 대용으로 먹을 수 있는 간편한 쌀 음료수
- 신제품 컨셉 2 성장기 어린이에게 좋은 영양가가 풍부한 간식 대용의 음료수
- 신제품 컨셉 3 다이어트를 원하는 여성에게 권하는 저칼로리 영양 음료수

위 세 가지는 쌀을 주원료로 만든 음료수라는 제품 아이디어를 소비자 시각에서 의미있게 다시금 구체화시킨 신제품 컨셉의 좋은 예이다. 소비자는 바로 위와 같은 소비자의 언어로 구성되어 있는 신제품 컨셉을 구매하는 것이다.

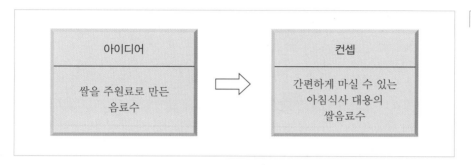

📄 그림 2-3
'아침햇살'의
신제품 컨셉

출처: 웅진식품.

📄 그림 2-4
웅진식품의
'아침햇살'

(1) 컨셉 개발 기법

그렇다면 신제품 컨셉은 어떻게 개발되는 것일까? 신제품 개발기법은 크게 두 가지로 나누어 생각해 볼 수 있다. 신제품 개발관련 문제점을 파악하고 분석하는 문제기반 접근법과 제품의 속성을 분석하여 컨셉을 개발하는 분석적 속성접근법이다.

1) 문제기반 접근법

문제기반 접근법은 컨셉 개발과 관련된 문제점을 파악하고 분석하여 이를 해결해나가는 과정을 통해 컨셉을 개발하는 기법이다. 먼저 신제품 개발과 관련된 이해 관계자들로 하여금 문제의식을 갖고 신제품과 관련된 여러 가지 제안을 하도록 한다. 마케팅 부서, 생산 부서, R&D 부서 등이 참여하여 회사 내부의 자료 또는 소비자 관련자료를 살펴보고 관련문제에 대해 토론을 실시한다. 토론을 마친 후에는 정리된 문제점을 해결하기 위한 방안을 모색한다. 해결 방안을 모색하기 위해 많이 사용되는 방법으로는 그룹의 창의성을 이용하는 방법, 브레인 스토밍 등이 있다. 현대자동차는 신모델의 자동차를 개발하기 위해 기존의 제품이 갖고 있는 여러 가지 문제점을 파악한다. 한편 승용차와 관련되어 발생가능한 기술적 결함 또는 소비자의 불만을 파악하고 이를 해결할 수 있는 방법을 모색한다. 이 때 문제점을 수집하기 위해 사용되는 방법으로는 소비자의 의견을 얻기 위한 초점집단면접, 인터뷰와 같은 방법과 마케팅 부서, 기술 부서, 생산 부서, R&D 부서 등의 내부 직원의 의견수렴방법이 사용된다. 수집된 문제점을 해결하기 위해 각 부서별로 관련자 모임을 통해 여러 차례 토의를 거쳐 해결문제의 우선순위와 해결방법에 대해 논의한다. 이를 통해 현대자동차는 경쟁사의 제품과 소비자의 목표 만족도와 비교하여 개선된 신제품을 개발할 수 있다.

2) 분석적 속성접근법

분석적 속성접근법은 제품과 관련된 속성을 분석하여 향후 제품에 반영시키는 방법이다. 제품의 속성은 제품형태(features), 편익(benefit), 기능(function)의 3가지 차원으로 이뤄져 있다(Crawford, 2000). 제품형태는 제품의 외형, 가격, 구성요소, 서비스 등과 같이 제품을 이루고 있는 기본속성이다. 제품편익은 소비자가 제품을 사용함으로써 얻을 수 있는 혜택으로서 매우 다양한 형태로 존재한다. 마지막으로 제품기능은 제품이 어떻게 작동하는지에 대한 것이다. 흔히 우리 주위에서 볼 수 있는 컵을 예를 들어 설명해 보자. 컵의 외형은 보통 둥근 원통형에 손잡이가 붙어 있다. 이것을 제품의 형태라고 한다. 이러한 둥근 원통 형태의 컵은 물을 담을 수 있는 기능을 제공해 준다. 물이 담겨진 컵은 결국 목이 마른 사람에게 물을 마실 수 있게 하여 갈증 해소라는 편익을 제공해 주는 것이다.

이러한 세 가지 제품의 속성을 분석하여 제품에 반영하는 방법이 바로 분석적 속성접근법이다. 가장 손쉽게 사용할 수 있는 분석적 속성접근방법은 각 속성별 항목을 평가하여 도표로 그려보는 것이다. 많이 사용되는 방법은 Snake 도표이다. 제품의 각 속성을 5점 척도 또는 7점 척도로 평가하여 각 항목의 평가 결과를 표에 그려보아 속성별로 차이를 분석한다. 그러나 이러한 방법은 한눈에 알아보기에는 어려움이 있다는 단점이 있다. 좀더 개선된 방법으로는 지각도(perceptual map)와 컨

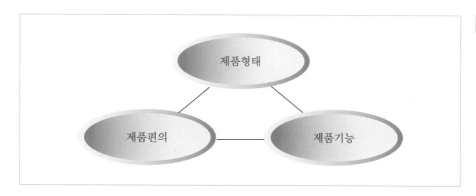

그림 2-5

제품 속성의
세 가지 차원

제품형태

제품편의   제품기능

조인트 분석(conjoint analysis)을 활용하는 방법이다. 지각도는 제품의 속성을 소비자에게 평가하게 하여 각 제품간의 상대적 위치를 2차원 평면상에 나타내어 제품간의 차이를 분석하는 방법이다. [그림 2-6]은 신용카드의 제품과 관련된 속성을 2차원 평면에 나타낸 지각도의 예제이다. 지각도에 따르면 국민카드, 외환카드, BC카드 등 5개의 카드를 각 속성별로 평가하고 있다. BC카드의 경우, 수수료가 싸다, 이자율이 낮다의 속성과 가까운 곳에 위치하고 있는 것을 보아 다른 카드보다는 수수료가 싸고 이자율이 낮다라고 소비자들이 생각하고 있는 것이다. 이와 같이 지각도를 통해 각 제품의 속성별 평가뿐만 아니라 경쟁제품과의 비교를 통해 자사의 제품이 소비자들에게 어떻게 인식되어 있고 어떠한 부분에서 경쟁력 또는 차이(Gap)가 있는지를 파악할 수 있다.

컨조인트 방법은 제품의 속성과 수준별로 구성되어 있는 대안들을 평가하여 최적의 대안을 산출해 내는 방법이다. 컨조인트 방법은 컨셉의 개발 및 테스트에 많이 활용되는 방법으로, 전체적인 제품의 구성을 비교해본 후에 구성 요소들의 조합을 통해 최적상품을 도출할 수 있다. 신제품 컨셉 개발 방법과 관련해서는 제 6장 컨셉 개발 기법에서 자세히 설명하도록 하겠다.

신제품 개발자들은 수많은 아이디어에서 좋은 신제품 컨셉을 개발하기 위해 많은 노력을 하고 있다. 좋은 신제품 컨셉의 요건으로는 첫째, 무엇보다 창의적이어야 한다. 신제품의 가장 핵심적인 부분은 제품의 혁신성 또는 창의성이라고 할 수 있다(Crawford, 2000). 실제 시장에서도 혁신적이거나 창의성이 높은 제품에 대한 소비자 반응이 좋은 것을 알 수 있다. 둘째, 도출된 컨셉에 맞게 제품을 개발했을 때 그 제품이 소비자에게 혜택을 줄 수 있는 것이라야만 한다. 아무리 창의적이거나 혁신적인 제품이라고 하여도 소비자에게 줄 수 있는 혜택이 명확하지 않을 때 실패하는 경우가 많다. 셋째, 도출된 신제품 컨셉은 대중적이어야 한다. 신제품이 니치마켓을 노리는 것이 아니라면 일반적으로 많은 소비자층을 확보하여야 한다.

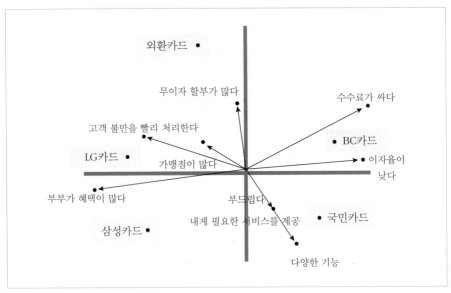

그림 2-6
국내 카드 서비스의 지각도

출처: 오리콤(2002). "O'BREX 사례: 중형 승용차와 신용카드."

많은 소비자들의 공감을 얻는 신제품일수록 성공가능성이 높다. 마지막으로 한 기업의 신제품 컨셉이 경쟁사의 제품을 겨냥한 것이라면 컨셉은 경쟁제품과는 확실히 차별화가 되어야 한다. 경쟁이 심화되고 있는 시장 환경에서는 제품 차별화를 통해 경쟁에서 우위를 점할 수 있으며 지속적으로 성장할 수 있기 때문이다.

이러한 좋은 컨셉의 요건에 맞는 제품 컨셉을 걸러내는 작업을 신제품 컨셉 테스트라고 한다. 컨셉 테스트를 거치는 이유는 신제품 컨셉을 소비자의 시각에서 재조명 해봄으로써 개선된 컨셉을 개발할 수 있기 때문이다. 또한 자사의 개발능력, 강점을 잘 살릴 수 있는 제품 컨셉을 얻기 위해서도 컨셉 테스트를 실시한다.

'스트롱 사이다'에 숨겨진 비밀 … 대세된 '불황형 마케팅'

롯데칠성음료는 2017년 탄산 함유도를 높인 '칠성 스트롱 사이다'를 출시한 데 이어 2018년에 '강탄산 펩시 콜라'를 선보였다. 강탄산 펩시 콜라는 판매한 지 2달 만에 130만 병이 팔리며 목표 매출의 110%를 달성했다. 강탄산 칠성 사이다도 출시 1년이 지난 현재 100억 원 어치가 팔렸다. 불황일수록 소비자들은 강한 맛을 찾는 경향이 커진다. 이런 소비자들의 틈새 수요를 공략하는 데 성공했다는 평가다.

강한 맛으로 공략   인기제품 부활·리뉴얼   가성비는 더 높게

출처: 서울경제.

경기 불황에 소비 심리가 얼어붙으면서 식음료 업계의 불황형 마케팅이 확산되고 있다. 우선 최근 들어 눈에 띄는 것이 자극적인 맛을 원하는 제품을 출시하는 것. 롯데칠성음료는 매출 1·2위인 칠성사이다와 펩시의 탄산 강도를 높인 강탄산 제품을 선보이며 소비자들로부터 좋은 반응을 이끌어 내고 있다. 아울러 부대찌개 브랜드 '킹콩부대찌개'의 경우 매운맛을 선호하는 고객층을 공략하기 위해 1년에 걸쳐 매운맛 특제 소스를 개발해 출시하기도 했다. 장수 제품의 리뉴얼과 단종 제품의 부활도 한창이다. 낮은 확률로 '대박'을 터뜨리기 보다는 높은 확률로 고정 매출을 확보하는 쪽을 택하는 것. 요즘 같은 불황에 신제품을 내놓으면 자칫 큰 손실로 연결될 수 있다는 위기감 때문이다.

해태제과는 최근 베스트 셀러인 '오예스'의 수박 버전을 여름 한정으로 출시했다. 해태제과는 봄 시즌 한정인 '허니버터칩 체리블라썸'을 선보이기도 했다. 오리온제과도 '태양의맛! 썬 오리지널'을 제품 단종 2년 만에 재출시했다. 롯데제과도 같은 달 '화이트 치토스 콘스프맛'을 부활시켰다. 도미노피자도 '도이치휠레앙코르' 피자를 다시 선보이기도 했다. 이런 가운데 가성비 제품은 더욱 진화하고 있다. TGI프라이데이가 최근 출시한 '어 랏(A Lot) 세트'는 그 중 하나다. 1만 7,900원에 스테이크 등 메인 메뉴와 파스타, 샐러드, 야채볶음밥, 프렌치프라이, 시나몬 브레드 등 다양한 메뉴를 한 번에 맛볼 수 있도록 했다. 부산 지점에 국한해 판매됐던 이 메뉴는 출시 3주만에 판매 구성비가 20%를 넘어서며 전국 지점으로 판매가 확대됐다.

버거킹의 '몬스터 버거'도 버거 안에 소고기, 닭고기, 베이컨까지 한 데 넣은 큰 사이즈 탓에 젊은 소비자 사이에서 '가성비 메뉴'로 입소문을 타고 있다. 해당 제품은 출시 한 달 만에 100만개가 팔렸다.

식품 업계 관계자는 "인구 구조 등을 고려해 보면 식음료 시장이 성장하기 매우 어렵다"며 "출혈이 큰 할인·판촉 행사로는 최근의 불황에서 살아날 수 없다"고 말했다. 이어 "소비자들의 지갑을 조금이라도 열기 위해 다품종 소량생산체제 등 다양한 불황 타개책이 나올 것으로 보인다"고 말했다.

출처: 서울경제, 2018. 6. 2.

1.3 마케팅 전략 수립과 사업성 분석

신제품 컨셉이 개발되면 어떻게 신제품을 시장에 내놓을지에 대한 전략수립이 필요하다. 마케팅 전략수립을 통해 소비자와 시장을 보다 정확하게 이해하고 제품 컨셉에 맞는 제품을 소비자에게 잘 전달할 수 있도록 해야 한다. 또한 사업성 분석을 통해 과연 신제품이 시장에서 성공할 수 있는지에 대한 타당성 검증을 거쳐야 한다. 실제로 많은 신제품들은 실패를 하게 된다. 성공할 수 있는 몇 안 되는 신제품을 걸러내는 작업을 하기 위해서는 시장에서의 사업성 분석 등과 같은 평가작업이 필수적으로 수행되어져야 한다.

(1) 마케팅 전략 수립

신제품 개발에 있어서 마케팅 전략의 수립은 매우 중요하다. 신제품 마케팅 전략은 신제품 개발시 소비자의 시각에서 신제품의 개발목표를 설정하고 이를 달성하기 위한 방법을 구체적으로 제시하여 효율적인 신제품을 개발해야 한다. 마케팅 전략은 시장의 이해, 목표 설정, STP전략, 마케팅 믹스의 결정으로 이뤄진다.

신제품 마케팅 전략 수립시 시장의 이해가 매우 중요하다. 시장에 맞는 제품을 개발하여야 성공가능성이 높아지기 때문이다. 시장과 관련하여 시장의 크기, 시장 구조, 소비자 행동 등에 대한 고찰이 필요하다.

시장의 이해 후에는 신제품 개발의 목표를 명확하고 구체적으로 설정하여야 한다. 최고급 제품개발, 고객만족 등과 같은 정성적인 목표도 중요하지만 "전년도 매출액 대비 ○○% 증가," "매출액(수익) ○○억 달성" 등과 같은 정량적인 목표를 세우는 것도 중요하다. 3M의 경우, "기업 전체 매출액의 ○○%를 신제품으로 달성한다"는 기업 목표아래 각 사업부는 신제품 매출 및 이익에 대한 구체적인 목표를

📄 그림 2-7
신제품 마케팅
전략 수립

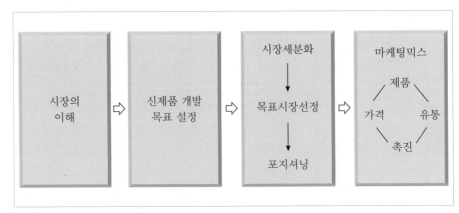

세우게 된다. 이를 달성할 수 있는 방향을 제시하는 것이 STP전략이다.

STP전략은 시장세분화, 목표시장의 선정, 포지셔닝 전략으로 구성되어 있다. 시장세분화는 소비자를 일정한 기준을 통해 동질성이 높은 고객끼리 묶는 것을 말한다. 목표시장 선정은 여러 개의 시장 중에서 가장 매력적이라고 생각되는 시장을 선정하는 것이다. 목표시장이 결정되면 소비자의 인식에 우리 제품을 어떻게 위치시킬 것인지 포지셔닝 전략을 수립한다. STP전략 수립이 마치게 되면 마케팅 믹스 전략을 통해 목표를 어떻게 달성할 것인지 구체적인 방법을 제시해야 한다.

(2) 사업성 분석

제품을 개발하고 대량생산에 들어가기 전에 신제품의 사업성 분석을 실시한다. 신제품 사업성 분석은 출시될 신제품에 대해 구매의도를 파악하고 개발적합성, 기존 사업과의 시너지 등 여러 요인들을 다각적으로 고려한다. 사업성 분석은 크게 사업타당성 분석과 신제품 수요예측으로 나누어 생각해 볼 수 있다.

1) 사업타당성 분석

사업타당성 분석이란 신제품을 시장에 내놓았을 때 과연 팔릴 수 있을 것인가와 자사의 신제품 개발환경과의 적합성 등을 검증하는 것이다. 사업타당성 분석에 사용되고 있는 방법으로는 편익측정 모형, 경제적 모형, 포트폴리오 선택 모형 등이 있다. 편익측정 모형은 소비자의 시각에서 제품의 프로파일이나 속성에 대해 직접 평가해 봄으로써 소비자들의 구매의향을 간접적으로 평가해 보는 방법이다. 경제적 모형은 투자금을 회수하는데 소요되는 기간과 미래가치를 산출해 봄으로써 신제품 개발의 타당성을 경제적으로 검증해 보는 방법이다. 마지막으로 포트폴리오 선택모형은 자사가 보유하고 있는 여러 가지 사업군 및 제품군과 비교하여 가장 알맞은 신제품을 선택하는 모형이다. 이 때 사용되는 모형으로는 우리가 흔히 알고 있는 BCG 매트릭스, ADL 매트릭스 등이 사용된다.

2) 신제품 수요예측

신제품이나 새로운 서비스를 개발할 때 담당자는 신제품의 수요에 대해 매우 궁금해 한다. 수요에 따라 신제품의 성공 또는 실패가 결정됨은 물론 향후 신제품 전략에도 영향을 미치기 때문이다. 신제품의 수요예측 방법은 다양하다. 수요예측의 방법으로는 크게 판단적 방법, 조사적 방법, 시계열적 방법, 인과적 방법이 있는데 자세한 사업성 분석과 수요예측 방법은 제 9 장에서 다루도록 하겠다.

1.4 제품 개발

사업성 분석 후에는 제품을 설계하고 실제 제품을 개발한다. 제품개발 이전 단계가 제품의 컨셉을 개발하고 이에 대한 설명(description)에 관한 것을 다루고 있었다면, 제품개발은 제품설계를 통해 제품의 컨셉을 기술적으로(technically) 또는 상업적으로(commercially) 실제 제품을 만드는 것이다(Kotler and Keller, 2016).

좋은 제품개발은 소비자의 요구사항을 제품에 잘 반영시키는 것이다. 이 때 기술 및 마케팅 관점에서 종합적인 검토가 필요하다. 아무리 좋은 아이디어라 하더라도 기술적으로 구현이 어렵다거나 기술적으로 뛰어나다 하더라도 시장에서 받아들여지지 않는다면 좋은 신제품이라 말할 수 없기 때문이다. 그러므로 제품 설계를 할 때에는 기술 부서, 마케팅, R&D 부서 등 관련 부서들이 함께 제품설계 및 개발을 해야만 한다.

(1) 신제품 설계

제품개발을 위해 우선 제품설계를 수행한다. 미국 IDSA(The Industrial Designers Society of America)에서는 제품설계를 "소비자와 공급자의 상호 이익을 위해 제품의 기능, 가치 및 외형을 최적화시킬 수 있는 제품 컨셉과 제품 명세서(Specification)를 개발하는 과정"이라고 설명하고 있다. 소비자의 시각에서 제품의 외형뿐만 아니라 기능과 가치를 함께 고려하여 제품을 개발하여야 한다는 것이다. 이 때 물리적인 외형과 기능 및 가치를 실제 제품에 반영하기 위해 제품 아키텍처를 작성할 필요가 있는데 제품 아키텍처는 제품설계 시 소비자의 요구사항이 잘 반영될 수 있도록 징검다리 역할을 담당한다. 다시 말해 제품설계를 소비자의 요구사항을 반영하는 여러 가지 기능을 가치 있게 재구성하는 작업이라고 보면, 실제 필요로 하는 기능을 제품의 형태로 전환시켜 주는 작업은 제품 아키텍처의 작성이라고 할 수 있다.

통합적인 제품 설계를 위해서는 품질기능전개도(QFD)를 많이 사용한다. QFD는 소비자의 핵심편익(core benefit)을 파악하고 이를 구현하기 위한 제품 속성들을 찾아낸 다음 편익이나 제품 속성들을 구체적으로 엔지니어링과 생산상의 설계를 가지고 구체화시키는 방법이다.

(2) 제품 사용테스트

제품개발을 마친 후에는 다시 소비자로 하여금 실제 제품을 사용하게 하는 테스트를 거친다. 이는 제품출시 이전에 문제점을 조기에 발견하여, 대량생산을 하기 전에 제품을 수정하여 출시하기 위함이다.

제품 사용테스트는 다양하게 이뤄지고 있다. 면도기 용품으로 유명한 질레트는 각 부서에서 자원한 200여 명을 대상으로 신제품을 직접 사용해 본 후 사용경험을 묻는 질의응답을 통해 제품 사용테스트를 실시하고 있다. 이와 같이 내부직원을 통해 제품 사용테스트를 실시하는 경우도 있으며 제품 사용테스트를 위해 사용자 그룹을 선정하여 다각적으로 제품 사용테스트를 실시하는 경우도 있다.

1.5 시장출시

시장출시는 신제품을 시장에 출시하고 판매를 시작하는 단계이다. 상업화 단계라고도 불리는 시장출시와 관련된 의사결정은 많은 비용과 시간이 투자되므로 신중하게 결정해야만 한다. 우선 시장출시에 앞서 테스트 마케팅을 통해 다시 한번 검증의 단계를 거쳐야 한다. 테스트 마케팅을 통해 신제품 시판에 따른 위험을 감소시키고 출시계획을 개선시킬 수 있는 진단적인 정보를 얻을 수 있다. 또한 시장출시시기 및 지역선정 등 어떻게 체계적으로 시장에 진출할 것인지에 대한 계획을 수립하고 관리하여야 한다. 테스트 마케팅과 제품출시에 관한 자세한 내용은 제 6 부 신제품 출시전략에서 다시 다루도록 하겠다.

지금까지 신제품 개발 프로세스에 대해 설명하였다. 신제품 개발 프로세스는 제품 또는 기업의 특성에 따라 다소 차이는 있지만 기본적인 5단계 프로세스를 거쳐 이뤄지고 있음을 알 수 있었다. 신제품 개발 프로세스를 명확하게 할 경우 전체적인 개발일정 및 개발방향 등을 제시함으로써 보다 성공적인 신제품 개발을 할 수 있을 것이다.

사례

산업계 제품 개발자가 주목하는 다섯 가지 제품 설계 트렌드

산업계의 제조 현장에 사물인터넷(IoT)이 도입되면서 제조기업이 제품 라이프사이클 전반에서 정보를 관리하는 방식 PLM(Product Lifecycle Management)이 최근 몇 년간 크게 변했다. 제조기업을 성공으로 이끌 제품 설계 엔지니어가 꼭 알아야 할 다섯 가지 PLM 트렌드는 다음과 같다.

설계 리뷰에 사용되는 증강 현실(AR)

스마트워크가 활성화되면서 기업들의 업무팀들이 점차 분산되고 있다. 여러 사람이 적시에 제품 설계 검토에 참여하고, 검토에 필요한 모든 정보를 수집하며, 향후 활동에 대한 피드백을 받기 어려운 경우가 많아졌다. 증강현실(AR)을 사용하면 팀원들은 전 세계 어느 곳에서든지 제품 설계를 시각화하고, 상호작용하며 피드백을 제공할 수 있다. AR은 제품 개발 관계자들이 제품의 3D 모델과 상호작용할 수 있도록 한다. AR을 통해 관계자들은 모델 주위를 걸어 다니면서 해당 모델의 여러가지 상태를 볼 수 있을 뿐만 아니라, 모델 그 자체의 내부로도 들어갈 수 있다. AR은 다른 팀원들로부터 다른 관점의 의견을 얻을 수도 있고 다른 이들이 제시한 모델의 관점으로 안내해주어 동료들의 메모를 이해하는데 특히 도움된다.

IoT가 바꾸는 설계도

업계에서는 아마존 에코, 네스트 온도조절기, 또는 핏비트(Fitbit) 등 스마트 커넥티드 제품을 강력하게 요구하고 있다. 고객의 요구를 만족시키려면 제조 기업은 제품 개발 프로세스를 혁신하여 현장의 제품에서 발생하는 데이터를 이해하고 활용해야 한다. 제품이 점점 더 복잡해지고 CAD 도면에 제품 정보를 메모하는 것만으로 더 이상 충분하지 않다. 더 체계화된 제품 개발 프로세스가 필요해졌다.

포괄적인 PLM 시스템을 보유하게 되면 IoT 역량을 충분히 이용할 수 있다. 모든 제품 정보를 단일 보기로 확인할 수 있는 디지털 제품 정의로 통합시키면 제품 관계자들 모두 가장 정확한 최신 제품 정보에 접속할 수 있다.

디지털화

제품 데이터는 조직의 가장 소중한 자산이다. 현장에서 데이터를 수집하는 제품으로 인해 이런 데이터는 갈수록 더 그 가치를 높여가고 있다. 그러나 많은 조직들은 여전히 데이터를 엔지니어링과 제조에서만 사용할 뿐이다. 현장에서 수집된 제품 데이터는 마케팅이나 제품 홍보, 영업 등 기업의 전반적인 활동에 활용될 수 있다.

제품 개발 프로세스를 디지털화하면 조직 전체 조직에서 관계자들이 쉽게 제품 정보에 접속할 수 있다. 예를 들어, 제조사가 다른 기업과 합병하거나 다른 기업을 인수하는 경우, 제품 개발 프로세스를 디지털화하고 모든 관계자가 제품 정보를 이용할 수 있다면 조직 간의 인프라 격차가 사라진다.

PLM과 디지털 트윈

현장에 있는 각각의 제품 또는 자산이 어떻게 운영되는지 알 수 있다면 수익성과 의사 결정의 개선, 그리고 보안, 법률 및 규제 준수를 보장할 수 있다. 디지털 트윈을 이용하면 환경 조건과 운영 자산의 성능 데이터 등 디지털 정의를 자산의 특정 물리적 경험과 결합할 수 있다. 이렇게 목적에 맞게 구축된 디지털 정보는 향후 영업, 리콜 또는 기회 발견 등을 위해 자산을 분석할 수 있도록 해주며, 더 나아가 미래의 제품이나 그 제품의 향후 이터레이션을 개선할 수 있도록 해준다.

클라우드 기반 PLM으로 빠른 혁신

제조기업의 경쟁력은 빠른 제품 개발 프로세스로, 이를 위해 PLM과 기타 엔터프라이즈 시스템을 클라우드에서 운영해야 한다. 클라우드 기반의 PLM은 시스템 소유비용을 줄이고 온프레미스 운영에 대한 부담을 없애준다. 최근 많은 제조 기업이 PLM 시스템을 온프레미스로 설정 및 유지하는 부담을 포기하고 있다. 클라우드 기반의 PLM은 제조 기업이 PLM 솔루션을 빠르게 구축하고, 더 빨리 결과를 볼 수 있게 한다. 클라우드

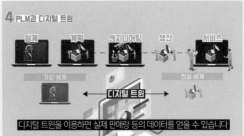

출처: 넥스트데일리.

상에 구축하면 서버 호스팅 부담도 줄어든다.

출처: 넥스트데일리, 2018. 1. 12.

신제품 개발 프로세스의 적용

　기업의 규모, 제품의 특성, 시장환경 등에 의해 신제품 개발 프로세스의 적용은 각기 다를 수 있다(Crawford, 2000). 아이디어 창출에서 시장출시에 이르는 개발과정을 거쳐 제품들이 시장에 출시되지만 모두 성공하는 것은 아니다. Cooper(1993)는 신제품 개발을 위해 여과과정을 통해 걸러진 13개의 아이디어 중 사업성 분석을 통해 약 3개의 제품이 개발에 착수되고 그 중에 약 1.3개 정도가 출시되어 하나의 성공적인 신제품을 만든다고 하였다. 따라서 기업은 각 단계에서 소요되는 비용을 고려하고 위험요인을 파악하여 신제품 개발 프로세스를 적용해야 한다.

　[그림 2-8]을 보면 신제품 개발기간은 개발단계에서 전체기간의 약 46%가 소요되며 테스트 및 상업화 단계에서는 더 많은 시간이 소요되는 것을 알 수 있다. 그러나 모든 신제품 개발 프로세스가 이와 같이 진행되는 것은 아니다. 제품의 특성에 따라서 신제품 개발 프로세스의 실행이 달라질 수 있다. 보통 산업용 내구재일수록 소요되는 제품개발기간이 다른 단계보다 많이 걸린다. 또한 음료수, 스낵 등과 같은 소비재 상품의 경우 소비자를 대상으로 하는 아이디어 및 컨셉 개발에 대한 시간적 · 금전적 노력을 상대적으로 집중해야 한다. 신제품 개발 프로세스를 잘 이해하고 적절히 적용한다면 성공확률을 높이고 위험요인을 관리하여 비용과 시간을 줄일 수 있다.

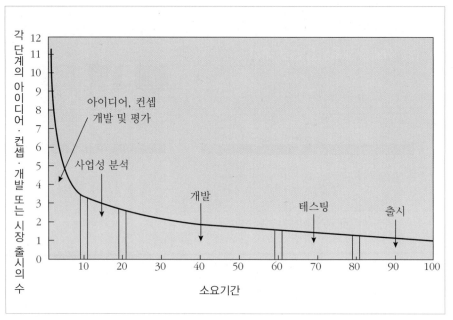

각 단계의 아이디어 · 컨셉 · 개발 또는 시장 출시의 수

아이디어, 컨셉 개발 및 평가

사업성 분석

개발

테스팅

출시

소요기간

출처: Page, A. L.(1991), PDMA New Product Development Survey: Performance and Best Practices. PDMA conference, Nov, Chicago.

(1) 신제품 개발위험관리

신제품 개발 프로세스의 각 단계에서 이뤄지는 아이디어 스크리닝, 컨셉테스트, 사업성분석, 제품 사용테스트, 테스트 마케팅 등을 통해 신제품의 개발위험을 줄이고 성공확률을 높일 수 있다. 1998년 '고질라'라는 영화가 개봉하였다. 헐리우드에서는 흥행을 장담하면서 홍보, 광고 등 막대한 마케팅 투자를 하였지만 결과적으로 '고질라'는 흥행에 실패하였다. 이에 막대한 투자 비용뿐만 아니라 판매를 준비하고 있던 캐릭터, 티셔츠, 컵 등과 같은 제품들은 모두 쓸모가 없게 되었다. 이는 각 단계에서 이루어져야 하는 테스트를 소홀하게 여겨 정확한 수요예측을 하지 못하였기 때문에 발생한 결과라고 할 것이다. 따라서 신제품의 각 단계에서 체계적인 위험요인을 파악하고 테스트 등과 같은 평가절차를 통해 신중하게 신제품을 개발해야 할 것이다.

(2) 신제품 개발비용절감

그렇다면 위험 요인을 줄이고 신제품 개발비용을 줄이기 위해서는 어떻게 해야 할 것인가? 모든 제품 아이디어를 전부 상품화시키려면 소요되는 비용이 만만치 않을 것이다. 좋은 아이디어, 컨셉 등을 선별적으로 선택하여 개발하여야만 비용을 줄이면서 성공가능성을 높일 수 있다. [표 2-1]은 신제품 개발 단계별로 소요

단계	아이디어의 수	통과율	아이디어 개발비용(1개당)	총 비용
아이디어 관리	64	1:4	$1,000	$64,000
컨셉 개발 및 테스트	16	1:2	20,000	320,000
제품 개발	8	1:2	200,000	1,600,000
테스트 마케팅	4	1:2	500,000	2,000,000
제품 출시	2	1:2	5,000,000	10,000,000
			$5,721,000	$13,984,000

표 2-1
신제품 개발을 위해 투자되는 비용

자료: Kotler, P. and Keller, K. L.(2016). Marketing Management, 15th ed., NJ: Pearson.

비용을 예시해 놓은 것이다. 아이디어 1개를 관리하는데 약 1천 달러가 소요되며 제품 하나를 출시하기 위해서는 약 5백만 달러가 소요된다. 만약 스크리닝 또는 테스트 없이 모든 제품을 상용화시키기 위해서는 약 1천 4백만 달러가 소요되지만 신제품 개발 프로세스를 거쳐 성공률이 높은 제품을 선별적으로 개발했을 경우 약 5백 70만 달러가 소요되어, 비용이 약 1/3 정도 줄어 들었음을 알 수 있다. 즉, 신제품 개발 프로세스의 각 단계에서 실시되고 있는 스크리닝, 테스트 단계를 거치는 것이 그렇지 않은 경우보다 신제품개발의 위험과 비용이 적은 것을 알 수가 있다. 따라서 기업은 신제품 개발 프로세스를 모범적으로 적용하여 신제품 개발을 수행해야 할 것이다.

(3) 신제품 개발기간 단축 방법

앞서 언급한 대로 모든 신제품 개발 프로세스를 적용했을 때 위험과 비용이 줄어든다고 하였다. 그러나 빠짐없이 모든 프로세스를 적용하였을 경우에는 소요되는 시간이 상대적으로 길어진다는 단점이 있다. 급속하게 변화하고 있는 마케팅 환경에서 신제품 개발에 소요되는 시간이 늘어나면 늘어날수록 기업의 입장에서는 불리한 것이다.

그렇다면 어떻게 하면 신제품 개발기간을 단축할 수 있을까?

신제품 개발기간을 단축하는 방법으로 첫째, 각 프로세스를 중첩(overlapping)시켜 진행하는 방법이다. 모든 프로세스가 순차적으로 진행될 필요는 없다. 아이디어 관리가 모두 마무리된 이후에 컨셉을 개발할 필요는 없다. 시의적절하게 각 단계들이 중첩되어 진행될 때 개발기간이 단축되는 효과를 볼 수 있다. 이러한 시도가 제품의 품질과 위험 요소를 증가시키지 않을 때에는 시장에서 지속적인 경쟁우위를 얻을 수 있을 것이다(Urban and Hauser, 1993).

둘째는 신기술을 이용하는 방법이다. 신제품 개발을 도울 수 있는 새로운 기술을 도입하여 각 단계별로 시간을 단축시키는 방법이다. 3차원 설계 기술인 CAD, CAM 시스템을 도입하면 시행 착오를 줄이고 빠르게 제품을 개발할 수 있다. 제트 여객기로 잘 알려진 보잉(Boeing)은 보잉 777을 설계할 때 컴퓨터를 통해 엔지니어, 디자이너, 공급자 등 다수의 개발관계자들이 참여하도록 하였다. 네트워크로 연결되어 있는 컴퓨터에 각 관계자들은 아이디어를 내놓고 아이디어를 반영한 제품을 구현하기 앞서 CAD, CAM 등과 같은 3D 입체 설계를 통해 실제와 거의 흡사한 설계를 통해 검토과정을 거쳐 제품에 반영하도록 하였다. 그 결과 수많은 부품이 들어가는 여객기를 설계하는데 소요된 개발기간을 약 60~90%를 단축시킬 수 있었다고 한다.

마지막으로 개발 초기에 고객의 의견을 반영하여 신제품을 개발하는 방법이 있다. 신제품을 개발할 때 종종 소비자의 의견을 늦게 반영하여 중간에 계획이 변경되거나 제품설계를 번복하는 경우가 종종 발생한다. 초기에 소비자의 의견을 충분히 반영하여 변경 없이 계획에 의해 신제품 개발을 실시하였을 때 개발기간을 단축할 수 있을 것이다.

SECTION 03 / 요약정리

일반적으로 신제품 개발 프로세스는 5단계로 이뤄진다. 아이디어 관리, 컨셉 개발과 테스트, 마케팅 전략 및 사업성 분석, 제품개발, 시장출시의 단계를 거쳐 제품이 소비자에게 전달된다. 아이디어 관리에서는 아이디어를 창출하고 스크리닝 과정을 통해 우수한 아이디어를 도출해 낸다. 컨셉 개발단계는 앞서 도출된 아이디어를 제품화를 위해 소비자의 시각에서 구체화시키는 단계이다. 이후 사업성 분석을 통해 계속 신제품을 개발할 것인지의 여부 및 개선사항이 무엇인지를 파악한다. 다음 단계로는 실제 제품을 설계하여 개발하는 단계이다. 사용 테스트를 거친 신제품은 테스트 마케팅을 통해 다시 한번 평가절차를 거치게 되고, 마지막으로 시장에 출시하게 된다. 각 단계를 적용시킬 때에는 제품의 특성 및 기업환경에 의해 다소 차이가 있을 수 있으나 일반적으로 신제품 개발 프로세스를 제대로 적용시킬 때 위험과 비용이 감소한다는 것을 알 수 있다. 신제품 개발기간을 단축하여 시장에서의 경쟁우위를 점하므로서 지속적인 기업성장에 기여해야 할 것이다.

"똑같은 제품은 매력 없어" … '개별화'로 승부하는 제조업계

산업혁명 이후, 기업들은 표준화된 제품을 최대한 많이 생산해 규모의 경제를 실현하고 기업의 규모를 늘리는 데 초점을 맞췄다. 이러한 대량생산 방식은 미국의 경제력을 획기적으로 향상시키는 원동력이 됐고 이후에도 미국을 비롯한 전 세계의 대규모 기업들이 사용하는 사실상 유일한 생산방식이라는 위상을 지켜왔다. 그러나 지난 20~30년간 대량생산은 인구 구성 및 소비자 니즈의 변화, 시장의 포화상태, 경기순환, 돌발적인 사건 등으로 인해 점차 효율성·안정성·통제력을 상실하면서 그 위상이 무너졌다.

대량생산을 하는 기업들은 소비자의 동질적인 선호와 안정된 시장을 전제로 거의 모든 사람들이 쉽게 구매할 수 있을 만큼 낮은 가격을 유지하면서 제품·서비스를 개발·생산·마케팅·유통했다. 그러나 오늘날 세계는 더 이상 안정적이지도 않고 통제할 수도 없으며 고객을 하나의 거대한 동질적인 시장에서 단순히 하나로 묶을 수 없다. 특히 고객 개개인은 저마다의 니즈를 내세우고 이를 채우고자 한다. 이에 따라 단순히 수요량이 가격에 영향을 미치는 시장의 개념은 급속하게 축소, 해체되고 새로운 환경 변화에 대응해 '개별화(Individualization)'란 개념이 등장하기 시작했다.

개인의 개성과 주관을 점점 더 중요시하는 사회의 변화와 함께 프로슈머, 트라이슈머와 같은 새로운 소비자 유형이 등장했다. 이 같은 개인 맞춤형 서비스나 제품에 대한 요구가 이미 오랜 기간을 거쳐 지속적으로 증가하고 있는 중이다. 대량생산의 시대가 지나고 바야흐로 '맞춤 개별 생산의 시대'가 될 수밖에 없었던 이유가 여기 있다.

개별화 또는 매스 커스터마이제이션(Mass Customization)이란 '개별 고객의 니즈에 맞춰 주문생산된 제품 및 서비스를 대량생산해 낮은 비용으로 제공하는 시스템'으로 정의할 수 있다. 이제까지는 대량생산과 주문생산은 양립할 수 없다고 생각해 왔다. 그러나 4차 산업시대에 들어서면서 이 두 가지를 융합시켜 탁월한 성과를 거두는 기업이 나타나기 시작했다. 특히 글로벌 기업은 매스 커스터마이제이션을 발전시켜 글로벌 경쟁력 회복의 큰 원동력 중 하나로 삼고 있다.

아디다스, 개인 맞춤형 운동화 생산

스포츠 용품 기업인 아디다스는 사용자가 원하는 디자인과 색상, 소재 등을 선택하면 '스마트 팩토리'를 통해 그대로 만들어 주는 '마이아디다스(miAdidas)'라는 제품을 팔고 있다. 맞춤신발의 필요성은 1990년대 후반 유럽에서 본격적으로 부상했다. 당시 유럽에서는 유럽 제품의 시장 축소, 중국산 수입 시장 확대 등으로 어려움을 겪었다. 유럽의 신발 제조 기업들은 이에 대한 대응책으로 아웃소싱 확대, 자동기계 도입 등을 시도했지만 효과는 별로 없었다. 당시 신발 업계는 비슷비슷한 제품들이 넘쳐나는 가운데 고객의 특별한 니즈는 맞추지 못하고 있었다.

이에 따라 2001년 3월부터 유럽에서는 독일의 프라운호퍼연구소를 중심으로 '유로슈(EUROShoE)'라는 프로젝트가 시작됐다. 신발 제조사, 연구기관, 소프트웨어 회사 등 35개 기관이 참여해서 맞춤신발에 대한 수요 조사, 풋 스캔(foot scan) 기술 개발, 맞춤신발 디자인을 위한 소프트웨어 개발 등이 이뤄졌다. 이를 통해 나이키(NikeID), 뉴발란스(360° Fit), 아디다스(miAdidas) 등 스포츠화 기업들은 앞다퉈 '대량 맞춤화 전략'을 도입했다.

핵심 부품 모듈화해야 개별화 용이

나이키의 경우, 온라인 웹사이트를 통해 기존 신발에 소비자가 직접 색을 입혀 보고 개인 문구를 넣을 수 있게 했다. 또 이렇게 개인화된 신발을 3D 화면으로 실시간 확인할 수 있도록 했다. 주문은 온라인으로만 가능하며, 제작에서 배달까지 4주가 걸린다. 뉴발란스는 온라인 사전예약을 통해 소비자들이 선택한 오프라인 매장에서 발 사이즈, 발 골격, 운동할 때 발목 움직임 등을 첨단기계로 측정한다. 그다음, 맞춤 시스템이 권장하는 신발(사전 준비돼 있는 신발) 중에서 소비자가 마음에 드는 디자인을 선택, 구입하게 했다. 하지만 아디다스는 이들 두 회사와는 다르게 디자인, 착화감, 성능이라는 옵션을 모두 채택해 차별화를 시도했다. 마이아디다스는 러닝화와 축구화만 맞춤화 작업이 가능하다. 소비자는 온라인 사전 예약을 통해 선택한 오프라인 매장에서 정밀하게 발의 넓이와 길이를 측정한다. 이후 풋 스캔을 통해 운동 시 소비자의 발에 가해지는 압력과 그 분포도를 분석해 최대 성능을 발휘할 수 있는 신발 모델을 추천한다. 이 단계에서 소비자는 깔창, 바닥 등의 착화감과 성능에 관련 있는 내부 제품을 도우미와 의논해 선택할 수 있다. 마지막 단계에서는 추천된 신발 모델 컬러를 소비자가 직접 정하고, 자신의 이니셜이나 간단한 문구를 넣게 된다. 약 40분간에 걸친 주문이 끝나면 국내의 경우 러닝화는 중국에서, 축구화는 인도네시아에서 생산돼 약 3~4주 후 소비자에게 배달된다.

개별화의 실현을 목표로 할 때, 효과가 높은 접근법은 핵심 부품의 모듈화다. 즉, 구성 요소를 규격화해 공용(共用)하는 것이 중요하다. 예를 들어, 일본 마츠시타 전기산업의 자회사인 내셔널자전거공업에서는 모듈화된 모델, 색상, 디자인을 조합해 고객마다 다른 자전거를 만들어 주고 있다. 그렇게 만들어 낼 수 있는 종류가 1,000만 가지 이상이다. 부품의 모듈화 자체는 결코 새로운 개념이 아니지만 개별화의 개념과 합쳐져 앞으로 더 큰 위력을 발휘할 것으로 예상된다. 즉, 이제까지 개별화

생산을 의식하지 않던 기업에도 기존의 사내 자원을 활용해 개별화를 실행할 수 있는 길이 충분하다는 것이다.

맞춤형 화장품 만드는 아모레퍼시픽

화장품 산업은 복합적 기술력이 필요한 반면 다품종 소량생산 제품으로 유행에 민감한 산업이다. 품종이 매우 다양하며, 제품 라이프 사이클이 짧아 신제품 출시의 성공 여부가 매출의 주요 변수로 작용한다. 초기 설비 투자가 크지 않고 제조원가 비중이 낮아 시장 진입이 용이하지만 브랜드 인지도 확보가 성패를 좌우한다.

2002년 하반기부터 지속된 소비심리의 위축은 화장품 산업에도 영향을 미쳤다. 2004년엔 초저가 화장품이 부상하고 저가 화장품과 고가 화장품의 양극화 현상을 보였다. 경쟁이 치열해지면서 각 화장품 업체는 새로운 돌파구가 필요했다. 이러한 시기에 '감성 소비', '체험 마케팅'의 개념이 등장하면서 소비자에게 독특한 경험을 제공해줄 수 있는 맞춤화에 대한 관심이 증가했다.

아모레퍼시픽은 '맞춤 화장품'을 통해 까다로운 고객의 니즈를 만족시켜 침체된 시장에서 새로운 활력을 찾을 수 있었다. '맞춤 화장품'은 축적된 피부 진단 데이터를 기반으로 개별 고객의 피부 상태를 진단해 개인별 피부에 가장 적합한 화장품을 제작해 판매하는 형태다. 기초 제품의 경우 소비자의 피부 상태를 면밀히 조사하고 그에 맞는 일종의 처방전을 통해 가장 적합한 기초화장품을 추천한다. 색조 제품은 수십 가지 색상을 나열해 소비자가 원하는 비율로 섞어 만든다. 제조는 즉시 이뤄지지만, 법에 따라 1주일의 제품 테스트 기간을 거쳐 고객에게 전달된다.

출처: 조선비즈, 2017. 12. 21.

참 · 고 · 문 · 헌

Booz, Allen, and Hamilton (1982), *New Product Management for the 1980s.* New York: Booz, Allen & Hamilton, Inc.

Cooper, R. G. (1993). *Winning at New Products: Accelerating the Process from Idea to Launch.* 2nd Ed., MA: Addison–Wesley.

Cooper, R. G., and Kleinschmidt, E. J. (1995). Benchmarking the firm's critical success factors in new product development. *Journal of Product Innovation Management,* 12(5), 374–391.

Crawford, C. M. and Di Benedetto, A. (2000). *New Products Management.* 6th Ed., MI: McGraw–Hill.

Drucker, P. (1982). The innovative company. Wall Street Journal, Feb, 26, p. 18.

Dubiel, A., Banerjee, S., Ernst, H., and Subramaniam, M. (2018). International–market–information use across new–product–development stages: Antecedents and performance implications. *International Marketing Review,* 35(5), 760–784.

Kotler, P., and Keller, K. L. (2016). *Marketing Management.* 15th ed., NJ: Pearson.

Kuczmarski, T. (1988). *Managing New Products.* Englewood Cliffs, NJ: Prentice Hall.

Lehmann, D. R., and Winer, R. S. (1997). *Product Management.* MI: McGraw–Hill.

Rosenau, M. D. (1996). *The PDMA Handbook of New Product Development.* NJ: John Wiley & Sons.

Urban, G. L., Carter, T., Gaskin, S., and Mucha, Z. (1986). Market share rewards to pioneering brands: An empirical analysis and strategic implications. *Management Science,* 32(6), 645–659.

Urban, G. L., and Hauser, J. R. (1993). *Design and Marketing of New Products.* 2nd Ed., NJ: Prentice Hall.

아이디어 관리

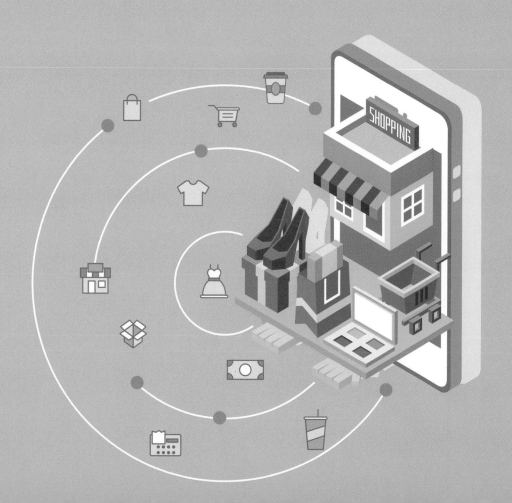

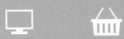

New Product
Design
&
Development

CHAPTER 03

신제품 아이디어 관리

익숙하면서도 새로운 '대체 코드의 힘'

대중은 익숙하면서도 낯선 것을 좋아한다. 익숙하기만 하면 진부하다고 여기고, 낯설기만 하면 이질감을 느끼기 때문이다. 익숙하면서도 새로운 것을 만들려면 기존 시스템의 일부를 새로운 것으로 대체하면 된다.

우리나라 영화계 대표 흥행 감독 중 한 명인 윤제균 감독. 그가 제작한 영화 중 '해운대', '국제시장'은 그에게 '1,000만 돌파 감독' 타이틀을 안겨준 대표작이다. 영화 해운대의 시나리오는 쓰나미의 무대를 동남아에서 해운대로 대체해 보자는 찰나의 생각에서 비롯됐다. 이 작품이 나오기 전에도 윤제균 감독은 '두사부일체', '색즉시공', '1번가의 기적' 등과 같은 흥행작의 감독을 맡았는데 흥행의 비결에 대한 질문에 그는 다음과 같이 답했다.

"몇 작품을 해보니 분명해졌습니다. 대중성의 요체는 절반의 새로움과 절반의 익숙함이에요. 너무 새로운 것은 컬트죠. 모든 게 익숙하면 식상함이고요."

그렇다면 '절반은 새롭고 절반은 익숙하게'라는 명제를 어떻게 하면 현실로 구현할 수 있을까? 영화 해운대 시나리오의 착상처럼 기존 시스템의 중요한 일부 요소를 새로운 것으로 바꾸는 것이 하나의 방법이다.

요소대체

시스템을 구성하는 요소 중 하나를 새로운 것으로 대체하는 '요소대체(element replacement)'의 고전적인 예는 구찌의 뱀부백이다. 역사상 가장 큰 전쟁이었던 2차 세계대전이 끝난 직후 패전국이었던 이탈리아의 경제사정은 극도로 궁핍했다. 가방의 소재인 가죽을 구하기가 어려워지자 구찌는 가죽의 사용을 줄이기 위해 대나무에 눈을 돌렸다. 얼핏 생각하기에는 가죽과 전혀 어울리지 않을 것 같은 대나무에 열을 가해 부드럽게 만든 후 이를 구부려 가방의 손잡이로 사용한 것이 뱀부백이다.

1947년 출시된 이 가방은 큰 인기를 끌었다. 잉그리드 버그만이나 엘리자베스 테일러 등 세기적 배우들이 영화 속에 이 가방을 들고 출현했고, 그레이스 켈리나 재클린 케네디와 같은 당대의 패션 아이콘들이 이를 애용하자 수많은 여성이 갖고 싶어 하는 구찌의 대표상품으로 자리 잡았다.

또 다른 명품업체인 페라가모에도 비슷한 사례가 있다. 구두를 만드는데 필요한 가죽이나 원목 등의 재료를 구하기 힘들어지자 페라가모는 코르크 조각으로 신발 밑창과 힐 사이의 공간을 채워 풀로 붙이고 다듬었다. 이렇게 탄생한 웨지힐(wedge heel)은 미국의 패션잡지 보그에 실릴 정도로 선풍적 인기를 끌었다.

우리 주변에서 흔히 볼 수 있는 대체의 예는 롤러 스케이트와 롤러 블레이드다. 롤러 스케이트는 아이스 스케이트 신발에 부착된 칼날을 바퀴로 대체해 아스팔트나 콘크리트 바닥 위에서 미끄러지며 탈 수 있도록 한 것이다. 롤러가 두 줄로 돼 있는 롤러 스케이트는 어린 아이들도 쉽게 탈 수 있지만 조금 지나면 흥미를 잃기 쉽다. 롤러 스케이트의 난이도를 높이기 위해 두 줄로 돼 있는 롤러를 한 줄로 바꾼 것이 롤러 블레이드다.

수단대체

목적을 달성하기 위한 수단이나 방법을 다른 것으로 바꾸는 '수단대체(means replacement)'도 대체의 대표적 유형 중 하나이다. 먼저 노트북 컴퓨터의 예를 보자.

구찌의 뱀부백　　　페라가모의 웨지힐　　　애플의 파워북　　　살충제 레이드 광고

출처: 뱀부백(위키미디어 커먼스), 웨지힐(lyst.com), 파워북(위키피디아), 레이드(Courtesy of Je-seok Yi)

노트북은 들고 다니면서 사용하는 것이므로 휴대성이 중요하다. 그래서 애플은 자사의 초기 노트북인 파워북을 설계할 때 디자인의 초점을 휴대성에 맞췄다. 노트북을 기차나 비행기 좌석 등에서 사용할 때 가장 불편한 점은 마우스를 놓을 만한 마땅한 공간이 없다는 것. 이 문제를 해결하기 위해 파워북은 마우스를 대체할 트랙볼을 본체에 내장했다. 1991년 출시된 이 제품은 1년 만에 매출액 10억 달러를 돌파했다.

광고에서의 대체코드 활용

대체코드는 특히 광고에서 많이 활용된다. 아마도 사람들의 이목을 끌기 위해서는 무엇보다 '절반은 새롭고, 절반은 익숙하게'라는 원칙이 중요하기 때문인 듯하다. 광고 전문가 이제석이 디자인한 살충제 레이디 광고는 이러한 점을 충실히 반영하고 있는 대표적인 사례이다. 레이드 상표가 붙은 폭스바겐의 딱정벌레(beetle) 차가 뒤집혀 있는 이 광고를 보면 살충제의 성능에 대한 다른 설명이 필요 없다. 딱정벌레를 딱정벌레 형상이 자동차로 대체한 기막힌 광고다.

앞의 여러 사례에서 보듯 창의적 사고는 완전 새로운 사고가 아니다. 익숙한 것을 약간 비틀고 뒤집어 보는 것만으로도 충분히 창의적인 생각을 할 수 있다. '절반은 새롭고 절반은 익숙하게'라는 명제를 달성하기 위해 익숙한 것을 새로운 것으로 대체해보는 대체 코드 기법을 시도해 볼 필요가 있다.

출처: 동아비즈니스리뷰, 2018. 6., 250호.

신제품 아이디어 관리는 시장에서의 신제품 개발 기회를 파악하는 첫 번째 단계이다. 이 단계에서는 신제품 기회를 파악하고 아이디어를 창출한 후 스크리닝을 거친다. 특히 성공적인 신제품은 조그만 아이디어에서 시작되므로 신제품을 개발할 때 아이디어의 중요성을 인식하고 체계적으로 창출하려는 노력을 해야만 한다(Cooper, 2000).

美 듀퐁사(Dupont)의 경우, 두 개의 상용화된 제품을 만들기 위해 약 3,000개의 아이디어를 관리하고 있다. 또한 제약회사의 경우 6~8천 개의 많은 아이디어들 중에서 하나의 시제품을 개발한다. 따라서 수많은 아이디어가 기업의 내 · 외부에

존재하고 있는 환경에서 아이디어 원천을 관리하고 평가하는 과정이 필요하다.

그러나 현재까지 신제품 아이디어의 창출과정이 다른 신제품 개발 단계보다 소홀하게 다루어져 왔던 것 또한 사실이다. 이러한 현상의 가장 큰 원인은 신제품 아이디어의 창출과정이 정형화되지 않은 창조적 과정이기 때문에 이를 관리 통제할 수 있는 모형을 만들어 내기가 어렵기 때문이다(Urban, Hauser, and Dholakia, 1987).

따라서, 이번 장에서는 체계적인 아이디어 관리를 위한 신제품 개발 기회의 파악, 신제품 아이디어 창출 및 스크리닝에 대해 자세히 알아보도록 하겠다.

SECTION 01 / 신제품 개발 기회의 파악

1.1 전략적 시장 기회 파악

신제품을 개발하기 위해서는 시장에서 신제품 개발 기회를 파악해야 한다. 기회 파악이란 마케팅 환경을 분석하고 자사가 보유하고 있는 강점을 최대한 살릴 수 있는 신제품 개발 기회를 잡는 것을 말한다.

Booz, Allen & Hamilton(1982)은 신제품 개발 프로세스를 시작하기 전에 시장에서의 기회를 전략적으로 파악해야 한다고 설명하고 있다. 특히 기업은 신제품 개발 목표를 세우고 목표를 달성할 수 있는 구체적인 방법을 찾기 위해 환경 분석과 기업의 핵심역량을 파악해야 한다고 말한다. [그림 3-1]에서도 볼 수 있듯이 신제품 개발 프로세스에 착수하기 전에 외부환경 분석, 내부역량 평가, 기업문화 평가 등을 체계적으로 분석해야 신제품 개발 기회를 포착할 수 있다. 전략적 시장 기회 파악을 자세히 살펴보면 다음과 같다.

(1) 신제품 개발 목표의 수립

신제품 개발의 목표는 기업의 성장과 밀접한 관계를 맺고 있다. 왜냐하면 신제품 개발이 기업의 성장에 견인차 역할을 하기 때문이다. 그러므로 기업은 성장하기 위해서 꾸준히 신제품을 출시하고 관리해야만 한다. Duerr(1986)는 기업 수익의 약 35% 정도가 최근 10년 동안 개발된 신제품으로 이뤄진 것이며 그 비율은 점점 증가하고 있다고 하였다. 신제품 개발은 이제 기업의 생존과도 직결되어 있는 문제가 되고 있다.

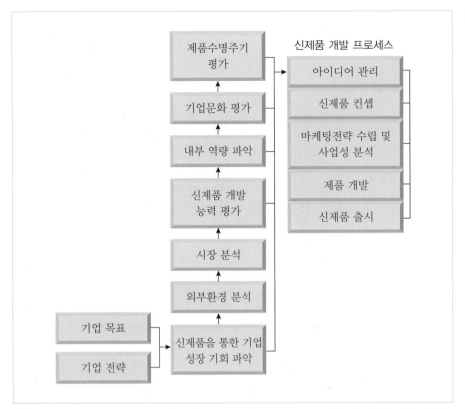

그림 3-1
신제품 개발의
전략적 접근

출처: Booz, Allen, and Hamilton(1982). *New Product Management for the 1980s.* New York: Booz, Allen, & Hamilton, Inc.

따라서 신제품 개발 목표는 기업의 목표 및 기업의 전략의 일부분으로써 생각해야 한다. 많은 기업들은 전사적 기업 목표를 달성하기 위해 신제품 개발을 실시하고, 신제품 개발을 통해 기업 목표 달성에 어떠한 기여를 할 수 있는지를 먼저 고찰해야 된다(Booz, Allen, and Hamilton, 1982).

신제품 개발 목표를 세울 때에는 현실적으로 설정하여야 하며 가능하면 그 목표를 계량화 하여 기업의 성과를 측정하여 관리해야 한다. 신제품 개발의 목표를 설정할 때 되도록 구체적으로 접근하는 것이 중요하다. 예를 들어, 신제품 개발을 통한 매년 시장점유율 10% 증가, 신제품 출시를 통한 매년 50억원 이상의 매출 증가 등과 같은 구체적인 목표를 잡아야 한다. 왜냐하면 추상적인 목표를 설정하게 되면 프로젝트를 수행하면서 목표의식 점점 약해져 신제품 개발이 미궁에 빠지는 경우가 종종 있기 때문이다.

위와 같이 신제품 개발의 목표가 설정되었으면 목표를 달성하기 위한 전략 수립이 필요하다. [그림 3-2]를 보면 신제품 전략적 접근을 통해 기업의 매출액뿐만

그림 3-2
신제품 개발의
전략적 접근과
기업의 목표 달성

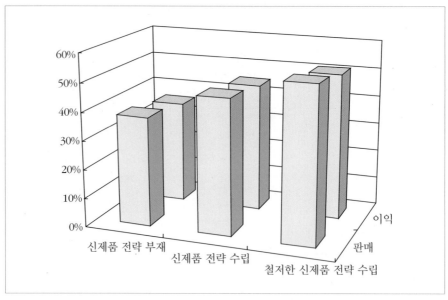

출처: Cooper, R. G., and Kleinschmidt, E. J.(1995). Benchmarking firms' new product performance and practices. *Engineering Management Review*, 23(3), 112-120.

그림 3-3
신제품의 전략적
접근과 신제품
성공률

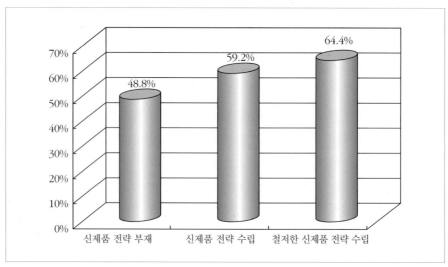

출처: Cooper, R. G., and Kleinschmidt, E. J.(1995). Benchmarking firms' new product performance and practices. *Engineering Management Review*, 23(3), 112-120.

아니라 영업이익 등이 마케팅 성과에 좋은 영향을 미치고 있는 것을 볼 수 있다. 또한 [그림 3-3]을 보면 전략적인 신제품의 기회를 파악하는 것이 신제품 성공률을 높이고 있는 것을 볼 수가 있다. 이는 전략적 기회를 파악했을 때, 신제품 성공률이

64.1%로 높은 반면 그렇지 않을 경우에는 약 48%로 성공률이 낮게 나타나는 것을 알 수 있다.

(2) 외부환경 및 시장 분석

1) 소비자 분석

신제품 개발시 소비자의 욕구를 충족시키는 것은 매우 중요한 일이다. 그러므로 소비자의 특성을 파악하고 이에 적절한 제품을 개발해야 한다. 특히 소비자는 제품 및 서비스에 대해 구매패턴과 태도 등과 같은 다양한 행동을 보이고 있기 때문에 소비자의 특성을 보다 심층적으로 분석해야 할 필요가 있다.

2) 경쟁자 및 경쟁 상황

경쟁환경은 신제품 개발에 영향을 주며 성공적으로 시장에 접근하는 데 필수적으로 분석해야 할 사항이다. 신제품 개발자는 제품이 속한 시장의 구조는 물론 경쟁자의 규모 및 유통경쟁 등에 대해 심도 깊은 분석을 해야 한다.

3) 기술적 환경

신제품 개발을 위해 제품관련 기술, 고성능 설비, 신속한 유통시스템 등에 대한 기술적 검토가 이뤄져야 한다. 특히, 생산능력과 직결되어 있는 생산설비 등에 대한 고려가 이뤄져야 한다. 따라서 생산 부서 및 연구개발 부서 등과의 밀접한 관계를 유지해야 한다.

4) 기타

경제적 환경, 법적 · 정치적 환경 등과 같은 외부환경 및 시장환경도 함께 고려해야 한다. 국가 또는 지역의 경제성장률, 경기 등은 신제품 개발에 많은 영향을 미치기 때문이다. 특히 경제성장률이 높거나 경기가 호황일 때에는 시장의 성장잠재력이 매우 크기 때문에 다양한 시장 기회를 포착할 수 있다. 또한 정부나 공공기관에 의한 규제 또는 법률에 의한 규제에 대한 검토도 매우 중요하다.

(3) 내부역량 평가 및 개발 능력 평가

1) 기업 문화

신제품 개발에 긍정적인 기업 문화가 조성되었을 때 신제품 성공비율이 높아진다. 3M의 경우, 기업 내에서 신제품에 대한 새로운 아이디어를 자유스럽게 공유하는 기업 문화를 갖고 있다. 그리고 이러한 신제품 개발 노력에 대해 충분한 보상과 갖가지 편익을 제공하는 기업 문화가 3M을 세계일류 기업으로 만드는 밑거름이 되었음은 분명하다.

2) 신제품 개발 경험

신제품 개발팀은 신제품의 개발 경험이 있는 사람으로 구성되어지는 것이 바람직하다. 그러나 신제품 개발 경험이 없다면 외부 전문가의 힘을 빌어 제품 개발을 함께 하는 방법도 좋을 것이다.

3) 제품 수명주기 평가

현재 자사가 보유하고 있는 제품의 수명주기를 파악해야 한다. 도입기에 있는 제품은 시장에서 안정적으로 위치를 굳히고 매출을 증대할 수 있는 방안을 모색해야 할 것이며 성숙기에 있는 제품의 경우는 재포지셔닝(repositioning) 등과 같은 방법을 통해 신제품을 개발해야 할 것이다.

SECTION 02 아이디어 창출의 이해

2.1 아이디어 창출이란?

신제품 개발의 첫 단계는 시장에서 신제품 개발기회를 파악하는 것이다. 그 후에 신제품 개발에 착수하게 되고, 이 중 신제품 개발 초기에 이뤄지는 아이디어 창출은 신제품 개발의 첫 단추를 꾀는 매우 중요한 일이다. 따라서 시장의 기회를 잘 살려 소비자에게 보다 나은 가치를 전달할 수 있도록 창의적인 아이디어를 창출해야 한다.

아이디어 창출은 가능성 있는 제품의 아이디어를 탐색하는 것이다. 그러나 대부분의 아이디어는 추상적 단어의 조합으로 존재하는 경우가 많기 때문에 좋은 아이디어를 창출하기 위해서는 체계적인 관리가 필요하다. 그러므로 이런 체계적 관리 속에서 다양한 아이디어 원천을 관리하고 평가한다면 좋은 제품 아이디어를 얻을 수 있을 것이다.

그렇다면 신제품 아이디어를 창출하기 위해서는 어떠한 노력을 해야 하는가? 먼저 신제품 아이디어 창출을 위해서는 아이디어의 원천(source)을 잘 관리하는 것이 중요하다. 신제품 아이디어의 원천은 기업 내부 원천과 외부 원천으로 나눌 수 있는데, 기업환경 또는 제품의 성격에 맞춰 이러한 아이디어 원천을 효율적으로 관리해야 한다. 또한 좋은 아이디어를 걸러내는 스크리닝 작업도 필요하다. 이러한 과정을 통해 참신한 아이디어를 창출할 수 있고 이를 바탕으로 신제품 개발에 착수하게 되는 것이다.

하지만 창의적이고 참신한 아이디어를 얻기란 매우 어려운 일이다. 왜냐하면 다음과 같은 장애요인들이 창의적 아이디어 창출을 막기 때문이다.

첫째, 아이디어를 도출하는 과정에서 생길 수 있는 비판을 두려워하기 때문에 자신들의 아이디어를 말하는 것을 꺼린다. 둘째, 창의적인 제품개발에는 언제나 위험이 따른다. 대부분의 기업들은 여러 가지 통제를 통해 위험을 최소화하려고 하기 때문에 창의적인 아이디어 도출에 한계가 따른다. 셋째, 조직의 인력들이 소비자들이 자신들의 상품을 어떻게 사용했는지에 대한 정보를 알고 있다 하더라도 그 정보가 불충분하기 때문에 창의적인 아이디어가 나오지 못하는 경우도 있다. 넷째, 대부분의 회사들이 사내 인력들의 아이디어를 수집하는 체계적인 구조를 갖추고 있지 않다는 점도 창의적인 아이디어 도출의 장애 요인이 된다. 다섯째, 관료적인 조직구조를 들 수 있다. 대부분의 기업들이 아직까지도 전통적인 방식으로 조직을 운영하고 있고 유연하지 못한 조직에서는 창의적인 아이디어가 나오기 어렵다. 마지막으로 많은 회사들이 창의적인 신제품을 개발하는데 많은 노력과 시간을 들이기보다는 단순히 경쟁사의 제품을 모방하는 경우가 대부분이라는 점 또한 창의적인 아이디어 개발의 장애 요인이라고 할 수 있다.

2.2 아이디어 창출을 위한 준비

이러한 아이디어 창출을 저해시키는 원인을 극복하고 좋은 아이디어를 창출하기 위해서는 다음과 같은 사항을 준비하여야 한다.

1) 창의적인 기업분위기 조성

위에서 언급한 창의성의 장애 요인을 극복하고 기업에서 창의적인 신제품 아이디어를 도출하기 위해서는 원활한 의사소통이 될 수 있도록 기업들이 조직구조를 좀더 유연하게 변화시켜야 한다. 또한 전문가들을 통해서 얻어진 아이디어 외에도, 사내인력이나 소비자들도 중요한 아이디어의 원천이라는 점을 인식하고 이들이 자유롭게 의견을 제시할 수 있는 환경을 조성해야 한다. 그리고 다양한 인센티브를 도입하여 사내 인력들이 참신한 아이디어를 개발할 수 있도록 동기를 부여하는 것도 좋은 방법 중 하나이다. 그러므로 기업은 이를 위해 창의적인 인재를 발굴하고 꾸준히 사원교육에 투자해야 한다.

2) 보상제도

사내의 인력들이 창의적인 신제품 아이디어 도출에 큰 공헌을 한 경우라면 자신들의 노력과 결과에 알맞은 보상을 해 주어야 한다. 기업은 일의 대가에 대해 금전적인 보상을 해 줄 수도 있고 근무환경을 개선시켜 준다든지, 업무성과가 뛰어난 개개인에게 직무의 자율권과 권한을 확대하는 등의 비금전적인 보상을 지원해 줄 수가 있다. 이와 같은 보상은 일을 하는 사람에게 동기를 부여할 수 있고, 자신이 노력한 대가에 대해 보상을 받음으로써 종업원들은 긍정적인 태도로 직무에 임하게 되므로 이는 결국 개인성과뿐만 아니라 기업의 성과에 향상을 가져온다. 때문에 기업의 체계적인 보상제도는 창의적인 기업 분위기를 조성하는 것만큼 신제품 아이디어 도출을 위한 준비사항으로서 중요하다고 할 수 있다.

3) 원활한 의사소통체계

신제품 아이디어가 특정 부서, 또는 한명의 개인으로부터 도출되는 경우는 드물다. 마케팅 부서 단독으로 아이디어가 도출될 수도 있겠지만 마케팅 부서와 연구개발 부서의 공동으로 더욱 창의적인 신제품 아이디어가 도출될 수 있고 동료들과의 회의를 통해서 참신한 신제품 아이디어가 나올 수 있다. 따라서 조직간 아이디어 회의, 네트워크를 이용한 아이디어 개발, 화상회의 등과 같은 단순한 방법에서부터 High-tech 기술을 통해 각 부서간, 동료간의 원활한 의사소통이 이루어질 수 있도록 하여야 한다.

4) 경영진의 참여

경영진은 단순히 도출된 신제품에 대한 아이디어를 보고 받는 것이 아니라 신제품 아이디어의 전 과정에 대한 지식을 습득하여 적극적으로 신제품 아이디어 도출에 동참해야 한다. 새로운 시장환경은 자신의 자리에서 결제서류에 결제만 하는 경영진보다는 기업의 전체 활동에 능동적으로 참여할 수 있는 경영진을 요구한다. 따라서 현대 기업의 경영진은 신제품 아이디어 도출의 전 과정에 의욕적으로 참여하여 자신의 아이디어를 제안하고 타인의 의견을 수용하면서 새로운 제품 개발에 적극적으로 참여하려고 노력해야 한다. 또한 경영진은 아이디어 도출과정에서 발생할 수 있는 난처한 상황에 즉각 대처할 수 있어야 하고, 아이디어를 도출하는 전 과정을 리드할 수 있어야 한다. 즉, 경영진을 비롯한 모든 조직원이 제품 아이디어 원천이 되어야 한다.

시장에서 성공가능한 신제품 아이디어가 가능한 많이 도출될 수 있는 창의적인 조직 분위기가 조성되고, 조직원들에게 노력의 대가를 인정해 주는 보상제도가 체계적으로 갖추어진다면 창의적인 신제품 아이디어 도출이 절반 정도는 성공했고 할 수 있을 것이다. 여기에 경영진들의 적극적인 참여와 회사의 건실한 재무구조가 뒷받침된다면 성공적인 아이디어 창출을 할 수 있을 것이다.

아이디어 원천

신제품이 성공을 거두기 위해서는 창의적인 아이디어들을 창출해야 하며 체계적인 과정을 거쳐 아이디어를 관리하는 것이 무엇보다 중요하다고 앞서 언급하였다. 이런 아이디어 창출의 출발점은 아이디어 원천을 관리하는 것이다. 물론, 우연한 기회에 아이디어를 얻을 수도 있겠지만 그 가능성은 매우 희박하기 때문에 기업은 다양한 내·외부적인 아이디어 원천을 활용하여 아이디어를 창출해야 한다. 왜냐하면 아이디어 원천의 관리가 아이디어 창출의 출발점이기 때문이다.

3.1 기업 내부 원천

신제품 아이디어의 기업 내부 원천은 마케팅 및 연구개발 부서, 최고경영층, 생산 부서, 내부직원의 제안 등 매우 다양하다.

(1) 마케팅 및 연구개발 부서

마케팅과 연구개발(R&D) 부서는 사내의 부서들 중에서 신제품 개발과 직접적으로 관련된 부서이고, 항상 고객의 욕구를 파악하고 가치 있는 제품을 만들기 위한 노력을 하고 있다. 이들 부서 중 마케팅 부서는 고객들의 욕구가 무엇인지에 대해 분석한 자료를 보유하고 있으며 R&D부서는 새로운 제품 기술에 대한 정보가 많은데, 무엇보다도 중요한 것은 아이디어 창출을 위해 마케팅과 R&D부서가 공동으로 노력해야 한다는 것이다. 마케팅 부서의 직원들은 기술교육을 받지 못하였지만 소비자의 욕구를 누구보다 잘 파악하고 있으며 R&D부서의 직원들은 마케팅에 대해 체계적인 지식은 없지만 장기적인 기술동향을 예측할 수 있다는 장점을 가지고 있다. 따라서 이 두 부서가 통합적으로 운영될 때 많은 시너지 효과를 얻을 수 있다. 특히 기업의 신제품 개발 프로젝트 중 마케팅 부서와 R&D부서 간의 관계가 밀접할수록 다양한 신제품 아이디어를 얻을 수 있다는 사실을 알 수 있다(Souder, 1987).

이런 의미에서 마케팅 부서의 직원들과 R&D부서의 직원들은 정기적인 기술

아이디어 원천	비중(%)
마케팅	62
최고경영층	37
연구개발 부서	24
생산부서	14
내부 직원의 제안	7

출처: Benson, G., and Sachs, W. S.(1981). *Product Planning and Management*. Okla: Penwell Publishing.

교육과 경영전반에 대한 기술교육에 참여함으로써 상대 부서에 대한 업무의 이해도를 높이는 노력도 필요하다. 공통의 목적을 달성하기 위해 서로 노력하는 과정에서 기업은 많은 아이디어를 얻을 수 있을 것이다. 이처럼 성공적인 제품 개발을 위한 마케팅과 R&D부서는, 각 부서가 독립적으로 일을 진행할 때는 물론 서로 상호 협력하는 모든 경우가 기업에게는 중요한 아이디어 원천으로 작용할 수 있다.

(2) 최고경영층

경영자의 적극적인 신제품 개발 의지와 맞물려 신제품 아이디어가 창출될 수도 있다. 그리고 기업 규모가 작으면 작을수록 경영층에서 나오는 아이디어는 더욱 다양하다(Benson and Sachs, 1981). 기업의 구조상 최고경영자는 기업의 발전과 지속적인 존속을 위해 여러 가지 의사결정을 내려야 하는데, 그 중에서도 회사 성장에 막대한 영향을 미치고 있는 신제품 개발에 관심을 갖지 않을 수 없을 것이다. 특히 최고경영층의 경우, 해외출장 및 외부 관계자와의 회의 등에서 좋은 아이디어가 떠오르는 경우가 많다. 그리고 이러한 아이디어를 신제품 개발 부서에 전달하고 독려함으로써 성공적인 신제품 개발을 진두 지휘하는 역할도 담당한다. 또한 최고경영층은 아이디어 제공뿐만 아니라 신제품 개발을 적극 지원하고 기업 문화를 바꾸려는 노력을 통해 더욱 많은 신제품 기회를 잡을 수 있다.

(3) 생산 부서

기업의 생산현장에서도 새로운 아이디어를 얻을 수 있다. Myers and Marquis (1969)의 조사에 따르면 고도의 기술을 요하는 제품들 중 약 20% 정도가 생산현장으로부터 아이디어를 얻은 것이라고 한다. 특히 생산엔지니어들의 문제해결능력을 시장의 욕구에 적용시키면서 참신한 신제품 아이디어를 창출할 수 있는데(Urban and Hauser, 1993), Pultrusion기계(섬유로 강화된 플라스틱으로 다이를 통해 뽑아내는 기계)나 인쇄회로보드에 직접회로를 삽입하는 기계 등은 생산엔지니어들의 아이디어에 의해 성능이 개선된 신제품으로써(von Hippel, 1977), 세계적으로 공정기술에 많은 관심이 생겨나면서 생산 부서는 중요한 아이디어의 원천으로 자리잡고 있다.

(4) 내부 직원의 제안

내부 직원의 제안은 대부분의 기업들이 사용하는 신제품 아이디어 원천이다. 내부 직원은 아이디어를 제안할 때 주로 내부 자료를 바탕으로 제안하는 경우가 많다. 내부 자료는 오랜 기간 동안 축적된 자료로 영업관련 자료, 기존의 시장조사 자료 등을 들 수 있는데 기업은 이러한 내부 직원의 제안을 통해 새로운 아이디어를 창출한다.

영업관련 기록을 살펴보면 고객의 제안이나 불만사항에 대해 알 수 있고, 보증수리기록은 자사 제품의 문제가 어디에서 발생하는지에 관해 알 수 있게 할 뿐 아니라 수리기록을 통해 새로운 용법을 발견할 수도 있다. 때문에 기업에서는 보증수리를 회피하기보다는 새로운 제품 아이디어를 얻을 수 있다는 좀 더 긍정적인 자세를 가져야 한다. 또한 불만을 처리하는 콜센터 직원에 의해 소비자의 불만이 무엇인지를 알 수 있으며 불만사항을 해결하려는 노력의 과정에서 신제품 개발을 위한 아이디어가 도출될 수 있다. 이와 같이 내부 직원의 제안은 신제품 개발을 위한 아이디어 창출과정에서 유용하게 사용될 수 있다.

사례

직원들 '일할 맛' 나도록… 자유롭게 아이디어 내면 회사는 사업화 돕는다

"집 안의 미세 먼지 농도, 습도 등을 자동으로 감지, 오염 구간으로 자동 이동하는 제품은 어떨까요?" 정교하진 않지만, 참신한 아이디어들이 쏟아졌다. LG그룹은 최근 신입 사원들이 자유롭게 혁신 아이디어를 제안하고 창의적 고객 가치를 생각해볼 수 있는 프로그램 중심으로 그룹 신입 사원 교육을 개편했다. 회사 생활 중 꼭 알아야 하는 경영 이념을 제외한 일반적 이론 강의를 최소화하고, 단체 활동도 없었다. LG 관계자는 "신입 사원 때부터 자신들이 꼭 필요한 존재라는 인식을 심어주기 위한 것"이라며 "개별 직원이 모두 존중받는 기업 문화를 만드는 작업"이라고 말했다.

권위주의 없애고 자유롭게 일할 수 있는 문화

LG유플러스는 '즐거운 직장팀'이라는 색다른 이름의 조직을 만들었다. 이 팀의 목적은 '아침에 눈뜨면 출근하고 싶은 회사'를 만드는 것. 매월 둘째·셋째주 수요일에는 오후 5시에 '칼퇴근'할 수 있는 '스마트 워킹 데이'를 만들었다. 또 직원 개인의 개성을 펼치라는 의도에서 청바지·티셔츠를 입고 근무할 수 있는 자율 복장제도 도입했다. 한여름에는 예의에 어긋나지 않는 선에서 반바지나 샌들 착용도 가능하도록 했다. 또 본인의 선택에 따라 출퇴근 시간을 자유롭게 조정할 수 있는 '시차 출퇴근제'를 도입했다.

'쉴 때 쉬고, 일할 때 일하는 회사'를 만들기 위한 다양한 프로그램을 시도하고 있다. LG생활건강은 2006년부터 임직원에게 재충전의 시간을 부여하기 위해 '전 사원 휴무일' 제도를 운용 중이다. '전 사원 휴무일'은 한 달에 1~2일(보통 월요일 혹은 금요일)을 전사 휴일로 지정해 눈치 보지 않고 휴가를 자유롭게 쓸 수 있도록 한 제도다. 한 달에 한 번씩은 주말 포함 2박 3일간 휴가를 사용할 수 있다. 또 2005년부터 직원이 원하는 시간에 출근한 뒤 정해진 시간이 되면 스스로 알아서 퇴근하는 유연근무제와 정시퇴근제를 통해 일과 가정의 균형을 유지할 수 있도록 지원하고 있다.

LG이노텍도 유연근무제를 2010년 6월부터 실시, 오전 7시부터 10시까지 출근 시간을 자율적으로 설정하고 8시간 근무시간을 지켜 개별적으로 자유롭게 퇴근할 수 있도록 하고 있다. 특히 원거리 출퇴근자 및 주말 부부를 위해서 금요일과 월요일에 한해 오전 6시부터 11시까지로 출근시간을 확대 적용하여 주말을 여유롭게 보낼 수 있도록 지원하고 있다.

자유롭게 아이디어 제안… '일할 맛' 나는 분위기 만들어

LG그룹은 직원들이 자유롭게 자신들의 아이디어를 제안하는 제도를 만들었다. 2013년 10월부터 사내 포털 사이트를 통해 직원들이 혁신적인 아이디어를 내고 사업화에 도전할 수 있는 'LG-LIFE 퓨쳐챌린저'를 운영하고 있다. 직원들은 OLED(유기발광다이오드), 전장부품, 스마트폰 등 제품이나 사업에 대한 개선 사항을 제안하고, 자유롭게 시장을 선도할 혁신적 아이디어도 제안할 수 있다. 다양한 직군과 직급으로 구성된 사내 컨설턴트 150명이 이 아이디어들을 매달 평가하고, 사업화 단계까지 도움도 준다. 지금까지 제출된 아이디어가 2만 2,000건이 넘는다.

서울 여의도 LG트윈타워에서 LG그룹 사내 전문가들로 구성된 '아이디어 컨설턴트'들이 직원들이 제안한 아이디어의 사업화 가능성에 대해 토의하고 있다.
출처: LG.

LG전자는 임직원들의 창의적인 아이디어 발굴을 위해 '아이디어 발전소'를 운영하고 있다. '아이디어 발전소'는 기술 분야 연구원들이 아이디어를 내면, 5개월 개발 기간과 개발비 1,000만원을 지원해 시제품을 만들 수 있도록 한다.

LG디스플레이는 2011년부터 임직원의 혁신적인 아이디어를 자유롭게 제안할 수 있는 온라인 제안 채널인 '아이디어 뱅크'를 운영 중이다. 신기술 및 신제품을 비롯해 경영 전반과 관련된 아이디어를 제안하면 평가를 통해 현장에 적용하고, 채택된 아이디어에 대해서는 보상도 한다. 아이디어 뱅크 제도를 통해 LG디스플레이가 축적한 지식 자산은 현재까지 17만여 건에 달한다. LG 관계자는 "직원들이 제안한 아이디어들이 실제 사업으로 이어져 혁신적인 제품들이 나온다"며 "직원들이 스스로 '일할 맛' 나는 회사라고 느낄 수 있는 분위기도 자연스럽게 형성된다"고 말했다.

출처: 조선비즈, 2017. 4. 28.

3.2 기업 외부 원천

기업 외부 원천이란, 기업 외부에서 신제품의 아이디어를 얻는 경우를 말한다. 외부적인 원천은 매우 다양한데, 이 중에서 소비자로부터 얻을 수 있는 아이디어가 가장 큰 비중을 차지하고 있다. 그 외에도 경쟁제품, 외국제품, 연구소, 발명가 등을 통한 많은 아이디어 원천이 있다.

(1) 소비자

소비자는 중요한 신제품 아이디어 원천으로써, 기업은 소비자의 욕구를 파악하는 과정에서 많은 신제품 아이디어를 얻을 수 있다(Crawford, 2000). 특히 시장에서 성공한 신제품들은 기술혁신에 의한 것이기도 하지만 대부분 소비자 욕구에 부흥하여 성공한 경우가 많다(Utterback, 1974). [표 3-2]를 보면 신제품 아이디어의 외부 원천 중 소비자가 차지하는 비중이 매우 높은 것을 알 수 있다. 이는 그만큼 소비자로부터 나오는 아이디어를 제품에 반영할 때 좋은 신제품을 개발할 수 있다는

아이디어 원천	비중(%)
소비자	28
경쟁제품	27
외국제품	22
연구소	22
발명가	22
특허	19
외부 전문가	18
광고 기획사	18
유통채널	15
기타	18

📄 표 3-2
신제품 아이디어의 주요 외부적인 원천

출처: Benson, G., and Sachs, W. S.(1981). *Product Planning and Management*. Okla: Penwell Publishing.

것이다.

소비자를 심층적으로 이해기 위해서는 내재되어 있는 잠재적인 욕구까지도 파악해야 한다. 소비자들이 무엇을 원하고 있는가는 기업에서 가장 중요한 신제품 아이디어의 원천이기 때문이다. 소비자 제품 사용행동을 직접 관찰하여 새로운 아이디어를 얻을 수 있으며 표적집단면접법(FGI) 등과 같은 조사방법을 통해 신제품 아이디어를 얻을 수 있다. 표적집단면접법은 특정한 제품의 타겟이 될 수 있는 소비자들 8~10명을 표적집단으로 선정하여 그들로 하여금 제품에 관해 자유로운 토론을 하게 하여 새로운 아이디어를 얻는 방법의 일종이다. 자세한 소비자 분석 방법은 제 4 장 소비자 분석에서 다루도록 하겠다.

(2) 경쟁제품

경쟁회사의 제품이나 서비스 또한 중요한 신제품 아이디어의 원천이다. 기업이 신제품을 시장에 출시할 때 가장 중요시하는 것은 제품이 고객 욕구를 충족시키는지 여부이다. 따라서 현재 시장에 출시되어 있는 경쟁사의 제품으로부터 소비자들이 느끼고 있는 불만 또는 만족 사항을 파악하여 신제품 아이디어를 얻어낼 수 있다. 시장에 출시되어 단기간 동안 급성장한 LG전자의 '코드제로 A9'의 경우 경쟁제품인 다이슨의 무선청소기를 통해 아이디어를 얻은 제품이다.

시장의 경쟁이 갈수록 치열해지기 때문에 선두를 점하고 있는 기업이라 할지라도 혁신을 꾀하고 경쟁사의 제품보다 개선된 상품을 개발하여 경쟁사에 대해 방어할 수 있는 준비를 갖추어야 한다. 그렇기 때문에 주류업계에서는 다양한 건강주류를 시장에 출시하고 있는데 각 기업마다 경쟁제품으로부터 아이디어를 얻긴 했지만 재료를 달리하기도 하고 맥주 같은 경우는 제조공법에 약간의 차이를 두어 경쟁제품과의 차별화를 시도하고 있다.

📄 그림 3-4
경쟁제품을 통한
신제품 아이디어
의 획득

(3) 외국제품

해외에서 큰 호응을 얻은 제품이라면 이를 참고하여 신제품 아이디어를 얻을 수 있다. 미국에서 해마다 열리는 컴덱스(COMDEX)는 세계 유수 기업들의 첨단 제품들의 전시장의 역할을 하고 있다. 1990년부터 시작된 전시회에서는 컴퓨터, 정보통신 등과 같은 IT제품들의 세계적인 흐름을 알 수가 있다. 국내 삼성전자, LG전자 등도 해마다 열리는 컴덱스 박람회에 참여하여 국내 기술을 외국에 선보이는 기회를 얻고 있다. 비록 자사의 제품을 홍보하는 박람회의 성격을 지니고 있지만 이 때 세계 각지에서 참여한 외국의 제품에 대한 지식과 경험을 얻을 수 있는 좋은 기회이다.

사례
'고객의 아이디어' 써놓으니 제품 매출 크게 늘어

무인양품이 진행한 크라우드소싱 대회에서 한 번 누르면 시끄럽게 알람이 울리고 한 번 더 누르면 알람이 꺼지는 비사용 알람(security buzzer) 아이디어가 채택된다. 이 아이디어는 1,500엔의 가격을 가진 제품으로 실제 개발됐다.

일본 호세이대 연구진 연구자들은 비상용 알람이 시장에 선보인 67일 동안의 판매실적을 추적했다. 조사 대상인 46개의 무지 매장을 무작위로 둘로 나눠 비상용 알람 옆에 전시하는 128×91mm 크기의 POP 디스플레이 내용을 다르게 조작했다. 23개 매장에 들어간 디스플레이에는 단순 신제품이 명시됐고 다른 23개 매장에 들어간 디스플레이에는 '무지 고객으로부터 개발된 아이디어'라는 점이 명시됐다. 두 조건에 배정된 23개 매장은 평균 크기, 평균매장 형태, 평균 지역 등에서 차이가 없었다.

판매량을 비교한 결과 POP 디스플레이에 '무지 고객으로부터 개발된 아이디어임'이 명시되자 총 48개가 더 많이 판매됐다(330개 vs. 282개). 개별 매장으로 환산하면 매장된 17%의 추가 판매가 있었으며 일일 매출액으로 환산하면 전체 67일 중 대부분의 기간 동안 (58일) 매출이 증가한 것으로 나타났다. 즉, 특정 매장이나 특정일에 판매가 갑자기 차이를 보인 것이 아니라 전반적으로 판매가 증가한 것이다.

무인양품에서 아이디어 공모를 통해 완두콩향 프레젤 스낵을 만들었다. 똑같은 완두콩 프레젤이라도 '무지 고객으로부터 개발된 아이디어'가 명시되면 신제품임만 명시될 때에 비해서 평균 20% 정도 판매가 증가됐다. 매장 내 스낵에 배정된 크기, 매장 형태, 매장 위치, 지역을 고려해서 추가적으로 분석한 결과에서도 제품이 고객으로부터 시작된 것이라는 점이 명시되면 판매가 유의미하게 증가한다는 점이 확인됐다.

보통 기업이나 공공기관이 진행하는 일반 대중 대상 아이디어 공모는 내부에서 미처 생각하지 못한 참신한 발상을 수혈하기 위한 것이다. 실제로 이와 같은 과정을 거쳐서 만들어지는 제품도 적지 않다. 그럼에도 이와 같은 사실을 알리는 기업은 드문 편이다.

그러나 이번 실험 결과를 보면 사람들은 일반 대중과 소비자로부터 아이디어가 나올 때보다 각별한 관심을 가지게 된다는 사실을 보여준다. 크라우드소싱이 가진 뜻밖의 효과인 셈이다. 일반 대중에게서 아이디어를 얻었다면 그 사실을 널리 알릴 필요가 있는 의미이기도 하다.

이러한 결과는 공모전을 통한 크라우드소싱이 자주 사용되는 여러 공공정책에도 적용될 수 있다. 동일한 공공 정책이라도 공무원이 아니라 시민이나 국민이 제안한 것이라는 단서가 더해진다면 더 많은 사람이 자발적으로 받아들일 가능성이 높을 것이다.

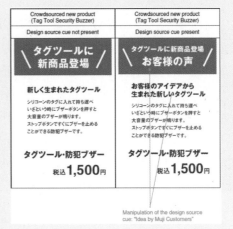

출처: 인터비즈.

출처: 동아비지니스 리뷰, 2018. 3., 244호, 네이버 블로그 인터비즈 정리.

(4) 연구소

여러 가지 신기술은 각종 연구소에서 개발된다. 신기술은 고객의 욕구를 충족시킬 수 있을 뿐만 아니라 이전에 보이지 않던 고객의 욕구도 충족시킬 수 있어 신제품 개발의 기회를 제공할 수 있다. 예컨대, 각종 연구소에서 연구되어지는 생명공학, 유전공학, 화학, 그리고 생물학 연구에 의해 이루어진 기술혁신은 고혈압, 암, AIDS 등과 같은 질병을 치료할 수 있는 새로운 의약품 개발을 가능케 하였다.

(5) 발명 및 특허

기업 내부의 기술혁신도 중요한 신제품 아이디어이지만 발명 및 특허 등도 중요한 신제품 아이디어의 원천이다(Mansfield, 1986). 그래서 기업은 신제품 개발을 위해 제품 개발에 관한 특허권을 사들이는 경우가 있다. 따라서 외부의 새로운 발명가 또는 특허 등을 참고하여 신제품 아이디어를 얻어야 한다.

(6) 기타

외부 전문가에 의해 신제품 아이디어를 얻는 경우도 있다. 다양한 신제품 개발 경험을 지니고 있는 전문가는 그만큼 신제품에 대한 아이디어도 많이 갖고 있다. 또한 아이디어를 창출하는 데 필요한 여러 가지 경험 및 방법을 보유하고 있으므로 이를 적절히 이용하는 것도 좋은 방법 중 하나이다.

또 다른 신제품 아이디어의 원천으로는 유통업자를 들 수 있다. 유통업자들은 제품의 판매, 제품 가격에 대한 영향력뿐만 아니라 경쟁제품을 함께 다루는 경우가 많으므로 신제품 아이디어를 보유하고 있다. 또한 시장동향에 익숙하기 때문에 소비자 문제와 그와 관련된 신제품 개발기회 등에 관한 정보를 기업에 제공해 줄 수 있다.

또한 정부의 정책에서도 신제품 개발 아이디어를 얻을 수 있다. 일본에서는 1960년대부터 1970년대까지 일본경제를 부흥시키자는 정책의 일환으로 MITI(통신성)에서 철강, 섬유, 자동차 분야의 주요 기술개발을 장려하였다. 그리고 이런 프로그램에 참가와 공유를 통해 일본기업들은 다양한 신제품 아이디어와 시장성장 기회를 얻을 수 있었다(Urban and Hauser, 1993).

SECTION 04 / 신제품 아이디어 스크리닝

[표 3-3]에서 볼 수 있듯이 처음 아이디어 개발 단계에서 점차 개발이 진행됨에 따라 그 총 비용이 매우 많이 증가하는 것을 볼 수 있다. 따라서 모든 아이디어를 제품으로 개발하기 보다는 좋은 아이디어를 걸러내는 작업을 통해 비용 및 위험을 감소시키는 노력이 필요하다.

아이디어의 창출과정을 통해 다양한 아이디어들이 제시되지만, 모든 아이디어를 제품화 하여 시장에서 판매를 하는 것은 불가능할 뿐만 아니라 어리석은 일이다. 따라서 창출된 아이디어들을 일정한 기준을 통해 평가하여 선발해 내는 스크리닝 작업은 신제품 개발에 있어서 거쳐야 하는 필수적인 과정이다(Urban, Hauser, and Dholakia, 1987).

아이디어 스크리닝은 좋은 아이디어를 골라내는데 목적을 두고 있기 때문에,

단계	아이디어의 수	통과율	아이디어 개발비용(1개당)	총 비용
아이디어 스크리닝	64	1:4	$1,000	$64,000
컨셉 테스트	16	1:2	20,000	320,000
제품 개발	8	1:2	200,000	1,600,000
테스트 마케팅	4	1:2	500,000	2,000,000
제품 출시	2	1:2	5,000,000	10,000,000
계			$5,721,000	$13,984,000

📄 표 3-3
신제품 개발을 위해 투자되는 비용

출처: Kotler, P., and Keller, K. L.(2016). *Marketing Management.* 15th Ed., NJ: Pearson.

- 이 제품이 소비자와 사회에 유용한가?
- 이 제품이 자사에 기여하는가?
- 이 제품이 자사의 목표와 전략에 부합되는가?
- 이 제품을 성공시키기 위한 기술과 자원은 확보되어 있는가?
- 이 제품이 고객에게 경쟁사 보다 많은 가치를 제공하는가?
- 차별적 광고와 유통의 도입이 용이한가?
- etc

사전에 준비해 놓은 체크리스트를 이용하여 좋은 아이디어를 누락시키거나 나쁜 아이디어를 채택하는 오류를 범하지 않도록 해야 한다.

Kao社의 경우, 좋은 아이디어를 올바르게 선택할 수 있도록 아이디어 체크리스트를 작성하여 아이디어 스크리닝을 실시하고 있다. [표 3-4]는 Kao사의 아이디어 체크리스트이다.

4.1 선택 기준을 활용한 아이디어 스크리닝

체계적인 아이디어 관리는 아이디어의 도출뿐만 아니라 일정한 기준을 통해 상품화가 가능한 제품 아이디어를 선택하는 것도 포함하고 있다. 따라서 기업은 아이디어 도출 후 일정한 아이디어 선택 기준을 마련하여 좋은 아이디어를 선택해야 한다.

[표 3-5]를 보게 되면 도출된 아이디어의 선택 기준을 각 항목별로 평가한 것이다. 아이디어 선택의 기준은 크게 제품부분, 시장부분, 재무부분 등으로 나뉘어 평가되어지는데 이는 제품의 특성별로 맞춰 항목을 재개발해야 할 것이다. 선택 기

<table>
<tr><td colspan="2" rowspan="2">📄 표 3-5
아이디어 선택
기준과 스크리닝</td><td>가중치</td><td>매우 좋음</td><td>좋음</td><td>중간</td><td>나쁨</td><td>매우 나쁨</td></tr>
<tr><td></td><td></td><td></td><td></td><td></td><td></td></tr>
<tr><td rowspan="5">제품</td><td>1. 제품의 참신성</td><td>0.7</td><td>✓</td><td></td><td></td><td></td><td></td></tr>
<tr><td>2. 기존 생산시설과의 적합성</td><td>0.6</td><td></td><td></td><td>✓</td><td></td><td></td></tr>
<tr><td>3. 기술적인 제품 실현가능성 및 생산 능력</td><td>0.9</td><td></td><td>✓</td><td></td><td></td><td></td></tr>
<tr><td>4. 법적인 고려</td><td>0.9</td><td></td><td>✓</td><td></td><td></td><td></td></tr>
<tr><td>5. 조직의 지원 여부</td><td>0.7</td><td></td><td></td><td></td><td>✓</td><td></td></tr>
<tr><td rowspan="2">시장</td><td>6. 시장의 크기</td><td>0.7</td><td></td><td>✓</td><td></td><td></td><td></td></tr>
<tr><td>7. 성장가능성</td><td>0.8</td><td></td><td></td><td>✓</td><td></td><td></td></tr>
</table>

		가중치				
	8. 시장 확장성	0.5			✓	
	9. 기존 제품라인과의 연관성	0.4			✓	
	10. 경쟁적 시장 지위	0.5		✓		
	11. 유통채널의 확보	0.7		✓		
재무	12. 투자대비수익률(ROI)	0.8	✓			
	13. 위험/이익의 비율	0.7	✓			
	14. 현금흐름에 미치는 영향	0.6		✓		

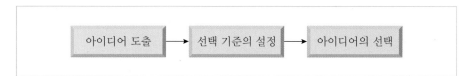

그림 3-5
아이디어
스크리닝 과정

준과 가중치를 곱한 값 중에서 일정한 값 이상의 아이디어를 선출한 후 제품의 컨셉을 개발한다.

　　우선 선택 기준의 평가점수를 그래프를 통해 각 아이디어에 대한 차이점을 눈으로 쉽게 파악할 수 있다. [그림 3-6]은 제품 아이디어에 대한 평가점수인데 제품의 참신성에는 높은 점수를 받고 있지만 시장확장성 또는 기존 제품 라인과의 연관성 등은 낮은 점수를 받은 것을 알 수 있다.

　　하지만 단순히 모든 점수를 합산하여 총점이 높은 아이디어를 고르기 보다는

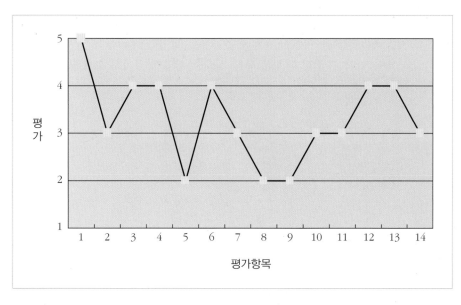

그림 3-6
그래프를 이용한
아이디어
스크리닝

제품의 특성, 산업의 특성 등을 고려하여 각 항목의 가중치를 계산하여 보다 정교한 아이디어 스크리닝을 실시할 수 있다.

$$R = \sum_{i=1}^{n} W_i S_i$$

R : 전반적 평가
W_i : 평가 기준에 대한 가중치
S_i : i번째 아이디어에 대한 평가
n : 스크리닝에 사용된 평가기준의 수

또한 가중치를 고려한 아이디어 스크리닝은 보다 정확하게 좋은 아이디어를 선별할 수 있도록 도와주는 역할을 하고 있다.

SECTION 05 / 요약정리

신제품 아이디어 관리는 신제품 개발을 시작하는 첫 단계이다. 아이디어 관리는 시장 기회 파악, 아이디어 창출, 아이디어 스크리닝으로 이뤄져 있다. 시장 기회의 파악은 기업목표 및 신제품 목표를 달성할 수 있는 최적의 방법을 찾기 위해 기업의 환경을 분석하고 강점을 파악하는 단계이다. 이를 통해 기업의 입장에서 가장 적합한 신제품 기회를 전략적으로 파악할 수 있다. 아이디어 창출은 기업 내·외부에 산재해 있는 아이디어를 수집하고 발굴해 내는 과정이다. 아이디어는 매우 추상적이고 불완전한 상태여서 관리하기가 매우 어렵지만 아이디어 창출원이 제대로 관리되어질 때 좋은 아이디어를 도출할 수 있다. 도출된 아이디어를 신제품으로 모두 개발하는 것은 비용과 시간이 많이 소요되므로 일정한 기준에 의해 스크리닝하는 작업을 해야 한다. 이러한 과정을 통해 신제품 개발에 있어서 위험을 줄이고 성공가능성을 높일 수 있다.

아이디어 하나로 세상을 바꾸고 부와 명성을 다 거머쥔 사람들

주위를 둘러보면 별 생각 없이 늘 사용하는 물건들이 있다. 그중에는 이게 없으면 어쩔 뻔했나 싶은 물건도 많다. 그런 물건 하나하나마다 그것을 처음으로 만들 생각을 한 사람들이 있다. 그들은 그 아이디어 하나로 세상을 바꾸고 부와 명예를 얻었다.

가시 철조망

'세상에서 발명으로 가장 많은 돈을 번 사람은 누구'란 질문이 나올 때마다 등장하는 인물, 바로 미국 뉴햄프셔에서 태어난 '조셉 F. 글리든'이다. 대장장이의 아들로 태어났으며 13세 때 목장에서 돌보던 양들이 울타리를 넘어 옆 농장으로 넘어가 작물을 망쳐 버리는 상황을 경험하면서 목장 주인에게 꾸중을 듣고 만든 것이 가시 철조망이다. 장미넝쿨이 많은 울타리는 양들이 피하는 것에서 힌트를 얻었다. 아버지 대장간에서 재료를 구해 가시 철조망을 만들었으며 1874년 특허를 받아 '더 위너'(The Winner)란 상표로 가시 철조망을 팔았다. 첫 해에는 더 위너 4,500kg을 생산했는데, 1882년에는 4,500만kg으로 1만 배 증가했다. 목장주 뿐 아니라 철도회사도 동물들이 철로를 막지 못하게 하기 위해 철조망을 무더기로 사들인 결과다. 카우보이가 사라진 것도 가시 철조망 때문이라고 한다. 소떼를 목초지에 가둘 수 있으니 소몰이꾼이 필요 없어졌다는 것이다.

가시 철조망은 전쟁의 개념도 바꿔 놓았다. 1차 세계대전 때 미국에서 가장 많이 판매한 물자 중의 하나가 바로 철조망이다. 말을 타고 돌진하는 기병대를 막는데 철조망만한 것이 없었다는 것이다.

지우개 달린 연필

미국 필라델피아에서 태어난 청년 화가 하이만 리프만은 아버지가 일찍 돌아가셔서 어려운 소년 시절을 보냈다. 초상화를 그려주고 받은 돈으로 생활을 했는데, 하루 종일 하는 일이 연필로 그리고 지우개로 지우는 것이었다. 지우개가 자꾸만 없어져 찾느라 낭비하는 시간이 많았다. 그러던 어느 날, 거울에 비친 모자 쓴 자신을 보다가 아이디어가 떠오른다.

1867년 '지우개 달린 연필'로 특허를 내고, 그 뒤 리버칩이라는 회사가 1만 5,000달러와 연필 판매금액의 2%를 준다는 조건에 특허를 사간다. 동네 연필 공장이던 리버칩은 대기업으로 성장한다.

빨대

빨대의 영어표현인 스트로우는 짚이란 의미인데 가운데가 비어 있는 마른 식물 정도로 해석할 수 있다. 대표적인 것이 갈대이다. 실제로 오래 전부터 갈대를 빨대로 썼다. 수천년 전 메소포타미아에선 맥주를 마실 때 갈대를 썼다고 한다. 맥주가 지금처럼 맑은 상태가 아니라 곡물 찌꺼기가 떠 있어서 마시기가 불편했기 때문이다.

실제로 1888년까지 술꾼들은 술이나 음료수를 마실 때 갈대를 사용했다고 한다. 손으로 컵을 잡으면 온도가 변해 술맛이 달라진다는 이유에서였다. 마빈 스톤이라는 담배공장 근로자가 갈대 대신 담배를 싸는 종

출처: 나무위키, 게티이미지뱅크, 질레트.

이를 둥글게 말아 갈대가 아닌 '빨대'를 만들었다. 이후 마빈의 담배공장은 담배보다 빨대를 더 많이 만들기 시작했고 덕분에 마빈 스톤은 사장으로 승진했다.

병뚜껑

병뚜껑의 정확한 명칭은 크라운 코르크(crown cork)이다. 미국 시카고에 살던 농부 윌리엄 페인터가 만들었다. 내용물이 상하는 것도 막고, 흘러나오는 것도 막는 이 물건을 만든 이유는 페인터가 상한 음료수를 먹고 배탈을 앓았기 때문이다. 수년간 연구 끝에 1892년 특허를 받고 'Crown Cork & Seal Company'란 회사를 설립한다. 이후 회사는 전 세계 140개가 넘는 관련 회사를 거느린 글로벌 기업으로 성장했다.

면도날

크라운 코르크에 다니던 직원 가운데 한 명이 다시 아이디어로 부와 명성을 거머쥔다. 그의 이름은 킹 캠프 질레트(King Camp Gillette). 바로 면도기 회사로 유명한 질레트이다. 질레트는 크라운 코르크에서 세일즈맨으로 일했다. 한번 쓰고 버리는 병뚜껑을 보고 영감을 받아 한번 쓰고 버리는 면도날을 생각해 냈다고 한다.

출처: 네이버 블로그 Jobs N, 2018. 5. 19, 발췌 편집.

소비재 산업 디지털 혁신? 뷰티 산업을 보라

　　디지털은 소비자가 브랜드와 소통하고 쇼핑하는 방식을 혁명적으로 변화시키고 있다. 이른바 '일용 소비재'(FMCG, Fast moving consumer goods) 시장에서 이러한 디지털 지각변동을 선도하는 것이 바로 뷰티 산업이다. 뷰티 산업은 소셜미디어 등을 통한 디지털 마케팅의 영향력이 가장 신속하면서도 광범위하게 확산하고 있는 분야다.

　　브랜드 런칭 자체를 온라인에서 시작하는 것을 '선천적 디지털(born-digital)'이라고 한다. 후발 브랜드들은 이를 적극적으로 활용한다. 특히 시각적 속성으로 디지털 마케팅에 적합한 색조 화장 부문이 선전하고 있다. 색조 화장 신규 브랜드들은 지난 2008년부터 2016년까지 연평균 16%의 성장을 이루며 기존 업체들보다 4배 빨리 성장했다. 덕분에 색조 화장 시장 내 이들의 점유율도 4%에서 10%로 뛰어올랐다.

　　뷰티 산업에 대한 벤처캐피털 투자도 늘고 있다. 신규 뷰티 기업들은 2008년 이후 전체 뷰티 업종에 대한 벤처캐피털 투자액 27억 달러 중 절반을 유치했다. 투자의 70%가 최근 3년간 발생했다. 이렇게 신규 뷰티 브랜드들이 최근 성공하게 된 이유는 크게 다섯 가지다.

　　첫째, 소비자들의 SNS 참여가 늘었기 때문이다. 2016년 구글에서 세 번째로 가장 많이 검색된 주제는 뷰티였다. 유튜브에는 매달 150만 건 이상의 뷰티 비디오가 업로드된다. 짧은 온라인 동영상인 '브이로그'는 소비자들에게 메이크업 방법을 알려주고 있고, 뷰티 전문 '마이크로 인플루언서'(SNS 팔로워 수가 1만~10만 명에 달하는 개인)도 등장했다. 소셜 미디어 구독 순위 상위권은 앞서 언급한 '선천적 디지털' 브랜드들의 차지다. 눈썹 전문 화장품 브랜드로 설립된 '아나스타샤'는 현재 인스타그램 팔로워만 1,620만 명에 이른다. 아나스타샤는 600명의 인플루언서들을 중심으로 화장법·제품 평가 등의 관심사를 SNS에 매주 평균 60건 이상 포스팅한다. 미국에서 아나스타샤의 온라인 매출은 2016년 150% 폭풍 성장했고, 전체 매출도 2012년에서 2015년까지 무려 100배 이상 성장했다.

　　둘째, 밀레니얼 세대(1980년대 초~1990년대 후반 출생)는 신규 브랜드를 더 훌륭하고 혁신적이라고 생각한다는 응답률이 베이비부머 세대보다 3배 높다. 신제품 혹은 새로운 브랜드에 대해 SNS에서 배운다는 응답률도 마찬가지로 3배 더 높았다. 이들은 신제품을 더 빨리 사보고, 수시로 선호하는 제품을 바꾸는 성향이 있다.

　　셋째, 신규 뷰티 브랜드들은 소셜 미디어를 단순 판매 채널이 아닌 소비자들과의 교감, 즉 관계 형성에 활용한다. 페이스북·인스타그램 및 유튜브를 통해 제품사

용 후기를 공유하도록 독려
함으로써, 제품 생성 초기부
터 함께 참여했다는 느낌을
받게 했다.

넷째, 온라인·오프라
인을 융합해 운영하는 옴니
채널 소매업체나 온라인 전
용 뷰티 사이트가 성장한 것
도 한몫했다. 이들은 다양한
브랜드를 한꺼번에 경험하게
하고, 한두 명의 친구가 해주
던 뷰티 조언을 커뮤니티를
통해 얻게 한다. 옴니채널 화
장품 매장인 세포라(Sephora)
나 울타뷰티(Ulta Beauty)의
경우 미국 내 동일점포 매출

다양한 눈썹 화장 방법을 알려주는 화장품 브랜드 '아나스타샤'
의 인스타그램
출처: 아나스타샤.

액이 각각 연간 7%·14%씩 고속 성장 중이다. 소비자들은 증강현실(AR) 앱 등을 통
해 셀카를 업로드한 후 디지털 기술을 활용해 다채로운 화장품 제품이 자신에게 잘
맞는지 시험해 본다. 이후 사진을 공유해 선호도(like or not) 투표도 한다. '잎시'와 '버
치박스'와 같이 신규 소규모 브랜드 제품을 정기적으로 받아볼 수 있는 정기구독 서
비스도 나왔다. 2014년 온라인 전용 화장품 브랜드에서 출발한 '컬러팝'은 역사상 최
고속 성장을 하는 뷰티 브랜드로 성장했다. 인기 뷰티 블로그 '인투더글로스'에서 파
생된 '글로시에'는 소셜미디어 인플루언서들에게 사랑받는 영향력 있는 브랜드로 자
리매김했다.

마지막으로 신규 브랜드들은 마케팅에 집중하며 제품 혁신 등 다른 영역들은 아
웃소싱하는 특징이 있다. 이는 브랜드 개발에 주력하는 전략을 통해 고정 원가를 절
감하고, 신속한 혁신 사이클을 유지하기 위해서다.

이러한 신생 뷰티 기업들의 도전에 맞서 메이저 뷰티 기업들은 ▶인수합병 ▶디
지털 전략 강화 ▶인큐베이션 등으로 대응하고 있다. 2016년 한 해 동안 전통 화장품
기업들이 인수한 뷰티 관련 업체는 52개다. 이 중 다수가 디지털 전문성을 지닌 소형
업체들이었다.

에스티로더는 신제품 '더블웨어 파운데이션'을 페이스북을 통해 출시하고, AR을
활용해 소비자들의 질문에 답변을 해주고 있다. 로레알은 지난 2010년 이후 채용한
디지털 전문가가 1,600명에 달하고, 디지털 관리자(Digital Officer)라는 임원 직제를 도
입했다. 시세이도는 자신의 얼굴에 가상으로 색조 화장을 해 볼 수 있는 AR 서비스를

제공하고 있다.

내부 인큐베이터를 통해 신속하게 소형 브랜드를 키워내기도 한다. 프랑스 럭셔리 그룹 LVMH는 스타트업 인재들을 유치해 뷰티 인큐베이터 '켄도'를 설립했다. 켄도는 마크제이콥스 뷰티 · 캣본디 · 펜티뷰티 등 빅히트 브랜드들을 잇따라 출시하는 데 성공했다.

이러한 뷰티 업종의 변화는 디지털 혁신에 뒤처진 다수의 소비재 업체들이 어떻게 궤도를 수정해야 하는지 알려준다. 이미 욕실 방향제, 안경 및 선글라스, 매트리스, 남성용 면도기 등의 소비재 부문에는 디지털에 주력하는 신규업체들이 등장했다. 이젠 제품의 특징에 상관없이 소비자 참여가 중요해졌다. 디지털 마케팅, 소셜 미디어 전문가는 물론 인플루언서의 생태계를 적극적으로 활용해야 한다. 인큐베이터 또는 전사적 벤처투자펀드와 같이 신규 브랜드와 제품 혁신을 증진할 신규 조직도 구축할 때다.

출처: 중앙일보, 2018. 6. 19.

참 · 고 · 문 · 헌

Benson, G., and Sachs, W. S. (1981). *Product Planning and Management*. Okla: Penwell Publishing.

Booz, Allen, and Hamilton (1982). *New Product Management for the 1980s*. New York: Booz, Allen and Hamilton, Inc.

Cooper, R. G., and Kleinschmidt, E. J. (1995). Benchmarking firms' new product performance and practices. *Engineering Management Review*, 23(3), 112−120.

Crawford, C. M., and Benedetto, C. A. (2000). *New Product Management*. 6th Ed., New York: McGraw−Hill.

Duerr, M. G. (1986). *The commercial development of new products*. New York: The Conference Board, Report No. 890.

Eling, K., Griffin, A., and Langerak, F. (2016). Consistency matters in formally selecting incremental and radical new product ideas for advancement. *Journal of Product Innovation Management*, 33(S1), 20−33.

Kotler, P., and Keller, K. L. (2016). *Marketing Management*. 15th Ed., NJ: Pearson.

Liljedal, K. T., and Dahlén, M. (2018). Consumers' response to other consumers' participation in new product development. *Journal of Marketing Communications*, 24(3), 217−229.

Mansfield, E. (1986). Patents and innovation: An empirical study. *Management Science*, 32(2), 173−181.

Myers, S., and Marquis, D. G. (1969). *Successful Industrial Innovations*. Washington, National Science Foundation.

Souder, W. E. (1987). *Managing New Product Innovations*. New York: Lexington Books.

Urban, G L., and Hauser, J. R. (1993). *Design and Marketing of New Product*. 2nd Ed., Englewood Cliffs: Prentice−Hall.

Urban, G. L., Hauser, J. R., and Dholakia, N. (1987). *Essentials of New Product Management*. NJ: Prentice Hall.

Utterback, J. M. (1974). Innovation in industry and the diffusion of technology. *Science*, 183(4125), 620−626.

Von Hippel, E. A. (1977). Has a customer already developed your next product?. *Sloan Management Review*, 18(2), 63−82.

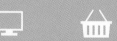

New Product
Design
&
Development

CHAPTER 04

소비자 분석

소비자 조사를 통한 트렌드 변화의 포착: 가전업계 '집안일 하는 남자'가 대세

흰머리가 희끗한 중년 남성이 앞치마를 두른 채 무를 썰며 "저염식이 좋다고 해서 시작한 2년째, 김치가 가장 어렵다"고 말한다. 아내는 맞은 편에서 "저염 김치는 오래 두면 얼어버려서 그때 그때 담아 먹을 수밖에 없다"며 양념을 버무린다. 부부가 함께 김치를 담근다는 실제 소비자의 사연을 바탕으로 삼성전자가 제작한 김치냉장고 '김치플러스' 광고의 내용이다.

왼쪽 위부터 순서대로 삼성 건조기 '그랑데', 삼성 무선청소기 '파워건', 삼성 전기레인지, LG 트롬 드럼세탁기 신제품
출처: 이데일리.

맞벌이 등으로 가사를 분담하는 남성이 늘면서 가전업계에도 '집안일 하는 남자'가 대세다.

업계에 따르면 삼성전자와 LG전자는 가전제품 광고에 남성 모델들을 적극적으로 기용하고 있다. 최근 가사와 육아는 여성만의 책임이 아니라는 사회 분위기가 형성되면서 마케팅·광고부서가 이를 반영한 것이다.

삼성전자 무선청소기 '파워건' 광고에서는 침대 아래까지 집안 구석구석을 청소하는 예비 사위의 모습이, 냉장고 '패밀리허브' 광고에선 식재료를 꺼내 식사를 준비하는 남편의 모습이 그려진다. 세탁기 '플렉스워시' 광고 영상은 출장을 떠난 아내를 대신해 빨래를 하는 남편이 묘사된다.

LG전자의 가전제품 광고에서도 변화가 감지된다. 최근 방영된 LG 건강관리 가전 광고에서는 백발의 노신사가 건조기에서 세탁물을 꺼낸다. 이어 주방에서 고기를 굽는 모습이 나온다. 무선청소기 코드제로 A9 광고는 전 농구선수 서장훈 씨가 출연해 제품을 사용한다.

신제품 출시 사진에도 남성 모델이 등장하고 있다. 삼성전자의 경우 2~3년 전부터 이재용 삼성전자 부회장이 직접 "여성을 상품화하는 제품 사진이나 광고를 찍지 말라"고 지적한 이후 냉장고, 세탁기, 청소기 등 대부분의 제품 사진에 남성 모델이 등장한다. LG전자도 '트롬 씽큐 드럼세탁기' 모델로 남성이 발탁됐다.

이 같은 가전업계 광고는 최근 남성들이 가사에 보다 적극적으로 참여하고 있는 사회 변화를 반영한 결과다. 통계청에 따르면 지난해 비경제활동인구 가운데 육아나 가사를 전담으로 하는 남성은 17만명으로 역대 최대를 기록했다.

아울러 남성이 가전을 사용하는 모습은 가사에 익숙지 않은 사람이라도 손쉽게 사용할 수 있는 제품이라는 점을 강조하는 효과도 있다.

맞벌이 등으로 집안일을 분담하는 가정이 늘면서 남성들도 가전제품을 구매하는 주체로 떠올랐다. 남성을 겨냥해 출시한 삼성 스타워즈 로봇청소기는 일반 제품보다 5배 이상 팔려나가는 등 인기를 끌었다. 건조기 역시 남성 구매 비중이 높은 제품으로 꼽힌다.

신제품을 개발하는 데 있어서 소비자 분석은 매우 중요하다. 소비자의 욕구와 의견을 충족시킬 수 있는 신제품은 경쟁력이 있기 때문이다. 특히 신제품 개발 초기 단계에서 소비자 분석은 더욱 중요한 역할을 한다. 왜냐하면 소비자 분석을 통해 좋은 신제품 아이디어를 얻을 수 있을 뿐만 아니라 소비자의 욕구가 반영된 신제품은 개발 프로세스 중에 발생할 수 있는 시행착오 또는 설계 변경 등을 최소화할 수 있기 때문이다. 따라서 초기에 소비자의 욕구와 의견을 반영한 신제품을 개발하는 것이 바람직한 것이다.

소비자 분석을 통해서 마케터들은 신제품 아이디어를 많이 얻을 수 있으며 구체적으로 소비자들을 통해 구매이유, 사용 행태, 불만 사항, 구매처 등을 분석하여 신제품 아이디어를 얻을 수 있다. 또한 다양한 마케팅 기법을 통해 소비자를 다각적으로 분석할 수 있다.

이번 장에서는 체계적인 소비자 분석 방법에 대해 자세히 알아보도록 하겠다.

SECTION 01 소비자 분석의 이해

1.1 소비자 분석의 필요성

신제품의 성패는 소비자에 달려 있다고 해도 과언은 아니다. 아무리 좋은 제품이나 서비스를 시장에 출시한다 하더라도 소비자에게 외면 당한다면 그 신제품은 실패했다고 말할 수 있기 때문이다. 따라서 소비자의 욕구가 무엇인지 파악하고 이를 만족시킬 수 있는 가치 있는 제품 개발이 이루어져야 한다. 소비자 분석은 신제품 개발 전 과정에 걸쳐 전반적으로 이루어지며 특히 신제품 아이디어 창출시 컨셉 개발 과정에서 소비자들을 정확하게 이해하기 위한 방법으로 많이 사용되고 있다.

시장에서 성공한 수많은 신제품들의 주된 성공 요인은 소비자의 욕구를 정확히 파악하고 이를 신제품에 적용했기 때문이다. 우리에게 익숙한 커피 브랜드인 스

그림 4-1
스타벅스의 성공

출처: 조선pub, 비즈니스워치.

타벅스도 예외는 아니다. 스타벅스가 처음 커피 전문점을 출시할 때 모든 소비자를 상대로 마케팅을 할 수 없다는 사실을 알았다. 따라서 소비자를 일정한 기준으로 나눈 후 각 세분시장 중에 가장 적합한 목표시장을 선택하였다. 그리고 도시에 거주하고 있는 젊은 층의 직업인들을 목표시장으로 선정하고 목표시장을 공략하기 위한 소비자 분석을 실시하였다. 이를 통해 스타벅스는 목표시장의 소비자층이 주로 이들은 교육수준이 높고 질 좋은 커피를 원하고 있다는 사실을 밝혀냈다. 또한 세련되고 이국적이면서 독특한 분위기의 커피 전문점을 원하고 있다는 것을 파악하였다. 따라서 스타벅스는 이러한 소비자 분석 결과를 토대로 그들이 목표로 하는 시장이 원하고 있는 커피 브랜드를 출시하기에 이르렀다. 이후 소비자들은 스타벅스 브랜드를 좋아하게 되었고 입소문을 통해 소비자들은 점점 늘어갔다. 이처럼 스타벅스는 소비자에 대한 철저한 분석을 통해 끊임없이 소비자를 이해하려고 노력하였으며, 결국 이러한 노력의 결과로 세계적인 커피 전문 브랜드가 되었다.

[표 4-1]를 살펴보면 연구개발 또는 마케팅 부서에서 창출된 아이디어보다 소비자에 의해 발굴된 아이디어를 반영한 신제품의 매출액이 월등한 것을 보여준다 (Meadow, 1968). 그만큼 신제품 개발 초기단계에서부터 철저하고 체계적인 소비자 분석을 통해 신제품을 개발하는 것이 바람직하다는 것을 알 수 있다.

기업은 소비자 또는 고객의 중요성을 인식하고 고객과의 밀접한 관계 구축을

표 4-1
신제품 혁신에 따른 매출액의 증가

아이디어 원천	신제품 혁신에 따른 매출액의 증가			
	전혀 없다	약간 증가	보통	매우 증가
연구개발	66%	17%	17%	0%
마케팅	58	14	14	14
소비자	33	33	13	20

출처: Meadows, D. L. (1968). Estimate accuracy and project selection models in industrial research. *Industrial Management Review*, 9(3), 105–119.

그림 4-2
SK 엔크린 카드
를 이용한 소비
자 분석

출처: SK 엔크린 홈페이지.

통해 수익을 창출하려는 노력을 하고 있다. 그러한 노력들 중 고객관계관리(CRM)는
고객 행동을 이해하고 고객이 무엇을 원하는지 파악하고 차별적으로 혜택을 제공
하여 고객과의 관계를 구축하려는 관리방식을 말한다. CRM을 추진하고 있는 많은
기업들은 고객들의 의견을 듣기 위해 많은 채널들을 관리하는데 예를 들어, 콜센
터, DM, 인터넷, 엽서 등을 통해 고객의 소리(Voice of Customer)를 수렴하여 듣고
실제 제품 및 서비스에 반영하는데 많은 투자와 시간을 아끼지 않고 있다. SK주식
회사의 엔크린 보너스 카드의 경우 고객의 구매행동 및 구매 패턴을 이해하여 알맞
은 혜택을 제공함으로써 재구매 및 구매량을 증대시키는 데 일조하는 한편 이러한
정보를 바탕으로 새로운 서비스의 개발, 제품 개선, 주유소 관리 등에 대한 신제품
아이디어를 함께 얻을 수 있다.

1.2 소비자 분석 사항

체계적으로 소비자를 이해하고 분석하는 일은 매우 중요하다고 앞서 설명하였
다. 그렇다면 소비자의 무엇을 분석해야 할 것인가?

주로 분석되는 사항은 구매이유, 구매장소, 구매시점 등과 같은 제품 구매행
동과 관련된 내용이다. [표 4-2]는 소비자 분석사항을 정리해 놓은 것이다.

(1) 구매 고객

소비자 분석 중에서 가장 중요한 것은 과연 우리의 고객이 누구인지 파악하는

📄 표 4-2
소비자 분석
사항

분석 항목	내용
구매 고객	– 어떤 소비자가 제품을 구매하고 사용하는가?
구매 이유 및 사용 용도	– 제품을 구매한 이유와 어떻게 사용되고 있는가?
구매 장소	– 주로 어디에서 제품을 구매하는가?
구매 시점	– 언제 제품을 구매하는가?
제품 선택과정	– 어떤 식으로 제품을 선택하는가?
제품 선호	– 제품을 선호하는 이유는 무엇인가?
마케팅 프로그램	– 어떤 마케팅 프로그램을 선호하고 그 이유는 무엇인가?
재구매	– 재구매하는 이유는 무엇인가?

출처: Lehmann, D. R. (2002). *Product Management.* 3rd Ed., NJ: McGraw Hill.

것이다. 즉 우리의 제품을 누가 구매하며 사용하고 있는가를 알아야 한다. Lehmann(2002)은 제품을 구매하는 고객에 대해 구매 영향력을 기초로 소비자를 다섯 가지 유형으로 구분하였다. 첫째, 제품에 대한 욕구를 인식하는 소비자이다. 제품 구매를 위한 첫 번째 단계는 욕구를 인식하는 것이다. 소비자는 제품에 대한 욕구를 인식하고 그 후 욕구를 충족시켜 줄 수 있는 제품을 탐색한다. 둘째, 구매에 영향을 미치는 소비자이다. 구매 의사결정에 정보를 제공하고 선호의사를 밝혀 구매에 영향력을 미치는 역할을 한다. 셋째, 구매에 대한 의사결정을 내리는 소비자이다. 넷째, 직접 제품을 사는 구매자이다. 마지막은 제품의 실제 사용자이다. 이는 제품 구매 후 실제 제품을 사용하는 최종 사용자를 말한다.

이러한 다섯 가지의 유형이 동일인일 수도 있지만 그렇지 않은 경우도 있다. 이런 경우, 다섯 가지 유형의 소비자는 제각기 상이한 시각을 갖는다. 산업재 제품을 구매한다고 가정해 보자. 기술 집약적인 제품인 산업재의 경우 실제 최종사용자인 엔지니어는 제품의 기술적인 측면에 많은 관심을 갖는 반면 실제 구매를 하는 구매 부서 또는 대행사는 비용 및 제품의 신뢰성에 대해 더욱 많은 관심을 갖는다.

📄 그림 4-3
맥도날드의 해피
밀 세트

출처: 맥도날드.

소비재의 경우도 비슷한 경우가 있을 수 있다. 맥도날드 햄버거를 주로 먹는 연령층은 아이들이다. 하지만 직접 구매를 하는 소비자는 부모들인 경우가 많다. 구매 의사결정은 부모가 하고 실제 사용 및 취식은 아이들이 할 경우 어떻게 신제품을 개발할지를 결정해야 한다. 맥도날드는 소비자 분석을 통해 용돈을 받는 청소년층은 직접 햄버거를 구입하였지만 용돈을 받지 않는 유년층은 부모들이 대신 햄버거를 구매한다는 사실을 파악하였다. 결과적으로 아이들이 부모의 구매에 지대한 영향을 미친다는 사실을 알게 된 맥도날드는 이에 맞는 신제품인 해피밀 세트를 출시하기에 이르렀다. 해피밀 세트는 가족용으로 만들어진 햄버거 세트로 각종 장난감을 사은품으로 주는 신제품인데, 아이들은 부모에게 장난감과 햄버거를 함께 구매할 수 있으므로 해피밀 세트를 매우 좋아하였다.

이처럼 신제품 기획자는 소비자 분석시 구매자는 누구이며 실제 사용자는 누구인지와 같은 구매자관련 내용을 다각적으로 분석하고 이에 맞는 적절한 신제품을 만들어야 할 것이다.

(2) 구매 이유 및 사용 용도

제품을 구매하는 이유에 대한 분석은 소비자가 왜 제품(서비스)을 구매하였는가에 대한 것이다. 좋은 신제품을 만들기 위해서 마케터는 소비자의 구매 이유를 정확하게 알아야 한다. Arms & Hammer사의 베이킹 소다는 빵을 제조할 때 쓰는 반죽용 첨가제이다. 그러나 소비자는 빵을 제조하기 위해서 베이킹 소다를 구매하기도 하였지만 구강 청정제, 탈취제 등으로 사용하기 위해 구매하기도 하였다. Arms & Hammer사는 각종 탈취제를 출시하여 반죽용 첨가제로만 쓰이던 베이킹

그림 4-4
사용 용도의 파악을 통한 신제품 개발

출처: Arms & Hammer.

소다를 여러 용도로 사용할 수 있도록 다양한 제품을 출시하였다. 이는 소비자의 구매이유 및 사용방법의 분석을 통해 신제품 아이디어를 얻어낸 좋은 예이다.

그렇다면 마케터는 소비자가 제품을 어떤 이유에서 구매하는가에 대한 고찰이 필요하다. 특히 소비자는 제품 자체를 구매한다고 하기보다는 제품이 줄 수 있는 편익(benefit)을 구매한다는 사실을 알아야 한다. 예를 들어, 소비자는 이온음료를 구매할 때 갈증을 빨리 해소시켜 준다는 편익 때문에 제품을 구매하는 것이다. 그러므로 신제품 아이디어를 창출할 때에는 제품이 소비자에게 줄 수 있는 편익에 대한 고찰이 필요한 것이다. 또한 편익에 대한 고찰을 할 때에는 항상 경쟁상황을 고려해야 한다. 제품이 유일한 제품이라면 상관 없겠지만 경쟁제품이 존재할 때에는 경쟁제품과 비교하여 어떤 혜택 또는 편익을 제공할 수 있는지를 파악하여야 한다. 소비자는 경쟁제품과 항상 비교하여 제품을 선택하기 때문에 편익을 통한 제품 차별화가 매우 중요하다. 이온음료인 게토레이는 갈증 해소라는 편익을 제공함과 더불어 물보다 흡수가 빠르고 탄산음료보다 달지 않다는 차별화를 통해 제품을 포지셔닝시켰다. 이는 갈증해소라는 편익에서 물과 탄산음료와의 경쟁 상황을 함께 고려한 신제품 개발의 예이다.

(3) 구매 장소

구매자가 누구인지 그리고 그들의 구매 이유를 파악했다면 마케터들은 과연 소비자들이 어디에서 제품을 구매하고 있는지를 파악해야 한다. 신제품을 출시할 때 어느 상점에서 제품을 판매할 것인지를 결정해야 하기 때문이다. 특히 참신성이 높은 혁신제품은 소비자에게 매우 생소하기 때문에 어디에서 제품을 출시할 것인가를 결정하는 것은 매우 중요하다. 또한 새로운 유통환경의 변화를 고려하여 제품을 판매할 수 있는 곳을 정해야 한다. 예를 들어, 과거에는 장을 볼 때 소비자들이 주로 마트와 같은 오프라인 매장에 가서 직접 제품을 비교 평가하여 제품을 구매하였다. 그러나 지금은 많은 소비자들이 모바일 쇼핑을 통해 장을 본다. 직접 마트를 방문하여 시간을 소비하기보다는 신세계의 SSG 배송과 같은 모바일 배송 서비스를 통해 보다 쉽고 간편하게 쇼핑을 하는 것이다. 이는 새로운 환경의 변화로 인해 소비자의 제품 구매 장소도 바뀌고 있다는 것을 잘 반영한 것이다. 따라서 신제품을 개발할 때에는 소비자들이 어디에서 제품을 구매할 것인지를 알아야 한다. 또한 앞으로 소비자들이 어디에서 제품을 구매할 것인지를 예측하여 신제품을 개발해야 할 것이다.

그림 4-5
SSG.com의
모바일 상점

출처: SSG.com

(4) 구매 시점

소비자 분석시 제품을 언제 구매하는가를 파악하는 것도 중요하다. 구매 시점을 파악하기 위해서는 먼저 구매 주기를 파악해야 한다. 1년에 한번씩 구매되는 제품이 있는가 하면 하루에 한번씩 구매되는 제품도 있다. 만약 운전자들의 타이어 구매 주기를 안다면 제품 판매의 기회는 더욱 다양해질 것이다. 예를 들어, 소비자가 5년에 한번 타이어를 구매한다면 차를 구매한 지 5년 후에 맞춰 자동차 타이어를 개발하고 관련된 정보를 제공한다면 소비자들의 제품 구매를 촉진시킬 수 있을 것이다. 또한 이를 통해 구매 주기에 따른 신제품 개발 아이디어를 얻을 수 있을 것이다.

또한 상황별 제품 구매 시점을 파악하는 것도 중요하다. 예를 들어, 생일, 졸업식, 결혼식 등과 같은 특별한 기념일에 맞춰 새로운 제품 또는 서비스를 제공하는 것이 중요하다는 의미이다. 패밀리 레스토랑의 경우, 마케터들은 소비자들이 언제 패밀리 레스토랑을 이용하는지에 대해 파악하고 이에 맞춰 서비스를 제공하고 있다. 졸업식이 많은 시기에는 졸업생을 대상으로 쿠폰을 제공한다든지 졸업생을 위한 음식을 제공하여 졸업생들을 유치하려는 노력을 해야 한다. 또한 각종 생일 잔치 때 패밀리 레스토랑을 자주 이용할 수 있도록 각종 음식과 서비스를 준비하는 것도 중요하다.

(5) 제품 선택과정

마케터들은 어떻게 제품이 소비자들에게 선택되었는지 과정을 파악하도록 해야 한다. 제품 선택은 제품과 관련된 정보를 접하면서 시작된다. 예를 들어, 제품 관련 정보는 광고, 점원, 잡지, 라디오, 인터넷 등을 통해 전달될 수 있다. 그러나 소비자에게 왜 제품을 선택했는지에 대해 물으면 주로 "내가 원해서 구매했다," "좋아서 구매했다." "예전 제품이 마음에 들어 구매했다" 등과 같이 애매하거나 모호하게 대답하는 경우가 많다. 제품 선택 이유를 보다 자세히 알기 위해서는 제품의 속성에 대한 분석이 필요하다. 다속성 모형 평가법(multiattribute model)은 소비자의 제품 구매 의사결정 과정에 대해 좋은 정보를 제공한다(Wilkie, 1990). 소비자는 제품의 여러 속성을 평가하고 종합적으로 판단하여 제품을 평가한다. 이 방법은 제품의 상대적인 시장 내 지위를 파악하거나 제품 개선을 위해 자주 사용된다.

다속성 모델 평가법을 적용할 때 마케터는 신제품을 소비자가 선택하고 구별하는데 영향을 미칠 수 있는 적어도 몇 가지의 차별화 된 속성으로 구분해야 한다. 다음으로 소비자가 속성에 근거해서 신제품을 평가하도록 하면 된다. 이러한 다속성 모형 평가법을 통해 제품의 속성에 걸맞은 신제품 아이디어를 창출할 수 있을 것이다.

한편 다속성 모형 평가법을 통해 마케터는 최소한 소비자가 제품을 경쟁자의 그것과 비교하여 어떠한 속성을 통해 선택하였는지를 알 수 있다. 이 방법 이외에 지각도, 컨조인트 분석을 사용하여 분석하는 경우도 있다.

(6) 제품 선호

제품을 선호하는 이유를 파악하는 것은 소비자가 왜 제품을 구매하는가를 구체적으로 살펴볼 수 있는 좋은 기회이다. 제품 선호 이유를 파악하기 위해서는 먼저 제품이 과연 소비자에게 어떤 가치를 제공하는지를 파악해야 한다. 즉 제품을 선호하기 위해서는 경제적 가치, 기능적 가치, 정신적 가치를 제공해 주어야 한다.

경제적 가치의 대표적인 예는 금전적 가치인데 같은 품질이라면 금전적인 혜택을 보다 많이 제공하는 제품이 더욱 가치가 높다라고 말할 수 있다. 또한 제품이 제공할 수 있는 기능을 전달하는 것도 매우 중요한데 제품의 기능 또는 성능에 의해서 소비자에게 가치를 전달할 수 있다. 마지막으로 정신적 가치는 제품의 이미지에서 얻을 수 있는 가치이다. 코카콜라의 경우, 브랜드를 통해 얻을 수 있는 독특한 이미지에 의해 소비가 이뤄지고 있다. 이것은 브랜드 자산과 연결하여 생각해 볼 수 있는데 제품의 이미지, 연상 등을 통해 소비자에게 부가적인 가치를 제공해 줄 수 있다.

(7) 마케팅 프로그램

신제품 마케팅 전략 수립시 마케터들은 소비자들이 마케팅 프로그램에 어떻게 반응을 보이고 있는지에 대한 분석이 필요하다. 이를 통해서 목표 고객이 가격에 대해 어떠한 반응을 보이는지, 광고에 어떠한 반응을 보이는지를 알게 되며, 결과적으로 이를 통해 신제품 개발에 있어 많은 정보를 제공받을 수 있다. 이러한 마케팅 프로그램에 대한 반응을 파악할 수 있는 방법으로는 전문가의 조언, 소비자 조사, 실험, 과거 데이터 등이 있다.

(8) 재구매

재구매와 제품 만족도(satisfaction)와는 밀접한 관계를 맺고 있다. 제품에 대한 만족도가 높으면 재구매율도 함께 높은 것이 일반적이다. 제품 만족은 소비자가 제품을 사용하여 얻을 수 있는 기대(expectation)가 제품의 인식된 품질(perceived performance/quality)보다 높을 때 발생하게 된다. 그러므로 제품의 만족도와 관련된 분석을 하기 위해서는 먼저 소비자의 기대수준과 인식된 제품 기능을 파악하고 그 둘 간의 차이를 분석해야 한다.

한편 직접적으로 재구매 의사를 묻는 경우도 있는데, 예를 들어 "향후 ○○제품을 다시 구매할 의향이 있으십니까?"를 묻고 어느 정도 재구매할 것인지를 가늠할 수 있는 것이다.

빅데이터 활용한 中小, 한달새 매출액 50% 상승

빅데이터가 비즈니스 핵심 수단으로 자리매김하면서 글로벌 기업과 국내 대기업은 이를 활용해 제조·관리·마케팅 등에서 성과를 거두고 있다. 그러나 시선을 중소기업으로 돌려보면 사정은 다르다. 아직 빅데이터를 효과적으로 활용하지 못하고 있는 경우가 많다. 대다수 중소기업은 자금·인력·기술 부족 등의 문제로 비즈니스 영역에 빅데이터 적용을 주저하고 있다. 이 같은 문제를 극복하고 빅데이터 분석 솔루션, 컨설팅을 통해 뚜렷한 성과를 창출한 몇몇 기업들을 소개한다.

남성 수제구두 전문업체인 칼렌시스는 국내 맞춤 구두 시장에서 브랜드 인지도를 높여 매출을 늘려야 하는 과제를 안고 있었다. 이 회사는 해결책을 빅데이터 분석을 통한 마케팅 전략에서 찾았다. 인기 구두 유형을 분석한 결과를 반영해 '로퍼(끈 없이 편하게 신을 수 있는 굽이 낮은 구두)' 제품 라인을 강화했다. 또 여성들이 선물용으로 제품을 구매하는 일이 많다는 것을 확인하고 그동안 남성에게 국한돼 있었던 마케팅 대상을 여성으로도 확대했다. 이같이 빅데이터를 통한 마케팅 전략을 활용한 결과, 매출액이 전달 대비 48%나 늘었다. 화장품 정보제공·판매 전문업체인 '라이클(언니의 파우치)'은 트래픽 기반 광고수익 구조에서 탈피해야 하는 과제를 안고 있었다. 이러한 고민을 빅데이터로 해결하기로 하고 고객·사용자 활동데이터 분석을 실시했다. 분석 결과 라이클은 10대 후반~20대 초반이 핵심 고객이라는 사실을 확인하고 이들의 주요 관심 제품에서 나타난 고민을 바탕으로 신제품 개발이라는 키워드를 도출했다. 나아가 피부 타입·고민 등을 반영한 추천 알고리즘을 적용해 '개인별 맞춤형 제품 추천 화면'을 구현했다. 언니의 파우치는 제1호 PB 제품을 출시했고 전월 대비 매출이 2배 이상 증가했다.

공무원 수험시장에 뛰어든 맨투맨학원은 경쟁력을 확보하기 위해 '차별화된 학습 콘텐츠'가 필요하다고 판단하고 빅데이터 분석을 했다. 분석 결과, 공무원 시험과목 중 영어에 대한 관심이 가장 높은 것을 확인했다. 맨투맨학원은 영어 기출 데이터 등을 바탕으로 학습 콘텐츠를 개발하는 한편 맞춤형 학습 컨설팅을 제공했다. 공무원시험 외에 다른 영역에서도 빅데이터 분석을 활용할 로드맵을 만들고 있다.

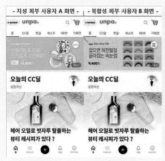

언니의 파우치의 사용자 맞춤형 로그인 화면

남성 수제구두 브랜드 칼렌시스

출처: 2016년 중소기업 빅데이터 활용지원 우수사례집, 한국정보화진흥원.

소비자 분석과정

신제품 개발에 있어서 소비자 분석은, 개발 초기에 소비자 의견을 일찍 반영시킬 수 있어 더욱 성공률이 높은 제품을 개발해 낼 수 있게 도움을 준다. 소비자 분석과정을 위해 6단계의 소비자 분석과정을 거치게 되는데 그 단계는 조사내용의 결정, 조사방법 선택, 표본추출, 측정도구 개발, 데이터 분석, 의사결정 모형으로 이루어져 있으며 이를 통해 신제품 개발에 관한 여러 가지 정보와 아이디어를 제공해 준다.

2.1 조사내용의 결정

소비자 분석을 시작하기 전에는 분석의 목적을 분명히 하고 조사내용을 결정하는 것이 중요하다. 조사내용이 광범위하거나 협소하고 모호하게 규명되어 있다면 조사항목을 개발했다고 하더라도 조사결과가 실질적인 도움이 안되거나 오히려 새로운 문제를 일으킬 수 있기 때문이다.

📄 그림 4-7
소비자 분석과정

출처: Urban, G. L., and Hauser, J. R. (1993). *Design and Marketing of New Products*. 2nd Ed., NJ: Prentice Hall.

2.2 조사방법 선택

신제품 개발의 초기 단계에서 성공확률이 높은 아이디어를 얻기 위해서는 기존의 자료와 조사를 통해 얻을 수 있는 정보를 잘 활용하는 것이 중요하다. 따라서 소비자 분석을 위해서는 내부자료, 각종 통계자료, 업계현황 등을 조사하는 문헌조사, FGI(Focus Group Interview), 개별 심층면접 등과 같은 정성적 조사방법과 (Qualitative approach) 우편조사, 개인면접 등과 같은 정량적 조사방법(Quantitative approach)을 적절히 사용하는 것이 중요하다(Lehman, 1998).

문헌 조사라고 불리는 2차 자료조사는 직접적인 조사에 앞서 신제품 개발과 관련된 여러 가지 문서 또는 자료를 조사하는 것을 말한다. 문헌 조사는 조사시간 및 비용을 많이 줄인다는 장점을 가지고 있다. 그러나 당면한 문제 해결을 위한 직접적인 자료는 아니므로 의사결정자에게 적절한 정보를 제공하지 못할 수 있다.

문헌 조사는 크게 내부자료와 기업 외부자료로 나눠 생각해 볼 수 있다(안광호 · 임병훈, 2002).

- ● 기업 내부자료 　기업 내부자료는 기업경영의 틀 안에서 지속적으로 축적되어 온 자료를 말한다. 과거의 마케팅 활동 자료, 시장상황보고서, 신제품 개발상황보고서 등과 같이 신제품 개발에 필요한 내부자료를 먼저 수집하여 이용한다.
- ● 기업 외부자료 　기업 외부자료는 각종 통계자료나 외부 전문기관에서 정기적으로 발행하는 자료 등이 있는데, 통계청, 국책연구소, 언론사에서 간행되는 자료는 정기적 · 비정기적으로 발표된다. 또한 시장 조사 전문기관에서 작성하는 업계 자료는 매우 중요한 기업 외부에서 획득할 수 있는 2차 자료가 될 수 있다.

문헌 조사 이외에도 신제품 개발에 있어 당면한 문제를 직접적으로 해결하기 위한 정보획득이 필요한데 대표적인 방법으로 정성적 조사방법과 정량적 조사방법이 있다. 정성적 조사방법은 FGI 또는 Indepth Interview 등과 같이 소비자의 의견과 욕구를 듣기 위해 자유로운 형식을 빌어 필요한 정보를 탐색하는 방법이다. 이러한 방법은 계량적인 조사를 통해 얻을 수 없는 소비자의 심리상태를 파악하기 위해 자주 쓰인다. 신제품 개발에서 가장 중요한 것은 소비자의 욕구를 파악하고 그 욕구를 충족시켜 줄 수 있는 제품을 개발하는 것이다. 기본적으로 소비자의 필요나 욕구를 파악하기 위해서는 고객으로부터 표출된 욕구뿐만 아니라 잠재적인 욕구도 함께 심층적으로 조사되어야 한다. 정성적 연구방법은 주로 소비자들이 명확하게 표현해내지 못하거나 설명을 쉽게 못하는 경우 자주 쓰인다. 이 방법은 명확한 사전 지식 없이도 원하는 바를 찾을 수 있는 연구방법론이며 주로 잘 알려져 있지 않은 새로운 시장 영역, 또는 제품의 컨셉 등과 같이 익숙치 않은 제품의 개발에 주로 사용된다.

정량적 조사방법은 일반화를 위해 조사자가 확인하고 싶은 정보를 계량적인 측정도구를 이용해 대량으로 조사하는 방법을 일컫는데 주로 전화조사, 우편조사, 개인면접 등이 이에 속한다.

한편 조사의 성격에 따라 조사방법을 달리 할 수가 있다. 이는 주로 조사의 목적과 필요한 정보에 따라 탐색적 조사(exploratory research), 기술적 조사(descriptive research), 인과적 조사(causal research)로 나눌 수 있다. 조사의 목적을 분명하게 정의하기 어렵거나, 어떤 정보가 필요한지 명확히 알지 못할 경우에는 탐색적 조사를 실시하는데 마케팅 문제 및 현재상황을 보다 잘 이해하기 위하여 그리고 조사목적을 명확히 정의하기 위하여, 또는 필요한 정보를 분명히 파악하기 위하여 벌이는 일종의 예비적인 조사이다. 탐색적 조사는 그 자체로서 끝나는 것이 아니라, 다음 단계에서 기술적 조사나 인과적 조사를 하기 위한 '징검다리' 역할을 하는 경우가 대부분이다. 기술적 조사인 대규모 설문조사를 하기에 앞서, 설문지에 어떤 항목을 넣어야 하는지를 결정하기 위해 흔히 사용되는 조사로써 조사를 위한 조사라고 불리기도 한다. 대표적인 방법으로는 문헌 조사, 전문가 면접, 표적집단면접 등이 있다.

탐색적 조사에서 얻어진 정보를 가지고 조사목적을 분명하게 정의할 수 있게 되었고, 필요한 정보의 종류도 명확해지면, 기술적 조사나 인과적 조사를 실시한다.

기술적 조사는 현재 일어나고 있는 마케팅 현상을 보다 정확하게 이해하기 위하여 수행하는 조사이다. 기술적 조사의 목적은 현재 상태를 그대로 정확하게 그려낸다는데 있으며, 많은 사람들에게 설문지를 이용하여 데이터를 수집한다는 점에서 탐색적 조사와는 차이가 있다.

인과적 방법은 어떤 마케팅 현상의 원인이 무엇인지를 밝혀내기 위한 조사를 말한다. 마케팅 관리자는 기술적 조사나 인과적 조사에서 얻어진 정보를 갖고, 마케팅 문제를 해결하기 위한 의사결정을 하게 된다.

2.3 표본추출

조사대상 모두를 조사하기 위해서는 막대한 비용과 시간이 투자되어야 한다. 효율적인 조사를 위해 일정한 방법을 통해 적당한 표본의 크기와 표본추출방법을 선정하게 된다. 정성적 조사방법과 정량적 조사방법은 모두 표본을 추출하게 되는데 정성적 조사방법에서는 상대적으로 적은 수의 표본을 선택하여 조사를 진행한다.

표본추출방법에는 확률표본추출(probability sampling)과 비확률표본추출(nonprobability sampling)로 나뉘게 된다. 확률표본추출은 모집단이 결정되고 조사대상의 표본으로 추출될 확률을 알고 있을 때 사용하며 확률을 알지 못할 경우에는 비확률표본추출을 이용한다. 만약 표본의 수가 많지 않고 조사대상의 목록이 입수가 가능하다면 확률표본추출을 이용하는 것이 조사의 오류를 줄일 수 있는 좋은 방법이다. 하지만 표본의 수가 매우 많은 경우에 확률표본추출방법을 사용한다면 비용과 시간 측면에서 비효율적이다. 이러한 경우에는 비확률 표본추출방법을 사용해야 한다(안광호, 2002). 또한 실제적으로 신제품 개발에 있어 조사대상의 명확한 목록이나 대상고객에 대한 정확한 정의가 어려우므로 비확률추출방법이 많이 사용되고 있다.

표본추출의 두 번째 이슈는 표본 크기의 결정인데 이 때 전수 조사를 하는 것이 반드시 바람직한 것은 아니다. 왜냐하면 모집단의 크기가 크면 클수록 조사에 따른 시간과 비용이 막대하게 증가되며 조사과정에서도 많은 오류가 발생할 수 있기 때문이다. 표본의 크기를 결정하기 위해서는 조사목적과 방법에 알맞게 표본의 크기를 정하고 시간과 예산을 고려하여 결정해야 한다. 표본의 크기를 결정하기 위한 방법으로는 신뢰구간을 이용하는 방법과 가설검정에 사용되는 오차(error)를 이용하여 결정하는 방법이 있다. 신뢰구간을 이용하는 방법은 신뢰구간 표본의 크기가 분산에 의해 결정된다는 것을 이용한 방법으로 모집단의 분산을 안다는 가정하에 적정한 표본의 크기를 정하는 방법이다. 그리고 가설검정을 할 때 사용되는 오류를 이용하는 방법은 앞서 설명한 신뢰구간을 이용하는 방법과 동일하나 다른 점이 있다면 제 1 종 오류(Type I error)와 제 2 종 오류(Type II error)의 최대허용치를 정하고 이를 이용하여 표본의 수를 결정하는 것이다(채서일, 2003).

2.4 측정방법

표본의 크기가 정해지면 신제품 개발에 있어서 필요한 정보를 획득하기 위해 정해진 표본을 대상으로 조사를 실시하게 된다. 이를 실사 또는 측정(measurement)이라고 부르는데 추상적인 개념을 보다 구체적으로 관찰하기 위해 여러 가지 측정방법들이 사용된다.

우선 측정대상에 대한 개념적 정의를 내린 후 이를 구체적인 개념으로 바꾸는 조작적 정의 과정을 거쳐야 한다. 예를 들어 소비자를 대상으로 상점 충성도에 대한 측정을 할 때 먼저 상점 충성도에 대한 개념적인 정의를 내리고 구체적인 수치를 부여할 수 있도록 하는 조작적 정의를 내린다. 조작적 정의를 마친 후에는 이를 측정할 수 있는 척도를 선택하며 조사목적 및 방법에 알맞은 측정방법을 선택해야 할 것이다.

2.5 데이터 분석 및 의사결정

측정이 끝난 후에는 수집된 데이터를 분석하는 과정을 거치게 된다. 여기서 정성적 조사방법은 주로 수집된 자료를 정리하여 의미 있는 정보를 이끌어내는 내용분석(contents analysis)과정을 거치게 되며 정량적 조사방법은 자료를 수집하고 통계패키지를 통해 계량적인 분석을 하는 경우가 된다.

소비자 분석 전 과정의 목적은 마케터로 하여금 신제품 개발시 적절한 시기에 알맞은 정보를 제공하는 것이다. 이를 바탕으로 마케터는 신제품 아이디어 창출뿐만 아니라 신제품의 컨셉, 개발 및 제품 출시에 이르는 신제품 개발 전과정에서 여러 의사결정을 내려야 한다. 특히 소비자 분석을 통해 보다 적절하고 효과적인 의사결정을 내릴 수 있도록 분석을 수행해야 할 것이다.

사례 | 남성 소비자들의 심리: 남자들은 만사 귀찮을 때 지갑을 연다

성인 남성에게 면도기는 필수품이자 주기적으로 새 것으로 교체해줘야 하는 귀찮은 소모품이다. 인터넷으로 주문을 하든, 슈퍼로 사러나가든 귀찮기는 매한가지다. 그런데 한 번 신청만 하면 알아서 매달 배달해주는 서비스가 있다면? 게다가 가격도 저렴하다면 어떨까?

2011년 설립된 미국의 스타트업 '달러쉐이브클럽'(Dollar shave Club, 이하 DSC)은 남성들의 번거로움을 해결해 주는 구독 서비스(subscription service) 방식을 면도날 사업에 접목한 것이다. 소비자가 DSC 구독을 신청하면 첫 달에는 면도기, 면도날, 면도 크림이 들어있는 제모용품 세트를 5달러에 받게 되고, 두 번째 달부터는 6달러(4중날 4개), 9달러(6중날, 4개) 옵션 중 선택할 수 있다.

DSC의 등장 당시만 해도 면도날 시장은 P&G의 '질레트'와 '쉐크' 등의 대형 글로벌 브랜드가 차지하고 있었다. 이들은 면도기는 싸게 팔고, 교체 면도날은 비싸게 파는 이른바 '면도날 마케팅'으로 많은 수익을 얻어왔다. 그러나 편리함과 저렴함을 내세운 DSC가 나타나면서 지각변동이 생겼다. DSC는 창업 4년 만에 미국 면도기 사장의 10%를 차지하더니, 온라인 판매에서 질레트를 앞서기 시작했다. 2016년에는 320만 명의 클럽회원을 확보해 연 매출 2억 4000만원 달러의 매출을 달생했다. 글로벌 생활용품 기업 '유니레버'는 2016년 DSC를 10억 달러에 인수했다.

글로벌 컨설팅 기업 맥킨지에 따르면 구독 서비스는 주로 3가지 종류로 나뉜다. 첫째는 시간과 돈을 아끼

제모용품 구독서비스   식료품 구독 서비스 블루에이프런   애완용품 구독 서비스 바크박스
출처: 인터비즈.

는 '보충'을 위한 구독이다. 비타민이나, 면도기 등 일상 용품들을 사는 경우다. 둘째는 '큐레이션'을 위한 구독이다. 전문가들이 선정해주는 다양한 아이템을 경험해보려는 소비자들이 구독한다. 마지막으로는 '특권'을 위한 구독이다. 구독을 통해 멤버십을 획득해 VIP혜택을 얻기 위함이다.

사실 장기 구독 방식의 서비스에 소비자들은 거부감을 가지고 있다. 그러나 구독 서비스로 얻을 수 있는 편리함, 맞춤화, 저렴한 가격이라는 장점이 소비자들에게 더 큰 가치로 다가가고 있다.

2010년 이후 화장품 구독 서비스 업체 '버치박스(Birchbox)'와 같이 매달 다른 제품을 다양하게 골라서 소비자에게 제공하는 유형의 구독 서비스가 성행하게 됐다. 미국에서 가장 인기를 끌고 있는 구독 서비스는 'Amazon Subscribe & Save'(아마존에서 반복적으로 구매하는 물품을 정기적으로 배송받으며 할인 혜택까지 받을 수 있는 서비스)다.

현재 구독 서비스는 뷰티 제품에서 식품에 이르기까지 산업 전반에 걸쳐 서비스가 다양화 되고 있다. 서비스 기업들은 구독 품목뿐만 아니라 최신 트렌드가 반영된 아이템들을 선별해 배송해주면서 소비자들을 위한 큐레이터 역할도 수행하고 있다. 주 고객층은 온라인으로 상품을 구매하는 젊은 세대이며, 구독 서비스는 제조업체가 직접 소비자에게 다가갈 수 있는 새로운 유통 채널로 주목받고 있다.

남성과 여성 모두 공통적으로 아마존과 DSC의 구독 서비스를 가장 많이 이용하고 있지만, 이용하는 양상은 다르다. 여성 구독자가 '입시(Ipsy)', '버치박스(Birchbox)', '세포라 플라이!(Sephora Play!)' 등의 화장품 구독 서비스를 주로 이용하고 있는 반면, 남성 구독자는 면도용품, 식료품, 애완동물용품, 게임상품 등 다양한 품목을 구독 서비스를 통해 구입한다.

여성 소비자들의 경우 새로운 상품을 탐색하는 소비자를 겨냥하는 구독 서비스를 주로 이용하는 반면, 남성들의 경우 필요한 생활 물품을 계속해서 보충하는 소비자를 위한 구독 서비스를 주로 이용하는 양상을 보인다. 생활용품들을 빠르게 보충해 물품을 구매하는 데 들어가는 쇼핑 시간과 번거로움을 줄이려는 것이다.

전체 구독 서비스는 대다수 여성들이 차지한다. 그러나 남성 이용자는 한번에 3개 이상의 구독 서비스를 이용하고 있을 확률이 여성보다 더 높았다. 남성들은 한 번 구독 서비스를 이용하면 다른 용품들도 구독 서비스로 구매할 가능성이 여성보다 높다는 뜻이다.

리서치 전문기관 유로모니터의 분석에 따르면, 2016년 기준 미국 남성 그루밍 제품의 온라인 시장 매출은

7억 3,200만 달러이며, 그루밍 제품에 대한 수요는 꾸준히 증가하고 있다. CNN에 따르면 밀레니얼 세대 (1980년대에서 2000년대에 걸쳐 태어난 세대)와 Z세대(2000년대 후반에서 2010년대 초반에 태어난 세대) 는 이전 세대에 비해 자신을 가꾸는 데 시간과 노력을 들이는 것에 거부감이 적다. 그에 따라 개성 있고 세련 된 패션 액세서리를 구매하는 젊은 남성 소비자들이 늘어나면서 '타이 바(Tie bar)', '스프레짜(Sprezza)' 등 의 제품을 손쉽고 저렴하게 구매할 수 있는 여러 패션, 뷰티 구독 서비스도 함께 성장하고 있다.

출처: 네이버 블로그 인터비즈, 2018. 4. 24.

소비자 분석방법

3.1 개별심층면접법(In-depth Interview)

개별심층면접법은 신제품에 관하여 소비자의 느낌 또는 의견을 자세히 묘사하 거나 자유롭게 이야기하면서 신제품 아이디어를 얻거나 이를 보다 구체적으로 발 전시킬 수 있는 비구조적인 개인면접법이다. 이 방법은 소비자의 표면적인 행동 밑 에 깔려 있는 잠재적인 신제품에 대한 태도와 느낌을 발견해 내어 신제품 개발에 반영하기 위해 많이 사용된다. 보통 면접자와 피면접자는 1:1로 질의 및 응답을 주 고 받으면서 면접을 실시한다(Creswell, 2003).

개별심층면접법의 질문형태는 비구조적인 성격을 띄고 있기 때문에 소비자로 하여금 보다 자유스럽게 신제품에 대한 의견을 내놓을 수 있도록 유도하고 마케팅 관리자는 신제품에 대해 미처 생각하지 못한 정보를 얻을 수 있는 좋은 방법이다.

개별심층면접은 보통 1시간 이상 걸리며, 질문의 순서와 내용은 면접자가 조 정할 수 있어 좀더 자유롭고 심도 깊은 질문을 할 수 있다. 즉, 일반적인 질문에 뒤 이어 보다 구체적인 질문을 제기함으로써 소비자들의 욕구, 동기, 감정 등을 찾아 낼 수 있는 것이다.

면접시 사용되는 질문은 모두가 간접적인 것이 특징이다. 예를 들어 자동차를 구입한 이유 또는 동기를 파악하고자 할 때에는 직접적으로 "당신은 왜 ○○○社의 자동차를 구입하셨습니까?"라고 질의하는 것보다는 "당신의 친구가 왜 ○○社의 자동차를 구입하였다고 생각하십니까?"라고 묻는 것이 더욱 효과적이다. 이는 소 비자의 생각이나 의견을 보다 자유스럽게 표현할 수 있도록 직선적인 표현보다는 간접적인 형태의 표현을 사용하는 것이다. 또한 간접적인 질문은 사회적으로 금기시 되는 문제나 피임, 성생활 등과 같은 사생활과 관련된 내용을 조사할 때 더욱 효과적이다(Zaltman, 2003).

개별심층면접은 응답자의 폭 넓은 의견이 반영되므로 문제점을 파악하거나 설문지를 구성할 때 어떤 문항으로 설문지를 구성할 것인지에 대한 탐색 조사에 많이 사용된다. 또한 일반적인 면접으로는 얻을 수 없는 정보를 얻을 수 있으며 조사자들은 면접과정에서 많은 융통성을 가지고 실시할 수 있다는 장점을 갖고 있다. 반면, 자료해석시 분석자의 주관적인 견해 등이 개입될 여지가 많고 수행하는데 있어 시간과 비용이 많이 소요되며 조사자의 개인적인 능력과 분석능력에 따라 조사결과의 신뢰성과 타당성이 크게 변할 수 있다는 단점을 갖고 있다.

3.2 표적집단면접법(FGI: Focus Group Interview)

표적집단면접법(focus group interview)은 정성적 연구기법 중 가장 많이 사용되는 방법으로 소비자의 신제품에 대한 사용여부와 신제품 설계 그리고 포지셔닝에 많은 도움을 주는 조사기법이다.

이 방법은 신제품에 대해 얻고자 하는 정보에 관해 제품과 친근하거나 실제 사용가능한 소비자들로 구성된 약 8~10명 정도의 표적집단을 정하고 이들이 자유로운 분위기에서 의견을 나누는 방식으로 진행된다. 집단을 이뤄 자유로운 토론형식의 면접을 하면 개별 면접에서 얻을 수 없는 유용한 정보를 얻을 수 있다는 장점이 있다. 또한 무의식적으로 동기나 태도를 드러내게 되며, 집단 내 다른 사람과의 응답에 대한 상호작용을 살펴볼 수 있어 집단간의 의견교환을 통한 시너지 효과를 얻을 수 있다. 더군다나 참여자의 자발적인 참여를 유도하여 얻은 의견이기 때문에

📄 그림 4-8
FGI room의 실제
모습

출처: 온리서치 홈페이지.

결과의 타당성도 확보될 수 있다. 집단을 활용하는 방법이기 때문에 술, 담배, 여가 활동, 스포츠 관련제품 등과 같이 집단으로 사용할 수 있는 제품을 연구하기에 적합한 연구방법이다(Lehman, 1998). 그러나 진행자의 능력이나 주위 사람들의 시선을 의식하여 표현을 왜곡하는 경우 조사결과에 대한 편견(bias)이 존재한다는 단점도 있다(채서일, 2003).

표적집단면접을 실시할 때에는 표적집단이 연구 주제에 적합한 대표성이 있는 소비자인지 확인 후 대상으로 선정해야 한다. 또한 표적집단면접 진행자(moderator) 의 역할이 매우 중요하며, 특정 면접자의 주장 또는 의견이 너무 강하거나 의견을 발표하는 시간을 많이 차지해 토론 전체를 방해하는 일이 없어야 한다.

표적집단면접 수행의 가장 기초적인 단계로써 표적집단면접을 수행하면서 중요하게 다뤄야 할 사항을 예상하고 정리하는 것이 중요하다. 표적집단면접을 계획할 때에는 표적집단의 규모, 표적집단의 수, 면접장소, 진행자의 선정, 질문의 구성 등과 같은 내용에 대해 구체적으로 준비하여야 한다.

(1) FGI 계획

FGI를 실시하기 전에 기본적으로 결정해야 할 사항은 표적집단의 수, 크기, 면접장소 및 진행자 등을 선정하는 일이다. 이러한 사항들은 연구의 목적, 제품의 특성, 제품에 대한 지식 등을 고려하여 결정하여야 한다.

연구목적이 다양하거나 광범위한 의견을 얻고자 할 때에는 대규모 표적집단면접을 실시하는 것이 바람직하며 공식적인 장소가 적합하다고 볼 수 있다. 반면, 연구 주제에 대하여 구체적이고 세부적인 내용을 얻고자 할 때에는 소규모로 구성된 표적집단을 선정하여 비공식적인 장소에서 심도깊게 주제에 대해 구체적으로 표적집단면접을 실시하는 것이 적합하다. 새로운 신제품의 아이디어를 도출하려고 할 때에는 다양한 의견과 광범위한 생각을 얻는 것이 바람직한데, 이러한 상황에서는 표적집단의 규모를 크게 하여 다양하고 풍부한 의견을 내놓는 것이 중요하다. 반대로, 제품의 사용경험, 불만사항 등과 같이 정해진 주제에 대해 심도깊은 의견을 얻고자 할 때에는 소규모 집단을 구성하여 연구를 진행하는 것이 효과적이라고 볼 수 있다.

표적집단의 수를 결정할 때에는 우선 제품에 대한 의견이 어떠할 것인지를 예상하여야 한다. 만약 제품에 대한 의견이 매우 다양하다고 예상되면 많은 표적집단을 구성하겠지만 소비자의 의견에 대해 어느 정도 예상이 가능한 의견이라면 표적집단의 수가 많지 않아도 가능하다.

또한 표적집단면접의 원활한 진행을 위해서는 진행자의 역할이 매우 중요하다. 제품에 대한 전문적인 지식이 필요할 경우에는 제품의 지식을 보유하고 있는 전문가가 진행을 맡아야 하며 제품에 대한 전문적인 지식이 필요 없고 훈련된 표적집단면접 진행능력이 필요할 경우에는 전문 표적집단면접 진행자를 선정하는 것이 바람직하다. 예를 들어, 유아집단, 노인집단 등과 같은 특수한 집단인 경우에는 FGI 진행경험이 많은 전문 FGI 진행자가 진행하는 것이 효과적이다(Puchta, 2004).

(2) 질문의 내용 구성

FGI의 연구주제 및 집단의 규모 등이 결정되면 본격적으로 연구에서 얻고자 하는 소비자의 의견을 정리해야 한다. 따라서 연구자는 FGI에서 면접자들에게 제시할 질문들을 생각해야 보아야 한다. 질문을 구성할 때에는 크게 두 가지 경우를 생각해 볼 수 있는데 구체적인 질문으로 구성하는 경우와 주제를 제시하고 자유스러운 토론을 유도하는 질문이 있다. 전자의 경우 조사범위가 정해져 있고 구체적인 연구 목적이 있는 경우에는 구체적인 질문을 구성하는 것이 좋다. 기존 제품을 개선하기 위해 새로운 컨셉을 도출하기 위한 소비자 조사를 실시할 경우, 구체적인 연구목적과 조사범위가 정해져 있으므로 구체적인 질문을 준비하는 것이 좋다. 반면 조사범위가 광범위하고 참여자로 하여금 다양한 의견을 듣기 위해서는 주제를 제시하고 주제 안에서 자유스럽게 의견을 내놓을 수 있는 질문 형태가 좋다. 만약 연구자가 향후 차세대 소비자의 소비 트랜드에 대한 연구를 실시한다면 주제에 대해 자유스럽고 다양한 의견을 얻을 수 있도록 주제를 제시하고 참여자들간의 토론과 같은 상호 의견교환이 활발히 이뤄지도록 유도해야 할 것이다(Morgan, 1998).

(3) 표적집단 선정

표적집단면접 실시를 위한 기본적인 계획과 질문 형태가 결정되어졌다면 이제는 적절한 표적집단을 모집하여야 한다. 참여자를 결정할 때 목적에 적합한 샘플링이 중요하게 되는데, 표적집단은 대표성이 인정되는 집단으로 집단의 규모 및 집단의 수를 고려하여 참여자를 모집해야 한다. 예를 들어, 주부용 화장품의 신제품 개발을 위한 FGI를 실시할 경우에는 화장품을 사용하는 주부가 참여자로 모집되어야 하며 연구의 목적에 맞게 연령 또는 지역으로 나뉘어 집단이 선정되어야 한다. 성공적인 FGI를 실시하기 위해서는 편안하고 생산적인 대화를 나눌 수 있는 집단을 구성하는 것이 가장 중요하며 이를 위해서는 참여자들간에 유사한 연령대, 성별, 직업 등과 같은 동질성이 있어야 한다.

소규모의 FGI를 실시하는 경우 보통 2~4명 정도를 인터뷰 하는데 주로 연구진에 의해 집과 같은 비공식적인 장소에서 행하는 경우가 많으며 복잡하거나 다양한 분석보다는 연구자에 의해 내용중심으로 정리가 이뤄지는 경우가 많다. 대규모 FGI는 일반적으로 한 그룹당 5명 이상이거나 표적집단이 많은 경우를 말하는데 다양한 연구를 위해 전문적인 진행자가 필요하며 표본을 여러 세분집단으로 나눠 연구를 진행하는 경우가 많다(Morgan, 1998).

3.3 소비자 엔지니어링

소비자 엔지니어링이란 소비자의 욕구와 기술적인 가능성을 결합시키는 과정에서 사용될 수 있는 기법이다. 즉 표적시장과 기업의 특정기술을 접목하여 새로운 상품의 아이디어를 창출하는 것을 소비자 엔지니어링이라고 부른다.

[표 4-3]은 핸드폰 시장에서 새로운 아이디어를 얻기 위해 세분시장과 엔지니어링 기술을 결합하여 만든 도표이다. 'O'표시는 각 세분시장에 적합한 기술을 나타낸 것이고 도표의 행(row)은 개발되었거나 앞으로 개발할 수 있는 핸드폰과 관련된 기술을 나타낸다. 열(column)은 핸드폰 시장을 세분화한 것으로 어떠한 시장의 기회들이 있을 수 있는지를 나타내고 있다.

대부분의 기업들은 [표 4-3]의 도표에서 행을 중심으로 시장을 찾기도 하지만 도표를 열을 중심으로 살펴볼 때 창의성 있는 신제품 컨셉이 도출될 가능성이 더 높다. 예를 들어, 여성용 선물시장이 가장 전망이 좋을 것으로 판단이 되면 이 세분시장에 적합한 엔지니어링 기술이 어떤 것인지를 찾아내는 것이다. 따라서 여성 시장을 공략하기 위해서는 핸드폰의 외관이나 컬러액정과 같이 외관의 기능이 뛰어난 핸드폰이 신제품으로서 성공할 가능성이 높다는 것을 알 수 있다. 이와 같은 방법으로 신제품 컨셉을 도출하는 방법을 소비자 엔지니어링이라고 한다.

엔지니어링기회 \ 세분시장	선물용	과시용	여성용	남성용	청년층	중 · 장년층
핸드폰의 외관	O	O	O		O	
핸드폰＋인터넷	O			O	O	
핸드폰＋TV	O	O				
컬러 액정	O	O	O		O	
액정의 크기						O
버튼의 크기				O		O

📄 표 4-3
엔지니어링 기술과 세분시장을 결합시킨 도표

3.4 갱서베이(Gang Survey)

갱서베이(Gang Survey)는 소비자 조사를 위해 조사대상자를 테스트 룸(test room) 또는 특정 장소에 모아놓고 일제히 조사하는 방법이다. 출시될 신제품을 실제로 보고, 만지고 또는 시음한다는 의미에서 실제 경험을 바탕으로 신제품을 평가하는데 많이 사용된다. 또한 갱서베이는 시제품, 사진, 그림 등과 같은 다양한 형태의 제품을 제시하고 시장상황, 가격 정보 등과 같은 여러 가지 정보를 함께 제공한 후 반응을 체크하기 때문에 신제품 개발시 많은 정보를 얻을 수 있는 장점을 갖고 있다.

3.5 CLT(Central Location Test)

갱서베이와 비슷한 CLT(central location test)기법은 Hall Survey라고도 하는데 상설 또는 임시의 테스트 장소를 만들고 조사대상자를 모아 테스트를 실시하는 것이다. CLT기법의 경우 일제히 실시하지 않고 개별 면접을 통해 이뤄진다는 것이 갱서베이와의 차이점이다.

3.6 설문지 조사(Survey)

설문지 조사법은 고객의 태도와 반응을 설문지를 통하여 데이터를 체계적으로 수집하기 위한 방법이다(Urban and Hauser, 1993). 설문지 조사방법으로는 개별면접, 우편 조사, 전화 조사 등이 있다.

(1) 개별 면접

조사자가 응답자를 직접 만나서 필요한 정보를 얻는 가장 일반적인 방법으로 면접원과 응답자가 1:1로 마주 앉아 면접원의 질문에 응답자가 대답을 하는 방식으로 면접이 이루어진다. 조사자는 토론할 주제나 문제에 대한 설명을 하고 토론 및 면접의 형식을 통하여 주제에 대한 질문이나 토론을 이끌어 가며 응답자의 반응을 기록하여야 한다. 개별 면접은 설명을 필요로 하는 복잡한 문제에 적합한 조사방법으로서 우편조사나 전화면접법보다는 자세하고 상세한 내용을 질문할 수 있으며 보다 상세하고 다양한 질문을 할 수 있다는 장점을 갖고 있다. 반면 비용이 비싸며 소요기간이 길고 개인적이거나 민감한 주제(가족계획, 의료기기, 성생활 등)에는 적절하지 않다.

성공적인 개별 면접을 실시하기 위해서는 먼저 필요한 정보를 제공해 줄 수 있는 응답자를 선정해야 하며 그 응답자가 자신의 역할을 이해할 수 있어야 하고 응답자로 하여금 면접에 자발적으로 응할 수 있도록 동기유발을 해 주어야 한다(Lehmann, 2002).

(2) 우편 조사

우편 조사는 응답자에게 설문지를 우편으로 발송하여 응답자로 하여금 이를 완성하여 조사자에게 반송하게 하는 방법이다. 우편 조사는 어떤 특정집단에 도달하는데는 가장 쉬운 방법이지만, 특정 조직체의 구성원명부, 면허증을 가진 자동차 소유주들의 명부 등과 같은 우편 리스트가 있을 경우에만 가능한 방법이다. 한편 특정 제품 구매자에게는 해당 제품포장에 설문지를 부착하거나 특정한 신문이나 잡지 구독자에게는 해당 간행물에 설문지를 끼워보냄으로써 전달하기도 하기도 한다. 우편 조사의 장점으로는 가장 비용이 저렴하며 조사자와 응답자 사이에 인간관계가 없이도 조사가 가능하고 면접법으로 묻기 힘든 내용이라도 조사가능하기 때문에 지역적으로 널리 분포되어 있는 응답자를 접촉하는데 좋은 방법이다. 그러나 우편 조사는 허위로 응답할 수 있고 무관심이나 무응답이 많다는 단점이 있다. 특히 복잡한 질문이나 응답자를 혼동시킬 수 있는 절차가 포함되어 있을 때 무응답률이 보다 높아지는 경향이 있다(Malhotra, 1998).

우편 조사를 하려면 설문지를 보낼 우송명부가 필요하다. 그런데 각 조사 프로젝트별로 새로운 명부를 작성한다면 비용이 너무 많이 소요되므로, 대개 손쉽게 얻을 수 있는 기존의 명부를 활용한다. 또한 여러 가지 문제에 관한 우편설문지에 응답해 주는 가구명부인 우편패널을 보유하고 있는 조사업체들도 많다. 이러한 우편 채널은 비록 여러 가지 특성에서 모집단을 대표하도록 설정되지만, 대개 약 20% 정도의 가구만이 여기에 참여하므로 참가가구와 비 참가가구간에 어떤 차이가 있다는 사실을 간과해서는 안된다.

최근까지 우편 조사는 25% 이내의 낮은 응답률 때문에 마케터들이 이용하길 꺼려왔고, 설문지 회신자와 비회신자간에 상당한 차이가 있을지도 모른다는 문제가 있었다. 그러나 잘 설계된 인구조사에서는 50% 이상의 회신율을 보이고 있으며, 상업적 조사기관이 운용하는 우편채널의 경우는 협조하기로 한 사람들로 구성되어 있기 때문에 상당히 회신율이 높다. 그러나 이들의 회신 내용이 과연 전체 모집단을 어느 정도 대표하는지는 정확히 알 수 없다.

(3) 전화 조사

이 방법은 직접 응답자를 만나는 대신에 전화를 이용하여 면접을 하는 방식으로, 기존의 방문면접조사와 비교했을 때 비용, 기간소요 등이 적어 최근에 많이 쓰이는 방법이다. 최근 빠르게 성장하는 조사기법으로 비용과 시간이 비교적 적게 들고 의사, 변호사 등 리쿠르팅이 어려운 전문가를 포함하는 조사에 인기 있는 방법이다. 전화 조사는 얻고자 하는 정보를 정확하게 얻을 수 있다는 장점이 있으며 조사자와 응답자가 얼굴을 맞대고 의사소통을 하지 않으므로, 면접 도중에 발생할 수 있는 많은 오류를 줄일 수 있다. 그러나 상대적으로 짧은 설문만 가능하며 질문이 단순, 명료해야 한다. 시각자료 사용은 불가능하며 전화응답자가 선정된 표본인지를 확인하기도 힘들다. 일반적으로 사람들은 전화를 통한 공개적인 질문에 보다 간단히 응답해 버리는 경향이 있고 조사자가 응답내용을 기록하는 시간 동안은 통화가 없는 상태가 되므로 계속해서 응답자들의 관심을 유지하기가 힘들다(Lehmann, 2002).

SECTION
04 / 요약정리

신제품 아이디어의 창출에서 제품 출시에 이르기까지 소비자의 구매이유, 구매장소, 구매시점 등을 분석하는 것은 매우 중요하다. 이러한 정보를 수집하기 위해서는 소비자 분석을 실시하여야 하는데 소비자 분석과정은 조사내용의 결정, 조사방법 선택, 표본추출, 측정도구 개발, 데이터 분석, 의사결정 모형으로 이뤄진다. 조사를 실시할 때 분석자가 주의해야 할 사항은 분석시 표면에 들어나 있는 소비자의 욕구뿐만 아니라 잠재적인 소비자의 욕구도 함께 조사되어야 한다. 이렇게 체계적이고 다각적인 분석을 통해 더욱 참신한 제품 아이디어를 창출할 수 있는 것이다.

신제품 개발을 위한 소비자 조사방법으로는 크게 정량적 조사방법과 정성적 조사방법이 있는데 정량적 조사방법은 심층적이고 탐색적으로 소비자의 욕구를 파악하는 방법으로써 개별 심층면접, 표적집단면접 등과 같이 주로 소비자들이 명확하게 표현해내지 못하거나 설명을 쉽게 못하는 내용을 상황 및 응답자의 의견을 고려하여 해석하는 방법이다. 정성적 조사방법은 체계적인 다수의 데이터를 수집하여 문제를 일반화시키고 객관적인 시각에서 다양한 정보를 제공해 주는 역할을 담당한다. 마케터는 소비자 분석을 통해 참신하고 다양한 신제품 아이디어를 창출하려는 노력을 해야 할 것이다.

읽·을·거·리

아기, 강아지, 할머니…. 이들이 식품업계에 '귀한 몸'으로 떠오르고 있다. 일반 중장년층에 비해 구매력이 떨어지거나 구매력이 아예 없어 주목받지 못했지만 이제는 상황이 바뀌었다. 영유아 먹거리 시장은 3년 새 83% 증가했다. 반려동물이 먹는 펫푸드 역시 식품회사들의 새로운 수익원이다. 노인층을 겨냥한 씹기 편한 연화식(軟化食) 시장도 커지고 있다.

아기는 덜 낳지만…

CJ제일제당은 고령자, 영유아, 환자, 다이어터 등을 위한 맞춤형 건강식품 시장을 개척하겠다고 발표했다. 가정간편식(HMR) 전문성을 기반으로 '케어 푸드' 시장을 선점해 신성장 동력으로 키우겠다는 것이다. 이를 위해 올 하반기 케어푸드 전문 브랜드를 내놓고, 이미 개발한 제품 5종을 포함해 14종의 제품 라인업을 갖출 계획이다. 케어푸드는 건강상 이유로 맞춤형 식품이 필요한 이들을 위한 차세대 HMR을 CJ제일제당이 새로 정의한 개념이다. 미국에서는 다양한 연령층과 수요별 식사대용식, 메디푸드, 드링크 등 케어푸드 시장 규모가 26조원에 달하는 것으로 추정된다.

최근 급성장하고 있는 시장은 5~36개월 영유아를 대상으로 한 베이비푸드 시장이다. 저출산에도 불구하고 베이비푸드 시장은 커지고 있다. 식품의약품안전처에 따르면 이 시장 규모는 2016년 646억원으로 2년 전에 비해 83% 불어났다. 맞벌이 부모가 늘면서 이유식을 직접 만들어 먹이기 어려워지면서다. 배달 간편식에 대한 신뢰도도 높아졌다.

롯데푸드의 파스퇴르는 5개월에서 14개월까지의 유아를 대상으로 한 베이비푸드 브랜드 '아이생각'을 7월부터 새롭게 선보인다. 롯데푸드는 "앞으로 유아용 음료와 과자 등 간식 제품도 개발할 계획"이라며 "2023년까지 아이생각을 1000억원 브랜드로 육성해 파스퇴르의 신성장 동력으로 삼을 것"이라고 설명했다. 죽 전문업체 본죽을 운영하는 본아이에프 자회사 순수본은 영유아 전문 식품브랜드 '베이비본'을 이달 초 론칭했다.

강아지 전용밥도 활개

반려동물 인구 1000만 시대에 접어들면서 펫푸드산업도 폭발적으로 성장하고 있다. 한국농촌경제연구원에 따르면 전국 1952만 가구 중 29.4%인 574만 가구가 874

113
CHAPTER 04 소비자 분석

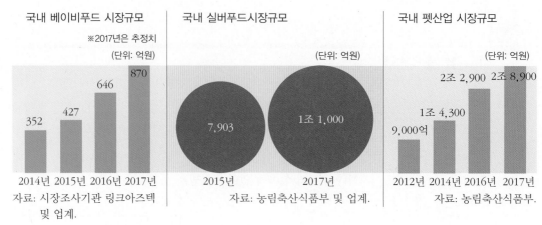

국내 베이비푸드 시장규모	국내 실버푸드시장규모	국내 펫산업 시장규모

※2017년은 추정치
(단위: 억원)

870
646
427
352

2014년 2015년 2016년 2017년

자료: 시장조사기관 링크아즈텍
및 업계.

(단위: 억원)

7,903

1조 1,000

2015년　　2017년

자료: 농림축산식품부 및 업계.

(단위: 억원)

2조 2,900　2조 8,900
1조 4,300
9,000억

2012년 2014년 2016년 2017년

자료: 농림축산식품부.

출처: 한국경제.

만 마리의 반려동물과 함께 살고 있다. 현재 시장 규모는 3조원대로, 2027년엔 6조원을 넘을 전망이다. 이 가운데 상당 규모를 사료나 간식 등 펫푸드가 차지할 전망이다.

빙그레는 2018년 5월 반려동물 브랜드 '에버그로'를 출시하며 본격적인 펫푸드 시장 진출을 선언했다. 하림은 2017년 하림펫푸드를 설립하고 곡물 대신 생고기와 완두, 병아리콩 등을 함유한 프리미엄 펫 사료 '더 리얼 그레인프리'를 선보였다.

고령화 추세에 실버푸드 인기

업계는 실버푸드 시장도 계속 커질 것으로 예상하고 있다. 국내 노인 인구는 꾸준히 늘고 있는 추세로, 2026년엔 65세 이상이 전체 인구의 20% 이상을 차지하는 초고령사회에 진입할 전망이다. 현대그린푸드 관계자는 "2017년 1조 1,000억원 규모였던 실버푸드 시장이 2020년 16조원대에 이를 것으로 예상된다"고 전망했다. 현대그린푸드는 지난달 말 노인들이 먹기 쉬운 연화식 시장에 본격 진출했다. 종합식품기업 아워홈도 연화식 시장 공략에 나선다. 아워홈은 최근 '행복한맛남 케어플러스' 연화식 양념육 4종을 기업 간 거래(B2B) 시장에 선보였다. 이번 신제품은 고령자, 어린이, 환자를 비롯해 부드러운 음식을 즐기는 일반인을 겨냥했다.

출처: 한국경제, 2018. 6. 26.

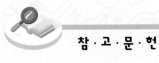

안광호 · 임병훈 (2002). 마케팅조사원론, 제3판, 경문사.

채서일 (2003). 사회과학조사방법론, 제3판, 학현사.

Creswell, J. W. (2003). *Research Design: Qualitative, Quantitative, and Mixed Method Approaches*. CA: Sage Publication.

Lehmann, D. R. (2002). *Product Managemen*t. 3rd Ed., NJ: McGraw Hill.

Hoornaert, S., Ballings, M., Malthouse, E. C., and Van den Poel, D. (2017). Identifying new product ideas: waiting for the wisdom of the crowd or screening ideas in real time. *Journal of Product Innovation Management*, 34(5), 580−597.

Malhotra, N. K. (1998). *Marketing Research: An Applied Orientation*. NY: Prentice Hall.

Meadows, D. L. (1968). Estimate accuracy and project selection models in industrial research. *Industrial Management Review*, 9(3), 105−119.

Morgan, D. L (1998). *The Focus Group Guidebook*. CA: Sage Publication.

Puchta, C., and Lilien, G. L. (2004). *Focus Group Practice*. CA: Sage Publication.

Wilkie, W. L. (1990). *Consumer Behavior*. 2nd Ed., NY: John Wiley & Sons.

Urban, G. L., and Hauser, J. R. (1993). *Design and Marketing of New Products*. 2nd Ed., NJ: Prentice Hall.

Zaltman, G. (2003). *How Customer Think*. MA: Harvard Business School Press.

신제품 컨셉 개발

New Product
Design
&
Development

CHAPTER 05

컨셉 개발과 테스트

컨셉의 변화: 구강 청정제, 원래는 발 세정제였다?

콜라가 원래 소화제에서 시작됐다는 사실은 많은 이들이 알고 있을 것이다. 콜라의 역사를 되짚어 보자. 1898년 미국의 약제사 '칼렙 브래드햄'은 자신의 약국에서 소화를 돕는 효소의 이름을 딴 음료를 판매했다. 효소 이름은 '펩신(pspsin)'. 이름에서 감을 잡았겠지만, 이 소화제가 오늘날 '펩시'콜라의 시작이다. 코카콜라도 마찬가지다. 과거 약사 '존 팸버튼'이 코카인(페루 원주민 사이에서는 소화제로 쓰임)을 비롯한 여러 약재와 탄산수를 섞어 판매하던 음료를 사업가 '아서 챈들러'가 오늘날의 코카콜라로 바꾸었다.

최초의 탄생 목적과는 다른 방향으로 진화한 덕에 오히려 소비자들의 더 큰 사랑을 받게 된 제품은 콜라뿐만이 아니다.

리스테린: 구강 청결제가 된 소독약, 발 세정제

1979년 개발된 '리스테린'은 원래 외과 수술 및 상처 소독을 위한 소독약이었다. '리스테린'이라는 제품명도 현대 외과수술의 아버지라 불리는 영국인 의사 '조셉 리스터(Josep Lister)'의 이름에서 따온 것이다. 그는 수술실을 살균한 뒤 수술을 집도한 최초의 외과의사였다.

1870년대의 리스테린(왼쪽)과 오늘날의 리스테린(오른쪽)

외과용 소속, 살균제, 임질 치료제, 발 세정제 등으로 판매되던 '리스테린'이 지금의 구강 청결제로 주목받게 된 건 1895년이다. 당시 치과의사들은 '리스테린'이 입안 세균 제거에 효과적이라는 여러 연구 결과에 집중했고, 이후 1914년부터는 구강 청결제로 판매되기 시작했으며 현재에 이르러서는 구강 청결제 제품군 중 세계 판매 1위를 지키고 있다.

켈로그: 성욕 억제를 위해 태어난 시리얼

'시리얼'하면 떠오르는 기업은 어디일까? 아마 많은 소비자들이 '켈로그'를 떠올릴 것이다. 켈로그는 1894년 콘플레이크 시리얼을 출시한 이래 가장 대표적인 시리얼 판매 기업으로 자리매김하고 있다. 판매량 역시 세계 1위다.

판매량 1위 켈로그의 시리얼

이러한 '켈로그' 시리얼에도 재밌는 탄생 비화가 숨어있다. 바쁜 아침 수많은 현대인들의 공복을 달래주는 '켈로그' 시리얼의 탄생은 환자들을 위한 간편식이었다. 미국 미시간주에서 요양원을 운영하던 '존 켈로그'와 '윌 켈로그' 형제는 환자들을 위한 채식 위주의 개발에 힘쓰던 중 시리얼을 만들어냈다. 의사였던 형 '존'은 종교적 이유로 자극적인 음식이 인간의 육체적 정욕을 부추긴다는 생각을 갖고 있었고, 이를 위해 자극적이지 않고 가볍게 먹을 수 있는 식사를 찾고 있었다. 어느 날 형제는 환자를 위한 음식을 만들기 위해 준비해둔 밀반죽이 말라붙어 있는 것을 발견하고 이를 뜨거운 롤러로 밀어보았다. 얇게 펴지면서 구워진 반죽은 바삭한 시리얼이 되었고, 곧 환자들 사이에서 큰 인기를 얻게 되었다. 이후 퇴원한 환자들도 시리얼을 포장구매하기 시작했으며, 1906년 '켈로그' 사가 설립되기에 이른다.

술(酒), 술(酒), 술(酒)---약(藥)?

국내에서는 일반적으로 바(Bar)에서 마시는 술 '예거마이스터'. 하지만 독일에서 '예거마이스터'는 가정상비약 취급을 받는다. '예거마이스터'는 본래 기침, 감기, 위장병 치료를 위해 개발됐다. 그때문인지 술의 재료 역시 과일, 계피, 인삼, 생각, 감초 등 56가지 순식물성이고, 예로부터 독일을 비롯한 주변국에서 약용으로 소비되어 왔다.

예거마이스터(왼쪽)와 앱솔루트 보드카 (오른쪽)

출처: 각사 홈페이지, Upflash.

사실 술이 약용으로 쓰인 경우는 많다. 보드카 역시 과거에는 배탈약으로 쓰였다. 전 세계 판매량 1위를 차지하고 있는 스웨덴 '앱솔루트' 보드카의 병 디자인이 과거에 쓰이던 약병 모양을 닮은 것도 이와 무관하지 않다. 영국의 국민 술이라고 불리는 진 역시 17세기 네델란드 의사 '실비우스 드 부베'가 만든 해열제에서 유래했다.

콜라는 약에서 태어났지만 다른 길로 접어든 덕에 오히려 사람들의 더 큰 사랑을 받게 된 제품이다. 이들은 약에서 음료수로 제품의 존재 의의와 그 용도 자체를 과감하게 바꾸는 창조적 발상을 통해 소비자의 선택을 받을 수 있었다. 다른 제품들 역시 마찬가지다. 콜라가 처음의 목적 그대로 소화제로 남아있다면 지금처럼 전 세계인의 큰 사랑은 받기 힘들었을 것이다.

출처: 네이버 블로그 인터비즈, 2018. 4. 10.

신제품이 시장에서 성공하기 위해서는 소비자에게 가치 있는 제품을 제공해야 한다. 가치 있는 제품을 제시하기 위해서는 창의적인 아이디어를 발전시켜 소비자에게 적절한 편익을 제공해야 한다(Urban and Hauser, 1993).

소비자는 추상적인 제품 아이디어를 구매하는 것은 아니며, 창출된 아이디어를 발전시켜 구체적인 편익을 제시할 때 비로소 구매가 이뤄진다(kotler and Keller, 2016). 따라서 좋은 신제품 컨셉(concept)일수록 소비자의 시각에서 창의적인 아이디어를 바탕으로 차별적인 편익을 제공하고 있다.

좋은 신제품 컨셉을 개발하기 위해서는 체계적인 개발과정이 필요하다. 아이디어 창출에서 시작된 신제품 개발은 컨셉 개발단계에서 보다 정교화 하는 과정을 거치게 된다. 또한 컨셉 개발과정을 통해 도출된 몇 개의 신제품 컨셉은 테스트를 거치게 된다. 컨셉 테스트를 통해 보다 개선된 신제품 컨셉을 개발할 수 있다.

이번 장에서는 컨셉의 개발과 테스트에 대해 알아보도록 하겠다.

SECTION 01 신제품 컨셉 개발

1.1 신제품 컨셉의 이해

(1) 신제품 컨셉이란?

대부분의 신제품 아이디어는 추상적이거나 불완전한 상태이다. 아무리 참신한 아이디어라도 이를 구체화 시키지 않으면 신제품으로 개발할 수 없다. 신제품 컨셉 개발은 창출된 아이디어를 의미 있는 소비자의 언어로 변환시켜 구체화 시키는 작업을 말한다. 신제품 아이디어가 시장에서 가능성 있는 제품의 기회를 파악하는 것이라면 신제품 컨셉 개발은 이러한 가능성을 정교화 시키는 단계이다. 소비자들은 아이디어를 구매하는 것이 아니라 구체화되고 정교화된 제품 컨셉을 구매하는 것이다. 그러므로 참신한 아이디어를 구체화 시켜 제품 컨셉을 개발해야 한다.

신제품 컨셉을 도출하기 위해서는 우선 참신한 제품 아이디어가 있어야 한다. 창의적인 아이디어는 신제품 컨셉 개발에 필수적인 요소이다. 또한 창의적인 아이디어를 소비자에게 어떻게 제시할 것인지 구체적인 편익을 함께 개발하여야 한다.

신제품 컨셉 개발을 쉽게 이해하기 위해 예를 들어 생각해 보자. 웅진식품의 아침햇살은 '쌀'을 주원료로 만든 음료수이다. 당시 식혜 등과 같이 가공된 쌀로 만든 전통 음료수는 있었지만 가공되지 않은 생쌀로 만든 음료수 시장은 존재하지 않았다. 웅진식품은 이에 신제품 개발 기회를 포착하고 '쌀로 만든 음료'를 개발하기에 이른다. 여기에서 '쌀을 주원료로 만든 음료수'는 제품 아이디어에 해당된다. 하지만 이러한 아이디어는 편익을 제대로 제시할 수 없기 때문에 구매로 잘 이어지지는 않는다. 즉, 소비자는 제품 아이디어를 구매하지는 않는다는 것이다(Kotler and Keller, 2016). 따라서 제품 아이디어를 보다 구체적으로 정교화하는 작업이 필요하다. 즉, 소비자가 원하고 있는 욕구를 파악하고 적절한 제품 편익을 제공할 수 있는 신제품 컨셉을 도출해야 하는 것이다.

📄 그림 5-1
신제품 컨셉

그림 5-2
웅진식품의
'아침햇살'

출처: 웅진식품 홈페이지.

구분	설명
신제품 아이디어 ↓ 신제품 컨셉	• 아이디어 창출 – 쌀이 주원료인 음료수

	• 신제품 컨셉 1
	  – 아침식사 대용으로 먹을 수 있는 간편한 쌀 음료수
	• 신제품 컨셉 2
	  – 성장기 어린이에게 좋은 영양가가 풍부한 간식용 쌀 음료수
	• 신제품 컨셉 3
	  – 다이어트를 원하는 여성에게 권하는 저칼로리 음료수

표 5-1
신제품 아이디어
와 컨셉 개발

(2) 목표시장과 신제품 컨셉

[표 5-1]을 보면 하나의 아이디어에서 목표시장에 따라 다양한 신제품 컨셉을 개발할 수 있음을 알 수 있다. 첫 번째, '아침식사 대용으로 먹을 수 있는 간편한 쌀 음료수'라는 제품 컨셉은 아침 식사를 거르고 있는 사람들을 목표시장으로 염두에 두고 개발된 제품 컨셉이다. '쌀을 주원료로 만든 음료수'라는 아이디어를 발전시켜 간편하게 먹을 수 있는 아침식사라는 편익을 제시하고 있는 것이다. 두 번째, '성장기 어린이에게 좋은 영양가가 풍부한 간식용 쌀 음료수'는 성장기 어린이를 목표시장으로 삼고 개발한 제품 컨셉이다. 이 컨셉은 어린이에게 영양섭취라는 제품 편익을 제시하고 있다. 마지막으로 '다이어트를 원하는 여성에게 권하는 저칼로리 음료수'는 다이어트에 관심이 많은 여성들에게 저칼로리로 영양을 섭취할 수 있는 편익을 제시해 주고 있다.

세 가지 제품 컨셉은 동일한 아이디어에서 발전된 것으로써 목표시장에 따라 컨셉 개발 방향이 달라지는 것을 볼 수 있다. 이렇게 도출된 여러 개의 컨셉 중에서 컨셉 테스트를 통해 제일 좋은 컨셉을 선별하게 된다. 웅진식품의 경우, '아침햇살'은 아침 식사를 거르는 소비자를 목표시장으로 간편한 식사 대용 음료수라는 제품 컨셉을 선정하였다.

컨셉의 확대: 제2의 전성기 누리는 빙그레 '메로나'

빙그레가 메로나를 필두로 한국을 넘어 세계인의 브랜드로 우뚝 서기 위한 도전에 시동을 걸었다. 이미 패션, 생활용품업체와 다양한 콜라보로 메로나 열풍을 일으키더니 미국 현지 생산을 시작하는 등 해외 매출 확대에도 속도를 붙이고 있다.

메로나의 시작은 1991년 아이스크림 신제품 개발 담당자가 시장조사차 동남아를 방문했다가 멜론에 주목하며 시작됐다. 당시 최고급 과일인 멜론을 이용한 제품이 개발되기 전이라 시장 가능성이 크다는 판단 하에 아이스크림으로 구현하기 위한 연구에 착수했다.

필라, SPAO 등과의 콜라보로 출시 된 운동화, 티셔츠 및 단독출시한 메로나 수세미, 제주 스파클링

애경과 콜라보한 2080× 빙그레 스페셜 세트

출처: 소비자가 만드는 신문, 아시아경제.

빙그레에 따르면 당시 생소했던 멜론의 맛을 제대로 구현하는 데 한계가 있었다. 국내에서는 백화점에서나 한두 개 판매했는데 그나마 수입 과정이 길어 동남아에서 맛본 것과 달리 신선하지 않은 데다 텁텁한 뒷맛까지 났다고 한다. 대안으로 찾은 게 멜론과 사촌지간인 참외였다. 연구진들은 멜론과 참외를 함께 시식하며 수개월의 연구 끝에 신선한 멜론의 진한 맛과 부드러운 속 살맛을 재현하는데 성공했다.

이듬해인 1992년 첫 선을 보인 '메로나'는 발매되자마자 연간 210억 원의 매출을 올리는 빅히트를 쳤다. 비수기로 치는 겨울철에도 평균의 5배 이상 판매고를 올리며 국내 빙과계의 '전설'로 기록됐다.

메로나 티셔츠, 메로나 수세미 등 다양한 콜라보에 핫 브랜드 등극

27년간 꾸준하게 사랑 받아온 메로나가 다시 핫 브랜드로 떠오른 건 다양한 브랜드와의 활발한 콜라보 덕분이다. 빙그레 메로나는 패션브랜드 휠라와 'FILA X 메로나 컬렉션'을 선보였고 '코트디럭스'와 '드리프터(슬리퍼)'에 메로나의 멜론 컬러를 입힌 제품을 내놓기도 했다. 멜론 색의 산뜻한 느낌이 10, 20대의 관심을 끌어 코트디럭스 메로나는 초도 물량 6,000족이 출시 2주 만에 모두 팔렸다. 스파오와 협업해 선보인 메로나, 붕어싸만코, 쿠앤크 등 대표 아이스크림 제품을 디자인한 티셔츠는 사전 판매율이 35%를 넘어서는 등 히트를 기록했다. 최근에는 이랜드리테일의 '슈펜'과 콜라보해 '메로나와 쿠앤크', '캔디바', '생귤탱귤', '투게 더' 등 빙그레의 대표 아이스크림을 모티브로 카드지갑, 에코백 등 잡화 21종을 출시했다.

이외에 SNS상에서는 메로나 수세미가 화제가 됐고 애경과 협업한 메로나 칫솔도 인기를 끌었다.

빙그레 관계자는 "메로나는 1992년 출시 이후 국민 아이스크림으로 사랑 받아 왔고 지금은 전 세계로 수출되고 있다."며 "장수 브랜드로 항상 소비자들에게 새롭게 다가가기 위해 다양한 변신을 시도하고 세계적인 아이스크림 브랜드가 될 수 있도록 노력할 것"이라고 말했다.

출처: 소비자가 만드는 신문, 2018. 6. 27.

(3) 신제품 컨셉의 구성 요소

신제품 컨셉을 구성할 때에는 제품의 형태(form), 기술(technology), 소비자 편익(benefits)에 대한 내용을 포함하고 있어야 한다(Crawford and Benedetto, 2000).

제품의 형태는 제품의 물리적인 속성을 말한다. 무형제품인 서비스의 경우, 서비스 매뉴얼 또는 서비스 실행 절차 등이 이에 속한다. 단순한 예로 우리가 흔히 사용하고 있는 머그잔은 물을 담을 수 있는 용기와 손으로 잡을 수 있는 손잡이로 제품의 형태가 이뤄져 있다. 이 때 머그잔의 용기와 손잡이가 제품의 형태에 해당된다고 할 수 있다. 반면 이동통신 산업의 경우에는 제품의 형태가 다소 복잡하다. 이동통신 산업은 이동전화기, 교환기 등과 같은 하드웨어, 응용프로그램 등과 같은 소프트웨어, 서비스 제공 절차(procedure), 서비스 제공자 등으로 제품의 형태가 구성되어 있다. 이렇게 제품의 특성에 따라 제품의 형태는 매우 다르게 나타날 수 있다.

기술 또한 신제품 컨셉을 이루는 매우 중요한 구성 요소이다. 기술은 제품의 혁신성 또는 창의성의 원천이 되는 것으로 다양한 기술에 의해 신제품이 개발될 수 있다. 신제품을 개발할 때에는 기술적으로 경쟁제품과 차별적인 우위를 갖는 것이 매우 중요하다.

소비자 편익은 소비자가 제품을 통해 얻고자 하는 것이다. 소비자 편익은 실제로 제품이 소비자에게 제시할 수 있는 편익을 그대로 반영하였기 때문에 신제품 컨셉을 개발할 때 매우 중요한 역할을 한다.

구성요소가 결정되었으면 신제품 컨셉을 하나의 문장으로 표현해야 한다. 신제품 컨셉을 표현할 때 중요한 것은 최소한 두 가지 이상의 구성요소를 포함하여 표현해야 한다는 것이다. 예를 들어 아침햇살의 경우, 생쌀로 음료수를 만든다는 제품 기술과 간편하게 먹을 수 있는 아침 식사라는 소비자 편익을 만족시키는 신제품 컨셉이 표현되어 있다.

컨셉을 구성할 때 가장 중요하게 여겨야 하는 또 하나의 구성요소는 소비자 욕

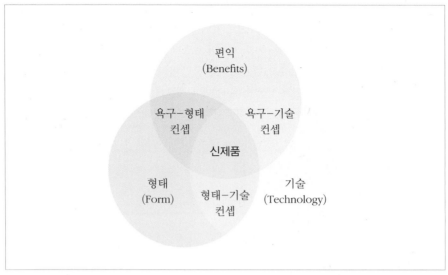

그림 5-3
신제품 컨셉의
구성 요소

편익
(Benefits)

욕구-형태
컨셉

욕구-기술
컨셉

신제품

형태
(Form)

형태-기술
컨셉

기술
(Technology)

출처: Crawford, C. M., and Benedetto, C. A. (2000). *New Product Management*. 6th Ed., NY: McGraw-Hill.

구이다. 소비자 욕구는 제품 편익과 밀접한 관계를 맺고 있기 때문에 항상 먼저 고려하는 것이 바람직하다.

(4) 좋은 신제품 컨셉의 조건

좋은 신제품 컨셉은 그만큼 시장에서 성공확률도 높다. 따라서 신제품 컨셉을 개발하기 위해서는 많은 노력을 기울여야 한다. 그렇다면 좋은 신제품 컨셉의 조건은 무엇인가? 몇 가지로 설명해 보면 다음과 같다.

첫째, 무엇보다 창의적이어야 한다. 신제품은 본질적으로 혁신적인 것이며 창의성에서 발생한다고 볼 수 있다(Crawford and Benedetto, 2000). 따라서 창의성은 신제품 컨셉이 갖추어야 할 요건 중 가장 중요하다고 볼 수 있다. 신제품이 출시되었을 때 소비자들이 기존의 제품과 차별성을 느낄 수 있을 정도의 참신함과 창의성이 있어야 한다.

둘째, 도출된 컨셉에 맞게 제품을 개발했을 때 그 제품이 소비자에게 편익을 줄 수 있는 것이어야만 한다. 아무리 창의적인 컨셉의 제품이라 하더라도 소비자가 사용하는 제품으로부터 아무런 효용을 얻지 못한다면 결국 그 제품은 소비자로부터 외면당하기 마련이다. 따라서 무엇보다도 새로운 제품의 컨셉은 소비자의 욕구를 만족시킬 수 있어야만 한다. 설령 기존제품을 약간 수정하는 것이라 할지라도 이 제품이 기존제품보다 소비자에게 더 많은 가치를 제공해 줄 수 있어야만 할 것이다.

셋째, 도출된 신제품 컨셉은 대중적이어야 한다. 신제품이 특정한 고객을 대상으로 하는 것이 아니라면 많은 소비자들이 공감할 수 있는 제품이어야 한다. 신제품이 아무리 창의적이라고 해도 제품을 사용하는 다수의 소비자가 그 제품을 낯설게 느낀다면 제품 컨셉이 잘못 도출된 경우라고 할 수 있다.

넷째, 한 기업의 신제품 컨셉이 경쟁사의 제품을 겨냥한 것이라면 해당 신제품의 컨셉은 경쟁제품과는 확실하게 차별화가 되어야 한다. 특히 경쟁사의 제품이 이미 시장에 출시된 상태라면 후발 진입의 약점을 최소화하기 위한 기업의 전략으로서 제품 차별화는 특히 중요하다. 자사의 제품 컨셉이 제품으로 개발되어 시장에 출시되었을 때 경쟁제품보다 더 나은 가치를 소비자에게 제공할 수 있는 것으로 인식되기 위해서는 컨셉 도출과정에서 확실한 차별화가 이루어져야 한다.

이외에도 신제품 컨셉은 기업이 제품을 개발하는 목적과 그에 따른 회사의 전략에 부합해야 하고, 또한 제품으로 개발되었을 때 자사의 재무적인 측면이나, 기술적인 측면에서 충분히 지원가능한지를 고려하여 컨셉이 도출되어야만 좋은 신제품 컨셉으로서의 요건을 갖추었다고 할 수 있다.

신제품 컨셉을 도출할 때 기업은 무엇보다도 제품을 사용하는 고객의 입장을 생각해야 한다. 항상 고객의 욕구가 무엇인지를 파악하여 제품이 고객의 욕구를 충족시켜 줄 수 있도록 창의적이고 차별화 된 편익(benefit)을 고객에게 제공할 수 있도록 신제품 컨셉을 도출해야 할 것이다.

사례 가려운 곳 긁어주는 것이 컨셉

남자들은 피부에 관심이 별로 없다. 요즘은 화장하는 남자들도 많아질 정도로 상황이 달라졌지만, 여전히 그 반대편에 있는 대부분의 남자들은 피부를 위해 스킨, 로션 게다가 에센스까지 이것저것 챙겨 바르는 과정 자체를 귀찮아한다. 이런 남자들의 마음을 알아채고 한 번에 모든 것을 해결해주는 올인원 화장품으로 남자들의 전폭적인 지지를 받은 브랜드가 있는데 바로 '우르오스'이다.

남자라면 누구나 느끼고 있지만 굳이 이야기를 꺼낼 정도로 대단한 문제는 아닌 것들이 있다. 누군가 말을 꺼냈을 때 "아 맞아. 나도 그런 게 필요했어."라고 생각할 수 있는 잠재적인 불편함에 '우르오스'는 주목했다. '우르오스'는 남성화장품의 성공 공식을 토대로 남성용 스킨워시 시장에 진출했다.

지금까지 '남자들의 스킨워시'는 없었다. 그냥 비누로 씻거나 집에 있는 보습이 잘 되는 일반 바디워시를 사용하곤 했다. 기혼자라면 바디워시를 선택하는 결정권은 전적으로 아내에게 있다. 그러다 보니 남자들도 여자들이 원하는 보습력 강하고 미끌미끌한 바디워시를 사용하곤 했다. 이런 남자들에게 새로운 스킨워시를 팔기 위해서는 샤워할 때 느끼는 불편함을 건드려야겠다고 생각했고, 우르오스 올인원 모이스쳐 크림의 성공 공식을 참고하였다.

대부분 남자들의 샤워는 짧다. 군대를 다녀와서 그런지 5분도 걸리지 않는 속도로 샤워를 끝낸다. 마치 회사에서 밥 먹는 것과 같은 속도로 말이다. 빠르게 샤워하다 보면 대충하게 되는데, 그렇다고 피지나 체취, 미끌거림 같은 것이 남는 것을 원하지는 않는다. 그래서 남자의 샤워에 필요한 건 잔여물

출처: 우르오스 홈페이지.

이 남지 않는 강력한 세정력과 사용감이다. "짧은 시간 안에 대충 헹궈도 미끌거리지 않는 제품이라면 샤워에 대한 불편함을 완벽히 해소시켜줄 수 있다". '우스오스'의 광고 컨셉도 이러한 확신에서 출발했다.

"남자를 아니까! 오라, '우르오스'의 세계로."

이 광고는 남자들이 그동안 사용했던 일반 바디워시가 얼마나 불편한지를 먼저 지적한다. "그동안 불편했지? 우린 달라!" 하는 메시지를 던지며 오직 남자들에게만 필요한 제품으로 인식할 수 있게 새로운 분위기를 연출한다.

이 캠페인 이전까지 '우르오스'의 올인원 모이스처라이저를 기억하는 사람들은 많았지만, 남자들을 위한 스킨워시의 존재는 잘 알려지지 않았다. 하지만 남자들의 불편함을 시원하게 해결해주는 화끈한 광고 한 편은 강렬한 인상을 심어주기에 충분했다. 스킨워시의 판매도 전년대비 10% 이상의 성장을 보여주었고, 1년 만에 브랜드의 인지도도 대폭 상승하는 성과를 이뤄냈다.

소비자들의 작은 불편함에 관심을 기울이고, 그것을 해결해주는 것을 목표로 하는 브랜드는 많지 않다. 대부분의 브랜드는 꿈과 희망 그리고 동경을 판다. 더 나은 모습을 상상하게 하지만 지금의 불편함을 딛고 서는 것들은 아니다. 오히려 새로운 가치에 다가가는 것에 심리적인 거리감을 느끼게 된다.

요즘처럼 합리적인 소비를 추구하는 시대에는 소비자의 목소리에 좀 더 귀를 기울이고 관심을 가져야 한다. 소비자들은 원래 이런 작은 것에 감동하기 때문이다. 거창하고 엄청난 것에서 찾으려고 하지 말고, 스스로 먼저 소비자의 입장이 되어서 불편했던 것들을 하나둘 나열해보자. 그 안에 좋은 컨셉을 만들어낼 수 있는 작지만 엄청난 씨앗 하나가 보일 것이다. 작은 불편함에 집중하는 것, 가려운 데를 긁어주는 것이 곧 컨셉의 시작이다.

출처: '마음을 흔드는 것들의 비밀: 결국, 컨셉' 중 발췌, 김동욱 지음, 청림출판.

1.2 신제품 컨셉 개발과정

신제품 컨셉을 개발할 때에는 아이디어 창출 및 스크리닝 과정을 거쳐 컨셉의 구성요소를 선택하고 하나의 문장으로 표현될 수 있는 신제품 컨셉을 개발한 뒤 테스트를 통해 최종 신제품 컨셉을 결정하게 된다. [그림 5-4]는 신제품 컨셉 개발과정을 도식화 한 것이다.

아이디어는 추상적이지만 제품 컨셉은 좀더 구체적이기 때문에 소비자들이 제품의 형태를 쉽게 인식할 수 있고, 컨셉이 성공적으로 도출된다면 기업은 컨셉에 기초하여 제품을 개발하는데 드는 시간과 비용을 절약할 수 있다.

(1) 아이디어 관리

앞에서도 언급했듯이 기업에서 개발된 모든 아이디어가 신제품 컨셉으로 연결되는 것은 아니다. 아무리 체계적인 과정을 거쳐 아이디어가 개발되었다 하더라도 회사의 신제품 전략에 부합하지 않는 아이디어들은 컨셉 개발에 유용하지 않다. 수많은 아이디어들이 아직 다듬어지지 않은 원석이라고 한다면 신제품 컨셉은 다양한 공정과정을 거쳐 탄생한 보석에 비유할 수 있다. 창출된 아이디어를 보다 정교화 시켜 제품 컨셉을 개발해야 한다.

LG전자의 '코드제로 R9 ThinQ'는 3D 뷰와 3D 센서로 자신의 위치를 정확하게 파악하여 주행하고 인공지능기능으로 흡입력을 스스로 조절해서 강력하게 청소할 수 있다는 제품의 아이디어를 신제품 컨셉으로 현실화한 경우이다.

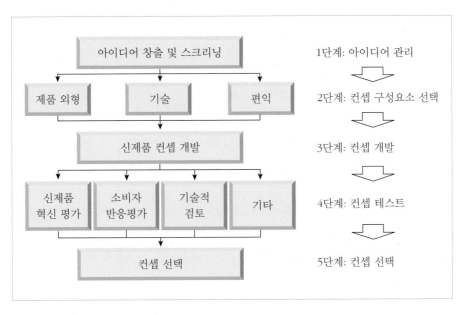

📄 그림 5-4
신제품 컨셉의
개발과정

출처: LG전자.

(2) 컨셉 구성요소 및 컨셉 개발

창출된 아이디어는 성공가능한 외형, 기능적, 심리적 특징 등을 지닌 제품으로 구체화된다. 컨셉의 구성 요소는 창의적인 집단의 활용, 유추, 체크리스트의 사용 또는 속성을 열거하는 방법 등에 다양하게 활용되어 여러 개의 신제품 컨셉을 도출할 수 있다.

이렇게 도출된 신제품 컨셉을 소비자들이 어떻게 느끼고 있는지와 관련해 지각도(perceptual map)를 이용해 소비자들의 인식을 조사하는 것도 중요한 과정의 하나이다.

(3) 컨셉 테스트

개발된 모든 신제품 컨셉을 설계과정을 거쳐 시장에서 판매하는 것은 불가능한 일이다. 수많은 아이디어들로부터 얻어진 제품 컨셉은 평가작업을 거쳐야만 한다. 평가작업을 거쳐 제품의 성격, 기업이 처해 있는 상황에 알맞는 제품 컨셉을 선별하여 제품 설계에 들어가게 되는 것이다.

신제품 컨셉 테스트란 제품에 대해 설명을 한 후 소비자의 반응, 혁신성, 기술적 검토 등을 조사하여 신제품 컨셉의 성공가능성과 개발 적합성을 검증하는 것이다. 신제품 컨셉 테스트를 통해서 컨셉에 대한 평가와 수정을 반복하게 되는데 이과정을 통해 신제품 컨셉은 개선되고 발전된다.

(4) 신제품 컨셉 결정

컨셉 테스트를 마치고 최종적으로 신제품 컨셉을 결정하게 된다. 신제품 컨셉은 앞서 설명한 여러 단계의 컨셉 개발과정을 거치면서 탈락되는 경우도 있지만 점진적으로 개선되는 과정을 거쳐 보다 성공가능성이 높은 신제품을 만들 수 있게 도와 준다.

기업에서 개발한 신제품 모두가 시장에서 성공하는 것은 아니다. 때문에 신제품 개발에는 위험과 불확실성이 항상 존재한다. 그러나 신제품 컨셉 개발 단계가 위에서와 같은 체계적인 방법으로 이루어진다면 제품 개발에서 오는 불확실성이 어느 정도는 감소할 수 있을 것이다.

이제 기업에서도 단순히 경쟁사의 제품을 모방하거나, 기존의 제품을 재포지셔닝하여 신제품을 출시하기보다는 다양한 방법으로 아이디어를 개발하고, 선별된 아이디어를 평가작업을 거쳐 창의적이면서도 성공가능한 신제품 컨셉을 도출해 내려는 노력을 기울여야 할 것이다. 이러한 과정이 체계적으로 수행될 때 출시된 신제품이 시장에서 성공할 가능성은 더욱 높아질 것이다.

1.3 신제품 컨셉 개발방법

신제품 컨셉 개발방법에는 크게 문제 기반 접근법과 분석적 속성 접근법이 있다.

문제 기반 접근법은 신제품 개발과 관련된 문제점들을 파악하고 분석하여 문제를 해결하는 방식을 통해 신제품 컨셉을 개발하는 방법이다. 신제품 개발과 관련된 문제를 파악하기 위해 회사의 내외부에 있는 자료를 검색하고 해당 부서의 직원들이 모여 상의를 거쳐 해결해야 할 문제점을 산출해 낸다. 소비자의 불만 또는 의견 등의 자료 또한 문제점 도출의 중요한 원천이다.

문제점이 파악되었으면 문제의 분석을 실시하게 된다. 문제를 분석할 때에는 과연 제품에 대한 문제의 원인이 무엇이며 이를 어떻게 해결할 것인가를 토론해야 한다. 예를 들어, 생크림 케익을 개발한다고 가정해 보자. 제품과 관련하여 여러 가지 소비자의 불만이 있을 것이다. 생크림이 쉽게 변질된다는 문제점이 있다면 변질의 원인을 파악하고 이를 해결해야 한다. 유통절차가 복잡하고 유통시간이 길어진 것이 변질의 원인이라면 유통절차 및 유통기간을 단축하여야 할 것이고 냉장 보관 방법이 잘못 되었다면 이를 시정하여 신선한 생크림 케익을 소비자에게 전달해야만 한다. 이와 같이 문제 기반 접근법은 신제품과 관련된 문제점을 파악하고 이를 해결하려는 노력을 통해 신제품 컨셉을 개발하는 방법이다.

분석적 속성 접근법은 신제품과 관련된 중요한 속성을 선발하고 평가하여 제품에 반영하는 방법이다. 자동차의 경우 운전감, 디자인, 스타일, 안정감, 속도감, 편리함 등과 같은 속성을 산출하여 평가하는 방법을 통해 제품이 지녀야 할 속성에 대해 어느 수준까지 달성해야 할 것인지를 파악하고 신제품을 개발하는 방법이다.

자세한 컨셉 개발방법에 대해서는 제 6 장 컨셉 개발 기법에서 다루도록 하겠다.

신제품 컨셉 테스트

2.1 신제품 컨셉 테스트의 이해

앞에서 아이디어의 관리와 신제품 컨셉 개발에 대해 알아보았다. 결국 수많은 아이디어와 신제품 컨셉 중에서 실제로 신제품 출시로 이어질 수 있는 경우는 매우 적으며 기업환경과 여러 가지 여건상 한정적일 수밖에 없는 것이 현실이다.

(1) 컨셉 테스트의 역할과 중요성

신제품 컨셉 테스트의 목적은 신제품 개발이 올바른 방향으로 진행되고 있는지를 확인하고 신제품이 지닌 편익과 특징, 개발가능성, 적합성 등을 평가하는 것이다. 신제품 컨셉 테스트를 통해 소비자가 원하는 제품을 개발하고 개발 시간과 비용을 절약할 수 있으며, 치열한 시장경쟁에서 이길 수 있는 성공적인 신제품을 만들 수 있다.

1) 컨셉 테스트의 목적

신제품 컨셉 테스트의 목적을 세 가지로 요약해 보면 다음과 같다.

첫째, 부족한 신제품 컨셉의 표현을 보다 풍부하고 명확하게 해주는 역할을 한다. 신제품 컨셉이 모호하거나 소비자가 이해하기 어려운 단어 또는 문장으로 이뤄져 있을 때, 이를 수정하여 보다 알기 쉽고 전달하기 쉬운 표현으로 보완할 수 있다.

둘째, 신제품 컨셉의 잠재적인 매출 또는 소비자의 구매의도 등을 알아볼 수 있다. 제품이 출시된 후의 시장점유율, 수익률 등을 소비자의 구매의도를 통해 알아봄으로써 향후 시장을 예측해 보는 것이다. 신제품 컨셉의 잠재적인 매출은 신제품 컨셉이 소비자가 얻고자 하는 편익과 요구들을 얼마나 잘 반영했는지를 나타내는 좋은 자료가 된다.

셋째, 신제품 컨셉의 평가에 그치는 것이 아니라 신제품 컨셉을 발전시키는데 컨셉 테스트의 목적이 있다. 실제로 신제품 컨셉은 개발 단계에서 꼭 알아야 할 제품의 중요 속성들을 모두 표현하지 못하거나 연구, 개발 실무자들이 이해할 수 있을 정도의 수준에 다다르지 못하는 경우가 많다. 신제품 컨셉 테스트는 개발과정에서 부족했던 아이디어를 보완하고 발전시키는데 유용하게 사용될 수 있다.

많은 신제품 중에서 시장에 출시되어 성공적인 히트상품이 되거나 장수브랜드가 되는 제품은 극소수이다. 치열한 경쟁환경에서 성공적인 신제품이 되기 위해서는 신제품 컨셉의 평가과정을 통해 제품 컨셉을 선택하고 좀더 구체화하는 작업이 필요하다. 신제품 컨셉 테스트 단계는 신제품 개발과정 중에서 매우 중요한 초기단계 중 하나로 신제품 실패의 가장 주요한 요인으로 꼽히는 소비자의 반응을 확인하는 단계이기도 하다.

2) 컨셉 테스트의 중요성

신제품 컨셉의 평가단계가 중요한 이유는 크게 품질, 시간, 비용의 세 가지로 나누어 생각해 볼 수 있다.

첫째, 시장과 소비자가 원하는 제품의 품질 즉, 소비자가 원하는 편익을 명확히 해 준다. 이 단계를 통해서 진정으로 소비자가 원하는 제품의 속성은 무엇이며 품질의 수준은 어느 정도인지를 가늠할 수 있다.

둘째, 시간을 절약할 수 있게 해 주는 역할을 한다. 신제품 컨셉 테스트 단계를 성공적으로 수행한다면 이후 수행되는 신제품 개발 단계에서 복잡한 문제에 부딪혔을 때 정보를 수집하고 의사결정을 하는 과정을 거치면서 문제를 쉽게 해결할 수 있다.

셋째, 신제품 컨셉 테스트 단계는 비용절약의 효과를 가져가 준다. 불필요하고 가치 없는 신제품 컨셉들을 빨리 폐기하고, 적절하고 공격적인 컨셉 개발 프로그램의 진행은 비용을 절약하는 지름길이 된다.

품질, 시간, 비용의 요소들은 기업 측면에서도 효율적으로 사용되어야 할 마케팅 자원에 속하며, 세 가지 변수들에 의해 기업의 성과가 결정될 수 있다. 이 세 가지 요소들을 기업환경과 현재 수행중인 계획에 가장 적절히 조화를 이루게 하여 신제품 컨셉의 평가에 활용하는 것이 중요한 문제이다. 신제품 컨셉 평가 단계는 위와 같은 이유로 인해 초기단계의 평가로서 매우 중요한 역할을 한다고 하겠다.

📄 그림 5-6
보령 메디앙스
(주) 닥터아토

출처: 보령 메디앙스.

보령 메디앙스(주)의 닥터아토(Dr.ato): 아기의 아토피 피부염을 위한 자극없는 스킨케어와 생활용품 등 모든 것을 제공하는 아토피 전문 브랜드라는 컨셉 하에 신제품을 출시한 후 소비자의 반응을 분석하기 위해 인트라넷을 활용하고 백화점 직영 매장, 대형 할인매장 및 슈퍼마켓 순회 MD, 오프라인 미팅인 '현장의 소리' 프로그램 운영을 통해 경쟁사 정보 및 소비자 정보를 취득했다.

'골목식당'에서 본 '자기부정'의 어려움

백종원의 골목식당(이하 '골목식당')은 죽어가는 골목상권을 되살리겠다는 취지 자체가 경영이고, 마케팅이다. 그 치열한 '골목식당'에서 건져 올린 싱싱한 경영 마케팅을 이야기하고자 한다.

멸치국수를 파는 작은 가게이다. 비싼 멸치를 아끼지 않고 듬뿍 끓여 육수를 우려낸 국숫집 사장님의 SOS. 원가가 높다 보니 남는 게 없다고 하소연한다. 하지만 자신의 레시피에 대한 자부심으로 싼 멸치를 쓰거나 멸치의 양을 줄일 수는 없다는 입장. 이에 백종원 대표는 멸치의 양을 줄이고 채소류를 넣어 더 오랜 시간 육수를 우려낸, 즉 원가를 줄인 육수로 손님들의 평가를 받아보자고 제안한다. 국숫집 사장님의 '비싼 육수'와 백종원 대표의 '원가절감 육수'의 승부에서 고객의 입맛은 백종원 대표의 손을 들어준다. 그러나 이게 웬걸. 국숫집 사장님은 패배를 인정할 수 없다고 버틴다. 육수 레시피는 그냥 자기 스타일대로 할 테니 대신 새로운 메뉴를 하나 개발해 달라 고집을 부린다.

세상은 일분일초마다 변한다. 그러니 과거에 살아서는 안 된다. 과거의 지식과 경험으로 미래를 설명할 수 없어서이다. 세상의 변화에 눈과 귀를 열어야 한다. 변해야 산다. 모든 기업이 혁신, 혁신, 노래를 부르는 이유이다. 출발점은 '자기부정(自己否定)'이다. 변화를 위한 고통스러운 자기부정이 혁신의 전제조건이다. 그러나 쉽지 않은 일이다. 지금껏 나를 지탱해왔던 신념과 자부심을 버릴 수 없기 때문이다. 여기 국숫집 사장님도 그랬다. 오랜 기간 고수해왔던 나의 레시피를 한순간에 바꿀 수 없을 것이다. 이해는 한다. 하지만 비우고 내려놓아야 한다. 그래야 변화를 껴안을 수 있다. 자기부정 없이는 변화와 혁신도 없다. '필름의 명가' 코닥이 그랬다. 세계 최초로 디지털 카메라를 개발하고서도 필름에 연연했다. 결과는 다들 아는 대로다. 'Kodak Moment'라 하여 '멋진 순간'을 의미하던 '코닥'이란 단어가 지금은 'Be Kodaked'라 하여 '변화에 적응하지 못하고 쇠락하다'라는 의미로 쓰인다. 문제가 없다고 생각하니 혁신의 동력이 생길 수가 없는 것이다.

이번엔 라오스 전통 국숫집으로 가보자. 라오스 여행을 갔다가 현지 국수의 매력에 빠진 사장님이 레시피를 배워 와서 차린 국수가게이다. 하지만 매출이 늘어날 기미가 보이지 않았다. 메뉴부터가 문제였다. 라오스 전통 국수를 파는 집인데 메뉴를 보니 각종 롤과 버팔로윙 등

출처: 동아비즈니스리뷰.

국적 불명의 아이템들이 고개를 삐쭉삐쭉 내밀었다. 매출을 위한 구색용 아이템들이다. 하지만 이런 게 늘어날수록 '컨셉'의 날은 무뎌져만 간다. 잘되는 집은 메뉴가 단출하다. 손님이 없는 식당일수록 카레라이스에서부터 동태찌개까지 안 하는 게 없다.

컨셉은 곧 '자기중심(自己中心)'이다. 자기를 잃으니 컨셉도 사라진다. '라오스'가 사라진 라오스 국숫집의 국수는 더 이상 라오스 국수가 아니다. 고객의 머릿속에 '강렬한 한 단어'를 남기는 게 마케팅이다. 줄여야 한다. 좁혀야 한다. 모두를 만족시키려 하다가는 어느 누구도 만족시킬 수 없다. '골목식당' 두 번째 키워드는, 그래서 '자기중심'이다. 명확하고 명징한 나만의 차별적 컨셉이 관건이다. 또 다른 문제는 국수의 맛이다. 특징 없는 심심한 국수에 손님들의 반응이 시큰둥하다. 정작 더 큰 문제는 국수집 사장님의 태도이다. 손님이 느끼는 맛과 상관없이 자기 요리에 대한 자부심이 크다. 레시피는 라오스 현지에서 직접 배워왔지만 그걸 한국 상황에 맞추느라 쏟아부은 시간과 노력이 몇 트럭이다. 하지만 현실에 대한 냉철한 인식이 전제조건이다. 기준은 '내'가 아니라 '손님'이어야 한다. 어느 날 라오스 국숫집을 찾은 진짜 라오스 사람들. 제작진은 국수에 대한 평가를 부탁했다. "라오스 쌀국수 먹고 싶으면 이건 아닌 것 같다", "국물과 고기가 따로다", 국수를 먹은 라오스인들의 혹평이 이어지자 사장님은 적잖이 당황한다. 하지만 좋은 약은 입에 쓰다 했다. 그만큼 꼭 필요한 얘기들이다.

앞서 '자기부정'과 '자기중심'을 얘기했는데, 마지막 키워드는 '자기인식(自己認識)'이다. 나를 알아야 한다. 나에 대한 객관적인, 냉정한 평가가 필요하다. 평가의 주체는 내가 아니라 고객이다. 내가 맛있는 게 아니라 고객이 맛있어야 한다. 숫자 6을 써놓고 아무리 6이라고 우겨봐야 손님이 9라 하면 게임은 끝이다. 손님의 시각에서, 손님의 관점에서 나를 다시 봐야 한다. 그게 자기인식이다. 고통스럽더라도 민낯 그대로의 나를 마주해야 한다. 출발은 거기서부터이다. 고객이 답이기 때문이다.

출처: 동아비즈니스리뷰, 248호, 2018. 5.

2.2 신제품 컨셉 테스트 실행

신제품 컨셉 테스트는 신제품의 혁신성 평가, 소비자의 반응 평가를 통해 이뤄진다.

(1) 제품 혁신성 평가

제품의 창의성은 제품의 혁신에 의해 이뤄진다. 성공적인 제품일수록 창의성과 혁신성이 뛰어나다. 제품 혁신성 분석은 이익, 성장률, 시장점유율 예상이라는 목표하에 신제품 컨셉을 평가하고 선별하기 위해 수행된다. 제품 혁신성 분석은 앞서 소비자 반응을 통해 테스트와 병행하여 실시되는 경우가 많다(Crawford and Benedetto, 2000).

제품 혁신성 평가는 해당 신제품이 요구하는 기술과 자사가 보유한 기술과의 차이, 제품 혁신의 수준, 비용의 측면, 시장환경, 경쟁환경 등을 고려하여 적합하지 못한 신제품에 기업의 신제품 개발 비용이 불필요하게 소요되지 않도록 하는데 그 목적이 있다. 또한 제품 혁신성 분석을 할 때에는 기술적 측면과 자사의 제품 개발에 대한 경험, 최종 사용자의 경험 등을 분석하는데 초점을 맞춰야 한다.

1) 제품 혁신 정도 및 잠재성 파악

제품 혁신의 관점에서 혁신의 강도와 제품 성장 잠재성 등을 평가하는 것이 요구된다. 혁신의 강도는 제품의 컨셉이 얼마나 새로운지를 나타내는 것이고, 제품성장 잠재성은 해당 신제품의 출시 이후 수익에 관한 잠재성을 측정하는 것이다.

제품 혁신성 분석을 위해 제품은 전혀 새로운 제품 또는 첨단제품(pioneer product), 기존의 제품을 발전시킨 제품(adaptive product), 또는 모방품(imitation or emulation product) 등으로 분류할 수 있다. 첨단제품은 시장 또는 소비자에게 전혀 새로운 형태의 제품으로 인식되는 신제품을 일컫는 것으로 시장과 소비자의 반응을 예상하기 어려워 위험부담이 크지만, 일단 신제품이 출시에 성공하면 지속적으로 보유가능한 시장 선도자로서의 이점을 누릴 수 있는 장점을 갖고 있다. 기존의 제품을 개선한 제품(adaptive product)의 경우, 기존의 자사 제품이나 경쟁제품을 특정 방법을 이용하여 제품을 개선하여 시장에 출시된 제품을 말한다. 이러한 제품은 시장 선도제품의 이익을 점하기 어렵다는 단점을 지니고 있지만 기존의 제품에 비해 확실히 높은 비교우위의 제품 속성을 가지고 있다면 시장에서 성공할 수 있다는 강점을 갖고 있다. 기존제품의 개선을 통한 신제품 컨셉을 도출 할 경우에는 자사가 제품 개선의 능력을 충분히 보유해야 하고 경쟁자의 모방을 막을 수 있을 정도로 확실한 제품개선이 이루어져야 하며, 소비자가 기존의 제품에 비해 비슷하거나 높은 가격을 지불하고 구매가능하도록 충분한 비교우위 장점을 가져야 할 것이다. 모방 제품의 경우 기존에 출시된 제품을 그대로 모방하여 신제품 컨셉을 도출하여 시장에 출시하는 것을 말한다. 모방 제품은 혁신의 수준은 매우 낮지만 위험부담이 적다는 장점을 갖고 있다.

제품의 혁신 정도는 시장 진입 순서와도 많은 관련성을 가지고 있다. 초기에 시장 진입을 한 경우 다른 제품이 시장에 출시되기 전에 공격적인 촉진활동을 통해 진입장벽을 쌓아 선도자의 우위를 지속적으로 유지해야 한다. 기존의 제품이 출시되어 성공을 거둔 후에 출시할 때에는 차별적인 제품개선이 요구되며 마지막으로 후발주자로 제품을 개발할 때에는 생산기술, 원가 절감 등을 통한 낮은 가격으로 시장에 출시되어야 한다.

2) 제품 혁신 차트의 작성

제품 혁신 차트란 제품의 혁신 정도를 한눈에 알아볼 수 있도록 요약한 표이다. 제품 혁신성 분석에 유용하게 사용될 수 있는 차트이다. 제품 혁신 차트를 작성할 때에는 시장의 기회와 기술적 기회를 파악하는 것이 중요하다.

[표 5-2]에서와 같이 시장기회 요소와 기술적인 기회 요소가 제시되어 있지만 이러한 평가 항목들은 시장의 상황에 따라 변화될 수 있는 것이므로 당면한 환경에 따라 적절히 변형하여 사용되어야 한다.

이러한 제품 혁신 차트를 이용하는데 있어서 가장 주의할 점은 신제품이 출시될 시장의 환경과 기업이 처한 상황은 항상 변화한다는 사실을 잊어서는 안 된다는 점이다. 특히 기업들은 세계가 하나의 시장이 된 무한경쟁 상황에서 활동하고 있으

시장의 기회	기술적 기회
• 사용자(카테고리에 따른) • 사용자(자사의 제품을 사용하는) • 소비자 • 잠재 고객 • 비 사용자 • 인구통계학적 기회 • 심리도식적 기회 • 소매상 • 도매상 • 사용률 • 프랜차이즈 • 시장의 위치 • 경쟁자 • 법적인 규제	• 제품 형태 • 특정의 제품 • 제품의 포장 • 제품의 디자인 • 생산 능력 • 특허 • 과학의 발달 • 경영 시스템 • 정보 시스템 • 정보 분석 능력 • 프로젝트 관리 능력 • 품질의 수준 • 프로젝트 디자인

📄 표 5-2
시장 및 기술적
기회의 항목

출처: Crawford, C. M., and Benedetto, C. A. (2000). *New Product Management.* 6th Ed., NY: McGraw-Hill.

므로 급속하게 변화하는 환경에 따라 적절히 제품 혁신 차트를 이용하는 것이 무엇보다도 중요한 점이라고 하겠다. 그래서 기회를 포착하는 능력도 중요하지만 그 기회를 어떠한 기준에 따라 평가하고 순위를 정하여 옥석을 가리는지가 제품 혁신 차트 이용의 가장 중요한 부분이라 할 수 있다.

기술적 검토는 제품의 기술 수준과 연구개발(R&D), 생산 기술 등을 검토하는 것이다. 시장과 소비자가 원하는 제품의 기술과 신제품 컨셉의 기술 수준이 일치하여 소비자를 만족시켜야만 소비자는 해당 신제품을 구매할 의도를 가지게 될 것이다. 따라서 시장의 요구와 신제품 기술이 일치하는지, 기술적인 위험과 장애는 무엇인지, 핵심 기술은 무엇으로 해야 하는지, 법적 규제와 특허 관계는 어떠한지, 신제품 생산방법, 생산비용 등을 조사하게 된다. 이러한 정보를 알기 위해서는 자사의 생산 또는 연구개발 부서의 실무자에게 필요한 정보를 얻거나 문헌 조사, 특허에 대한 자료 조사, 그리고 경쟁제품의 기술성을 검토 등을 통해 신제품 컨셉의 기술성 분석을 실시해야 한다.

(2) 소비자 반응 분석

신제품 컨셉을 평가하기 위해서는 실제 사용자인 소비자의 반응을 알아보아야 한다. 우선 신제품 컨셉이 소비자에게 해당 제품만의 차별화 된 편익을 제공할 수 있는지를 검토해야 한다. 차별화 된 편익들로 인해 소비자의 인식 속에 특별한 포지셔닝(positioning)을 갖는 것이 중요하기 때문이다. 소비자에게 제시되는 신제품 컨셉에 대해서는 해당 신제품이 다른 제품과 차별화 되어 소비자가 구매결정을 내리는데 중요한 역할을 할 수 있는 속성을 과장되지 않게, 사실적으로 간결하게 표현되어야 한다.

신제품 컨셉을 테스트하기 위해서는 신제품 컨셉을 소비자에게 잘 전달할 수 있는 방법을 선택해야 한다. 신제품 컨셉을 소비자에게 설명하는 방법으로는 문장으로 서술하는 방법, 그림이나 도식화 하여 제공하는 방법, 유사한 모형을 이용하는 방법, 실제의 제품을 만들어 제시하는 방법 등이 있다.

문장으로 서술하는 방법은 제품이 보유하고 있는 속성을 설명하고 제품에 대한 반응을 살피는 것이다. 그림이나 도식을 이용한 방법은 단순한 그림이나 도식을 보여주고 간단한 설명을 덧붙이는 방식이다. 모형 제품을 만들어 이용한 방법은 다소 비용이 소요되는 방법으로 식품 등의 특별한 경우에 사용되는 방법이다. 마지막으로 실제의 제품을 제작하여 조사하는 형태는 다른 방법들의 단점을 보완한 방법으로 소비자의 구매의도를 가장 정확히 알 수 있으나 비용이 많이 소요된다는 단점이 있다. 신제품 컨셉을 테스트 할 때에는 기업의 상황에 따라 소비자가 신제품 컨섭을 가장 잘 이해할 수 있는 방법을 사용해야 한다.

신제품 컨셉의 소비자 반응 조사를 위해 컨셉보드를 만드는 경우가 있다. 컨셉보드는 제품의 외형을 나타낼 수 있는 제품 실제 사진과 함께 제품에 대한 간단한 설명과 가격, 크기 등의 정보를 적어 소비자에게 제품을 쉽게 이해하기 위한 수단으로 많이 사용된다. [그림 5-7]은 CJ에서 출시한 '한뿌리'의 소비자 조사용 컨셉보드이다. 우선 상단에 제품을 잘 나타낼 수 있는 한 문장의 제품 컨셉을 회사의 로고와 함께 적어준다. 컨셉보드의 좌측에는 실제 제품 사진을 보여주고 가격과 구입처에 대한 정보를 우측에는 제품에 대한 맛과 음용상황, 편익 등과 같은 것을 이해하기 쉽게 적어준다. 이러한 컨셉보드를 소비자에게 제시하고 컨셉에 대한 평가를 실시한다.

신제품 컨셉의 제시방법이 결정되면 소비자의 반응을 살펴보아야 한다. 소비자의 반응을 살펴보는 방법 중에 가장 많이 사용되는 방법은 소비자의 구매의도를 알아보는 것이다. 소비자의 구매의도를 알아보는 방법은 제품을 제시하고 구매의도를 5점 척도로 묻는 간단한 방법에서 실제 쇼핑을 할 수 있는 장소를 마련한 후 실험을 실시하는 방법에 이르기까지 매우 다양하다.

위에서 알아본 여러 신제품 컨셉 평가 방법 중에서 신제품의 유형과 기업이 처한 상황을 고려하여 소비자 조사의 형식을 결정해야 할 것이다. 각 방법들의 조사에서는 소비자의 구매의도를 알아볼 수 있는 질문을 구성하여 실제 소비자의 구매

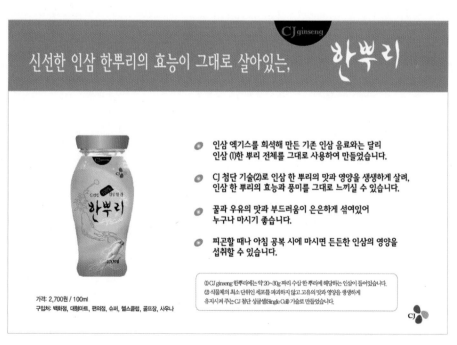

📄 그림 5-7
신제품 컨셉보드
예제

의도를 알아보아야 한다. 또한 신제품 컨셉을 설명하는 데 사용되는 언어는 평범한 언어가 아닌 소비자의 반응을 잘 얻어낼 수 있도록 현실적이면서도 소비자들이 직접 비교가능한 언어로 구성되어야 한다. 아울러 경쟁제품과 비교가능한 정보들이 제공되어야 한다.

조사집단의 선정에 있어서도 실제 신제품을 사용할 가능성이 있는 소비자나 잠재적인 소비자 또는 표적 소비자 등의 신제품이 출시될 시장을 대표할 수 있는 대표성을 지닌 소비자를 대상으로 조사가 이루어져야 하며, 제품의 유형에 따라 소비재인지 산업재인지를 구별하여 해당 신제품에 적절한 최종 소비자를 대상으로 조사를 실시하여야 된다.

이와 같은 노력에도 불구하고 조사 결과와 실제 상황은 다를 수 있다. 테스트에서 응답자 중 약 40%가 향후에 제품을 구매한다고 하였으나 실제 구매자의 수는 그에 미치지 않는 경우도 있다. 여러 가지 이유에서 이와 같은 상황이 발생한다. 응답자들이 실제와 비교하여 좀더 긍정적으로 답하는 경향이 있을 수 있으며, 조사 당시에는 구매를 생각했으나 경쟁제품 또는 유사제품을 구매하는 경우도 발생가능하고, 표적 소비자로 정의한 소비자 일부만이 해당 신제품에 노출될 수도 있기 때문이다. 또한 신제품 컨셉이 과장되어 소비자에게 제시된다든지, 아주 새로운 신제품일 경우 소비자에게 낯설어 정확한 소비자 조사가 이루어지지 않을 가능성도 있을 것이다. 이러한 오류를 감소시키는 방안으로는 다음과 같은 방법들이 제시되고 있다.

첫째, 현실적인 신제품 컨셉을 제시해야 한다. 실제로 출시가능한 제품의 특징이나 그 제품으로 소비자가 얻을 수 있는 편익을 제시해야만 조사단계의 소비자 구매의도와 출시 후의 실제 구매의 격차를 줄일 수 있다.

둘째, 신제품 컨셉 평가와 신제품의 홍보를 병행하는 평가를 자제해야 한다. 신제품 컨셉의 테스트는 소비자의 구매 능력이나 구매를 촉진하는 단계가 아닌 소비자의 구매의도를 객관적으로 평가하는 단계이므로 과도한 홍보를 겸하는 평가는 잘못된 결과를 가져 올 수도 있다.

셋째, 소비자가 신제품의 컨셉을 잘 이해할 수 있도록 명확하게 신제품의 컨셉을 제시해야 한다. 테스트는 소비자의 의견을 수렴하여 다음의 개발 단계에 반영하기 위해 이루어지는 단계인 만큼 소비자가 제품의 컨셉을 정확히 이해하고 피드백(feedback)이 가능해야 하기 때문이다. 때로 모호하거나 막연하게 추상적으로 신제품 컨셉이 설명되어 소비자에게 혼란을 초래하는 경우가 있는데, 이러한 사례를 방지하기 위해 신제품 컨셉을 제시할 때 시각적인 방법이나 모형을 사용하여 간결하고 명확하며 이해가능한 의사소통 방법을 이용하여 소비자에게 신제품 컨셉을 제시해야 한다.

　　마지막으로 실제로 신제품 구매가 가능한 고객이나 잠재 구매 고객을 대상으로 소비자 조사를 실시해야 한다. 이 때 신제품의 표적 고객을 대표할 수 있는 응답 집단을 선정하여 구매의도를 조사해야 한다.

요약정리

　　신제품 컨셉의 개발과 테스트는 신제품 개발과정에 있어서 매우 중요한 역할을 한다. 제품을 보다 친근하고 쉽게 소비자에게 전달하기 위해서는 신제품 아이디어를 신제품 컨셉으로 구체화 시켜야 된다. 신제품 컨셉은 제품의 형태, 기술, 편익으로 구성되어져 있으며 개발된 컨셉은 컨셉 테스트 과정을 거쳐 개선되고 선별된다.

　　신제품 컨셉 개발 방법은 문제 기반 접근법과 분석적 속성 접근법으로 나눠진다. 문제 기반 접근법은 신제품과 관련된 여러 문제를 파악하고 해결해 나가는 방법을 통해 신제품 컨셉을 개발하는 것이며 분석적 속성 접근법은 중요 속성을 평가하여 차이(gap) 분석을 통해 신제품 컨셉을 개발하는 방법이다. 이렇게 개발된 신제품 컨셉은 테스트 과정을 거치면서 소비자의 반응을 살펴보게 된다. 신제품 컨셉 테스트를 위해서 여러 방법을 통해 제품에 대한 설명을 제시하고 구매의도, 태도 등과 같은 반응을 조사한다. 이 과정을 통해 기존의 신제품 컨셉을 개선시킬 수 있다.

소비자의 숨은 심리를 읽어라. "How Customers Think"

※ 본 내용은 Harvard 대학교 경영대학원의 마케팅 교수인 Zaltman의 저서인 *How Customers Think*를 요약 정리한 것임.

소비자들이 어떻게, 그리고 왜 구매하는지 안다고 생각하는가?
당신이 알고 있는 것은 5%뿐이다.
문제는 소비자들도 자신이 무엇을 원하는지 잘 모른다는 것이다.

제품을 구매하는 기준은 무엇일까? 사람들에게 물으면 대부분 품질, 가격, 디자인 등을 따진다고 할 것이다. 그리고 만약 어떤 기업이 신제품 시안을 몇 가지 놓고 어떤 모양이 좋으냐고 물으면 고객은 각자 취향에 따라 하나씩 고를 것이다. 소비자의 의견을 충실히 수렴하여 경쟁사보다 품질이 우수하거나 저렴한 제품을 내놓았다면 이제 성공하는 일만 남았을까? 그러나 복잡미묘한 마케팅의 세계는 그리 호락호락하지 않다. 코카콜라 사는 펩시콜라보다 맛이 좋은 뉴코크를 선보였지만, 기존의 코카콜라와 미국문화를 동일시한 고객들에게 뭇매를 맞았다. 고객들이 원한 것은 뉴코크는 커녕 펩시보다도 맛이 없는 코카콜라 클래식이었던 것이다.

이처럼 마케팅에는 합리적이고 이성적인 사고로는 이해되지 않는 면이 많다. 그리고 많은 경영자와 마케터들도 이 사실을 익히 알고 있다. 문제는 이성적으로 이해되지 않는 소비자의 진정한 니즈를 어떻게 알 수 있는가이다. 무의식에 인지된 기호가 중요하다는 것을 알면서도 무의식에 접근할 방법을 찾지 못해 지금도 많은 기업에서는 설문조사나 포커스그룹 인터뷰 같은 '이성적인' 방법을 쓰고 있다. 그러나 설문 문항은 기업이 '듣고 싶어하는 대답'만을 나열하고, 소비자들도 '이게 아닌데' 하면서도 그나마 나은 차선책을 골라서 답을 준다. 심지어는 자신이 무엇을 원하는지 모르는 경우도 허다하다. 이런 과정을 거쳐서 나온 제품이 소비자를 만족시킬리 만무하다. 마케터들이 가고 싶어하지만 그저 생각만 하는 영역. 이 책은 그 무의식과 마음을 이해하는 방법을 제시한다.

구매를 결정하는 95%의 무의식을 파고들어라

이 책의 핵심원리는 '95대 5의 분할'이다. 이는 기껏 5%의 인지과정만이 고차원적 의식 수준에서 발생하고, 95% 이상은 의식으로 자각되지 않는 심층의식(무의식)

차원에서 이루어진다는 것을 뜻한다. 저자는 이 거대한 무의식을 규명하기 위해 신경학, 심리학, 사회학, 언어학 등 다양한 학문분야를 넘나든다. 저자가 특히 주목하는 것은 소비자와 기업이 역동적으로 상호작용하는 '마음시장(mind of the market)'이다. 마음시장은 의식 이면에 숨겨진 소비자의 진정한 니즈를 이해할 수 있는 곳이라는 점에서 합리적이고 이성적인 현실의 시장과 대별된다. 저자는 마음시장을 이해하기 위해서 은유를 이해하는 방법과 개개인에 내재한 독특한 기억에서 공통된 개념을 추출하는 방법을 소개한다. 우리는 일상대화에서도 수많은 은유를 사용하는데, 이는 곧 대상과 나의 무의식을 이어주는 매개고리라 할 수 있다. 실제로 GM이 소비자에게 '낙관주의'를 표현하는 그림을 가져오라고 하자, 어느 소비자가 샴페인잔 그림을 가져와서 그 안에 담긴 새로운 시대에 대한 기대와 같은 느낌을 설명했다. GM은 이러한 이해를 바탕으로 자동차 디자인에 낙관주의를 표현할 수 있었는데, 이처럼 전혀 다른 방향에서 제품을 설명하는 은유를 찾으면 제품의 본질을 더욱 정확히 알 수 있다. 이 책에는 이 밖에 반응지연시간 측정기법과 뇌영상기법 등 무의식에 접근하는 새로운 방법을 소개한다.

무의식을 이해하는 새로운 방법

인간의 무의식은 같은 대상에 대해서도 서로 다르게 인식하는 경우가 많지만, 한편으로는 동일한 사고와 감정을 갖는 경우도 흔하다. 이처럼 많은 이들이 공유하는 개념과 그 연계구조는 마음을 이해하는 새로운 맥락이 된다. 하나의 개념은 다른 개념과 상호소통을 하면서 새로운 의미를 갖게 된다. 예를 들어 '도망'이라는 개념 자체는 별 의미가 없지만, 만일 '안도감'이나 '일'과 같은 개념과 연계될 때는 물리적인 위험이 아니라 스트레스를 피한다는 의미를 갖는다. 이처럼 소비자가 제품에 대해 떠올리는 다양한 개념을 규명하고 그 중 중심이 되는 개념을 파고들면 제품의 핵심가치를 파악할 수 있다. 또한 한 개념에서 다른 개념으로 이동할 때 어떤 경로를 따를지, 무엇을 준비할지를 알 수도 있다. 이처럼 공유개념도는 마음시장을 여행하는 로드맵 역할을 한다.

무의식이 작용하는 사례

그림을 보면 대부분은 사람들은 화난 표정을 한 커다란 괴물이 공포에 질린 작은 괴물을 쫓고 있다고 설명한다. 이 이야기는 사회적 관계(한 괴물이 다른 괴물을 쫓는다), 감정(노여움과 공포), 의도(위협과 안전 추구), 물리적인 지향(크기, 운동) 등의 요소를 포함한다.

그러나 실제로 이 괴물들은 차이가 전혀 없다. 다만 터널이 한 괴물을 더 멀리 있는 것처럼 보이게 하고, 원근법에 따라 멀리 있는 괴물이 더 클 것이라고 인식할 뿐이다. 이처럼 한쪽이 더 커 보이면서 쫓고 쫓기는 관계가 성립된다. 이 모든 착각은 그림에 나타난 등장인물간의 관계를 규정하고 그 관계에 감정적 의미를 부여하고 풍부한 이야기를 만들어 내는 무의식적 마음의 능력을 보여준다. 이처럼 복도를 연상시키는 몇 개의 선이 실재하지 않은 정보를 생성하는 것처럼, 소비자들은 낯익은 브랜드에 어떤 속성을 부여한다. 제2차 세계대전에 참전한 미군에게 코카콜라가 향수를 자극한 것도 이러한 예이다. 이러한 이야기들을 브랜드와 결합시키는 것을 넘어 능동적으로 브랜드에 이야기를 부여하는 것 역시 마케터의 주요 과제가 되었다.

소비자를 이해하는 최신의 연구성과

이외에도 저자는 브랜드에 이야기(신화)를 부여하는 방법, 전혀 다른 방향으로 질문함으로써 새로운 통찰력을 얻는 방법 등을 소개한다. 이러한 방법이 성과를 거두기 위해서는 경영자 자신부터 기존의 낡고 좁은 사고방식을 탈피해야 한다. 경영자가 선입견을 갖고 소비자의 니즈를 파악하고, 인간에 대한 폭넓은 이해 없이 제품을 개발하는 오류가 반복되어서는 안 된다. 저자는 빙산의 존재를 알고서도 이를 외면하여 침몰한 타이타닉 호의 전철을 밟지 말라고 조언한다. 지금껏 안주해 온 현실의 시장을 벗어나 마음이라는 새로운 시장에서 소비자들과 만나고 경쟁사들과 겨루는 것이 경영자와 마케터에게 주어진 새로운 사명이다.

출처: ㈜리서치앤리서치, 웹사이트(http://www.randr.co.kr), 2004. 12.
참고사이트: http://www.randr.co.kr/rnrdata/rnrdata_main.htm?tnum=9.

참 · 고 · 문 · 헌

Crawford, C. M., and Benedetto, C. A. (2000). *New Product Management.* 6th Ed., NY: McGraw—Hill.

Homburg, C., Jozić, D., and Kuehnl, C. (2017). Customer experience management: Toward implementing an evolving marketing concept. *Journal of the Academy of Marketing Science,* 45(3), 377—401.

Homburg, C., Schwemmle, M., and Kuehnl, C. (2015). New product design: Concept, measurement, and consequences. *Journal of Marketing,* 79(3), 41—56.

Kim, T., and Mazumdar, T. (2016). Product concept demonstrations in trade shows and firm value. *Journal of Marketing,* 80(4), 90—108.

Kotler, P., and Keller, K. L. (2016). *Marketing Management.* 15th ed., NJ: Pearson.

Urban, G. L., and Hauser, J. R. (1993). *Design and Marketing of New Products.* 2nd Ed., NJ: Prentice Hall.

New Product
Design
&
Development

CHAPTER 06

컨셉 개발 기법

'햇반 컵반'의 새로운 컨셉: 새로운 식당의 출현

대한민국에는 새로운 제품이 많이 출시된다. 그 중에서도 단연 돋보이는 제품은 바로 '햇반'이다. 대한민국의 속도가 점점 빨라지고 사회는 더욱 더 복잡해지면서 가족 구성원의 변화가 생겼다. 4인가구가 대다수였던 가족체계는 2000년 이후 급속히 무너졌고, 2인 또는 1인가구가 점점 늘어나는 추세이다. 그에 따라 식생활 또한 바뀌어 간

출처: CJ.

단히 끼니를 해결하고자 하는 사람들이 많아졌다. 자연스럽게 '햇반'의 판매는 날이 갈수록 성장했다.

어릴 때는 물을 사먹는 시대가 올 거란 선생님의 말을 믿지 않았다. 그런데 지금은 물을 사먹는 행위가 너무나 당연해졌다. '햇반'이 나왔을 때도 같은 반응이었다. "이런 게 팔리겠어?" 하지만 지금 '햇반'은 대한민국에서 없어서는 안 될 중요한 제품이 되었다.

웰빙 바람이 불면서 잡곡밥과 같은 제품을 추가로 출시하여 시장의 파이를 키워나갔던 '햇반'은 더 이상 새로운 시장이 보이지 않자 성장이 다소 주춤해졌다. 주요 타깃들의 '햇반' 소비는 꾸준했지만 그 수요에 한계가 있었기 때문이었다.

'햇반'은 변화를 꾀한다. 그들이 주목한 것은 바로 '혼밥족'이었다. 혼자서 밥을 먹다 보면 여러 가지 반찬을 차리기가 번거로워서 간단하게 먹는 것을 선호한다. 이런 특성을 토대로 '햇반'과 함께 한 끼 식사가 해결되는 제품을 만들게 되는데, 그게 바로 '햇반 컵반'이다.

출시 초기에는 '햇반'과 간편국이 한데 묶여 있어 '혼자 사는 가족을 걱정하는 엄마의 마음'이라는 컨셉으로 시장에 출시되었다.

"마음이 놓이다, 햇반이 놓이다."

하지만 기대와 달리 소비자들은 마트에서 묶어 파는 '1+1 제품' 정도로 생각하는 데 그쳤다. 컨셉이란 소비자의 필요와 제품이 가진 장점이 만나서 도출된다는 원리에 따르면, 이 컨셉은 제품이 가진 특징만 돋보이고 소비자의 필요는 잘 반영되지 않았다.

CJ는 핵심 타깃층에 좀 더 주목했다. "왜 사람들은 햇반 컵반을 이용하는 걸까? 혼자 밥을 먹는 사람들에게 필요한 건 무엇일까? 단순히 밥과 국이 합쳐진 간편한 제품이 아니라 집에서도 식당에서 먹는 것처럼 즐길 수 있는 가정식 메뉴로 접근하면 어떨까?"

이런 생각들을 토대로 '밥과 국이 묶인 1+1 제품'이 아니라 '집에서도 즐기는 1인 식당'으로 컨셉을 바꾸게 된다.

앞 장에서 신제품 컨셉의 개념에 대해 설명하였다. 이번 장에서는 신제품 컨셉을 도출하기 위한 구체적인 방법에 대해 알아보도록 하겠다.

컨셉 개발을 위한 방법은 매우 다양하다. 아이디어 관리를 통해 얻어진 수많은 아이디어를 제품으로 연결시키는 노력이 컨셉 도출이며, 기업마다 또는 제품(서비스)에 따라 매우 다양한 컨셉 개발 기법이 있다. 컨셉 개발 기법은 크게 문제 기반 접근법과 분석적 속성 접근법으로 나누어 볼 수 있다.

문제 기반 접근법은 제품 또는 서비스에 대해 소비자가 느끼고 있는 여러 가지 불만 사항 또는 문제점을 파악하고 분석하여 이를 해결하는 방법을 통해 제품의 컨셉을 도출하는 방법이다. 분석적 속성 접근법은 제품의 주요 속성을 파악하고 분석하여 이를 제품에 어떻게 반영시킬 것인가를 연구하여 신제품 컨셉을 개발하는 방법이다.

SECTION
01 **문제 기반 접근법**

문제 기반 접근법은 신제품 개발에 있어서 제품에 반영되거나 반영되어야 할 제품과 관련 있는 문제를 수집하고 분석한 후 해결방안을 모색하여 신제품의 컨셉을 도출하는 방법이다. 문제 기반 접근법은 쉽고 빠르게 적용할 수 있어 신제품 컨셉의 개발에 사용하기에 매우 편리하다. 문제 기반 접근법은 말 그대로 소비자가 느끼는 제품의 불만사항이나 문제를 파악하여 분석한 후 해결책을 모색하여 신제품의 컨셉을 개발하는 것이다.

○○식품회사는 새로운 컨셉의 라면을 만들려고 한다. 소비자에게 어떠한 제품을 제공해야 할 것인가를 고민하던 중에 소비자 조사를 실시한다. 소비자가 느끼

고 있는 라면 취식과 관련된 문제점 또는 불만사항을 파악하였다. 소비자를 대상으로 라면을 구입할 때, 조리할 때, 취식할 때, 먹고 난 후에 느끼고 있는 문제점과 불만사항 등을 집중적으로 조사하였다. 어떤 소비자는 라면을 끓이는데 어려움이 있다고 하고 어떤 소비자는 먹고 난 후 입안이 찜찜하다 등과 같은 여러 가지 라면 취식과 관련된 많은 문제점을 말하였다.

[표 6-1]은 라면 취식과 관련하여 소비자가 느끼고 있는 불만사항이다. 표를 보면 알 수 있듯이 라면 취식과 관련하여 수많은 문제점과 불만사항이 존재한다. 이러한 제품의 문제점을 파악하고 해결하는 과정에서 새로운 신제품 컨셉이 개발의 기회를 찾을 수 있다. 예를 들어, 라면 조리가 어렵다는 문제를 해결하기 위해 짧은 시간에 뜨거운 물을 부어 간편하게 먹을 수 있는 라면을 만들 수 있다. 우리에게 익숙한 컵라면이 이러한 문제점을 파악하고 해결하는 과정에서 개발된 신제품이다.

문제 기반 접근법은 일반적으로 다음의 4단계를 거치게 된다. 1단계는 연구 대상의 선정이다. 연구 대상의 선정은 크게 두 가지로 나누어 생각해 볼 수 있는데, 해당 제품의 선정과 어떠한 소비자를 대상으로 조사를 해야 할 것인가를 결정하는 것이다. 2단계는 제품 또는 서비스와 관련하여 소비자가 느끼고 있는 문제점을 파악하는 것이다. 문제를 파악하기 위해 소비자 조사뿐만 아니라 기업 내부에 있는

📄 **표 6-1**
라면 취식과
관련된 문제점

[불만사항]

1. 라면의 양이 너무 적다.
2. 기름기가 있어 느끼하다.
3. 가격이 비싸다.
4. 다양한 종류의 라면이 없다.
5. 한꺼번에 두 종류의 라면을 먹고 싶다.
6. 먹고 난 후 포만감을 느끼지 않는다.
7. 왠지 건강에 나쁠 것 같다.
8. 칼로리가 높아서 살이 찔 것 같다.

09. 먹고 난 후 바로 자면 얼굴이 붓는다.
10. 먹을 때는 모르지만 먹고 난 후 찜찜하다.
11. 국물이 더 얼큰했으면 한다.
12. 포장이 맘에 들지 않는다.
13. 영양가가 높지 않다.
14. 식사대용으로 삼기에는 무엇인가 부족하다.
15. 조리가 더욱 간편했으면 한다.

출처: 오뚜기.

그림 6-1
문제 기반 접근
법의 수행단계

1단계		2단계		3단계		4단계
연구 대상의 선정	⇨	문제의 수집	⇨	문제 분석	⇨	해결책 도출

자료, 각 부서의 의견 등을 종합적으로 취합하여야 한다. 3단계는 문제점을 분석하여 중요도, 우선순위 별로 정리하는 등 문제의 분석을 실시한다. 마지막 단계로는 분석을 바탕으로 여러 방법을 통해 해결책을 도출한다.

1.1 연구 대상의 선정

(1) 제품 또는 서비스의 선정

컨셉 개발을 위한 문제점 파악을 하기에 앞서 먼저 제품 수준에서 문제를 파악할 것인지 또는 보다 넓은 시장에서 대상을 선정할 것인지를 결정해야 한다. 앞서 언급한 라면의 예에서는 제품 수준에서 문제점을 파악한 것이다. 라면 취식과 관련된 제품의 문제점을 파악하고 문제를 해결하는 과정을 통해 신제품 컨셉을 개발한 것이다.

또한 제품 수준에서 문제점을 파악하는 경우도 있지만 제품군 수준에서 문제점을 파악하는 경우도 있다. 이온음료의 개발은 음료시장의 전체적인 시각에서 청량음료의 단맛, 물의 흡수력 등의 문제점을 해결하기 위해 만들어진 제품이다. 신제품 개발 목적과 상황에 맞는 대상의 선정이 먼저 이루어져야 한다.

(2) 대상 소비자의 선정

제품 또는 서비스 선정이 끝나면 대상 소비자를 물색해야 한다. 주로 다량사용자(heavy user)를 모집하여 제품에 대한 의견을 듣는 경우가 많다. 제품을 자주 사용하는 소비자는 제품에 대한 지식을 많이 갖고 있으며 제품의 문제점, 불만사항 등에 대해서도 갖가지 의견을 가질 수 있다. 자사의 제품을 이용하고 있는 사용자 패널을 구성하여 제품 모니터링 등과 같은 활동을 하는 것도 제품에 대한 의견을 듣고자 하는 것이다.

1.2 문제의 수집

대상 제품 및 소비자의 선정이 마무리가 되면 이제 본격적으로 제품에 대한 문제점을 수집해야 한다. 문제 수집은 내부자료, 관련 부서 등의 자료를 바탕으로 이 뤄진다.

(1) 내부자료 및 관련 부서

문제의 수집을 위해선 소비자 조사뿐만 아니라 기업 내부에 존재하고 있는 자료를 통해 이뤄질 수 있다. 매출액자료, 판매자료, 소비자 불만 접수를 정리한 자료 등과 같은 내부자료를 이용하여 제품과 관련된 문제를 수집할 수 있다. 매출액자료는 실제 제품이 시장에서 어떻게 팔리고 있는지를 알 수 있으며 판매관련 자료는 시간의 흐름에 따라 판매 제품에 대한 역사적 기록(historical records)을 담고 있다. 이러한 자료에는 제품에 대한 불만 접수상황 및 내용을 축적해 놓은 자료이므로 문제점 파악에 매우 많은 도움을 준다. 특히 소비자와 직접 대면하는 접점에서의 기록 또는 자료는 제품 관련 문제점을 수집하는데 큰 역할을 한다. 동부대우전자는 핵가족화와 주거공간 축소 등으로 인해 자리를 덜 차지하고 편리함이 강조되는 신개념 세탁기에 대한 소비자들의 요구를 바탕으로 벽 부착형 소형 세탁기를 개발함으로써 재기의 발판을 만들 수 있었다.

기술, 영업 또는 마케팅 등과 같은 부서의 의견 수집을 통해 문제점을 파악할 수 있다. 이러한 부서는 항상 제품 개발에 대한 연구와 노력을 꾸준히 수행하고 있

📄 그림 6-2
고객 문제점 분석을 통한 신제품 개발–(주)동부대우전자의 벽걸이 드럼세탁기 미니

출처: 동부대우전자.

기 때문에 그 누구보다도 제품에 대한 정보를 많이 보유하고 있으며 새로운 제품의 기회를 창출할 수 있다.

기술 또는 R&D 등과 같은 부서에서는 생산, 기술적 서비스, 관련 법규 등에 대한 지식을 많이 보유하고 있다. 예를 들어, 새로운 개념의 데이터 저장장치를 개발하였다면 신제품 개발 담당자는 혁신기술을 잘 알고 있는 기술부서를 찾아가 제품 기술에 대해 충분히 숙지한 후 신제품 출시를 기획해야 할 것이다. 또한 기술 부서에서는 소비자에게서 예상되는 여러 가지 문제점을 알고 있기 때문에 이러한 문제점을 미리 분석하고 해결책을 모색해야 한다는 것이다.

(2) 소비자 접촉(Customer Contacts)

제품에 대한 문제점을 가장 잘 알고 있는 것은 소비자이다. 직접 구매하고 사용한 후 평가하는 소비자는 제품에 대해 개선점, 불만사항, 문제점 등을 잘 알고 있다. 주로 문제 수집을 위한 소비자 조사는 다량사용자를 대상으로 실제 제품의 사용경험, 만족·불만족 원인 등과 같은 내용을 심도 있게 물어본다. [표 6-2]는 소비자 접촉을 통해 제품의 문제점을 파악하는 가상의 예를 적어 놓은 것이다.

또한 소비자가 직접 제품을 사용하는 것을 관찰하여 문제점을 파악할 수 있다. 예를 들어, 세탁기를 사용하는 상황을 살펴보고 사용하는데 있어서 어떠한 불편한 사항이 있는지 파악하는 것이다. 주부들은 보통 세탁을 할 때 빨래가 잘 되고 있는지를 확인하고 싶어한다. 이러한 이유로 세탁중에 있는 세탁기를 종종 열어보는 경우가 있다. 이는 매우 위험한 일이며 갑작스런 모터의 급정지로 인해 고장의 원인이 되곤 한다. 이러한 문제점을 해결하기 위해 ○○가전회사는 세탁하는 모습이 훤히 보이는 투명 뚜껑이 달려 있는 세탁기를 개발하였다. 주부들은 투명한 뚜껑을 통해 세탁물이 어떻게 세탁되고 있는지를 눈으로 확인할 수 있게 된 것이다. 이렇게 실제 제품 사용상황을 관찰함으로써 제품과 관련된 여러 가지 문제점을 파악할 수 있다.

질문자: 현재 세탁기를 사용하시는데 불편한 점은 없으세요?
소비자: 왠걸요. 세탁기로 세탁을 하고 나면 옷감이 심하게 상해요.
질문자: 보통 어떤 종류의 옷이 많이 상하나요?
소비자: 여름옷처럼 얇은 옷은 몇 번 세탁하고 나면 입을 수 없을 정도에요.
질문자: 그렇다면 얇은 옷을 세탁할 수 있는 기능이 첨가된 세탁기가 출시되면 좋겠군요?
소비자: 두말하면 잔소리죠. 저는 예전부터 그런 세탁기가 나오기만 기다리고 있었어요.

📄 표 6-2
소비자 접촉을
통한 문제의 수집

日, '캔 커피' 지고 '페트병 커피' 뜬다

일본에선 지금 '페트병 커피'의 인기가 뜨겁다. 본격적으로 접어든 무더위와 함께 수요가 급속히 증가하면서, 대형 마트 및 비교적 큰 규모의 편의점에서는 음료냉장고 한 칸의 대부분을 페트병 커피로 채울 만큼 히트 중이다. 반면 '캔 커피'는 상대적으로 시선이 잘 닿지 않는 냉장고의 가장 윗줄로 밀려났다.

일본 경제전문잡지 다이아몬드 (DIAMOND) 온라인에 따르면 페트병

페트병 커피의 선두주자인 산토리의 '크래프트 커피' 3종과 후발주자들. 음료 업계들이 앞다퉈 페트병 커피를 출시중이다.
출처: Pressman.

커피의 인기를 가져온 선두주자는 산토리 식품 인터내셔널이 2017년 4월부터 판매를 시작한 '크래프트 보스 (CRAFT BOSS)'다. 크래프트 보스는 판매 개시 1년 만에 1,500만개를 돌파하면서 히트 상품으로 등극했다.

업계 관계자들은 페트병 커피의 인기 이유를 소비자의 생활 습관의 변화에서 찾는다. 데스크 워크(Desk work) 중심의 작업 환경이 점차 늘면서 커피를 장시간에 걸쳐 '홀짝홀짝' 마시는 경향이 증가했기 때문이다. 출시되고 있는 대부분의 상품은 휴대가 간편하면서 양도 충분한 500밀리미터 용량으로, 일본 음료의 대표 격인 녹차 페트병과 비슷한 양이다.

한편 기존의 캔 커피는 중년 남성 고객이 소비의 중심이 되어왔다고 할 수 있다. 그런데 페트병 커피는 스타일리쉬한 외관 덕분에 여성 및 젊은 세대에게도 톡톡히 어필중이다. 더구나 일단 개봉하고 나면 다 마시지 못하고 남긴 내용물은 그냥 버려야 했던 단점을 극복한 점도 히트의 배경이 되고 있다. 도쿄 메구로구(目黑区)에 거주하는 여대생 A씨는 "남은 커피는 집에 가져와 냉장고에 보관해 다시 시원한 상태로 마실 수 있다"며 페트병 커피를 고집하는 이유를 설명했다.

산토리 '크래프트 보스'가 히트를 치자 다른 음료 업계들도 서둘러 비슷한 상품들을 출시했다. 올해 들어서는 코카콜라 시스템의 '조지아 재팬 크래프트맨(GEORGIA JAPAN CRAFTMAN)', 다이도 드링코(DyDo Drinco)의 '다이도블랜드 스마트블랜드블랙'을 비롯해 아지노모토(味の素) AGF, 아사히 음료, UCC 우에시마(上島) 커피 등이 신제품 경쟁에 뛰어들었다.

그간 주류였던 캔 커피 판매가 부진했던 터라 업체들이 페트병 커피에 대해 거는 기대는 커질 대로 커진 상태다. 어느 제조업체 관계자에 따르면 작년 SOT(stay-on tab, 뚜껑을 딴 후에도 뚜껑이 캔에 남는 타입) 캔 커피의 매출은 전년 대비 15% 정도 감소했다. 최근 유행 중인 '보틀캔' 커피 타입 역시 산토리의 '크래프트 보스'를 비롯한 페트병 커피가 등장하면서 감소 추세에 있다.

페트병 타입이 보틀캔 타입보다 많이 팔리기 시작한 이유로는 보다 손쉽게 뚜껑을 여닫을 수 있다는 점과, 내용물이 들여다보이는 투명한 용기가 매력이라는 분석이 나온다. '보다 간편하게, 가볍게' 마실 수 있는 커

피라는 이미지를 갖게 한다는 것이다. 또 다른 업계 관계자는 "이제 커피 음료 시장에서 페트병 커피 없이는 싸울 수도 없다"며 높아진 위상을 설명했다.

출처: Pressman, 2018. 7. 4.

(3) 기존 문헌

발행된 자료를 바탕으로 제품과 관련된 문제를 수집할 수 있다. 잡지, 신문, 정기간행물 등과 같은 기존 문헌을 이용하여 제품과 관련된 문제점 들을 파악할 수 있다.

1.3 문제 분석 및 해결책 도출

문제 기반 접근법은 문제점을 어떻게 수집할 것인지도 중요하지만 문제를 분석하고 해결책을 찾는 것 또한 매우 중요하다. 문제점 분석을 위해서는 문제의 수집되는 과정에서 내부적인 자료뿐만 아니라 소비자가 인식하고 있는 여러 문제점을 도출해야 한다. 그러나 이러한 과정은 쉽지 만은 않다. 일반적으로 소비자들은 문제를 인식하고 있지만 이것들을 표현하는데 많은 한계를 갖고 있다. 머리 속에서는 문제점을 인식하고 있지만 별로 중요치 않아 기억하지 않고 있을 수 있으며, 문제를 알고 있다 하더라도 말로 표현하게끔 하는 것은 매우 어렵다. 그러므로 문제 기반 접근법에서는 여러 가지 방법을 통해 문제점을 분석하고 해결하려는 노력을 한다.

(1) 창의적인 집단을 이용하는 방법

1) 브레인 스토밍

브레인 스토밍은 문제점을 분석하고 해결책을 도출하기 위해 창의적인 집단을 활용하는 기법들 중에서 많이 사용되는 기법들 중의 하나이다(Arnold, 1962).

신제품 개발에 있어 브레인 스토밍 방법은 상대방의 의견에 대해 비판을 최대한 자제하고, 자유로운 분위기에서 다양한 컨셉을 얻어 내는 방법이다. 우선 문제 해결과 관련하여 내용의 질보다는 다양한 시각에서 자신과 타인의 해결 방법을 결합하여 개선시키는 방향으로 진행되어야 한다.

브레인 라이팅

독일의 홀리게르에 의해 창안된 브레인 라이팅(Brain writing)은 침묵을 지키며 진행하는 기법으로 창의적 생각을 도출해 내기 위해 사용되는 방법이다. 이 방법의 진행요령은 우선 브레인스토밍의 규칙을 준수하면서 팀원 각자는 브레인 라이팅 시트(sheet)를 가지고 예비시트 1매는 책상의 가운데에 둔다.

시작을 알리면, [표 6-3]처럼 가로 칸(A-1, A-2, A-3)에 문제 해결을 위한 세 가지의 방법을 기록하고 그 시트를 책상의 가운데에 있는 시트와 바꾼다. 그리고 이미 기입되어 있는 세 가지 방법의 아래 칸(B-1, B-2, B-3)에 새로운 방법 세 가지를 써 넣는다. 이미 기입되어 있는 방법으로부터 자극받은 새로운 해결방법을 제시해도 좋고, 앞의 내용에 조합 또는 추가해 가면 양질의 문제 해결방법을 도출한다. 멈추라는 진행자의 지시가 있을 때까지 계속 시트를 바꾸면서 문제 해결방법을 써 넣는다. 이 기법을 사용할 때의 유의점은 조용한 가운데 생각을 확장 시켜가는 활동이므로 절대 침묵해야 한다는 것이다.

오스본(Osborn, 1963)은 효율적인 브레인 스토밍을 위해 몇 가지의 질문을 이용했다. 그 중에서 대표적인 몇 가지 질문을 소개하면 다음과 같다. 첫째, '무엇인가 달리 사용할 수 없을까?(Can it be adapted?)' 이것은 볼펜을 필기 할 때 말고 다른 데 사용할 수는 없을까?와 같이 새로운 제품 컨셉을 도출하는 방법이다. 주로 필기에 사용되는 볼펜을 다양한 용도를 개발하는데 적절히 사용될 수 있을 것이다. 또한 겨울철에만 즐길 수 있는 '스키'를 여름에도 즐길 수 없을까? 라는 발상의 전환에서 비롯한 컨셉을 바탕으로 고안해 낸 것이 바로 '수상스키'이다.

둘째, '다르게 변형할 수 있을까?(Can it be modified?).' 기존의 제품을 변형하면 신제품에 어떤 효과가 있을까를 생각해 보는 것이다. '뾰족하고 망치를 사용하여 박을 수 있는 못에 나선형의 홈을 파면 사용하기 쉽지 않을까?'라는 생각에서 개발된 것이 바로 '나사못'이다.

📄 표 6-3
브레인 라이팅
시트

방법: A4용지에 가로로 3칸 세로로 10개 정도의 칸을 만든다.

A-1	A-2	A-3
B-1	B-2	B-3
C-1	C-2	C-3
⋮	⋮	⋮

셋째, '확대해 보면 어떨까?(Can it be magnified?)'이다. 일반적으로 약은 환자를 위한 것이다. 그러나 굳이 대상을 환자에만 국한시킬게 아니라 건강인이 필요한 약을 개발하면 어떨까?라는 생각을 할 수 있다. 비타민과 같은 영양제는 환자뿐만 아니라 일반인에게도 필요한 약품이기 때문이다. 사용자의 확대, 사용상황의 확대 등을 염두에 두고 일반인을 위한 약을 개발할 수 있을 것이다.

넷째는 '반대로 생각하면 어떨까?(Can it be reversed?)'이다. 동물원에서 동물이 돌아다니고 인간이 우리 속에 들어가 구경하는 것은 어떨까?라고 생각하는 것처럼 발상의 전환을 가능하게 한다. 그래서 개발된 것이 '사파리' 동물원이다. 동물들은 자유스럽게 야생의 상태에서 돌아다니고 차를 타고 관광객들이 동물들을 관람하는 것이다. 사파리 동물원은 바로 반대로 생각하면 어떨까?라는 생각에서 비롯되었다.

다섯째, '결합시켜 보면 어떨까?(Can it be combined with anything?)'이다. 서로 다른 제품을 연결시켜 새로운 제품을 만들 수 있도록 한다. 예를 들어, 인터넷과 TV를 함께 볼 수 있게 한다면 어떨까? 또는 DVD와 Video를 함께 볼 수 있는 제품은 어떠한가? 등과 같은 생각에서 수많은 신제품이 개발될 수 있다.

최근에는 지리적으로 멀리 떨어져 있는 구성원들의 커뮤니케이션을 통해 신제품 컨셉을 도출해 내기 위해 Electronic brainstorming(EBS)을 이용하기도 하고 브레인 스토밍을 돕기 위해 개발된 software를 이용한 GSS(Group Support System)를 활용하기도 한다.

2) 자유 연상법과 속성 열거법

창의적인 집단을 이용한 문제해결 기법은 다양하다. 대표적인 기법으로는 자유 연상법과 속성 열거법이 있다. 자유연상법은 '칠판'하면 생각나는 것들, '돈'하면 생각나는 것과 같이 제품을 제시하고 문득 떠오르는 생각을 얻는 방법이다. 자유연상에서 어느 정도 제한된 조건을 주어서 통제된 연상을 유도하는 통제 연상법(regular association)도 신제품 컨셉을 도출하는데 이용되는 방법들이다. 예를 들어, 어떤 단서에 이어질 다음의 발상들이 앞의 단서와 계속성, 상대성, 유사성, 인과성 등이 있는 것들로 한정해서 발상하게 하는 것이다. '물건과 여러 가지 사진이나 그림들을 관련시켜 생각하는 이미지 연상법을 들 수 있다.

속성 열거법은 제품의 전체나 각 부분들의 대표적인 속성을 열거하고 그것을 개선·변형·대치하는 등의 발상법이다(Crawford and Benedetto, 2000). 예를 들어, 가방이 주제라면 손잡이, 잠금장치, 안감, 겉감, 색상, 디자인, 주머니 등으로 주요 부분 및 전체의 대표적 속성을 기술하고 그것을 하나하나 재검토, 변형, 개선하는 발상을 속성 열거법이라 한다.

이 방법은 처음 발상의 소재, 즉 대상을 선정하고 전체 및 각 주요 부분의 성질을 가급적 많이 열거한다. 그리고 그 중 개선해야 할 부분에 대해 집중적으로 브레인 스토밍하고 마지막으로, 쓸만한 컨셉을 선정하고, 그 구체화 방안을 검토·평가하는 절차로 이루어진다. 소비자 조사를 실시할 때 시의적절하게 사용되면 매우 유용하다.

속성 열거법은 기존 상품의 속성을 열거한 후 이들 속성을 응용, 수정하거나 반대로 배열하거나 또는 재배열시켜 다양하게 속성들을 합치는 방식으로 신제품 컨셉을 도출하는 방법이다. 반면에 강요된 관계기법은 상품이 가지고 있는 기존 속성들을 강제적으로 결합시켜 새로운 컨셉을 창출하는 방법이다(Osborn, 1963).

3) 시네틱스(Synetics) 방법

창의적 집단을 활용하는 방법 중의 하나인 시네틱스(synetics)는 간단하면서 유용한 신제품 컨셉 도출 방법이다(Prince, 1969). 카탈로그기법(Catalog)이라고도 부르는 시네틱스 방법은 해결하고자 하는 문제나 필요한 아이디어를 비유, 유추를 통해서 새로운 컨셉을 얻는 방법이다.

시네틱스는 다음의 네 가지 기준을 갖고 있다. 첫째, 남들의 이야기를 경청한다. 둘째, 많은 아이디어들의 장점들을 최대한 살려 토의를 진행한다. 셋째, 문제에 대해 공통된 이해를 가진다. 넷째, 토론을 원활하게 이끌어 나갈 수 있는 유능한 리더를 지정한다. 네 가지 원칙을 집단토의과정에서 적절히 활용하면 개선된 다양한 신제품 컨셉이 도출될 수 있을 것이다.

실현가능성이 있으면서 참신한 신제품 컨셉을 열거하도록 하는 것이 비유법(또는 시네틱스)의 가장 기본적인 기법이라 할 수 있고 이외에도 [표 6-4]에서 보는 것처럼 좀더 형식을 갖춘 기법들도 많다. 또한 최근에는 시네틱스도 브레인 스토밍처럼 software를 활용하기도 한다.

(2) 전문 패널을 이용하는 방법

전문 패널을 이용하여 문제를 해결하는 방법도 있다. 전문적인 지식을 보유하고 있는 패널의 토의를 통해 신제품 개발과 관련된 여러 가지 문제점을 파악하고 해결책을 유도할 수 있다.

[그림 6-3]을 보면 폐기처분되는 많은 컴퓨터를 어떻게 활용하여 신제품을 개발할 것인지에 대한 물음에 여러 전문 패널을 참여시켜 해결책을 도출한다. 컴퓨터 디자이너, 시스템 전문가에서부터 사무실 직원까지 여러 패널들이 모여 해결책을 찾아낼 수 있다.

기법	내용
개인적인 비유 (personal analogy)	토론의 참가자가 토론의 대상이 되는 상품이나 물건의 입장이 되어 토론해 보는 것
책의 표제 (book title)	토론의 참가자가 특정 사물이나 감정의 본질 또는 모순을 포착 할 수 있는 문구를 생각해 냄
사례 섭렵 (example excursion)	토의하는 집단이 기본적인 문제와는 관련이 없는 듯이 보이는 주제를 토론하면서 문제의 해결책에 대한 실마리를 찾아냄
강제 결합 (force fit—get fired)	상품을 이루고 있는 둘 또는 그 이상의 요소들을 강제로 결합시 켜 새로운 아이디어를 얻어냄

표 6-4
형식을 갖춘
시넥틱스 기법들

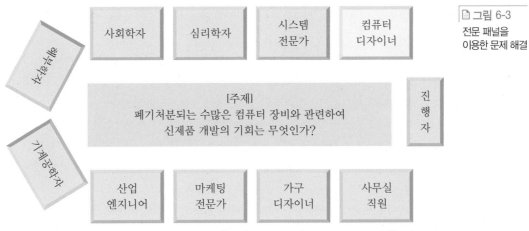

그림 6-3
전문 패널을
이용한 문제 해결

출처: Crawford, C. M., and Benedetto, C. A. (2000). *New Product Management*. 6th Ed., New York: McGraw-Hill.

　　또한 문제를 분석할 때 제품에 대해 잘 알고 있는 전문가의 조언을 이용하는 방법도 있다. 여기에서 전문가는 제품에 대한 지식이 많은 사람을 일컫는데 제품 자체의 지식뿐만 아니라 유통, 판매 등과 같이 산업 전반적인 지식을 갖고 있는 사람도 포함된다. 예를 들어, 유통업자, 판매업자 등도 전문가에 속한다고 할 수 있다. 전문가는 시장, 제품의 특성, 유통 등과 같은 전문적인 지식을 갖고 있기 때문에 보다 다양한 관점에서 문제점을 인식하고 분석할 수 있는 능력을 갖추고 있다.

세탁기의 진화: LG '트롬 트윈워시' 탄생의 비밀

LG전자의 트롬 트윈워시는 오랜 기간 철저한 시장 분석과 연구 끝에 출시됐다. 2007년부터 본격적인 연구 개발을 시작해 출시까지 꼬박 8년이 걸렸다. 이 기간에 투입된 인원만 해도 150명에 달한다.

종전까지 세탁기를 차별화하는 요인은 색상이었다. 백색가전이라 불리던 것에서 벗어나 2006년 붉은색의 세탁기가 등장하면서 경쟁은 더욱 치열해졌다. 또 용량 경쟁도 있었다. 너도나도 대용량을 강조하면서 15-16kg이 주종을 이루던 드럼세탁기는 어느새 22kg까지 커졌다. 색상과 용량 경쟁은 경쟁사들이 너무나 쉽게 따라올 수 있는 부분이었다. 아이디어로 제품을 차별화하면 반짝 판매가 이뤄졌지만 어느새 경쟁사가 쫓아와 그저 그런 세탁기가 되고 말았다. 경쟁사와 확실한 차별화를 하기 위해서는 기술이 기반된 신제품 개발이 필요하다는 내부 논의가 나왔다.

이런 가운데 LG전자 세탁기사업부가 떠안은 과제는 분리세탁이었다. 오랜 기간 소비자 조사를 해 본 결과 많은 소비자들이 불편해하는 것이 하나의 세탁기로 여러 종류의 빨래를 해야 한다는 것이었다. 특히 신생아가 있는 집의 경우 어린 아기의 빨래를 어른 빨래와 같이 하는 것에 대한 부담이 많았다.

이 때문에 LG전자의 경우 '꼬망스', 삼성전자는 '아이사랑세탁기'와 같은 크기가 작으면서 빨래 시간도 짧은 신생아 전용 세탁기를 선보였다. 하지만 이는 세탁실에 기존보다 두 배의 공간을 차지한다는 것이 가장 큰 문제점이었다. 대부분 아파트에 거주하는 우리나라의 경우 두 대의 세탁기를 둘 만큼 세탁공간이 넉넉하지 않은 것이 현실이다.

결국 LG전자 세탁기사업부에 떨어진 과제는 두 대의 세탁기를 하나로 합쳐도 차지하는 공간은 기존 드럼 세탁기 바닥 면적과 동일해야 한다는 것이었다. 또 일반 가정집에서 사용하는 유아 전용 세탁기의 용량이 대략 3.5kg인 점을 감안해 동일한 용량의 세탁조를 추가하기 위한 연구를 지속했다.

2007년 아이디어에서 시작된 '트윈워시' 개발은 2011년 경영진이 구체적인 콘셉트를 확정하면서 속도가 붙기 시작했다. 두 개를 붙이자는 의사결정까지는 쉬웠지만 어떻게 붙일 것인가는 여전히 큰 과제였다. 옆, 위, 아래 등 많은 고민과정이 지났다.

세탁기 두 대를 나란히 연결할 경우 개발은 쉽지만 공간절약이 되지 않는 문제점이 생겼다. 통돌이 세탁기를 위로 올리려는 시도도 있었지만 이 경우 빨래를 넣고 꺼내는 과정에서 불편함이 컸다. 밑으로 이를 넣을 경우 기존 드럼세탁기가 위로 올라가면서 인출의 편리성이 좋아지지만 기술적 문제가 생겼다. 두 개의 모터가 돌아가면서 생기는 진동이 너무나 컸던 것이다. 사용편리성과 설치편리성을 극대화하는 방향으로 가다보니 결국 해결방법은 신기술 개발이었다.

개발 과정은 처음부터 순탄치 않았다. 세탁기는 빨래의 물을 빼는 탈수 때에 많은 진동이 발생한다. 세탁기를 위·아래로 붙여서 만들기로 했지만 두 개의 모터가 동시에 돌아갈 때 발생하는 진동을 최소화하기는 어려웠다. 위에 위치하는 드럼 세탁기와 아래에 놓이는 통돌이 세탁기의 모터가 직각으로 위치하기 때문에 개발 초기에는 심한 진동으로 탈수 과정에서 드럼 세탁기가 분리되는 사고도 있었다.

이런 과정에서 연구원들이 착안한 것이 자동차에 쓰이는 '서스펜션(Suspension)'이었다. 서스펜션은 쉽게 얘기하면 충격 흡수장치다. 자동차가 주행 중에 노면에서 생기는 자잘한 충격을 서스펜션이 흡수해 줄여주는 것이다. 연구원들은 세탁기 하단 부분에 놓이게 되는 통돌이 세탁기에 서스펜션을 부착함으로써 위에서 전달되는 진동을 최소화했다. 서로 다른 산업의 기술을 폭넓게 보고 이를 자사 제품에 꾸준히 적용해 온 개발진의 습관이 빛을 발한 것이다.

LG전자 H&A디자인연구소 세탁기 팀은 "세탁기의 경우 문을 여닫는 부분에 사용되는 '힌지'가 최소 1만

출처: LG전자.

회 열어도 아무 문제가 없을 정도의 내구성을 갖춰야 한다"며 "자동차 문에 사용되는 '힌지'를 평소에 눈여겨 보고 심지어 자동차 모터쇼에 디자이너를 파견해 힌지 사진만 찍어오라고 시켰을 정도"라고 설명했다.

LG전자는 1969년 국내 업체로는 처음으로 세탁기를 출시하며 세탁기 역사를 쓰기 시작했다. 1998년 세계 최초로 벨트 없이 드럼통과 직접 연결한 'DD모터'를 적용한 '통돌이 세탁기', 2000년 'DD모터'를 적용한 드럼세탁기, 2005년 세계 최초 스팀 적용 세탁기, 2009년 세계 최초로 손빨래 동작을 구현한 '6모션' 세탁기, 2012년 세계 최초로 강력한 물줄기를 세탁물에 직접 분사해 세탁 시간을 줄여주는 '터보워시' 적용 세탁기, 올해는 트롬 '트윈워시' 세탁기 등을 선보이며 세탁기 업계를 선도하고 있다.

미국 시장에서도 LG전자는 혁신적인 기술로 탄탄한 입지를 구축하고 있다. 2003년 '다이렉트 드라이브 (DD) 모터'를 적용한 드럼세탁기로 미국 세탁기 시장의 주류를 세탁봉 타입의 전자동 세탁기에서 드럼세탁기로 바꿔놨다. 2007년에는 스팀 세탁기로 돌풍을 일으키며 점유율 순위를 4위에서 단숨에 1위로 끌어 올렸다.

LG전자는 2009년 손빨래 동작을 구현한 '6모션' 세탁기, 2012년 세탁물에 강력한 물줄기를 분사해 세탁 시간을 줄인 '터보워시' 세탁기 등으로 트렌드를 선도하며 미국 드럼세탁기 시장에서 2007년부터 2014년까지 8년 연속 1위를 지켜오고 있다.

출처: MK뉴스, 2015. 9. 4.

분석적 속성 접근법

향후 신제품에 반영할 제품의 속성을 파악하고 분석하여 새로운 제품 컨셉을 만드는 방법을 분석적 속성 접근법이라고 한다. 모든 제품은 여러 가지 제품의 속성을 갖고 있다. 여러 가지 제품의 속성 중에 새롭게 반영하여야 할 속성을 골라 이

를 새롭게 다듬어 새로운 제품의 컨셉을 개발할 수 있다.

분석적 속성 접근법에서는 제품의 속성의 개념을 이해하는 것이 중요하다. Wonder and Blake(1992)는 "모든 제품은 속성으로 표현할 수 있으며 그 이상도 그 이하도 아니다"라고 설명하고 있다. 또한 제품의 속성은 외형(Feature), 기능(Function), 편익(Benefit)으로 나누어 표현할 수 있다고 하였다. 제품의 외형은 제품의 물리적 특징뿐만 아니라 가격, 원료, 구조, 트래이드마크 등을 포함하고 있다. 편익은 사용, 경제적 이득, 흥미 등과 같이 최종적으로 소비자에게 제공되는 것을 의미한다. 기능은 제품의 외형으로부터 편익을 제공할 수 있도록 어떻게 제품을 작동할 것인지를 나타내는 것이다. 예를 들어, 컵의 경우 둥그런 모양의 용기는 제품의 외형을 나타내며 이러한 둥그런 모양은 물을 담을 수 있는 기능을 제공한다. 최종적으로 사용자는 이러한 물을 마셔 갈증을 해소한다거나 일정한 시간 동안 물을 저장할 수 있는 편익을 제공하는 것이다. 이렇게 제품은 여러 가지 속성으로 표현할 수 있다. 따라서 제품의 속성을 분석하여 새로운 제품의 컨셉을 도출할 수 있다.

대표적인 분석적 속성 접근법으로는 속성별 차이 분석, Trade-off 분석, 형태학적 분석법(morphological analysis), 비유법(analogy) 등이 있다.

2.1 속성별 차이 분석(Gap Analysis)

소비자들의 제품에 대한 인식은 [표 6-5]에 나타난 바와 같이 제품의 네 가지 관리변수에 따라서 달라지게 된다. 이러한 관리변수는 일반적으로 4P's(Product, Price, Place and Promotion)으로서 널리 알려진 내용이다. 그러나, 기업의 마케팅 관리자들은 실제로 이 관리변수들을 독자적으로 관리하여 각각 별개의 것으로 주지하고 있는 경향이 있다. 실제로 각각의 속성들은 독자적으로 작용하는 동시에 서로 상호 작용하여 소비자들의 상품 선택에 영향을 주고 있음을 간과해서는 안될 것이다.

소비자의 인식을 분석하기 위해서는 소비자의 상품 선택에 영향을 주는 구체적인 속성을 선발하게 되며, 이러한 속성은 주관적인 것과 객관적인 것으로 크게 분류될 수 있다. 객관적인 속성은 물리적인 성질을 지니고 있어서 측정이 비교적 용이하며 계량화하기 쉬운 반면에, 주관적인 속성은 소비자 개인의 심리상태에 따라 달리 느껴져서 선발해 내기가 어려울 뿐만 아니라 소비자에 따라 느끼는 정도가 달라지기 쉽다. [표 6-5]에는 유통의 경우만이 예시되었는데, 진열대의 위치나 면적, 취급점포의 수는 객관적인 속성에 해당되며 진열 방법과 점포의 분위기, 판매원의 서비스 등은 주관적인 속성에 속할 것이다.

속성들이 나열되면 다음으로 중요한 속성들을 선발하여 소비자들을 표본추출

	제품	유통	촉진	가격
객관적인 속성 (물리적 속성)	* * *	예) 취급점포의 수 진열대 높이 진열 면적	* * *	* * *
주관적인 속성 (심리적 속성)	* * *	예) 판매원 서비스 점포의 분위기 진열 방법	* * *	* * *

표 6-5
신제품 관리변수
의 속성 선발

속성	삼성	LG	제우스	레노버	에이서	평균
휴대 편리성이 뛰어나다	3.2178	3.5644	3.2475	3.4059	2.9703	3.2812
일반적인 성능이 우수하다	3.5842	3.7228	3.3861	3.1188	3.0297	3.3683
멀티기능이 우수하다	3.6337	3.6634	3.3762	3.2772	3.1287	3.4158
확장 가능성이 뛰어나다	3.3564	3.3762	3.2376	3.2277	3.0693	3.2535
충전 후 사용기간이 길다	2.9307	3.2277	3.0198	3.0396	3.0000	3.0436
A/S가 좋다	4.0000	3.7129	3.1881	3.5248	3.0297	3.4911
성능 대비 가격이 적절하다	2.6535	2.7723	2.8911	2.9901	2.9208	2.8455
외관이 좋다	3.4455	3.5644	3.3861	3.1782	3.0396	3.3228
사용 편리성이 좋다	3.3960	3.5644	3.2871	3.2970	3.0297	3.3149
주변기기와 연결이 쉽다	3.4257	3.3366	3.2970	3.2277	3.1881	3.2950

표 6-6
각 속성에 대한
브랜드별 응답점
수의 평균치

하여 제품별로 각 속성에 대한 의견을 조사·분석한다. 여기에는 각 속성별로 제품을 비교하는 방법과 전반적인 인식을 분석하는 방법의 두 가지가 있다.

먼저 각 속성별로 평가한 사례를 살펴보자. 5개의 노트북 컴퓨터의 주요 속성 10개 항목에 따라서 평가한 자료가 [표 6-6]과 같다. 여기에서는 각 항목에 대하여 5점 척도를 이용하여 조사하였으며 그 결과 평균치를 정리한 것이다.

[표 6-6]을 보면 삼성의 경우 A/S가 매우 좋은 평가를 받는 것을 알 수 있다 LG의 경우에는 일반적인 성능뿐만 아니라 전반적으로 호의적인 평가를 받고 있다. 각 속성별 평가 결과를 바탕으로 각 브랜드별 차이를 분석할 수 있다. 이를 그래프로 다시 그려 보면 [그림 6-4]와 같다.

[그림 6-4]는 주요 노트북 브랜드에 대하여 소비자들이 속성별로 평가한 결과들의 평균치를 도표화하여 일목요연하게 나타낸다. 각 속성에서 높은 수치를 가질 수록 응답자들은 그룹에 대하여 좋게 인식한 것으로 나타나 있다. 또한 각 브랜드별로 속성별 평가치를 바탕으로 속성간 차이를 파악할 수 있다. 자사의 브랜드가 타사의 브랜드보다 어떠한 속성에서 앞서 있으며 뒤쳐져 있는지를 파악할 수 있다.

그러나 10개의 항목을 각 브랜드들을 비교하기 위하여 나타내고 있으나 쉽게 파악하기는 어려운 상태이다. 이와 같은 분석은 제품들을 개개의 속성별로 차이점

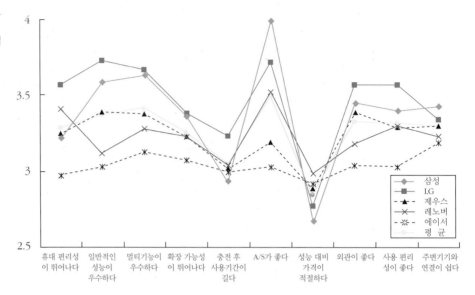

📄 그림 6-4
노트북 브랜드별
속성 평가

범례:
- ◆ 삼성
- ■ LG
- ▲ 제우스
- ✕ 레노버
- ✳ 에이서
- 평 균

X축 항목: 휴대 편리성이 뛰어나다 / 일반적인 성능이 우수하다 / 멀티기능이 우수하다 / 확장 가능성이 뛰어나다 / 충전 후 사용기간이 길다 / A/S가 좋다 / 성능 대비 가격이 적절하다 / 외관이 좋다 / 사용 편리성이 좋다 / 주변기기와 연결이 쉽다

을 비교할 수 있는 장점을 가지고 있으나, 반면에 소비자를 행동으로 이끄는 전반적인 이미지를 파악할 수 없으며 소비자의 인식에 따르는 시장에서의 경쟁 양상을 파악할 수 없다. 더욱이 신제품을 설계하여 포지셔닝하거나 기존 제품을 재포지셔닝하고자 할 경우 구체적인 방향을 제시해 주지 못한다는 단점을 갖고 있다. 기술적인 통계치와 더불어서 여러 가지 전략들이 도출될 수 있을 것이다. 그러나 개별적인 속성에 입각한 상품의 비교와는 달리 시장에서의 경쟁관계를 고려하여 전반적인 소비자들의 인식을 비교 평가하는 방법이 필요하다.

이와 같이 각 속성의 평가만을 갖고 신제품 컨셉을 도출하기에는 많은 제약이 있기 때문에 전체적인 소비자의 인식을 분석하여 제품의 컨셉의 방향성을 정하기 위해서는 제품을 이루고 있는 속성을 몇 가지 차원으로 축소하고 각 브랜드별 상대적인 위치를 파악하는 것이 중요하다. 소비자의 인식 분석을 위해 가장 많이 쓰이는 방법으로는 지각도(perceptual map)를 이용하는 방법이 있다.

지각도는 중요한 속성들이 선발되면 여러 가지 속성들을 분류하여 기본적인 인식차원을 설정하고, 상품들을 눈으로 일목요연하게 볼 수 있게끔 평면상에 나타낸 도표이다. 중요한 속성이 n개라고 하면, 각 상품이 각 소비자에 의해서 n차원의 속성 공간에 존재하는 것을 눈으로 쉽게 볼 수 있는 2차원 평면상에 도식화 하여 각 상품의 소비자 인식을 비교하기 쉽게 한 것이고, 이에 따라 효율적인 마케팅 전략을 수립할 수 있다.

[그림 6-5]에서는 5개의 노트북 브랜드에 대해 10개의 속성으로부터 성능 요인과 편리성 요인을 2차원평면에 나타낸 것이다. 여기에서 X축은 성능 요인을, Y축

	요인 1 (성능 요인)	요인 2 (편리성 요인)
삼성	0.431	−0.194
LG	0.346	0.377
제우스	−0.110	0.081
레노버	−0.172	0.004
에이서	−0.494	−0.268
이상 방향	0.507	0.298

표 6-7
노트북의 차원의
분석

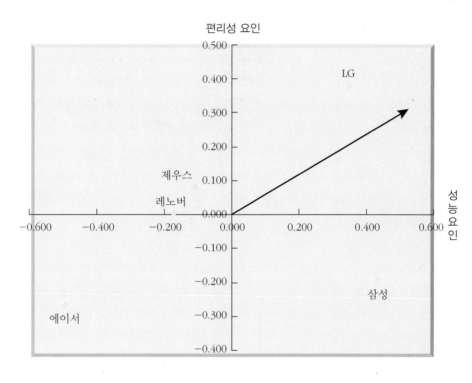

그림 6-5
노트북 지각도
작성 예제

은 편리성 요인을 나타낸 것이다. 여기에서 주의할 점은 10개의 속성들이 성능 요인과 편리성 요인으로 집약되어 있는데, 이러한 과정에서 횡축과 종축의 이름은 속성들이 분류되는 과정에서 새로이 명명한 것으로서 분류된 속성들을 종합할 수 있는 이름들이 될 수 있도록 해야 한다.

　　여러 가지 각도에서 [그림 6-5]는 분석될 수 있으나 간단히 설명하면, 5개의 노트북 브랜드는 성능 요인과 편리성 요인의 차원에서 소비자들의 인식에 의해 지각도상에 상대적인 위치를 표시하게 된다. LG는 가장 이상방향과 근접한 것을 알 수 있으며 에이서의 경우 이상점과 반대에 위치하고 있는 것을 알 수 있다. 삼성의 경우에는 성능 요인은 우수하게 나타나고 있지만 편리성 용인에서 낮게 포지셔닝

되고 있는 것을 알 수 있다. 즉, 각 브랜드들이 시장에 포지셔닝한 결과가 어떻게 소비자들에 의해서 인식되고 있는가를 살펴볼 수 있다.

소비자가 제품을 평가하는 데 사용하는 근본적인 인식 차원(perceptual dimension)을 알려 주며, 이러한 차원에서 있어서 기존 제품과 신제품의 상대적 위상을 알려 준다. 따라서 지각도가 올바로 사용될 때, 마케팅 관리자들은 시장기회를 확인하여 신제품 및 신사업에 대한 전략과 소비자에게 높은 효용을 줄 수 있는 이상적인 마케팅 전략을 수립할 수 있다.

지각도 작성과 관련하여 자세한 내용은 제 8 장에서 다루도록 하겠다.

2.2 Trade-off 분석

컨조인트 분석이라고도 불리는 Trade-off 분석은 신제품 개발과정에 매우 많이 사용되는 분석 기법이다. 제품 컨셉의 개발뿐만 아니라 컨셉의 테스트, 최적상품 설계, 수요예측에 이르기까지 매우 다양하게 적용되고 있다. Trade-off 분석은 제품의 속성을 파악하고 이것을 구체적으로 실현시킬 수 있는 수준으로 나누고 각각의 효용값을 추정하여 제품의 속성간 비교를 통해 어떠한 신제품 컨셉이 좋은지를 판단할 수 있게 한다.

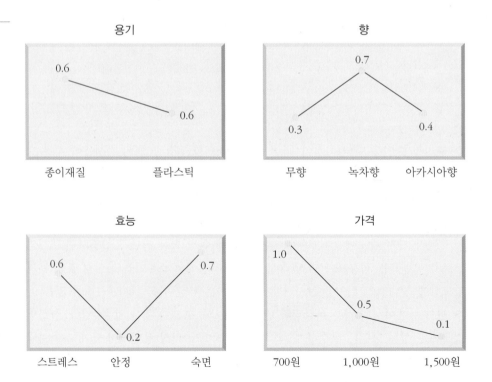

📄 그림 6-6
허브차의
Trade-off
분석 결과

[그림 6-6]은 허브차의 Trade-off 분석의 결과이다. 허브차는 용기, 향, 효능, 가격이라는 네 가지 속성으로 이뤄지고 있으며 각 속성은 용기는 종이재질, 플라스틱, 향에서는 무향, 녹차향, 아카시아향, 효능은 스트레스 해소, 정신안정, 숙면, 가격은 700원, 1,000원, 1,500원이라는 각 수준으로 이뤄지고 있다. 이 때 최적의 상품을 구성할 수가 있는데 조사된 결과를 보면 종이재질(0.6)이면서 향은 녹차향(0.7)이며 효능은 숙면기능(0.7), 가격은 700원(1.0)인 제품이 가장 큰 효용값을 지닌 최적 상품이다.

컨조인트 분석은 제11장에서 자세히 다루도록 하겠다.

2.3 기타 방법(정성적 접근법)

(1) 형태학적 분석법

형태학적 분석법(morphological analysis)은 즈위키(Zwicky, 1969)가 개발한 발상법으로 좀더 구조화된 신제품 아이디어 도출방법이라고 할 수 있다.

이 방법은 첫째, 문제를 명확히 정의하고, 둘째, 관련 변수를 파악한 후, 셋째, 관련 변수의 모든 가능한 조합을 열거하고, 넷째, 각 대안들의 실용가능성을 검토하여 마지막으로 최적의 대안을 선택하는 다섯 단계로 구성되어 있다. 예컨대, 어떤 제품이나 문제를 개선하기 위해서, 제품의 특성을 열거하고, 그것의 형태변화를 육하원칙에 의해 변형가능한 리스트를 작성한다. 이 방법을 통해 Zwicky는 제트엔진과 관련된 신제품을 개발하였다. 시동방법, 연료형태 등 여섯 개의 변수를 찾아내어 이 변수들을 조합하여 576개의 대안들을 찾아냈고 검토과정을 통하여 몇 개의 획기적인 발명품을 만들어 냈다.

(2) 비유법(Analogy)

비유법을 사용할 때의 장점은 마케팅, 연구개발, 기술 및 생산 등의 각 부서의 시각을 통합함으로써 잠재력 있고, 실현가능한 신제품 컨셉이 도출 될 수 있다는 것이다. 때문에 비유법의 효과적인 활용을 위해서는 개인들이 그들이 가지고 있는 지식을 충분히 활용할 수 있는 분위기, 자유롭게 자신들의 의견을 말할 수 있는 분위기가 조성되어야 한다.

신제품 컨셉의 개발을 위해 여러 가지 방법이 사용될 수 있다. 그 중에 대표적인 방법으로 문제 기반 접근법, 분석적 속성 접근법 등이 있다. 문제 기반 접근법은 신제품 개발과 관련된 여러 가지 문제점을 파악하고 해결책을 도출하는 과정에서 신제품 컨셉을 개발하는 방법이다. 분석적 속성 접근법은 신제품 관련 여러 속성을 파악하고 비교하여 앞으로 개발되어야 할 신제품의 컨셉을 도출하는 방법이다.

신제품 컨셉의 개발은 이러한 여러 가지 컨셉 개발 방법을 시의적절하게 사용하여야 한다. 한 가지의 방법보다는 여러 가지 방법을 복합적으로 사용하여 보다 구체적이고 매력적인 신제품 컨셉을 개발해야 할 것이다.

읽 · 을 · 거 · 리

무인양품: 세계를 홀린 간소함의 컨셉

"진정제를 복용한 이케아." (뉴욕타임스, 2015년 12월)
"무인양품이 노리는 건 '심플함은 럭셔리보다 더 매력적일 수도 있다'는 발상."
(뉴요커, 2015년 12월)

무인양품에 쏟아진 세계 언론들의 찬사다. 겉보기엔 너무도 평범하고 간소해 보이는 제품 일색. 그러나 무인양품의 전 세계 소비자들은 집안의 생활잡화를 하나둘 무인양품 제품으로 바꿔가고 있다. 무인양품 제품으로만 생활하는 '무지러(mujirer · 무인양품 마니아)'까지 등장했다.

현재 무인양품은 30여 개 나라에서 연매출 3,000억엔(약 3조원)을 올리는 글로벌 기업으로 성장했다. 전 세계 매장 수는 일본 418개, 해외 362개(2016년 8월 기준)로 해외 매출 비중은 35.5%에 달한다. 해외 매출 비율이 연간 35% 이상 급증하고 있어 조만간 국내외 매출 비중이 역전될 전망이다. 무인양품은 어떻게 세계인의 마음을 사로잡은 걸까.

세계를 홀린 간소한 아름다움

무인양품은 1980년 일본 슈퍼마켓 체인 '세이유(SEIYU)'의 PB(Private Brand)로 시작됐다. 전후 수십 년간 최고 호황기를 구가해온 당시 일본에선 화려하고 비싼 상품들이 시장을 주름잡고 있었다. 그러나 한편에선 1978년부터 시작된 2차 석유파동으로 인한 위기감도 고조되던 시기. 일본 정부가 나서 절약 정신을 강조했고 다이에, 자스코, 이토요카 등 일본 대형마트들도 잇따라 PB상품을 선보였다. PB상품 경쟁 대열에 다소 늦게 합류하게 된 세이유는 기존 시장을 비집고 들어갈 만한 차별화가 필요했다. 세이부백화점과 세이유를 운영하던 세종그룹 대표 츠츠미 세이지는 각계 전문가를 불러 모았다.

브레인스토밍 회의 결과는 두 가지로 좁혀졌다. 기존 PB상품들이 가격 경쟁에만 몰두하고 있으니 저렴하면서도 품질 좋은 '가성비'를 추구할 것, 그리고 제품의 본질적 기능에 필요한 것 외에는 모두 군더더기로 여기고 버릴 것.

무인양품이 1980년 첫 출시한 40여 종의 제품 선정 기준도 이에 기반했다. '일상생활에서 꼭 필요한 물건일 것', '생활용품은 사용하기 쉬운 것 중심으로', '식품은 맛은 물론, 안심할 수 있는 소재를', '옷은 무엇보다 착용감 중시', '생산 과정을 꼼꼼하게 점검하고 불필요한 비용이 들지 않도록 포장을 최소화할 것'.

'본질만 남기기' 전략은 버블경제에 익숙했던 당시 일본에선 역발상에 해당했다. '화려함'이라곤 한 치도 찾아볼 수 없는 심플함의 극치. 슈퍼 노멀(Super normal). 이런 디자인 철학은 '브랜드는 없지만 질 좋은 물건'이란 뜻의 사명 '무인양품(無印良品)'에 고스란히 담겼다.

역발상은 1983년 무인양품의 첫 단독 매장 출점 지역을 정할 때도 적용됐다. 우리나라의 청담동과 비슷한, 도쿄 최고 부촌인 아오야마 지역에 낸 매장은 엄청난 화제를 불러일으켰다. 샤넬, 에르메스, 루이비통 등 글로벌 명품 브랜드가 즐비한 거리에서 간소함을 강조하는 무인양품 매장은 극명한 대비를 이뤘다. 언뜻 무모해 보이는 전략은 그러나 보기 좋게 맞아떨어졌다. 무인양품의 주 고객층은 서민보다는 명품 소비를 지향하는 중산층 이상. 사업 초기 무인양품 제품에는 '이유가 있어 저렴하다'는 문구가 붙어 있었는데도 말이다. 이에 대해 쿠노스키 켄 히토쓰바시대학원 국제기업 전략연구과 교수는 "무인양품은 버블경제 호황기에서 슬슬 지루함을 느꼈던 사람들에게 '우리에게 필요한 것이 무엇인가'에 대한 해답 같은 것이었다. 트렌드에 편승하기보다, 시대의 흐름을 먼저 읽은 브랜드"라고 설명한다.

인기가 높아지면서 무인양품은 1989년 세이유로부터 독립했다. 1990년대 들어 시작된 일본 경제의 장기 불황은 가성비를 추구하는 무인양품에 날개를 달아줬다. 일본 경제성장률이 0%에 그치던 1991년부터 2000년까지의 잃어버린 10년 동안에도 매출 4.4배, 경상이익은 107배 증가하는 기염을 토했다. 1980년 식품 위주였던 40여 종의 제품 가짓수도 생활잡화, 가구, 가전, 주방용품, 의류 등 7,000여 종으로 늘어나며 라이프스타일 브랜드의 대명사가 됐다.

위기를 기회로

2000년대 들어 무인양품에 위기가 찾아왔다. 유니클로, 니토리, 다이소 등 가성비를 내세운 업체들이 성장하며 무인양품의 영역을 파고들었다. 이들은 무인양품과 같은 유형의 제품을 30%나 저렴하게 팔았다. 장기 불황에 익숙해진 일본 소비자들은 '상대적으로 비싸진' 무인양품을 외면하기 시작했다. 그 결과 2001년 38억엔(약 400억 원)의 적자를 내며 실적이 곤두박질쳤다.

위기를 도약의 기회로 바꾼 건 2001년 경영권을 넘겨받은 마쓰이 타다미쓰 사장이다. 그는 사장 취임 후 무인양품의 병폐에 대해 이같이 회고한다.

"1995년 기업공개(IPO) 후 '무지(MUJI)다움'을 잃었다. 매출과 이익이 늘면서 현실에 안주하고 조직이 경직됐다. 1990년대 초만 해도 무지 제품 담당자는 일본 산간 지역을 샅샅이 돌며 소재를 찾곤 했으나 그런 열정이 사라졌다. 임직원들 간에 편 가르기와 줄서기 등 사내 정치도 횡행했다."

그는 회사에 활력을 불어넣기 위해 대대적인 내부 시스템 개혁을 단행한다. 우선 사내 제품 개발, 생산, 재고관리팀이 유기적으로 움직이지 않는다고 판단, 3개 부서를 통합하는 총괄디렉터를 만들어 협업을 강조했다. 또 각 제품의 판매량 순서를 매긴 '인기도'를 표시해 경쟁을 유도했다.

현장경영도 강화했다. 2003년 도입한 '관찰(observation)' 프로젝트가 대표적인 예다. 직원들이 지인이나 일반 소비자의 집을 찾아 이들의 일상을 관찰하고 새 제품 수요를 발굴토록 한 것. 이때 동행하는 직원 2명은 반드시 서로 다른 팀 출신으로 구성했다. 같은 현상도 다양한 시선에서 바라보고 해석하기 위해서다. 이들이 일반 가정집 곳곳에서 찍은 물건들과 실내 인테리어 사진, 그리고 현장에서 취합한 소비자 의견은 사내 디자인실에 전달돼 제품 디자인에 반영됐다.

그러면서도 품질만은 포기하지 않았다. 마쓰이 타다미쓰 사장은 전 매장을 순회한 결과 3년 전 재고도 판매하고 있음을 알고 모두 처분토록 했다. 이렇게 일거에 폐기한 재고만 500억원어치에 달한다. 직원들은 직접 외주를 주던 제조업체를 방문해 제품 상태를 확인하고 품질을 관리하도록 했다. 일례로 의자는 500번에 걸친 '압력 테스트'를 거쳐 합격해야 시판할 수 있었을 정도다.

마쓰이 타다미쓰 사장은 이렇게 혁신한 경영 방침을 총 13권 1994페이지에 달하는 매뉴얼북 '무지그램(Mujigram)'에 담아 매장마다 공유토록 했다. 무지그램에는 상품 개발, 매장 전시 방법부터 인사법, 잔돈 주고받는 법까지 세세한 규정이 담겼다. 가령 연필이나 볼펜은 50개 항목의 제작 매뉴얼 기준을 충족해야 한다.

물론 너무 꽉 짜인 매뉴얼이 직원들의 창의성을 저해한다는 반발도 있었다. 그러나 이후 매출이 급격히 회복되자 반대 목소리가 쑥 들어갔다. 마쓰이 타다미쓰 사장은 이에 대해 훗날 자신의 저서에서 "무인양품은 90%가 구조다"라고 말했다. 엄격한 품질 관리와 표준화 작업이 무인양품의 브랜드 정체성을 강화하는 데 기여했다는 얘기다.

덕분에 무인양품은 최근 성장 속도가 갈수록 빨라지고 있다. 2013년 2조 2,500억원이던 매출이 지난해에는 3조 4,355억원, 영업이익은 1조 6,153억원에 달했을 것이란 S&P캐피털 IQ의 추정이다. 3년간 매출 증가율 52.6%, 영업이익률 47%에 달하는 놀라운 실적이다.

경영 시사점

첫째, 주 고객층이 따로 없다. 무인양품 고객은 상대적으로 20~30대 여성이 많은 편이긴 하지만 회사원이나 가족 단위 고객도 적잖다. 당연한 결과다. 타깃 고객층을 따로 두지 않기 때문이다. 무인양품의 디자인에 이렇다 할 '개성'이 없는 게 대표적인 예다. 디자이너 채용 공고에도 '디자인을 하지 않는 디자이너 모집'이라는 구절을 넣을 정도로 무색·무취 디자인은 무인양품의 가장 큰 특징이다. 무인양품 디자인이 특정 고객층이 아닌, 그저 사람을 지향하기 때문이다. 주 고객층을 설정하지 않고 남

1980년 무인양품 브랜드 출시 초기 제품들. 화려한 포장 대신 본질적 기능에 충실해 가성비를 추구했다.

무인양품 강남점의 각종 생활잡화 매대 전경. 무인양품은 사업 초기 식품 위주에서 가구, 주방, 리빙, 가전, 주택 등 다양한 분야로 사업 범위를 넓히고 있다.

출처: 매경이코노미.

녀노소 누구나 쉽게 사용할 수 있도록 범용성이 뛰어난 디자인에 집중한 결과, 역설적으로 수요층을 더 넓힐 수 있었다.

둘째, 무인양품은 굳이 최고의 제품을 만들려고 하지도 않는다. 고객이 '이것이 좋다(This is best)', '이것을 꼭 사야 한다(I must have this)'가 아닌, '이것으로 충분하다(This is enough)'는 느낌을 얻도록 하는 데 주안점을 둔다. 원하는 기능만 충족시키면 그것으로 족하다. 더 이상을 추구하면 환경을 훼손하거나 비용이 올라가므로 과감히 포기한다. 이런 경영철학은 성장보다 지속 가능성에 무게를 두는 시대정신과도 부합했고, 베이비부머의 자녀인 에코세대의 열광적인 지지를 얻게 됐다. 가나이 마사아키 무인양품 회장은 한 인터뷰에서 "지금보다 약 20% 적은 재료로 상품을 만들 수 있지 않을까를 항상 고민한다"며 "제 역할을 하는 물건을 만드는 게 목표"라고 강조했다.

셋째, 변화를 추구하되 핵심은 변치 않는다. 본질만 남기고 다 버리는 무인양품의 디자인 철학은 회사 설립 당시 아트디렉터였던 다나카 잇코의 주도로 확립됐다. 이후 무인양품은 유명 모델을 쓰지 않고 자연과 비움을 강조한 광고, 무채색의 평범한 디자인, 친환경·재활용 소재 사용 등의 원칙을 30년 넘게 지켜오고 있다. 1992년 하라 켄야 디자이너가 새로 부임했을 때도, 무인양품이 위기에 처했던 2001년에도, 이런 원칙은 훼손되지 않았다. 경영진이나 수석 디자이너의 변동에 따라 경영 전략이나 제품 디자인이 수시로 바뀌는 기업들과 대비된다. 덕분에 소비자들은 '무인양품스러운 디자인'이란 말이 나올 만큼 확고한 무인양품만의 정체성을 기억하게 됐다.

그렇다고 무인양품이 계속 과거에 정한 원칙에만 안주한 건 아니다. 은연 중 외연을 확장하기 위한 노력을 끊임없이 기울였다. 2003년 도입한 '파운드 무지(Found MUJI)' 프로젝트가 대표적인 예다. 파운드 무지는 세계 각국의 제품 중 '무인양품스러운' 정갈한 디자인의 제품을 모아 재가공한 제품 라인이다. 무인양품이 추구하는 디자인 철학과 부합하는 제품이라면 인재를 외부에서 영입하듯, 디자인을 벤치마킹해 자사 제품으로 재창조해내려는 것이다. 무인양품은 지난 2011년 1호점인 아오야마 매장을 파운드 무지 매장으로 개조했다. 무인양품의 원조 매장을 파운드 무지에 내준 것은 재창조에 대한 무인양품의 의지를 상징적으로 보여준 사건이다.

출처: 매경이코노미, 1914호, 2017. 6. 28.

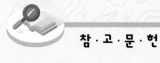

참·고·문·헌

Arnold, J. G. (1962). *Useful Creative Technique*. CA: Stanford University.

Bouncken, R. B., Fredrich, V., Ritala, P., and Kraus, S. (2018). Coopetition in new product development alliances: Advantages and tensions for incremental and radical innovation. *British Journal of Management*, 29(3), 391−410.

Crawford, C. M., and Benedetto, C. A. (2000). *New Product Management*. 6th Ed., New York: McGraw−Hill.

Kim, T., and Mazumdar, T. (2016). Product concept demonstrations in trade shows and firm value. *Journal of Marketing*, 80(4), 90−108.

Osborn, A. F. (1963). *Applied Imagination: Principles and Procedures of Creative Thinking*. 3rd Ed., NY: Charles Scribner's Sons.

Prince, G. M. (1969). *The Practice Creativity*. Cambridge, MA: Synectics Inc.

Wonder, J., and Blake, J. (1992). Creativity east and west: Intuition vs. logic?. *Journal of Creative Behavior*, 26(3), 172−185.

Kotler, P., and Keller, K. L. (2016). *Marketing Management*. 15th ed., NJ: Pearson.

Urban, G. L., and Hauser, J. R. (1993). *Design and Marketing of New Products*. 2nd Ed., NJ: Prentice−Hall.

Zwicky, F. (1969). *Discovery, Invention, Research – Through the Morphological Approach*. Toronto: The Macmillan Company.

마케팅전략 수립 및
사업성 분석

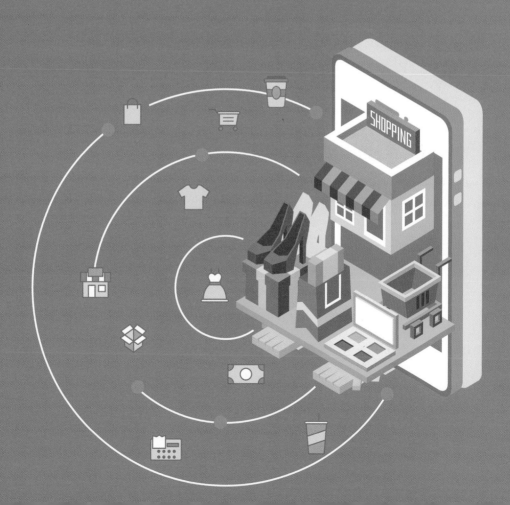

New Product
Design
&
Development

CHAPTER 07

신제품 개발과 시장세분화

2010년대 들어, 사회 각층에서는 고령화 문제와 대응책에 관한 논의가 넘쳐났다. 그러나 하나의 현상이 등장하면, 위협만 있는 것이 아니라 기회도 있는 법이다. 새로운 세분시장으로 부각되는 액티브 시니어(active senior) 계층이 바로 그것이다.

건강, 경제력, 여유 다 갖춘 액티브 시니어

액티브 시니어는 '건강하고 활동적인'을 의미하는 '액티브(active)'와 연장자를 의미하는 '시니어(senior)'가 합쳐진 신조어이다. 과거 노년층이 일할 여력이 없거나, 빈곤 수준이 높은 것으로 묘사된 반면, 액티브 시니어는 높은 자산과 소비여력을 가지고, 스포츠나 문화를 즐기며 사회적 영향력을 행사한다. 과거 노년층의 대다수가 소일거리를 하고, 손주를 돌보며 많은 시간을 보냈다면, 액티브 시니어는 고자산 기반의 안정된 소비여건을 갖추고 자신을 위해 소비한다는 점에서 차이가 있다. 액티브 시니어는 디지털화된 세상에 익숙하고, 스마트폰을 즐겨 사용하며, 자신만의 패션 코드를 갖고 있다. 건강하고 아름답게 삶을 가꾸는 '웰 에이징(well-aging)'을 추구한다.

건강, 경제력, 여유 다 갖춘 액티브 시니어

시니어가 주요 소비층으로 급부상하면서 이들을 겨냥한 시니어 비즈니스 관련 시장이 커지고 있다. 한국보건산업진흥원에서 추산한 고령친화시장 규모는 금융업을 제외하고 2012년 27조 4,000억 원에서 2015년 39조 3,000억 원으로 약 43% 성장했다. 고령친화시장은 2015년부터 2020년까지 매년 13.1% 수준의 성장률을 기록하면서 2020년에는 약 72조 8,000억 원 규모에 달할 것으로 전망된다.

다양한 산업군에서 시니어 비즈니스에 대응한 주요 사례들을 네 가지 카테고리로 구분했다. 시니어들에게 노인 전용의 컨셉보다는 제품, 서비스의 사소한 불편 해소를 지원하는 전략인 'Senior Friendly', 건강관리에 관심 많은 시니어 니즈에 대응하는 'Wellness', 여가에 대한 시니어들의 열망에 부응하여 시니어를 위한 다양한 엔터테인먼트 서비스를 제공하는 'Fun', 금융, 일상, 사후관리 등 다양한 분야에서 체계적인 관리 서비스를 제공하는 'Management'로 구분했다.

[Senior Friendly] '시니어 친화적' 설계

많은 기업들은 시니어 계층이 불편하다고 느낄 수 있는 작은 부분까지 놓치지 않고, 이를 배려하여 설계한 제품, 서비스를 제공했다. 주요 기업들이 인구구조 변화에 주목하면서 대응 중인 가운데, 이들 기업의 시니어 맞춤 상품 서비스는 대다수가 '노인전용'을 전면

Kaiser's는 카트에 의자 기능을 부가하여 시니어가 쇼핑하기 좋은 환경을 마련했다.

출처: Kaiser's.

에 부각시키기보다는 눈에 보이지 않는 곳에서 시니어층의 불편 해소를 돕는 등의 '시니어 친화적' 설계를 지향했다는 점이 눈에 띈다.

독일의 대형 체인 슈퍼마켓 중 하나인 카이저(Kaiser's)는 매장의 복도를 넓히고, 시니어를 위해 진열대 위에 돋보기를 설치하는 등 시니어 친화적 경영전략을 펼치고 있다. 카트에 의자 기능을 부가하여 시니어가 쇼핑하기 좋은 환경을 마련하는가 하면, 마트의 제품 안내 문제를 크게 설계하는 등의 세심한 배려를 표현했다. 독일의 베이비부머 세대가 노년층에 진입하는 과정에서 거대 시니어 소비층으로 분류되는 그레이 달러(gray dollar) 세대에 집중한 사례로 평가된다.

[Wellness] 시니어 니즈를 충족시키는 헬스케어 비즈니스

구매력이 있는 시니어들은 자신의 건강 돌보기를 게을리 하지 않는다. 건강을 위한 투자 욕구도 매우 높은 경향을 보인다. 여행이나 스포츠 등의 다양한 취미를 즐기고, 폭넓은 사회활동에 참여하는 액티브 시니어는 건강한 몸을 유지하는 것을 필수적으로 인식하고 있다. 이러한 트렌드에 맞춰

라꾸라꾸 스마트폰(좌)과 웨어러블 헬스케어 기기
출처: NTT Docomo.

기업들은 식품, 건강진단, 스포츠, 통신 등 다양한 산업에서 시니어의 건강관리 욕구를 겨냥한 상품 및 서비스를 출시하고 있다.

일본의 NTT 도코모는 시니어 대상의 스마트폰인 '라쿠라쿠폰'을 출시했다. '라쿠라쿠폰'은 GPS 및 혈압계, 맥박계, 만보기 등 건강관리 기능을 제공한다. 더불어 NTT 도코모는 만보기, 체중계, 혈압계 등에서 측정된 고객의 체중, 혈압 등 신체 데이터를 휴대폰을 통해 자동으로 수집, 전송하는 맞춤형 건강 서비스인 모바일 헬스케어 서비스를 제공 중이다.

[Fun] 여가, 문화 소비를 즐기는 시니어 맞춤형 비즈니스

직장에서 퇴직한 액티브 시니어들은 제2의 인생을 꿈꾸며 새로운 직업에 도전해 보기도 하고, 지인들과 평소 쉽게 다니지 못했던 여행을 다니기도 한다. 문화예술 및 스포츠 관람을 한다고 응답한 시니어 비율은 50대와 60대 이상에서 모두 증가하는

모어댄어카페
출처: Mather's.

추세를 보이며 레저시설 이용률 역시 마찬가지로 시니어 계층에서 전반적으로 증가하고 있다.

미국 '매더라이프웨이즈'는 '모어댄어카페'를 설립해 시니어의 아지트를 제공하고 있다. 이 공간은 카페와 캠퍼스, 공동체 기능이 하나로 합쳐진 곳이다. 단순히 커피를 마시는 곳을 넘어 침구들과의 놀이공간, 학교, 레스토랑이 모두 합쳐진 시니어들의 복합문화공간이다. 모어댄어카페는 시니어 이터테인먼트 (Eatertainment, Eat+Entertainment)를 제공하고 있다. 시니어들은 세련된 카페 분위기 속에서 시니어의 신체적, 심리적, 사회적 특성을 잘 아는 직원들의 서비스를 받으며 비교적 저렴하고 질 높은 식사가 가능하다. 음식, 건강, 여행 및 컴퓨터 활용 강좌 등 다양한 프로그램이 개설되어 있다.

[Management] 시니어의 라이프 매니지먼트

액티브 시니어들은 생애 주된 직장에서 퇴직하기 이전까지 축적한 자신을 효율적으로 관리하는데 많은 관심을 가지고 있다. 투자자문 및 자산관리와 더불어 건강 및 취미, 라이프 플랜 등 은퇴 이후 30여 년의 삶을 관리해 주는 라이프 매니지먼트 서비스를 필요로 한다. 특히 '은퇴설계'는 제2의 인생이라 불리는 퇴직 후의 삶을 건강하고 활기차면서도 안정되게 보내기 위해 필수적인 항목이다. 은퇴 후 소득 발생 여부, 자산 보유 여부, 연금 수령액 등과 그에 따른 재무관리 서비스에 따라 시니어들의 삶은 달라질 것이다. 맞춤형 비서 서비스인 '컨시어지 서비스'는 대표적인 금융사의 비금융서비스로, 금융사들은 이를 통해 자산 보유 규모가 큰 시니어 고객을 유치하기 위해 노력하고 있다.

시니어 비즈니스 진출 전략

인구구조가 변화하고 있다. 기업입장에서는 시장구조가 변화하는 것이다. 단기적인 관점에서 시니어 비즈니스에 투자하는 것이 부담이 될 수 있지만, 중장기적인 관점에서 대응책을 마련하는 것은 필수적인 일이 될 것이다. 시니어 비즈니스라는 새로운 비즈니스 영역으로 사업을 다각화할 수도 있을 것이며, 기존 사업영역 내에서 시니어 비즈니스적인 관점에서 접근하는 방법도 가능할 것이다. 액티브 시니어가 주로 향유하는 문화 오락 서비스나 플랫폼 개발이 필요할 수 있다. 핵심 소비주체로 등장할 액티브 시니어에게 맞춤화된 제품 카테고리를 개발하고, 시니어 친화적 쇼핑 환경을 조성하는 등의 전략도 요구된다. 시니어의 라이프 스타일에 맞춤화된 복합문화공간을 조성하거나 여가 프로그램을 기획하는 등 다양한 기회를 모색할 필요가 있다.

출처: 네이버 블로그 인터비즈, 2018. 5. 31.

신제품의 성공을 위해서는 세분시장별 소비자의 욕구를 파악하여 제품을 개발해야 한다. 따라서 소비자를 일정한 기준에 따라 몇 개의 세분시장(segment)으로 나누는 시장세분화를 통하여 각각의 시장에 맞는 제품과 차별적인 마케팅전략을 구사해야 한다. 그리고 이를 통해 세분시장을 형성하고 있는 소비자들의 욕구와 이에 부합되는 제품을 개발하는 것이 신제품 마케팅의 성패를 좌우한다. 또한 성공적인 신제품 개발을 위해서는 세분시장을 구성하고 있는 소비자의 인식이 어떤지를 파악하고 이에 맞춰 제품을 포지셔닝(positioning)해야 할 것이다. 이 같은 단계를 거쳐 기본적인 신제품의 개념(concept)을 구체화할 수 있다.

[표 7-1]은 치약시장의 편익세분화 사례이다. 치약시장을 세분화한 결과 소비자들은 감각추구시장, 사교추구시장, 건강중심시장, 가격추구시장의 4집단으로 분류되었다.

신제품을 개발할 때 어떠한 세분시장을 목표로 하느냐에 따라 많은 차이가 있다. 예를 들어 가격을 추구하는 세분시장을 목표고객으로 삼을 때에는 합리적인 가격이나 가격 대비 성능이 우수한 제품을 제시해야 할 것이며 건강을 중요시 하는 세분시장에서는 건강과 관련된 효익을 첨가한 신제품을 만들어야 할 것이다.

이렇게 편익세분화를 통해서 얻어지는 정보는 신제품 개발에 다양하게 활용될 수 있다. 예를 들어 제품의 물리적인 변화 방향을 제시해 주기도 하는데, 만약 자사의 제품이 향기를 제외한 목표고객의 모든 욕구를 만족시켜 주고 있다면 고객이 좋아하는 제품의 향을 조사하여 제품을 수정한 후 시장에서 자사 제품의 경쟁적 위치를 제고할 수 있을 것이다. 또한 세분화를 통해 해당 산업에 존재하는 세분시장들을 이해하게 되면 신제품 개발의 기회를 좀더 용이하게 발견할 수도 있을 것이며, 제품을 가장 효과적으로 포지셔닝하는 방법도 찾을 수 있을 것이다.

세분시장명	감각추구시장	사교추구시장	건강중심시장	가격추구시장
주요 추구 혜택	향, 제품외양	치아의 깨끗함	충치 예방	가격
인구통계적 특성	아동	10대 및 청년	대가족	남성
행동적 특성	민트향 치약사용	애연가	다량 소비	다량 소비
주요 소비상표	Colgate Stripe	Macleans Plus White Ultra Brite	Crest	세일 상표
성격 특성	높은 자기 몰입	높은 사교성	건강에 대한 과도한 불안(우울증)	높은 자립성
라이프스타일 특성	감각적 (Hedonistic)	활동적	보수적	가치 중심적

📄 표 7-1
치약시장의 편익 세분화

출처: Haley, R. I. (1968). Benefit segmentation: A decision-oriented research tool. *Journal of Marketing*, 32(3), 30-35.

시장세분화의 이해

1.1 시장세분화의 의의와 절차

성공적인 신제품 개발을 하기 위해서는 소비자에 대한 충분한 이해를 바탕으로 이뤄져야 한다. 소비자들은 소득, 나이, 라이프 스타일 등과 같은 개인적인 특성뿐만 아니라 선호브랜드, 구매의향 등과 같은 구매행동에 대해 독특한 특성을 보이고 있다. 각기 다른 욕구, 습성, 태도를 가지고 있는 소비자를 대상으로 동일한 메시지, 불특정 다수를 대상으로 하는 대량마케팅(Mass Marketing)은 이제 무의미하다. 효과적인 신제품 개발을 위해서는 시장을 동질성을 가지고 있는 소비자군으로 묶어 차별적인 마케팅 전략을 수행하는 것이 바람직하다. 또한 시장은 수많은 소비자들로 구성되어 있고 개별 기업이 이러한 소비자 개개인의 욕구를 전부 다 충족시켜 주기란 사실상 불가능하기 때문에 매력적인 몇 개의 세분시장(segment)을 선택하여 세분시장별로 차별적인 마케팅 전략을 구사해야 한다(Kotler and Keller, 2016).

시장세분화를 위한 첫 번째 단계는 충분한 시장의 이해와 소비자에 대한 명확한 지식을 얻는 것이다. 시장세분화를 위해서는 고객에 대한 조사가 수반되어야 하며 이 조사를 바탕으로 시장에 대한 특성을 파악해야 한다(Kotler and Keller, 2016)). 두 번째 단계는 시장 세분화의 목적을 정하고 알맞은 시장세분화 방법과 세분시장의 기준을 선정해야 한다. 마지막으로 세분시장을 구성하고 있는 소비자들의 특성을 정리하여야 한다.

(1) 시장세분화의 기준

시장은 다양한 특성을 가지고 있는 소비자로 구성되어 있다. 따라서, 시장을 나눌 수 있는 기준 또한 다양하다. 시장세분화는 여러 분류로 나눌 수 있지만 이번 장에서는 시장세분화 기준을 직접 관찰 변수와 간접 관찰 변수로 나누어 설명하고자 한다(Frank and Wind, 1972).

📄 그림 7-1
시장세분화의
단계

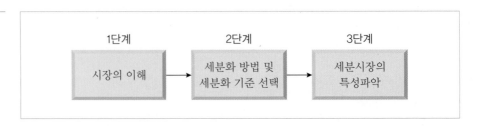

직접적으로 관찰 가능한 세분화 변수는 시장을 형성하고 있는 각 소비자의 특성이 바로 관찰이 가능하여 측정하기 용이한 경우를 말한다. 예를 들어, 지리적 특성, 제품사용경험, 충성도, 구매 빈도 등과 같은 기준은 직접 관찰이나 측정이 가능하다.

간접적으로 관찰이 가능한 기준은 소비자의 심리상태 또는 라이프 스타일과 같이 직접적으로 측정은 불가능한 시장세분화 기준을 말한다. 제품에 대한 선호도 또는 구매의도와 같이 밖으로 표출되지 않는 세분화 기준이다.

1) 직접적 관찰 변수

● 인구통계적 특성 인구통계적 특성은 나이, 성별, 가족구성원의 수, 소득, 직업, 교육수준, 종교, 국적등과 같은 기준으로 시장을 세분화한다. 인구통계적 특성은 직접적으로 소비자를 인지할 때 관찰이 용이하므로 쉽게 측정 또는 활용될 수 있다는 장점을 가진다.

– 나이와 생애주기: 소비자의 욕구와 구매행태는 나이에 많은 영향을 받는다. 흔히 말하는 X세대, 밀레니얼세대, Z세대 등은 연령을 기준으로 비슷한 시대적 환경에서 동질적인 특징을 많이 갖고 있는 세대로 나눈 것이라고 볼 수 있다. 또한 결혼이나 자녀의 유무 등과 같은 생애주기(life-cycle stage)에 따라 소비자를 구분할 수도 있다. 따라서 신제품을 개발할 때 기업은 이러한 동질적인 특징을 가지고 있는 세대를 목표시장으로 선정하여 제품 아이디어에서 개발까지 차별적인 마케팅 활동을 수행하여야 한다.

– 성별: 요즘 남녀 경계가 무너지고 있다고 하지만 그래도 성별에 의한 세분화는 산업 전반에 걸쳐 많이 사용되고 있다. 화장품의 경우, 여성을 대상으로 하는 고기능성 화장품을 개발하고 제품 컨셉에서부터 제품개발까지 모두 여성을 대상으로 개발하고 있다. 남성의 전유물로 여겨졌던 자동차 업계도 여성을 배려하는 다양한 제품과 서비스를 제공하고 있으며, 높아진 여성의

	보편적 기준	제품특성 기준
직접 관찰 변수	사회, 문화, 인구통계, 지리적 변수, 경제 등	제품사용경험, 충성도, 구매상황, 구매빈도, 구매량 등
간접 관찰 변수	심리적 특성, 내재적 가치, 성격, 라이프스타일 등	편익, 인식, 선호도, 구매의도, 제품탄력도 등

표 7-2
시장 세분화
가능 변수

출처: Wedel, M., and Kamakura, W. (2000). *Market Segmentation: Conceptual and Methodological Foundations.* 2nd Ed., MA: Kluwer Academic Publishers.

사회적 지위와 경제력에 부응하는 다양한 여성전용 카드들도 출시되고 있다. 여성의 사회적 지위와 경제력이 높아짐에 따라 여성고객을 대상으로 신제품을 개발하려는 노력의 결과이다. 따라서 신제품을 개발할 때 성별에 의한 세분시장의 특성을 잘 파악하여 알맞은 서비스와 혜택을 적절히 제공하여야 한다.

- 소득: 세분화 기준으로 소득은 매우 중요한 변수 중에 하나이다. 왜냐하면 소득은 바로 구매력으로 이어질 수 있기 때문이다. 만약 고가품의 신제품을 개발하려고 한다면 기업은 우선 구매가능성이 있는 고소득의 소비자를 목표시장으로 삼아야 할 것이다. 이 때 소득수준은 구매력을 결정짓는 매우 중요한 기준으로 작용하기 마련이다.

● 지리적 변수   기업은 신제품을 출시할 때 특정 지역을 대상으로 마케팅 활동을 하는 경우가 있다. 이는 지역을 구성하고 있는 소비자들이 지리적인 특성에 의해 나름대로 동질적인 특징을 갖고 있다고 판단하였기 때문이다. 그러나 지리적 세분화만을 가지고 시장을 구분하는 데에는 많은 한계점이 있다. 비록 지역적으로 떨어져 있다고 하더라도 생활, 문화에 있어 별다른 차이점을 발견하지 못했을 경우에는 지리적 변수만을 가지고 시장세분화를 실시하는 것은 바람직하지 못하다. 따라서 다른 세분화 기준과 함께 병행하여 사용해야 한다.

● 제품 사용경험(User Status)   기업은 제품 사용경험에 의해서도 시장세분화를 실시한다. 현재 기업에서는 고객을 잠재고객, 우수고객, 충성고객, 이탈고객 등으로 분류하여 고객관리를 실시하고 있다. 잠재고객이란 향후 구

📄 그림 7-2
여성을 위한 신제품(여성전용 차량검진센터 블루미와 다양한 여성 전용 신용카드들)

여성전용 차량검진센터 현대자동차 블루미

다양하게 출시되는 여성전용카드

출처: 각사 제공.

매 및 사용가능성이 높은 고객을 일컫는다. 또한 자사의 제품을 사용하였지만 불만족하여 재구매하지 않는 고객을 대상으로 다시 제품 또는 서비스를 이용하게끔 하는 노력도 함께 기울이고 있다. 제품 사용경험의 유무와 시기는 마케팅 활동을 전개하는 데 있어 매우 유용한 정보를 제공해 줄 수 있다.

특히, 고객은 신제품에 대한 사용경험에 대해 자신들의 의견을 표현하는 경우가 있다. 요즘 인터넷의 발달과 원활한 정보교류로 인해 제품사용에 대한 불만사항을 자신만 간직하고 있는 것 뿐만 아니라 주위 사람들에게 알리는게 더욱 쉬워졌다. 그래서 각 회사의 홈페이지에는 제품 또는 불만사항에 대한 항의성 게시글이 많이 올려져 있으며 기업은 이를 반영하여 신제품 개발 또는 개선을 계속해야 한다. 한번 불만족스러운 제품사용에 의해 이탈한 고객을 다시 재구매로 전환시키려면 많은 비용이 든다. 그러므로 소비자가 불만족하기 전에 욕구와 기대치를 파악하여 이에 부응하는 제품을 만들어야 할 것이다.

사례

'뭐든지 동영상으로', Z세대 지갑 열어라

1990년대 중반부터 2000년대 중반 사이에 태어난 이른바 'Z세대(Gen Z)'가 기업들의 화두로 떠올랐다. Z세대는 태어날 때부터 디지털 문화를 접해 인터넷과 IT(정보기술) 기기 사용에 익숙하다. 또 이전의 어떤 세대보다 대면(對面) 대신 소셜미디어를 통한 인간관계를 중시한다.

삼성전자는 홈페이지에 "미래 소비 주역인 Z세대의 사고와 행동의 특성을 파악하면 소비 행태의 장기적 변화나 동향을 가늠할 수 있다"는 보고서를 올렸다. Z세대를 겨냥한 제품 개발과 마케팅이 기업의 미래 전략에서 점차 중요해지고 있다는 것이다. 실제로 삼성전자는 최신 스마트폰 갤럭시S9 시리즈에 3차원(3D) 이모지(emoji·그림문자)를 탑재하면서 Z세대들의 마음 잡기에 나섰다. 네이버는 최근 Z세대가 중시하는 '동영상 검색'을 강화하겠다고 밝혔고, SK텔레콤 등 통신업체들은 Z세대의 사용 패턴을 반영한 전용 요금제를 내놓고 있다.

국내 Z세대 646만 명 추산

국내 Z세대는 약 646만 명으로 추산된다. 그동안 부모에게 경제적으로 의존해오다가 본격적인 소비층으로 부상하고 있다. 특히 디지털 기기에 익숙한 Z세대는 가정에서 디지털 기기나 서비스를 구매할 때 적극적으로 의사결정에 참여한다. 미국 가정의 93%가 새 제품을 구매할 때 아이들(Z세대)의 의사가 결정적인 영향을 미친다는 조사 결과도 있다.

이들의 가장 큰 특징은 동영상을 선호한다는 점이다. 미국 광고전문지 애드위크와 디파이미디어가 2017년 Z세대 1,500명을 대상으로 실시한 조사에서 '모바일에 없으면 생활할 수 없는 앱(응용프로그램)을 고르라'는 질문에 대해 전체의 50%가 "동영상 서비스 유튜브 없이는 못 산다"고 답했다. 구글코리아 관계자는 "Z세대는 뭔가를 배우거나 알아보고 싶을 때도 'how to(~하는 법)'라는 검색어를 써서 동영상을 찾는다"고 말했다. 실제

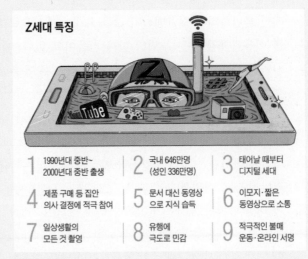

Z세대 특징

1 1990년대 중반~ 2000년대 중반 출생
2 국내 646만명 (성인 336만명)
3 태어날 때부터 디지털 세대
4 제품 구매 등 집안 의사 결정에 적극 참여
5 문서 대신 동영상으로 지식 습득
6 이모지·짧은 동영상으로 소통
7 일상생활의 모든 것 촬영
8 유행에 극도로 민감
9 적극적인 불매 운동·온라인 서명

출처: 조선비즈.

로 유튜브에는 드론 조종법(2만 9,000건), 앞머리 자르기(3만 5,900건) 같은 Z세대가 궁금해하는 동영상 콘텐츠가 넘쳐난다.

Z세대의 동영상 몰입에 국내 1위 포털 네이버는 바짝 긴장한다. 네이버는 최근 기자간담회에서 유튜브의 동영상 검색 의존에 대해 "우리에겐 분명 위기이며, 하우투(how to) 영상이나 지식 동영상에 대한 투자를 과감히 확대할 것"이라고 했다. 문서 위주의 기존 서비스로는 Z세대를 사로잡기 힘들다고 판단한 것이다. 카카오도 카카오톡 이모티콘을 다음(포털)·멜론(음악) 등 자사의 다른 서비스에도 적용하고 있다.

삼성전자와 LG전자 등 제조업체들도 Z세대를 겨냥한 맞춤형 기기를 앞다퉈 내놓고 있다. 삼성전자는 이달 중순에 출시하는 갤럭시S9에 사용자를 닮은 3D 이모지를 만들어주고 동영상을 찍으면 자동으로 짧은 영상을 만들어주는 기능을 탑재한다. Z세대가 메신저나 소셜미디어에서 짧은 영상을 주고받는 것을 즐긴다는 것을 감안한 것이다. LG전자도 차기작인 프리미엄 스마트폰 V30S에 음식이나 애완동물, 풍경 등 피사체를 식별해 최적화된 촬영 모드를 골라주는 인공지능(AI) 카메라 기능을 탑재했다. 이 역시 일상의 모든 것을 스마트폰으로 촬영하는 Z세대를 위한 것이다.

통신업체들은 10-20대를 위한 전용 요금제를 잇따라 내놓고 있다. SK텔레콤은 10-20대를 끌어들이기 위해 전면적인 요금제 개편에 나섰다. 같은 요금대에 비교해 음성보다는 데이터양을 늘려주는 방향이다. 통신업계 관계자는 "Z세대는 가격에 민감한 데다 통신업체 간 이동이 잦은 편"이라며 "미래의 주요 고객인 만큼 이들을 붙잡기 위해 다양한 혜택을 주는 것"이라고 했다.

역풍 맞으면 속수무책, 기존 기업에 위기요소도

Z세대 등장은 한편으로 기존 기업에 위기이기도 하다. 디지털에 익숙한 Z세대는 광고보다는 직접 검색한 제품 정보를 더 신뢰하고, 특정 기업에 대한 불매운동과 온라인서명, 소셜미디어 해시태그(#) 달기 등에 적극적으로 참여한다. 이 과정에서 잘못된 정보를 빠른 속도로 확산시키기도 한다. 한 기업 관계자는 "한번 인터넷이나 소셜미디어에 게시된 정보는 틀린 것으로 판명되더라도 끊임없이 재유통된다"며 "경쟁 기업이 의도적

으로 잘못된 정보를 흘려 확산되고 나면 이를 되돌릴 방법이 없다"고 말했다.

출처: 조선비즈, 2018. 3. 2.

● **구매 또는 사용상황**   직접 관찰이 가능한 구매장소, 구매시기, 구매빈도, 구매량 등과 같은 세분화 기준은 매우 유용하게 사용될 수 있다. 구매 행태는 바로 구매의도에서 비롯된 것으로 구매 행태에 의해 소비자의 특성을 잘 구분될 수 있다. 또한 사용상황에 따른 세분화는 제품 사용상황을 개발하거나 확장시키는데 유용하게 사용될 수 있다. 특히 신제품 개발시 구매 또는 사용상황은 많은 정보를 주기 때문에 신제품 개발에 있어서 유용하게 쓰일 수 있는 시장세분화 기준이다.

2) 간접적 관찰 변수

● **내재적 가치**   소비자의 내재적 가치에 따라 구매의사결정이 결정되어지게 된다. 구매를 일으키기 위해서는 지각된 효용의 가치가 지불하려는 비용보다 높아야 된다. 지각된 효용가치는 개인이 가지고 있는 내재적 가치에 의해 결정된다.

　　내재적 가치를 이용한 세분시장의 대표적인 예는 편익세분화(benefit segmentation)이다. 제품을 구입하고자 할 때 소비자가 추구하고 있는 편익들이 있다. 편익세분화는 소비자들이 제품을 구입시 추구하는 편익을 기준으로 세분화를 실시하는 것이다. 맥주시장의 예를 살펴보면 맥주를 구매하는 소비자들의 경우 각기 다른 구매 목적과 특성을 가질 수 있다. 어떤 집단은 스트레스 해소를 위해 맥주를 마시는 경우가 있을 수 있으며 즐거운 분위기를 위해 맥주를 마시는 집단 등 서로 다른 추구하는 편익을 보유하고 있다. 이러한 각 집단의 특성을 고려하여 세분시장 마케팅을 구사하여야 한다.

● **성격 및 라이프스타일**   시장세분화의 기준에서 성격 및 라이프 스타일은 매우 중요한 요소 중에 하나이다. 개인의 성격이나 라이프 스타일에 따라 구매성향이 매우 다르게 나타나기 때문에 표적 고객의 성격을 이해하고 전략적으로 접근하려는 노력이 필요하다. 특히 의류, 화장품, 보험 또는 주류 제품과 같은 상품들은 소비자들이 가지고 있는 독특한 성격에 따라 제품

구매에 많은 영향을 준다.

라이프스타일에 따른 시장세분화는 점차적으로 많이 사용되고 있는 세분화 기준이다. 특히 제품의 오래된 이미지를 쇄신하기 위하여 소비자들의 라이프 스타일을 분석하여 재포지셔닝하려는 노력을 하고 있다. 더구나 소득수준이 높아지고 시대가 변해감에 따라 예전의 소비자들과의 비교하여 현재 소비자의 라이프스타일의 많은 변화가 있어 왔다. 따라서 기업은 이러한 변화에 알맞게 대응하여 신제품을 만들어야 할 것이다.

● 제품에 대한 태도　제품에 대한 태도는 소비자로 하여금 자사의 제품이 어떻게 인식되고 있는지를 나타내는 것이다. 소비자는 제품에 대해 호의적일 수도 있고 부정적이나 적대적일 수 있다. 그리고 기업의 입장에서는 전략적으로 자사의 제품에 대해 우호적인 고객을 선택하던지 불만족스러운 고객을 선정하여 마케팅 역량을 집중시킬 수 있는 기준을 제시해 줄 수 있다. 일반적으로 자사의 제품에 대해 만족스럽거나 호의적인 소비자들에 대해서 우수성을 확인시켜 주는 간단한 이벤트 또는 판촉활동으로도 큰 효과를 볼 수 있다. 반면, 제품에 대해 불만족스럽거나 부정적인 태도를 가지고 있는 소비자에 대한 마케팅 활동은 비용과 시간을 많이 투자하여야 소비자의 태도가 바뀐다.

(2) 시장세분화 기준의 선택(Evaluation of segmentation bases)

시장세분화를 하는 방법과 기준을 선택하는 방법은 여러 가지가 있을 수 있다. 그러므로 단 하나의 좋은 시장세분화 방법이나 기준이 있을 수 없다. 따라서 다양한 세분화 방법 중 효과적인 세분화 방법을 선택하는 것이 중요하다.

1) 목적에 따른 시장세분화의 기준

시장세분화의 모형을 결정하기 위해서는 세분화의 기준 변수(the basis for segmentation)를 선택하여야 한다.

시장을 세분화하는데 활용가능한 변수는 무수히 많으며, 시장세분화의 기준 변수는 신제품 개발 목적에 따라 달라지게 된다. 따라서 신제품 개발 목적에 부합하는 중요한 변수들이 기준 변수로서 선정되어야 한다. 여러 학자들이 주로 활용하고 있는 세분화 기준 변수들은 [표 7-3]과 같다.

이러한 변수들에 있어 공통적인 것은 기업의 마케팅 활동에 대한 소비자와 조직체 구매자의 다양한 반응에 초점을 맞추고 있다는 것이며, 추구 편익과 구매 패

목적	세분화 기준 변수
시장의 일반적 특성의 이해	Needs, 추구 편익, 구매 여부, 사용 패턴, 상표 충성도와 상표전환 등
제품 포지셔닝	제품의 용도, 제품에 대한 선호도, 추구 편익 등
신제품 컨셉 개발	신제품 개념에 대한 반응(구매의도, 선호도 등)
가격 결정	구매 및 사용 패턴에 따른 가격 민감성, 촉진 민감성 등
광고 의사결정	추구 편익, 매체 행태, 라이프 스타일 등
유통 의사결정	상점 충성도, 상점 선택상의 편익 등

턴 등을 가장 많이 활용하고 있음을 알 수 있다.

2) 마케팅 전략 수행을 위한 기준

Wedel은 시장세분화의 기준을 선택하기 위한 요건으로 측정가능성, 충분한 시장의 크기, 접근가능성, 실행가능성, 반응성 등을 요건으로 평가하였다(Wedel and Kamakura, 2000).

- 측정가능성(identifiability): 세분시장을 구성하고 있는 소비자들의 특성을 측정하기 용이해야 한다. 세분시장의 크기와 구매력과 같은 구체적인 내용을 알 수 있어야 좋은 세분화 기준이 될 수 있다.
- 충분한 시장의 크기(Substantiality): 세분시장의 규모가 충분히 커서 신제품을 개발하여 출시하였을 때 어느 정도 수익이 보장되어야 한다. 세분시장의 크기가 너무 작아서 제품을 출시하였더라도 구매하는 소비자가 극히 소수거나 세분시장이 너무 커서 세분시장을 이루는 소비자의 특성이 모호해지면 좋은 세분화 기준이 아니다.
- 접근가능성(Accessibility): 세분시장의 기준을 선정할 때 마케팅 관리자가 마케팅 전략을 수행할 때 얼마나 접근이 용이한가를 평가해야 한다. 좋은 세분화의 기준은 목표고객이 정해졌을 때 어느 곳에 많이 사는지 어느 매체를 선호하는지에 대한 정보가 있으면 매우 강력한 세분화 기준이 될 수 있다.
- 실행가능성(Actionability): 아무리 좋은 세분화 기준이라도 현실적으로 실행불가능하다면 그 효용성은 떨어지기 마련이다. 따라서 세분시장을 공략하기 위해서는 효과적인 마케팅 프로그램을 개발하여야 하며, 적절한 세분시장을 개발하였다 하더라도 알맞은 마케팅 프로그램이 존재하지 못한다면 의미가 없을 것이다.
- 반응성(Responsiveness): 마케팅 프로그램을 개발한 후 각 세분시장을 대상

표 7-4
세분화 기준의
평가

세분화 기준	측정 가능성	충분한 시장의 크기	접근 가능성	실행 가능성	반응성
1. 보편적, 직접관찰 가능	++	++	++	−	−
2. 제품특성, 직접관찰 가능					
• 구매	+	++	−	−	+
• 사용량	+	++	+	−	+
3. 보편적, 간접관찰 가능					
• 성격	+	−	±	−	−
• 라이프 스타일	+	−	±	−	−
• 심리도식적 변수	−	−	±	−	−
4. 제품특성, 간접관찰 가능					
• 심리도식적 변수	±	+	−	++	±
• 인식	±	+	−	+	−
• 편익	±	+	−	++	++
• 의도	+	+	−	−	++

++: 매우 좋음, +: 좋음, ±: 중간, −: 나쁨, −−: 매우 나쁨
출처: Wedel, M., and Kamakura, W. (2000). *Market Segmentation: Conceptual and Metho dological Foundations*. 2nd Ed., MA: Kluwer Academic Publishers.

으로 프로그램을 수행했을 때 시장을 구성하고 있는 소비자로 하여금 반응
을 적절하게 수집할 수 있는 세분화 기준을 선택해야 할 것이다.

SECTION 02 군집분석을 이용한 시장세분화

2.1 군집분석의 이해

군집분석은 응답자와 제품 등과 같은 대상들을 비슷한 특성을 갖는 집단으로
분류(classification)하는 방법이다. 따라서 군집분석을 통해 분류된 집단들은 집단 내
에서는 유사성(homogeneity)을, 집단들간에는 이질성(heterogeneity)을 지니게 된다.

이를 보다 구체적으로 설명하기 위하여 [그림 7-3]을 살펴보도록 하자. 신제품
에 대해 편리함과 경제성이란 속성을 소비자들로 하여금 평가하도록 하였다. 만약
"편리성과 경제성의 제품속성에 대한 응답자들의 반응에 따라서 응답자들을 분류
해 보아라"라는 질문을 한다면 (a)그림을 본 대부분의 사람들은 4집단으로 분류가
가능하다라고 쉽게 얘기할 것이다. 하지만 (b)그림의 경우 평면상에 고루 분포해 있

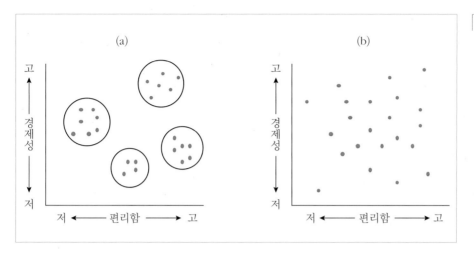

그림 7-3
편리성과 경제성
의 수준에 따른
응답자의 분포

어 뚜렷이 분류하기가 어렵다. 이와 같이 집단내의 유사성과 집단간의 이질성을 모두 확보할 수 있는 군집화를 수행하기는 매우 어려울 때도 있으며 세분화 목적에 따라 군집화가 달라지기도 한다.

2.2 군집분석과 시장세분화 수행절차

(1) 시장세분화의 목적 설정

군집분석의 목적은 분류해야 할 대상들을 동질적인 2개 이상의 집단들로 분류하는 것이다. 하지만 목적에 따라서 군집화 된 집단의 수도 다를 수 있고, 군집 결과도 다르게 나타나기도 한다.

예를 들어 살펴보자. 진공청소기의 시장세분화를 위해서 군집분석을 수행할 경우 만약 조사자가 진공청소기의 수요확대를 위해서 시장세분화를 실시하였다면 진공청소기의 소유여부에 중심을 둔 시장세분화가 바람직할 것이다. 하지만 신제품 개발을 위한 시장세분화를 실시할 경우에는 진공청소기의 속성을 통한 시장세분화가 바람직할 것이다. 이렇듯 조사자가 어떠한 목적으로 시장세분화를 실행하느냐에 따라서 그 결과 또한 달라진다. 따라서 시장세분화를 본격적으로 수행하기 전에는 왜 시장세분화를 해야하는지 목적을 설정해야 한다. 군집분석을 활용한 시장세분화를 설명하기 위해 진공청소기 시장의 구조와 고객의 니즈(needs)를 파악하기 위한 편익세분화를 실시하여 세분화된 집단의 크기와 특성에 대해 설명하도록 하겠다.

(2) 설문지 문항의 작성과 자료의 수집

이 단계는 군집화의 기반이 되는 변수를 선정하는 단계이다. 군집분석에 사용될 변수들을 선정하기 위해서는 명확한 이론이나 과거의 조사들을 통해서 소비자들간의 유사성과 이질성을 충분히 표현할 만한 변수들을 선택하여야 한다.

만약 설문지 문항에 소비자의 특성을 대표하지 못하는 부적절한 변수나 각 세분 집단들간의 차이를 나타내 주지 못하는 비차별적 변수들이 포함되어질 경우에 군집분석의 결과는 왜곡되어지거나 해석하기가 어려워진다. 따라서 세분화 기준변수의 선정에서부터 군집화 되어질 소비자의 특성을 정확히 파악하는 것이 중요하다.

다음의 설문지는 진공청소기 시장의 편익세분화를 실시하기 위한 설문지 예제이다. 첫 번째 질문은 제품의 편익에 대해서 FGI를 통해서 진공청소기의 중요 속성을 파악하여야 한다. 각 중요 속성에 대해 소비자로 하여금 직접 평가하게 한다. 두 번째 질문은 현재 보유하고 있는 진공청소기의 상표와 그 상표를 구매한 이유, 보유동기를 묻는 질문으로서 각 편익집단들의 구매행동을 파악하기 위한 질문이다. 세 번째 질문은 현재 사용하고 있는 진공청소기의 형태와 사용하는 빈도를 묻는 질문으로 각 편익집단들의 사용행동을 파악하기 위한 질문이다. 네 번째 질문들은 응답자의 나이, 성, 거주 형태, 결혼여부, 소득 등의 인구통계학적 질문들로 각 편익

📄 그림 7-4
시장세분화의
절차

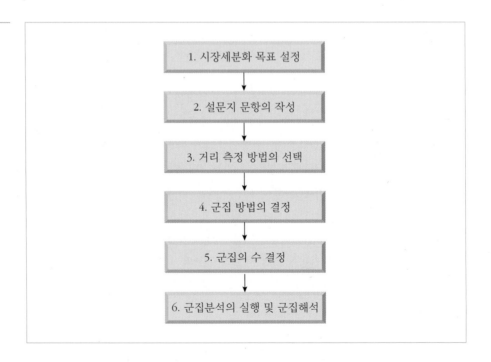

1. 시장세분화 목표 설정

2. 설문지 문항의 작성

3. 거리 측정 방법의 선택

4. 군집 방법의 결정

5. 군집의 수 결정

6. 군집분석의 실행 및 군집해석

집단들의 전체적 특성을 파악하고자 하는 질문이다.

 진공청소기의 편익세분화를 위한 설문지의 예

01 다음은 진공청소기에 대해서 평소에 생각해 볼 수 있는 점들입니다. 귀하께서 진공
청소기를 구입하실 때 고려하는 속성들에 대하여 각각의 <u>중요도</u>를 평가하여 주시기
바랍니다.

질문 사항	전혀 중요하지 않다	중요하지 않다	보통 이다	중요 하다	매우 중요 하다
01) 흡입력이 강해야 한다.	1	2	3	4	5
02) 소음이 적어야 한다.	1	2	3	4	5
03) 구석구석 청소하기 편해야 한다.	1	2	3	4	5
04) 고장이 적어야 한다.	1	2	3	4	5
05) 배기바람이 깨끗해야 한다.	1	2	3	4	5
06) 보관이 편해야 한다.	1	2	3	4	5
07) 이동이 편해야 한다.	1	2	3	4	5
08) 가구가 상하지 않아야 한다.	1	2	3	4	5
09) 필터를 오래 쓸 수 있어야 한다.	1	2	3	4	5
10) 디자인이 좋아야 한다.	1	2	3	4	5
11) 가격이 저렴해야 한다.	1	2	3	4	5
12) 튼튼하고 오래 쓸 수 있어야 한다.	1	2	3	4	5
13) 크기가 작아야 한다.	1	2	3	4	5
14) 조작이 간단해야 한다.	1	2	3	4	5

02 다음은 청소기 사용 및 구매 행동과 관련된 질문입니다.

02-1 현재 귀댁에서는 어느 회사 제품을 보유하고 계십니까?

① LG전자　　　　② 대우전자　　　　③ 삼성전자

④ 필립스　　　　⑤ 아에게(AEG)　　　⑥ 밀레

⑦ 지멘스　　　　⑧ 보쉬

⑨ 기타(제조사명:_____)

02-2 현재 사용하고 계시는 진공청소기의 제조회사를 선택하신 이유는 무엇입니까?

① 타사 제품과 비교하여 구입가격이 저렴해서
② 주변에서 제품의 품질이 좋다는 명성을 듣고
③ 유지 및 보수의 A/S를 잘 해주는 회사라서
④ 제조회사가 전반적으로 믿을 만해서
⑤ 제공되는 부가서비스가 마음에 들어서
⑥ 매장에서 추천하는 회사 제품이라서
⑦ 구입시 할인율이 높아서
⑧ 고장이 적게 나는 제품을 구입하기 위해서
⑨ 사용비용이나 유지비가 적게 드는 제품을 구입하기 위해서
⑩ 디자인이 마음에 들어서
⑪ 광고가 마음에 들어서
⑫ 최신제품을 사기 위해서
⑬ 오래 쓰기 위해서
⑭ 특별히 마음에 드는 기능이 있어서
⑮ 기타(_____)

03 다음은 현재 보유하고 계신 청소기에 대한 질문입니다.

03-1 현재 보유하고 계시는 진공청소기는 어떻게 보유하게 되었습니까?
① 혼수용으로 장만하였다   ② 선물로 받았다
③ 집에서 사용하기 위해 직접 구입하였다.

03-2 현재 보유하고 계시는 진공청소기는 어떠한 형태입니까?
① 흡입구와 먼지통이 분리되어 있고 굴리면서 사용하는 일반형 청소기
② 흡입구와 먼지통이 함께 붙어 있는 일체형 청소기
③ 청소기를 어깨에 걸어서 사용할 수 있는 형태의 청소기
④ 먼지통이 대용량의 드럼형태로 되어 있는 청소기

03-3 귀하께서는 진공청소기를 어느 정도 자주 사용하시는 편이십니까?
① 매일 1-2회 이상 사용한다   ② 2일에 1번 정도 사용한다
③ 일주일에 2번 정도 사용한다   ④ 일주일에 1번 정도 사용한다
⑤ 2주일에 1번 정도 사용한다   ⑥ 1달에 1번 정도 사용한다
⑦ 거의 사용하지 않는다

04　다음은 인구통계학적 질문입니다.

04-1　귀하의 나이는?　　　　　　　　　　　　　　　　　　　　(만　　세)

04-2　귀하의 성별은?

① 남　　　　　　　　　　　　　　　② 여

04-3　귀하의 결혼 여부는?

① 미혼　　　　　　　　　　　　　　② 기혼

04-4　귀하의 배우자의 직업은?

① 농업/어업/임업　　　　② 자영업　　　　③ 판매/서비스직

④ 기능/숙련공　　　　⑤ 일반 작업직(청소, 수위, 토목관계 현장 작업 등)

⑥ 사무/기술직(교사포함)

⑦ 경영/관리직(6급 이상 고급공무원, 부장 이상, 교장 등)

⑧ 전문직/자유직(대학교수, 의사, 변호사, 예술가 등)

⑨ 학생　　　　　　　　⑩ 무직　　　　　⑪ 가정주부

⑫ 기타

04-5　귀댁의 월 평균 소득은?

① 150만원 이하　　　　　　　　② 151만원 이상–200만원 미만

③ 201만원 이상–250만원 미만　　④ 251만원 이상–300만원 미만

⑤ 300만원 이상

04-6　귀하의 주거형태는 다음 중 어디에 해당하십니까?

① 아파트　　　　　　　② 단독주택　　　③ 빌라

④ 연립주택

04-7　살고 계신 주택의 평수는 얼마나 됩니까?

① 10평 미만　　　　　② 11–20평　　　③ 21–30평

④ 31–40평　　　　　　⑤ 41–50평　　　⑥ 51–60평

⑦ 60평 이상

04-8　귀하는 주택을 소유하고 계십니까?

① 자택에 살고 있다　　　　　② 전세에 살고 있다

③ 월세로 살고 있다.

(3) 거리 측정방법의 선택

군집화는 유사한 소비자들을 묶는데 목적이 있기 때문에 소비자들간의 유사정도를 평가할 측정방법이 필요하다. 근본적으로 유사성이라는 개념은 군집화해야할 소비자들이 얼마나 닮아 있고 일치하는가를 측정하는 것이다. 이러한 유사성을 측정하기 위해 고안된 방법은 상관관계(correlation)를 파악하는 방법과 거리를 파악하는 2가지 방법이 있다. 하지만 소비자들간의 상관관계를 파악하는 방법은 조사된 각각의 변수에 대한 크기는 고려하고 있지 못하기 때문에 일반적으로 군집분석에서는 대상들간의 거리를 측정하는 방법이 많이 사용되어진다.

군집분석에서 대상들간의 거리를 측정하는데 주로 사용되어지는 방법은 다음과 같다.

● 유클리디안 거리(Euclidean Distance) 군집분석에서 가장 일반적으로 자주 사용되어지는 방법은 유클리디안 거리이다. 유클리디안 거리를 계산하는 방법은 [그림 7-5]에 잘 나타나 있다.

● 시티블럭 거리(City-block distance) 시티블럭 거리는 유클리디안 거리와는 달리 두 대상간의 거리 차이의 절대값으로 표현되어진다.

$$\text{City-block distance} = \sum_{i}^{n} |X_i - Y_i|$$

하지만 시티블럭 거리는 변수들간에 서로 상관관계를 갖지 않는다고 가정하기 때문에 거리를 측정하기 위한 두 변수들의 상관관계가 존재할 경우에는 거리 측정의 타당성이 떨어진다는 단점이 있다.

● 민코우스키 거리(Minkowski distance) 민코우스키 거리는, 거리를 측정하는 일반적인 형태의 식을 의미한다.

📄 그림 7-5
유클리디안 거리
측정 방법

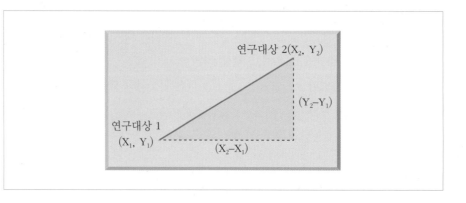

$$\text{Minkowski distance} = \left[\left(\sum_i^n |X_i - Y_i| \right)^r \right]^{1/r}$$

즉 r에 1을 대입하면 시티블럭 거리가 되며 r에 2를 대입하면 유클리디안 거리가 된다. 따라서 민코우스키 거리는 모든 거리 측정 방식의 일반식이 되며 r값을 조사목적에 따라 조정함으로써 대상의 거리를 측정할 수 있다.

하지만 위에서 살펴본 유클리디안 거리나, 시티블럭 거리, 민코우스키 거리는 변수들 사이의 측정방법이 통일되지 않았을 경우에 변수들의 측정 방법의 차이에 의해서 그 결과가 달라질 수 있다는 문제점이 있기 때문에 상황에 따른 적절한 사용이 중요하다.

(4) 군집방법의 결정

이 단계는 측정된 대상들의 거리를 기준으로 해서 유사한 대상들끼리 군집화할 방법을 결정하는 단계이다. 군집방법으로 사용되어지고 있는 알고리즘은 일반적으로 위계적 군집화 방법(hierarchical procedure)과 비위계적 군집화방법(nonhierarchical procedure)으로 분류할 수 있다. [그림 7-6]은 다양한 군집화 방법들

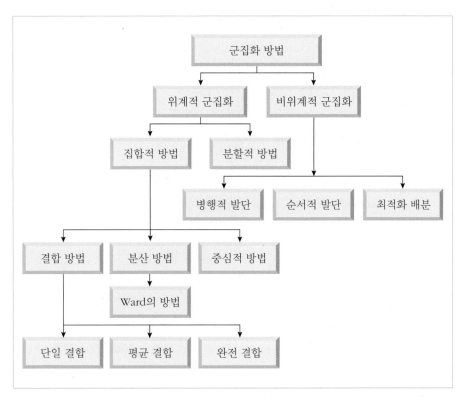

그림 7-6
군집화 방법의
종류

을 보여주고 있다.

● 위계적 군집화 방법(Hierarchical Procedure) 위계적 군집화 방법은 소비자간의 집단화가 형성되어 가는 과정을 그림으로 나타내는 덴드로그램(dendrogram)이라는 나무모양의 위계적 구조를 따라서 군집화를 실시하는 방법이다.

위계적 군집화 방법은 각 소비자들이 최초에 어떠한 형태로 군집화 되어 있는가 하는 가정에 따라 집합적 방법(agglomerative method)과 분할적 방법(divisive method)으로 나눌 수 있다. 집합적 방법은 군집화 단계 이전에 모든 대상이 각각 하나의 군집을 형성하고 있다고 가정하고 있다. 군집화 단계가 진행되면서 각각의 대상들은 가장 유사한 주변의 대상과 새로운 군집을 형성해 나가다 결국 모든 대상이 하나의 군집을 형성한다. 이와는 반대로 분할적 방법은 모든 대상들이 군집화 단계 이전에 하나의 군집을 형성하고 있다고 가정한다. 군집화 단계가 진행되면서 가장 유사성이 적은 대상들이 분리되어져서 결국에는 모든 대상이 개별적인 군집을 형성한다. 대부분의 컴퓨터 통계 패키지에서는 집합적 방법을 통한 군집화 방법만을 사용하고 있으며 이러한 집합적 방법에는 단일결합방법(single linkage), 완전결합방법(complete linkage), 평균결합방법(average linkage), 와드의 방법(ward's method)이 있다.

– 단일결합방법(single linkage): 단일결합방법은 가장 짧은 거리에 놓여 있는 대상들끼리 군집화 하는 방법이다. 즉 가장 짧은 거리에 있는 두 대상들을 첫 번째 군집으로 묶고, 그 다음으로 짧은 거리에 있는 대상을 찾아 첫 번째 군집에 포함시키거나 새로운 군집을 만드는 것이다. 이러한 과정을 반복함으로써 결국 모든 대상들이 개별적인 군집을 이루게 된다.

– 완전결합방법(complete linkage): 완전결합방법은 군집화의 기준으로 최단거리가 아닌 최장거리를 선택한다는 점만 제외하면 단일결합방법과 동일하다. 이러한 이유 때문에 완전결합 기준을 최장인접거리방법(furthest-neighbor approach)라고도 하며 대상들을 연결한 최장거리를 지름으로 해서 각 대상들을 모두 포함하는 구(sphere)를 그릴 때 대상들이 모두 포함되어진다고 해서 diameter 방법이라고 불리기도 한다.

– 평균결합방법(average linkage): 평균결합방법은 군집화의 기준으로 대상들 사이의 평균거리를 기준으로 한다는 점만 제외하고는 단일결합방법이나 완전결합방법과 동일하다. 평균결합방법은 최장거리나 최단거리와 같은 극단

적인 거리를 기준으로 사용하지 않는다는 점에서 한쪽의 군집에 편중되는 극단적 오류를 막을 수 있다는 점에서 긍정적으로 사용되고 있다.

- **와드의 방법**(ward's method): 군집화 단계 이전에 각 대상들이 각각 하나의 군집을 이루고 있다고 가정한다면 각 군집들은 완벽하게 군집의 특성을 나타낼 수 있을 것이다. 하지만 군집분석을 통해서 각 대상들을 군집화 함에 따라서 군집의 수는 줄어들지만 군집의 특성을 완벽하게 표현할 수 있었던 때와 비교하면 조금씩 군집의 특성을 나타내는 정보를 손실하게 된다. 워드의 방법은 바로 이러한 점에 착안해서 군집화 단계가 진행되면서 손실되어지는 각 군집들의 특성을 최소화 하고자 하는 방법이다. 즉 손실되어지는 정보를 각 군집들내의 분산(within-cluster sum of square)이라고 정의하고 그 값을 유클리디안 제곱거리로 측정하여 각 군집들의 분산을 최소하고자 하는 것이다.

● 비위계적 군집화 방법(Nonhierarchical Clustering Procedure) 비위계적 군집화 방법은 위계적 군집화 방법과 같이 나무모양의 덴드로그램을 통해서 단계적으로 군집화를 수행하는 것이 아니라 사전에 세분화 목적에 부합되는 군집의 수를 결정하여 각 군집별로 군집중심점(Cluster Center)을 계산하고 사전에 결정되어 있는 기준점(Threshold distance)안에 있는 대상들을 이 군집에 속하게 하는 방법이다. 비위계적 군집화 방법을 일반적으로 K-mean clustering이라고도 하며 대상들을 군집화하는 방법에 따라서 순차적 기준방법(sequential threshold method), 병행적 기준방법(parallel threshold method), 최적 기준방법(optimization)으로 나눌 수 있다. 위계적 군집화 방법과는 달리 각 대상들간의 거리를 비교·측정하는 것이 아니라 특정 기준(Threshold distance)과의 거리를 측정하는 것이기 때문에 비교적 대규모의 자료에 사용하기에 적당하다. 하지만 비위계적 군집화 방법은 군집화 이전에 대략의 군집수를 결정한 후 최초의 대상을 통해서 군집중심점을 결정하여 일정거리 기준에 따라서 대상들을 분류하는 방법이라고 얘기할 수 있다. 따라서 이러한 방법은 어떤 대상을 초기화 대상으로 할 것인가에 의해 군집화의 결과가 달라질 수도 있다는 단점이 있다.

(5) 군집의 수 결정

대상들간의 거리를 측정하여 군집화 하는 과정이 완료되었다면 이들을 구체적으로 몇 개의 군집으로 나눌 것인가를 결정해야 한다. 아쉽게도 군집의 수를 어떻게 결정해야 할 것인가에 대한 표준이나 규칙은 없지만 일반적으로 다음과 같은 기준에 의해 결정할 수 있다.

첫 번째는 군집화의 단계가 진행되면서 형성되는 군집들의 거리를 측정하는 것이다. 즉 군집들의 거리가 일정 기준 이상을 초과하거나, 갑작스럽게 거리가 증가하는 경우에는 그 상황에서 군집분석을 종료하는 것이다.

두 번째는 이론적이거나 개념적인 기준에 의해서 군집의 수를 결정하는 것이다. 즉, 마케팅 관리자가 직관적인 느낌이나 상식, 실무적 판단, 이론적 토대를 바탕으로 군집의 수를 결정하는 것이다. 예를 들어 군집분석의 목적이 시장의 세분화 형태를 확인하는 것이라면 경영자는 특정한 군집의 수를 사전에 결정할 수 있을 것이다.

세 번째는 군집분석의 결과에 의해 도출된 군집의 크기를 비교해 보는 것이다. 도출된 군집에 해당하는 군집대상의 수가 너무 작을 경우에는 군집분석의 결과를 가지고 수행한 시장세분화 등을 전략적으로 이용하는 데 있어 큰 도움을 주지 못하는 경우가 있을 수 있기 때문이다.

(6) 군집의 실행 및 해석

설문지를 통해 수집된 자료를 통계프로그램인 SPSS를 이용하여 비위계적 군집화인 Q-Cluster를 실행해 편익세분화를 실행해보고, 위계적 군집화의 여러 가지 방법들을 이용해서 각 대상들이 각 집단에 어떻게 포함되었는지를 검토해 보도록 한다. 또한 군집분석의 결과를 판별분석을 통해서 검토해봄으로써 군집분석들간의 차이를 비교해 보도록 한다.

1) Quick-Cluster의 실행
① 입력프로그램의 준비

```
QUICK CLUSTER
a6 a7 a8 a9 a10 a11 a12 a13 a14 a15 a16 a17 a18 a19          ……… ㉠
/MISSING = LISTWISE                                          ……… ㉡
/CRITERIA = CLUSTER(4) MXITER(10) CONVERGE(0)                …… ㉢
/METHOD = KMEANS(NOUPDATE)                                   ……… ㉣
/SAVE CLUSTER                                                ……… ㉤
/PRINT INITIAL ANOVA CLUSTER DISTAN.                         ……… ㉥
```

위에서 제시된 것은 SPSS상에서 Q-Cluster를 수행하기 위한 프로그램이다. 하지만 최근 개발되어진 SPSS는 이러한 프로그램이 아닌 간단한 마우스 클릭만으로 프로그램을 실행할 수 있게 설계되어 있어 사용자들의 어려움을 크게 덜어 주었다. 자세한 사용법은 SPSS의 매뉴얼이나 SPSS 관련 서적을 참고하기 바란다.

위의 프로그램을 간단히 설명하면 다음과 같다.

㉠은 진공청소기의 속성에 대한 중요도를 나타내는 14개의 변수를 이용해 Quik-Cluster를 수행하라는 명령어이다. ㉡은 무응답치를 가진 응답자는 모든 계산에서 제외하라는 명령어이다. ㉢은 대상을 4개의 군집으로 나누어, 최대 10번의 반복연산을 수행하라는 명령어이다. ㉣은 군집화의 방법으로 K-Means Cluster를 사용하라는 명령어이고 ㉤은 각 대상들이 속할 군집의 번호를 데이터에 저장하라는 명령어이며 ㉥은 초기의 집단의 중심점 및 군집간에 어떠한 차이가 있는지를 밝혀주는 ANOVA(분산분석) 테이블과 군집간 거리를 출력하라는 명령어이다.

위의 사례에서는 군집의 수를 4개로 하였지만 실제로는 2개에서 5개의 다양한 군집수를 지정해서 반복적인 군집분석을 실행한 결과 가장 해석하기 용이한 군집수를 선택하는 것이 바람직하다.

② 군집분석의 실행결과 및 해석

[표 7-5]의 군집의 최종적인 중심점은 최초의 군집중심점에서 새로운 응답자나 군집대상이 포함됨에 따라서 중심점의 평균이 변하기 때문에 군집분석이 완료된 후에 최종적으로 변화한 군집중심점을 나타낸 것이다. 세분집단 1은 "흡입력(a6)," "구석구석 청소하기 편리(a8)," "고장이 적어야(a9)," "가구가 상하지 않아야(a13)"라는 변수들의 최종적인 중심점이 매우 유사하며, 세분집단 2는 "소음이 적어야(a7)," "배기바람이 깨끗해야(a10)," "디자인이 좋아야(a15)," "크기가 작아야(a18)"라는 변수들의 최종적인 중심점이 매우 유사하다. 세분집단 3은 "보관이 편해야(a11)," "이동이 편해야(a12)," "조작이 간단해야(a19)"라는 변수들이 매우 유사하고 세분집단 4는 "필터를 오래 쓸 수 있어야(a14)," "가격이 저렴해야(a16)," "튼튼하고 오래 쓸 수 있어야(a17)"라는 변수들이 매우 유사하다. 따라서 세분집단 1을 기본적 기능 추구집단이라고 명명하고 세분집단 2를 쾌적함 추구집단, 세분집단 3을 편리성 추구집단, 세분집단 4를 경제성 추구집단으로 명명할 수 있다.

[표 7-6]은 30명의 응답자 각자가 속하게 될 집단을 나타낸 표이다. 기본적 기능 추구집단에는 10명의 응답자가 속해 전체 응답자의 33.3%를 차지하고 있으며, 쾌적함 추구 집단에는 5명의 응답자가 속해 전체 응답자의 16.7%를 차지하고 있다. 또한 편리성 추구 집단은 8명의 응답자가 속해 있어 전체 응답자의 26.6%, 경제성 추구 집단은 23.3%로 나타났다.

편익에 대한 중요도	군집	집단 1 기본적 기능 추구집단	집단 2 쾌적함 추구집단	집단 3 편리성 추구집단	집단 4 경제성 추구집단
흡입력이 강해야 한다	(a6)	5	3	3	3
소음이 적어야 한다	(a7)	2	5	3	2
구석구석 청소하기 편해야 한다	(a8)	4	3	3	3
고장이 적어야 한다	(a9)	5	3	2	3
배기바람이 깨끗해야 한다	(a10)	3	5	3	2
보관이 편해야 한다	(a11)	2	2	4	2
이동이 편해야 한다	(a12)	2	3	5	2
가구가 상하지 않아야 한다	(a13)	4	2	3	2
필터를 오래 쓸 수 있어야 한다	(a14)	2	3	2	4
디자인이 좋아야 한다	(a15)	2	5	3	2
가격이 저렴해야 한다	(a16)	2	2	3	4
튼튼하고 오래 쓸 수 있어야 한다	(a17)	2	2	3	5
크기가 작아야 한다	(a18)	2	5	2	2
조작이 간단해야 한다	(a19)	2	2	4	2

응답자	소속군집	거리	응답자	소속군집	거리	응답자	소속군집	거리
1	1	2.588	11	2	3.250	21	1	3.082
2	4	2.458	12	2	2.227	22	1	3.332
3	3	3.484	13	3	3.184	23	2	3.250
4	3	2.375	14	4	2.277	24	3	3.793
5	1	2.302	15	4	3.146	25	4	2.759
6	4	2.733	16	1	3.507	26	3	2.672
7	4	2.910	17	2	1.990	27	3	2.577
8	1	1.703	18	3	3.145	28	1	1.817
9	1	2.739	19	4	2.245	29	1	3.564
10	2	1.778	20	3	2.427	30	1	2.387

(집단 1:10명), (집단 2:5명), (집단 3:8명), (집단 4:7명)

2) 군집분석의 타당성과 신뢰성 측정

① 분산분석을 통한 측정

군집분석의 타당성과 신뢰성을 측정하기 위해서 군집분석에 의해 분류되어진 집단들간 차이가 있는지를 파악하기 위해서 분산분석을 실시한다.

[표 7-7]에서도 볼 수 있듯이 진공청소기 구매시 고려하는 편익들에 대해서 각 군집들간에 유의적인 차이가 있음을 알 수 있다.

	Cluster		Error			
	Mean Square	DF	Mean Square	DF	F	Sig
흡입력이 강해야 한다	7.737	3	0.473	26	15.522	.000
소음이 적어야 한다	6.948	3	0.383	26	18.142	.000
구석구석 청소하기 편해야 한다	6.367	3	0.892	26	7.135	.001
고장이 적어야 한다	13.179	3	0.532	26	24.779	.000
배기바람이 깨끗해야 한다	8.214	3	0.621	26	13.218	.000
보관이 편해야 한다	10.408	3	0.503	26	20.697	.000
이동이 편해야 한다	11.389	3	0.662	26	17.216	.000
가구가 상하지 않아야 한다	8.946	3	0.732	26	12.224	.000
필터를 오래 쓸 수 있어야 한다	9.992	3	0.873	26	11.451	.000
디자인이 좋아야 한다	9.624	3	0.563	26	17.105	.000
가격이 저렴해야 한다	8.426	3	0.546	26	15.439	.000
튼튼하고 오래 쓸 수 있어야 한다	10.251	3	0.947	26	10.828	.000
크기가 작아야 한다	10.003	3	0.498	26	20.073	.000
조작이 간단해야 한다	9.964	3	0.691	26	14.412	.000

📄 표 7-7
집단간 분산분석 (ANOVA)결과

② 판별분석을 통한 측정

K-Means Cluster에 의한 군집분석의 타당성과 신뢰성을 평가하기 위한 두 번째 방법으로 거리 측정방법과 군집화 방법을 달리 하여 각 대상들이 속하는 군집들이 어떻게 다른지 비교해 보고, 판별분석의 판별함수를 이용하여 각 집단의 특성과 판별능력을 파악해 보는 방법이 있다.

3) 다양한 군집분석의 결과

다음의 프로그램은 집단간 평균결합방법(Average Linkage)을 이용한 군집방법

표 7-8
다양한 군집분석
을 위한 입력
자료

```
CLUSTER a6 a7 a8 a9 a10 a11 a12 a13 a14 a15 a16 a17 a18 a19      ······ ①
   /METHOD BAVERAGE                                             ······ ②
   /MEASURE= EUCLID                                             ······ ③
   /PRINT SCHEDULE CLUSTER(4)                                   ······ ④
   /PRINT DISTANCE                                              ······ ⑤
   /PLOT DENDROGRAM VICICLE                                     ······ ⑥
   /SAVE CLUSTER(4)                                             ······ ⑦
```

과 유클리디안 방식에 의해서 군집분석을 실행하기 위한 프로그램이다. ①은
a6~a19의 변수를 이용해서 군집분석을 실시하라는 명령어이며 ②는 군집화 방식으
로 집단간 평균결합방식을 채택하라는 명령어이다. 평균결합방식 이외의 군집화
방법을 실행하기 위해서는 BAVERAGE 대신에 다른 방법을 입력하면 된다. SPSS상
에서는 다양한 형태의 군집화 방법이 제공되어 있는데 단일기준결합(Single Linkage
Method)를 선택하기 위해서는 Nearest Neighbor 방식을 선택하는데 이는 프로그램
상에서는 Single로 표시된다. 또한 완전기준결합(Complete Linkage Method)을 선택
하기 위해는 Furthest Neighbor 방식을 선택하며 이는 Complete로 프로그램에 표
시되어진다. ③은 거리 측정방법으로 유클리디안 거리를 사용하라는 명령어이다.
유클리디안 거리 이외의 유클리디안 제곱거리를 선택하기 위해서는 Squared
Eclidean Distance을 선택하는데 프로그램상에는 SEUCLID로 표시된다. 또한 City-
Block거리를 선택하기 위해서는 Block을 선택하고 Minkowski 방법을 선택하기 위
해서는 Minkowski를 선택하면 된다. ④는 4개의 집단으로 군집분석을 실시하며,
군집화의 과정을 출력하라는 명령어이다. ⑤는 각 대상(응답자)간의 거리를 측정하
여 출력하라는 명령어이며 ⑥은 군집화 과정을 덴드로그램으로 표시하여 출력하라
는 명령어이다. ⑦은 각 응답자들이 속할 집단을 표시하여 새로운 변수로 저장하라
는 명령어이다.

● 다양한 군집분석들의 결과

[표 7-9]는 유클리디안 거리를 거리 측정 기준으로 선택하고 단일결합방식, 완
전결합방식, 평균결합방식, Q-Cluster의 네 가지 방법을 통해서 군집화의 결과를
비교한 표이다. [표 7-9]에서도 살펴볼 수 있는 바와 같이 네 가지 방법들의 군집화
결과가 완전하게 동일하지는 않지만 비교적 비슷한 결과를 보여주고 있다.

응답자	군집화 방법에 따른 소속군집				응답자	군집화 방법에 따른 소속군집			
	단일결합방식	완전결합방식	평균결합방식	Q-Cluster		단일결합방식	완전결합방식	평균결합방식	Q-Cluster
1	1	1	1	1	16	1	1	1	1
2	2	2	2	4	17	4	4	4	2
3	3	3	3	3	18	3	3	3	3
4	3	3	3	3	19	2	2	2	4
5	1	1	1	1	20	3	3	3	3
6	2	2	2	4	21	1	1	1	1
7	4	4	2	4	22	1	1	1	1
8	1	1	1	1	23	4	4	2	2
9	1	1	1	1	24	3	3	3	3
10	4	4	4	2	25	2	2	2	4
11	4	4	4	2	26	3	3	3	3
12	4	4	4	2	27	3	3	3	3
13	3	3	3	3	28	1	1	1	1
14	2	2	2	4	29	1	1	1	1
15	2	2	2	4	30	1	1	1	1

표 7-9
다양한 군집분석의 결과

요약정리

　지금까지 시장세분화를 통한 신제품 전략수립의 과정을 마케팅 이론과 통계적인 이론을 도입하여 설명하였다. 시장세분화 사례로 진공청소기 이용고객의 세분화와 이를 통한 시장 전략수립, 그리고 세분화를 통한 세분시장의 특성을 파악하였다.

　신제품 개발 전략은 시장세분화를 실시하고 세분화된 시장에서 표적을 선정함으로써 수립된다. 나아가 신제품의 성공 열쇠는 시장을 어떻게 효과적으로 세분화하고 표적시장을 어떻게 과학적 근거하에서 선정하는가 그리고 이에 따른 상품 포지셔닝에 달려 있기 때문에 시장 전략의 근간을 이루는 신제품전략 또한 시장의 세분화로부터 신제품 기회를 파악하고, 이에 따라 신제품을 설계하며, 경쟁자와의 차별화를 통하여 고객의 필요와 욕구에 부응하는 전략이 개발되어야 한다.

미국 메릴랜드대 미식축구 선수 출신인 '케빈 플랭크'가 만든 '언더아머'. 창업 20년 만에 연매출 5조원을 돌파한 미국 2위 스포츠 용품 기업이다. 세계에서 가장 주목받는 스포츠 브랜드기도 하다. 포브스가 2015년 발표한 '세계에서 가장 혁신적인 기업' 9위에 올랐다. 스포츠 브랜드 중 유일하게 톱10에 포함됐다. 현재 26분기 연속 20%가 넘는 매출 성장률을 기록하고 있다. 모두가 레드오션이라고 생각했던 스포츠 용품 시장. 나이키와 아디다스라는 두 거인이 가로막고 있던 이 시장에서 언더아머가 성공할 수 있었던 비결은 무엇일까. 선수 시절 플랭크는 유독 땀이 많았다고 한다. 하루는 연습을 마치고 땀으로 범벅된 티셔츠 무게를 쟀다. 원래 티셔츠 무게보다 1.4kg이나 더 무거웠다. 티셔츠가 땀을 고스란히 흡수한 것이다. '이너웨어(속옷)'가 왜 이렇게 기능을 발휘하지 못할까'란 불만이 컸다. 땀을 덜 흡수하는 티셔츠를 입으면 좀 더 잘 뛸 수 있겠다고 생각했다. 플랭크는 대학 근처 원단 상점을 돌아다니다 합성섬유로 만든 옷이 면보다 땀을 잘 배출한다는 사실을 깨달았다. 신축성 좋은 극세사로 티셔츠를 만들어 팀원에게 나눠주니 모두가 감탄했다.

디자인보다 기능에 충실한 제품으로

경영학 학사로 학교를 졸업한 플랭크는 프로 입단을 포기하고 선수가 입는 의류를 만들 방안을 고민했다. 그는 뉴욕 조지타운에 있는 할머니의 집 지하실에서 우연히 여성 속옷 재질의 합성섬유를 발견했다. 소재 자체가 가볍고 땀에 잘 젖지 않아 운동복을 만드는 데 제격이라고 생각했다. 그 자리에서 플랭크는 스포츠 의류회사를 창업한다.

뉴욕 원단 시장과 봉제공장을 찾아다니며 전신에 밀착한 의류 개발에 성공했다. 제품 특성에 맞춰 유니폼 안(under)의 갑옷(armour)이란 의미를 담아 '언더아머'란 브랜드 이름을 지었다.

스포츠 용품 시장은 크게 의류와 신발, 두 분야로 나뉜다. 나이키와 아디다스는 신발에 초점을 맞춘 반면, 언더아머는 처음부터 의류에 집중한 케이스다.

그간 사람들은 운동할 때 이너웨어에 크게 신경 쓰지 않았다. 하지만 이너웨어는 피부와 직접 닿기 때문에 소재 선택부터 민감할 수밖에 없다. 플랭크는 이 점에 착안해 민감한 속옷 기술 개발에 많은 돈을 투자했다. 스포츠 용품이라는 레드오션 시장에서 의류라는 블루오션을 개척할 수 있었던 배경이다.

언더아머는 늘 기본에 충실했다. 언더아머 옷을 한 번이라도 입어본 사람은 알겠지만 디자인이 그렇게 화려하진 않다. 일부 제품은 둔탁해 보이기도 한다. 색도 평범하다. 플랭크는 자신이 운동선수였던 만큼 선수들의 능력 향상에 도움을 주고자 했다. 화려한 디자인 대신 편리함과 기능에 초점을 맞췄다.

바이럴 마케팅과 적극적인 영업

아무리 품질이 좋아도 소비자가 구매하지 않으면 쓸모가 없다. 신생 브랜드인 언더아머는 품질만으로 나이키와 아디다스 등 막강한 자금을 가진 스포츠 브랜드와 직접 경쟁이 어려웠다. 언더아머는 어떻게 자신의 브랜드를 알릴 수 있었을까.

잘 알려져 있지 않지만 플랭크는 영업력이 굉장히 강한 인물이었다. 언더아머를 만들기 전부터 영업에 소질을 보였다. 대학 입학 후 발렌타인데이 때마다 장미를 팔아 1만 7,000달러를 벌기도 했다. 이 돈은 훗날 언더아머의 사업 자금이 됐다.

언더아머는 나이키와 종종 비교된다. 나이키를 만든 필립 나이트가 '은둔형 CEO'라면 플랭크는 '돌격대장'처럼 스스로 나서는 것을 좋아하는 스타일이다. 본인이 직접 물건을 만들고 배달하면서 팔기도 했다. 미식축구는 다른 야외 스포츠와 다른 독특한 특징이 있다. 아무리 비가 내리고 눈이 내려도 절대 시합을 취소하지 않는다. 플랭크의 영업 방식도 이와 비슷했다. 어떤 상황에서도 고객이 주문한 물건은 반드시 전달했다. 판매처를 물색하면서 그가 주목했던 곳은 바로 학교. 대학마다 미식축구팀을 찾아 견본을 나눠줬다. 대학 운동장비 관리자와도 직접 만나 제품을 소개하면서 판로를 개척했다. 미국에서는 새로운 영업 방식이었다. 차츰 여러 곳에서 주문이 들어오기 시작했다.

플랭크는 선수생활을 그만뒀음에도 다른 유명 선수와 친분을 계속 이어갔다. 직접 개발한 옷을 현역 선수에게 나눠주고 피드백을 받았다. 처음 언더아머의 옷을 접했던 선수들은 굉장히 낯설어했다. 하지만 실제로 입어보니 굉장히 편하다는 사실을 알게 되면서 언더아머를 찾기 시작한다. 언더아머 제품은 라커룸 한쪽에서 시작해 미식축구 선수들의 입을 타고 널리 퍼졌다. 바이럴(입소문) 마케팅은 언더아머가 성장하는 데 큰 원동력이 됐다.

미식축구로 시작한 언더아머는 야구, 농구 등으로 종목을 확대했다. 또 대학 → 고교 → 프로 스포츠순으로 영업망을 확대해갔다. 선수들의 피드백을 철저히 반영해 새로운 제품을 내놓으니 조금씩 신뢰가 쌓였다. 인지도도 상승했다.

2006년 6월, 언더아머는 풋볼화를 출시하며 창업 10년 만에 신발 시장에 뛰어들었다. 2008년엔 기능성 트레이닝 신발을 출시했고, 2009년에는 러닝슈즈와 축구화를 선보였다. 2010년 마침내 스포츠 용품의 하이라이트라고 할 수 있는 농구화 컬렉션을 출시했다.

신발 시장에서도 언더아머의 철학은 단 한 가지. 기능성이다. 디자인보다 편리함과 기능을 강조하면서 언더아머는 신발 시장에서도 나이키, 아디다스에 버금가는 인지도를 얻게 된다.

언더독 마케팅으로 공감 얻어

매출 규모가 커지면서 언더아머는 다른 스포츠 브랜드처럼 스타 마케팅을 시작했다. 1964년 설립한 나이키가 1985년 마이클 조던을 모델로 기용해 급성장한 것을 흉내낸 것이다. 다만 스타 마케팅에 접근하는 방식은 나이키, 아디다스 등 다른 브랜드와 달랐다.

정상급 선수와 거액의 계약을 체결하는 기존 방식이 아닌 '언더독(underdog·승리 가능성이 적은 약자)' 전략을 썼다. 대중에 잘 알려지지 않았지만 성장 가능성 높은 선수를 발굴하고 지원했다. 나이키가 '마이클 조던', '크리스티아누 호날두' 등 당대 최고의 선수를 모델로 썼던 것과 대조되는 행보다. 우선 2008년 메이저리그에 데뷔했던 '클레이튼 커쇼'. 지금은 야구를 좋아하는 사람이라면 누구나 다 아는 미국, 아니 세계 최고의 투수다. 무려 세 차례 내셔널리그 사이영상(최고 투수에게 주는 상)을 수상했다. 언더아머는 커쇼가 두각을 나타내기 전인 루키 시절부터 그를 후원했다. 2010년대 이후 '커쇼'가 '지구상 최고 투수'의 반열에 오르면서 언더아머도 승승장구했다.

언더아머는 미식축구로 시작해 야구, 수영, 농구 등으로 분야를 확대했다.
출처: 매경이코노미.

언더아머가 낳은 세계 최고의 스타가 있다. 바로 미국프로농구(NBA) 골든 스테이트 워리어스의 '스테픈 커리'. 언더아머는 2013년 아직 큰 두각을 나타내지 않았던 '커리'와 연간 400만달러 후원 계약을 체결했다. 원래 '커리'를 후원했던 나이키는 '스타성이 없다'고 판단해 그를 주요 관리 대상에 넣지 않았다. 반면 언더아머는 가까운 미래에 '커리'가 성공할 것이라 확신하고 적극 다가가 계약을 맺을 수 있었다. 191cm로 비교적 단신이었던 '커리'는 신체적 한계를 극복하고 NBA 최고 선수로 우뚝 섰다. 현재 NBA는 조던 시기에 이어 제2의 전성기를 구가하고 있다. '커리' 역할이 컸다. 언더아머는 그런 '커리'를 싹이 트기 전에 미리 알아보고 손을 내밀어 함께 성공 신화를 썼다. '커리'가 신고 있는 언더아머 농구화는 요즘 스포츠 시장에서 가장 인기 있는 제품이다.

나이키와 아디다스는 잘 알려진 브랜드지만 '올드'한 느낌이 있다. 미국 내 젊은 사람들은 나이키나 아디다스를 할아버지·아버지·삼촌이 즐겨 입던 브랜드로 인식한다. 그러나 언더아머는 신선했다. 여기에 '안티나이키' 마케팅으로 미국 내 젊은이 마음을 사로잡을 수 있었다.

언더아머가 미국 스포츠 브랜드 2위로 올랐지만 아직 갈 길은 멀다. 미국 시장에서만 두각을 나타낼 뿐 아직 글로벌 시장에서 존재감은 미약하다. 현재 언더아머의 매출 중 85%는 미국에서 발생한다. 미국을 넘어 글로벌 시장을 공략하는 것은 언더아머가 갖고 있는 가장 큰 과제다.

출처: 매경이코노미, 제1890호, 2017. 1. 5.

참·고·문·헌

Crawford, C. M., and Benedetto, C. A. (2000). *New Product Management*. 6th Ed., NY: McGraw-Hill.

Frank, R. E., Massy, W. F., and Wind, Y. (1972). *Market Segmentation*. Englewood Cliffs, NJ: Prentice-Hall.

Haley, R. I. (1968). Benefit segmentation: A decision-oriented research tool. *Journal of Marketing*, 32(3), 30-35.

Hellwig, K., Morhart, F., Girardin, F., and Hauser, M. (2015). Exploring different types of sharing: A proposed segmentation of the market for "sharing" businesses. *Psychology & Marketing*, 32(9), 891-906.

Kotler, P., and Keller, K. L. (2016). *Marketing Management*. 15th ed., NJ: Pearson.

Liu, X., Huang, D., and Li, Z. (2018). Examining relationships among perceived benefit, tourist experience and satisfaction: the context of intelligent sharing bicycle. *Asia Pacific Journal of Tourism Research*, 23(5), 437-449.

Venter, P., Wright, A., and Dibb, S. (2015). Performing market segmentation: A performative perspective. *Journal of Marketing Management*, 31(1-2), 62-83.

Wedel, M., and Kamakura, W. (2000). *Market Segmentation: Conceptual and Methodological Foundations*. 2nd Ed., MA: Kluwer Academic Publishers.

New Product
Design
&
Development

CHAPTER 08

신제품 포지셔닝 전략과
제품차별화

불맛 가득한 짜장의 왕, 라면 시장의 판을 키우다

2015년 4월 출시된 '짜왕'은 초기부터 빠르게 입소문을 타며 시장 시장의 강자로 떠올랐다. 출시 한 달 만에 600만 봉지 이상이 판매되면서 전체 라면 시장에서 2위를 차지했다. 어떻게 갓 출시된 상품이 기록적인 성과를 낼 수 있었을까?

창사한 지 50년이 넘은 농심의 핵심 축은 라면과 스낵이다. 신라면, 너구리, 안성탕면 등으로 라면 시장을 지배해왔지만 앞으로의 상황이 녹록치 않은 상태였다. 저출산에 따른 인구 감소로 국내 라면시장의 성장은 한계를 가질 수 밖에 없었다. 따라서 프리미엄 제품을 선보여 마진을 높이는 것이 농심의 과제로 떠올랐다. 2012년 신라면 블랙도 이런 고민에서 나온 상품이었다. 이런 품목을 계속 확대하는 것이 사업의 방향이었다.

그때 짜파게티가 눈에 들어왔다. 짜파게티는 기존 짜장 라면 시장의 80%를 차지하고 있었다. '짜장'은 소비자들에게 친숙한 소재임에도 불구하고 한 상품이 시장을 지배하고 있었다. 농심은 여기서 가능성을 발견했다. 짜파게티를 프리미엄화하기로 한 것이다. 좀 더 다양하고 풍미 있는 짜장 라면을 선보이기로 했다.

맛: 제대로 된 짜장 요리

농심은 "하나의 요리를 즐겼다"라고 말할 수 있는 짜장 라면을 만들고자 했다. 그러기 위해서는 먼저 깊은 맛을 내는 스프를 만들어야 했다. 중식당에서 먹는 것과 비슷한 맛을 내기 위해서는 짜장면의 향을 유지해야 한다. 스프가 액상이든, 분말가루 형태든 고온에서 조리하다 보면 향이 다 날아가 버린다. 이를 위해 저온농축 기법을 썼다. 맛과 풍미가 변하는 것을 방지하기 위해 일부러 온도를 낮춘 것이다. 또한 기존 짜파게티보다 많은 양의 채소를 넣어 최대한 중국집 짜장면과 비슷하게 만들고자 했다.

면도 중요했다. 기존 라면 시장에서 가장 굵은 면은 너구리와 짜파게티였다. 프리미엄 짜장 라면은 그보다 더 굵게 가져가기로 했다. 하지만 기존 기술로는 면을 굵게 조리하는 데 한계가 있었다. 굵은 면을 사용하면 면 전체를 제대로 익히기 어렵기 때문이다. 기술의 핵심 관건은 겉을 타지 않게 하면서 면의 속까지 익히는 것이었다.

농심은 2년 전부터 연구해 온 굵은 면 조리 기술을 쓰기로 했다. 자체 개발한 신기술 HPTET(High Performance of Thermal Energy Transfer Technology)를 적용했다. 이 기술을 쓰면 조리 시간을 단축하고, 면이 퍼지는 것을 방지한다. 이를 통해 면 굵기를 기존보다 1.5배 굵게 할 수 있었다.

그 다음은 네이밍이었다. 기존 짜파게티에 프리미엄이라는 이름만 더할 건지, 아니면 완전히 새로운 이름의 제품을 내놓을 것인지를 두고 격론이 벌어졌다. 회사에서는 '프리미엄을 부각시킬 수 있는 새로운 브랜드로 가자'는 결정을 내렸다. 그리고 '짜장의 왕'이란 의미를 담아 '짜왕'으로 이름을 지었다.

타깃: 유행을 주도하는 젊은 세대 공략

시장에서 어떻게 포지셔닝을 해야 하는가 역시 중요한 이슈다. 특히 짜왕에게는 형제 브랜드 짜파게티라는 강력한 라이벌이 있었다. 자기잠식을 하지 않으면서도 어떻게 짜왕으로 인한 매출 증대를 가져오는가가 큰 문제였다.

마케팅팀은 20-30대 등 젊은 세대를 타깃으로 정했다. 개성이 있으면서도 유행을 창조하고 따르는 세대를 공략하기로 한 것이다. 가능한 한 맛있는 음식을 먹고 싶어 하며, 이런 기본적인 욕구를 적극 드러내는 세대이기도 했다. 초반에 이 세대를 잡을 수 있다면 짜왕의 인기가 빠르게 파질 것이라 예상했다.

유통전략을 어떻게 짤지도 주요 관건이었다. 농심에서는 20-30대 타깃층이 주로 찾는 편의점에 방점을 찍었다. 젊은 세대가 하루에도 여러 번 찾는 편의점을 집중 공략할 계획이었다. 보통 편의점에 제품을 입점하는 데까지는 1~2주가 걸린다. 그런데 농심은 지속적인 유통망 관리 덕분에 출시와 동시에 짜왕을 편의점에 입점시킬 수 있었다.

결과는 성공적이었다. 출시가 되자마자 짜왕을 먹어 본 20대 등 젊은 층은 페이스북 인기 사이트에 후기를 올렸고, SNS 상에서 수많은 관심을 얻었다. 광고는 '가족' 이미지를 부각해 집행했다. 소비자들이 가장 많이 찾는 외식 메뉴인 짜장면 자체의 특성과 프리미엄이라는 이미지를 강조했다.

가격: 제품의 가치 반영하기

프리미엄 제품인만큼 '가격을 어느 정도로 하느냐'도 중요했다. 지나치게 비싼 가격으로 제품을 내놓다가는 아무리 맛이 좋아도 외면당하기 십상이었고, 너무 싸서 짜파게티와 가격차이가 나지 않는다면 차별화에서 실패할 게 뻔했다.

회사가 어느 정도 수익을 내려면 소비자 가격이 1,000원을 넘어야 했다. 그러면서도 소비자가 제품을 구입하는 데 거부감을 느끼지 않는 정도의 가격대를 가져야 했다. 우선 농심은 철저하게 시장조사를 했다. 당시 시장에 나와있는 경쟁사의 생면 중에 소비자 가격이 1,700원인 제품이 있었다. 고민해보니 짜왕이 줄 수 있는 소비자 만족도가 그보다 결코 적지 않다는 결론이 나왔다.

마케팅 담당자는 "기존 짜파게티 가격을 생각하면 비싸다고 할 수 있지만 1,500원이 절대적으로 지출이 불가능한 가격은 아니라고 판단했다. 소비자의 심리적 저항권은 더 위에 있다고 판단했고, 소비자들이 크게 이탈하지 않을 것이라고 계산했다"고 설명했다. 당시 짜왕만큼 만족도를 줄 수 있는 식품이 없다는 자신감에서 나온 가격이었다.

성공 요인 분석

첫째, '제품 차별화'에 성공했다. 라면에서 가장 중요한 식감 차별화에서 '다시다' 분말을 통해 새로운 맛을 만드는 데 성공했다. 또 기존 라면보다 확연히 굵은 면발을 만들어냄으로써 소비자들에게 새로운 맛과 이미지를 전달할 수 있었다. 이미 자사에 '짜파게티' 제품이 존재하고 있음에도 간짜장적인 식감이 나는 차별화된 제품을 만들어 냈다는 점에서 새로운 고객 가치를 창출한 제품으로 평가할 수 있다.

둘째, 정확한 타깃 설정과 브랜드 감성화에 성공한 것도 비결이라고 할 수 있다. 짜왕의 주요 타깃으로 포지셔닝한 20~30대 소비자들은 부모님과 함께 동네 중국집에서 간짜장을 맛있게 먹어본 과거 경험을 보유하고 있는 세대다. 이 부분에 대한 향수를 자극해 '중식당에서 먹던 짜장면을 집에서도 먹을 수 있다'는 메시지를 전달했다.

셋째, 시장 지배적인 기존 브랜드를 잠식하지 않고, 짜장 라면 시장에 성공적으로 포지셔닝한 점이다. 중국집에 가면 짜장면과 프리미엄 제품인 간짜장이 존재하듯이 짜장 라면에도 프리미엄 제품을 만든 것이다. 짜장면에 대한 기존 소비자들의 이중 인식을 그대로 라면 시장에 활용한 사례라 볼 수 있다. 오히려 짜장 라면 카테고리 전체 파이를 키웠다는 점에서 포지셔닝 차별화를 확실히 하면 자기 브랜드 잠식을 최소화할 수 있음을 시사해주고 있다.

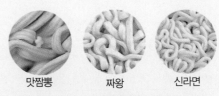

맛짬뽕   짜왕   신라면

면발형태 및 크기의 비교

마지막으로 '세렌디피티'가 작용한 것도 큰 도움이 됐다. 세렌디피티는 '기대 이상의 행운'을 말한다. 5월 초 방송된 MBC 무한도전이 모멘텀으로 브랜드 인지도를 확보할 수 있었고, 이후 짜달과 같은 각종 조리법이 소개되면서 선호도가 급증했다. 출시 타이밍, PPL, 그리고 소셜미디어를 통한 구전효과가 동시에 일어나며 폭발적인 유행을 얻을 수 있었다. 물론 이 모든 것은 치밀한 마케팅과 타깃전략이 주효했기 때문에 가능한 것이었다.

프리미엄 짜장라면 포지셔닝에 성공한 짜왕
출처: 농심.

짜왕의 엄청난 히트는 당시 라면시장에 파동을 주며 프리미엄 경쟁을 가속화 시켰다. 작년에 유행했던 "짬뽕 라면"의 열풍도 라면의 프리미엄화에 연장선이라 볼 수 있다. 최근 프리미엄 브랜드에 대한 열기는 잠잠해지고 있는 듯하다. 그래도 한참 이름을 알렸던 브랜드들은 성공적으로 라면 시장에 안착해 꾸준한 판매율을 보이고 있다.

출처: 동아비즈니스리뷰, 191호, 2015. 12, 네이버 블로그 인터비즈 2017. 9. 21. 정리.

7장에서는 시장세분화의 방법과 각 세분시장에 대한 소비자의 특성에 대해 알아보았다. 이번 장에서는 신제품 포지셔닝 전략과 제품차별화에 대해 알아보도록 하자.

신제품 포지셔닝 전략은 경쟁이 심한 시장 환경에서 매우 중요한 역할을 한다. 특히 기술수준이 평준화 되고 경쟁제품이 많은 상황에서는 제품의 포지셔닝에 따라 시장에서의 성공여부가 결정되기 때문이다. 신제품 포지셔닝 전략을 수립하기 위해서 많이 사용되는 방법이 지각도를 이용하는 방법인데 지각도를 이용하여 전반적인 소비자의 인식을 파악하고 신제품을 어떻게 포지셔닝 시킬 것인지 전략을 수립할 수 있다.

전반적인 소비자의 인식을 파악하였다면 제품을 경쟁제품과 비교하여 어떻게 차별화 시킬 것인가 하는 것도 매우 중요하다. 이처럼 소비자에게 경쟁 제품과 비교하여 더욱 많은 가치를 제시할 수 있도록 제품을 포지셔닝시키는 것이 제품차별화이다.

이번 장에서는 신제품 포지셔닝의 이해와 지각도 작성방법, 제품차별화 방안 등에 대해 설명하도록 하겠다.

SECTION
01
신제품 포지셔닝 전략

시장에서 경쟁이 심해지면서 점차 소비자의 인식에 대한 문제를 얼마나 잘 다루느냐가 신제품의 성공을 가늠할 수 있는 중요한 척도가 되었다. 그만큼 신제품 개발의 모든 과정이 소비자의 욕구와 인식을 다루는 것이기에 소비자의 인식을 파악하고 이를 통해 포지셔닝 전략을 수립하는 것은 매우 중요한 일이다.

신제품 포지셔닝은 제품이 보유하고 있는 중요한 속성이나 이미지를 소비자의 인식상에 뚜렷하게 자리잡게 해주는 것이다(Kotler and Keller, 2016). 신제품이 소비자의 인식상에 뚜렷이 자리잡기 위해서는 첫째, 제품이 제공할 수 있는 가치를 명확하게 제시하는 것이 중요하며 둘째, 경쟁제품과 비교하여 독특하고 강렬한 인상

그림 8-1
게토레이의
차별화 전략

출처: 롯데칠성.

출처: 롯데제과, 이미지투데이.

을 심어주어야 한다. 예를 들어, 게토레이의 경우, 갈증 해소를 위해 운동 전후로 마시는 제품이라는 인식을 소비자의 머리 속에 뚜렷이 위치화 시키고 있다. 또한 갈증 해소라는 편익뿐만 아니라 경쟁 제품들과 차별화를 위해 "물보다 흡수가 빨라야 한다," "달지 않아야 한다" 등과 같은 특징을 부각시키고 있다. 이는 물 또는 탄산음료 등과 같은 경쟁제품이 제공하지 못하는 다른 편익을 부각시켜 제품을 차별적으로 포지셔닝 시킨 좋은 예이다.

신제품에서 포지셔닝 전략이 중요한 첫째 이유는 소비자의 인식을 분석하여 소비자의 욕구를 충족시킬 수 있는 제품을 만들 수 있기 때문이다. 소비자의 욕구는 다양하게 존재하고 있으며 이를 만족시키기 위해서는 소비자의 인식을 잘 다뤄야만 한다. 다시 말해 신제품이 제공하려는 차별적인 속성이 소비자의 인식상에서 잘 자리잡을 수 있도록 해야 한다.

둘째, 명확하고 뚜렷한 제품 포지셔닝은 신제품을 구매하도록 유도하는 장치가 되며 소비자는 이를 통해 경쟁제품과 비교하여 차별적인 제품을 구매한다 (Young & Rubicam). 제품을 구매할 때 소비자는 자신이 선택할 수 있는 여러 제품을 머리 속에 떠올리게 되는데 이 때 제품이 고려 상품 군에 들어가 있는 것이 매우 중요하다. 즉 신제품의 포지션이 소비자의 인식상에 명확하고 뚜렷하게 자리를 잡고 있어야 된다는 것이다. 예를 들어, 자이리톨 껌과 같이 "자기 전에 씹는 껌"이라는 제품 포지셔닝을 통해 명확하게 언제 제품을 사용할 것인지를 제시하고 있다. 그러나 신제품의 포지셔닝은 기존 제품에 대한 인식을 강화시키거나 또는 변화시키는 노력을 해야 하므로 매우 어려운 과제이다(Ries and Trout, 2001).

셋째, 좋은 포지셔닝 전략은 경쟁이 심한 마케팅 환경에서 효율적인 마케팅활동을 할 수 있도록 해준다. 기술수준이 평준화 되고 경쟁상황이 치열해 지는 마케팅 환경에서는 제품이 제공할 수 있는 가치를 더욱더 효과적으로 소비자에게 잘 전

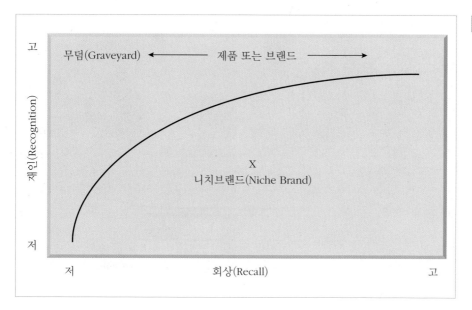

그림 8-3
Young &
Rubicam의
Graveyard
Model

고

무덤(Graveyard) ← 제품 또는 브랜드 →

재인(Recognition)

X
니치브랜드(Niche Brand)

저

저   회상(Recall)   고

달해야만 한다. 정보의 홍수, 다양한 미디어 등으로 인해 소비자는 과도한 제품관련 정보를 얻고는 있지만 생각 속에 자리잡고 있는 제품은 몇 가지 되지 않는다(Ries and Trout, 2001). 따라서 많은 정보량을 전달하기보다는 차별적으로 포지셔닝하는 것이 중요하다.

한편 마케터는 신제품 포지셔닝을 통해 인식상에 출시하려는 신제품의 편익 및 기능 등에 대해 차별적으로 전달하여 소비자들에게 강력하고 뚜렷한 인상을 심어주어야 한다. 제품에 대한 강력한 인상을 심어주지 못하면 그 제품은 점차 소비자의 머리 속에서 사라지고 말기 때문이다. [그림 8-3]을 보면 제품이 소비자의 인식상에 존재하더라도 강력하고 뚜렷한 인상을 주지 못하여 구매를 하는 결정적인 순간에 제품을 생각해 내지 못하고 무덤(Graveyard)으로 사라져 간다는 것을 보여주고 있다. 다시 말해, 소비자의 마음 속에 제품이 존재하고 있더라도 —재인(recognition)이 높더라도— 강력하고 뚜렷한 인상을 주지 못하여 정보를 인출할 수 있는 능력이 낮아 —소비자의 회상(recall)률이 낮아— 제품의 실제 구매가 이뤄지지 않는다는 것이다. 예를 들어, 소비자가 샴푸를 구매하려고 하였을 때 시장에는 여러 가지의 제품, 예를 들어, 펜틴, 도브, 케라시스, 덴트롤, 노비드 등과 같은 많은 제품들이 소비자들의 기억 속에 자리잡고 있다 하더라도 이를 인출할 수 있는 능력이 안되면 —회상(recall)률이 낮으면— 실제 구매가 이뤄지지 않고 무덤에 묻히고 마는 제품이 되어버린다는 얘기이다. 따라서 제품이 소비자의 머리 속에 어렴풋이 머무르는데 그칠 것이 아니라 제품관련 정보를 인출할 수 있도록 강력하고 명확한

그림 8-4
침대는 과학이다
"에이스침대"

출처: 에이스 침대.

인상을 심어주어야 한다는 것이다.

　이 때 효과적으로 사용할 수 있는 방법은 특정한 사용상황이나 구매상황을 제시함으로써 언제 제품을 사용하며 언제 구매해야 할 것인지를 소비자에게 설명해주는 것이다. 또한 강력하고 뚜렷한 인상을 심어주기 위해서는 간결하고 명확한 몇개의 단어 또는 문장을 이용하는 것도 좋은 방법일 것이다. 예를 들어, 에이스침대는 "침대는 가구가 아닙니다. 과학입니다"라는 문장을 통해 경쟁제품보다 우월한 기술력을 보유한 침대임을 소비자에게 뚜렷하게 인식시켰다.

사례

단종 '아슬란'의 실패 원인: 애매한 포지셔닝

　"성능 자체만 놓고 보면 분명 좋은 차지만, 애매한 포지셔닝이 문제였다."

　2017년을 마지막으로 역사 속으로 사라지게 된 현대자동차 아슬란에 대한 업계 관계자들의 공통된 반응이다. 차량 성능, 디자인 등을 놓고 보면 분명 이렇게 빨리 단종될 모델은 아니었지만, '이도저도 아닌 애매한 포지셔닝과 마케팅'으로 스스로 무덤을 팠다'라는 얘기다.

　현대차 관계자는 "아슬란은 현대차 플래그십 세단이었지만, 내부적으로 그랜저에 초점을 맞추고 집중하자는 결정이 나오면서 단종되게 됐다"고 설명했다. 이로써 아슬란은 2014년 10월 출시 이후 3년 2개월 만에 역사 속으로 사라지게 됐다.

　국내 완성차 업계 관계자는 "개인적으로 아슬란의 실패 원인을 두 가지로 본다. 첫 번째는 포지셔닝이다.

자동차 마니아 입장에서 전륜으로 설계해서 고급차로 포지셔닝한 것은 무리였다고 생각했다. 솔직히 무슨 생각을 했는지 진짜 궁금하다"고 말했다. 이어서 "두 번째로는 브랜드 파워다. 국내 소비자들이 원하는 게 무엇인지 예측을 잘못한 게 아닌가 싶다. '아슬란 정도의 스펙에 제네시스 브랜드로 나왔으면 어땠을까'라는 생각을 많이 했다. 솔직히 국내 소비자들을 보면 브랜드에 민감하다. 단적인 예로 최근 벤츠 수요가 많은데 솔직히 가격이 조금 낮은 BMW 차량과 큰 차이를 느끼지 못하겠다. 국민 특성상 브랜드마크가 소비에 큰 영향을 끼치는 부분도 있다"고 밝혔다. 그는 마지막으로 "아슬란 정도의 차량을 구매하면 어깨에 힘이 들어가야하는데 솔직히 현실은 그렇지 않았다"고 덧붙였다.

출처: 더 팩트.

한 수입차 관계자는 업계에 떠도는 이야기를 전했다. 그는 "제네시스도 아닌 것이 그랜저도 아니고 애매한 포지셔닝이 소비자의 외면을 받은 것 같다. 성능 차제로만 보면 절대 나쁘지 않은 모델이었다"고 말문을 연 그는 "사실 수입차 업계에선 아슬란을 두고 여러 이야기가 많았다. 그랜저와 플랫폼을 공유했고, 디자인 역시 큰 변화가 없었고, 개발 비용 역시 현저하게 적게 들어간 것으로 알고 있다. '세계에서 가장 빠르고 손쉽게 만든 차량'이라는 이야기도 많이 들렸다"고 귀띔했다.

터키어로 '사자'를 뜻하는 아슬란은 현대차에서 준대형 세단으로 굳어진 그랜저를 대신해 전륜 대형 세단 포지션에 맞게 출시한 기대작이었다. 세련되고 위풍당당한 카리스마가 돋보이는 신개념 프리미엄 세단이라는 컨셉으로 제작됐다. 고급스러운 디자인과 특유의 정숙성으로 '상무차'라는 네이밍까지 붙으며 법인차 시장을 타깃으로 삼았다.

아슬란 출시 당시 현대차 측은 "국내 완성차 시장뿐 아니라 독일 고급 세단에 대응하기 위한 전략형 모델이다"며 "고급 세단 시장에서 좋은 반응을 얻을 수 있을 것이다"고 포부를 밝혔다. 하지만, 사자의 포효는 없었다. 시장에선 그랜저와 제네시스 사이에 낀 '어정쩡한 모델'이라는 이야기가 돌면서 소비자들의 외면을 받기 시작했다. 그랜저, 제네시스와 비교해 특색이 없고, 가격도 애매하다는 평가가 주를 이뤘다.

아슬란 판매량은 시작부터 삐걱거렸다. 2014년 출시 3개월 동안 2,551대 판매에 그치며 목표량인 6,000대에 한참 밑돌았다. 2015년(총판매량 8,620대) 월평균 719대로 떨어지더니 지난해(총판매량 2,246대)엔 187대까지 떨어졌다. 2017년 11월까지 총판매량은 438대(월평균 약 40대)에 그치며 끝내 '단종'으로 이어졌다.

출처: 더 팩트, 2017. 12. 8.

2.1 다차원 척도법(MDS)을 이용하는 방법

유사성 척도에 의한 방법으로 다차원 척도법(multidimensional scaling: MDS)은 소비자들에게서 각 제품쌍에 대한 유사성 정도를 측정하여, 기하학적 공간상에서 제품간 거리가 원래 소비자의 유사성 정도와 가능한 일치하도록 위치시킴으로써 지각도를 구성하는 방법이다.

기본적으로 MDS를 이용한 지각도 작성에 활용되는 설문은 상당히 단순하다는 이점이 있다. 예를 들어, 5종류의 상품을 각 쌍별로 $_5C_2(=10)$ 유사한 정도를 다음과 같은 설문을 통하여 파악한다.

	대단히 유사하다	약간 유사하다	보통 이다	약간 다르다	대단히 다르다
A 상품과 B 상품은	1 ········	2 ········	3 ········	4 ········	5

예를 들어서 앞의 설문에서 A상품과 B상품이 약간 다르다고 소비자가 응답하였다면 A상품과 B상품의 거리는 4이다. 이와 같은 자료를 종합한 후 수학적 알고리즘을 사용하여 나타내면 스트레스(stress)로 표현되는 값을 계속해서 줄여나가는 것이라 할 수 있다.

$$\text{스트레스} = \left[\frac{\sum_{i=1}^{n} (d_{ij} - \hat{d}_{ij})}{\sum_{\substack{i=1 \\ i \neq j}} d_{ij}^{2}} \right]^{\frac{1}{2}}$$

여기서 d_{ij} 자극(stimulus) i에서부터 j까지의 실제거리(또는 입력된 자료에 나타난 거리)를 표시하고 d_{ij}는 프로그램에 의해 추정된 거리를 나타낸다.

2.2 요인분석을 이용하는 방법

요인분석에 의해 지각도를 작성할 경우, 이는 속성에 기초한 방법(attribute-based methods)으로, 속성들의 가치에 근거한 인식구조를 밝힘으로써 지각도를 구성하는 방법이다. 이 방법에 있어서의 주요 관심은 기본 인식구조가 어떤 것인가에 있으므로, 속성간의 상관관계가 제품과 소비자들에 걸쳐 계산되며, 제품의 인식도상 위치는 요인점수(factor score)에 의해 측정된다. 특히 요인분석은 소비자들이 그 제품군을 인식할 때 사용하는 기본 인식구조에 대한 통찰력을 제공해 주며, 선호도 분석(preference analysis)과 함께 잠재구매를 예측하는 데에도 사용할 수 있다.

제품들의 속성 평가에 의해서 인식도를 구성하는 데에는 요인분석 외에 판별 분석이 사용되어질 수 있는데 이는 속성간의 상관관계에 기초한 구조를 밝히기보 다는 제품을 가장 잘 판별해 낼 수 있는 속성들의 선형결합을 찾아 내는 것이다. 이때, 속성의 공통구조를 알기 위하여 소비자들에 대해 판별분석이 행해지며, 제품의 인식도상 위치는 판별점수(discriminant score)에 의해 정해진다.

이들 각각의 방법은 각기 장·단점을 가지고 있어서 사용자들의 편의에 따라 서 방법이 선택되기도 하지만, 여러 연구 결과를 종합해 보면 요인분석이 유사성척 도법이나 판별분석보다 소비자의 인식을 측정하는 데 훨씬 좋은 방법이라는 것이 다(Hauser and Koppelman, 1979). 특히 요인분석은 각 속성을 공통 요인에 의해서 종 합함으로써 도출된 차원이 무엇인지를 명확히 알아볼 수가 있으며, 제품수가 상대 적으로 많은 경우에 각 제품쌍을 비교하는 방법보다 정확한 위치를 찾아 낼 수가 있다. 또한 고려하는 제품들에 대해서, 소비자들이 이를 인식하는 데 있어 차이가 있는 경우 다양한 속성에 의해서 제품을 평가하게 함으로써 보다 정확한 소비자의 인식을 알아 낼 수가 있다.

요인분석(factor analysis)이란 여러 변수간의 상관관계로부터 공통의 변량을 찾 아 내고, 관측값의 중복성을 점검해 몇 개의 변수집단, 즉 요인들을 찾아 내는 방법 이다. 이러한 요인분석에 의한 인식도의 구성을 순서대로 설명하여 가고자 한다.

(1) 소비자 반응 및 자료의 관리

요인분석이란 소비자 반응간의 상관관계를 살펴서 그 상관도가 높을 경우 이 들 반응을 하나의 공통구조로 묶을 수 있다는 데 착안한 것이다. 소비자의 어떤 한 자극에 대한 반응은 모두 세 가지로 나누어질 수 있는데, 어떤 변수가 다른 변수들 과 공유하는 분산(정보)으로서의 공통분산, 그리고 어떤 특수한 변수에만 해당하는 분산으로서의 고유분산, 또한 자료수집 과정에서의 오차나 관찰대상의 확률적 요 소에 해당하는 분산으로서의 오차분산으로 나뉘어질 수 있다. 따라서 요인분석이 란 소비자들이 제품을 인식하는 공통분산으로서의 요인을 찾고자 하는 것으로서 주성분분석(principal component analysis)과 공통인자분석(common factor analysis)으 로 나뉜다.

6장 [표 6-6]에 제시한 노트북의 속성항목에 기반하여 소비자들로부터 얻게 된 데이터(8장 [부록 1]에 첨부)는 N명의 개인에 대해서 J개의 제품을 K개의 속성으로

표 8-1
요인분석에 사용되는 데이터 자료

		속성 1	속성 2	……	속성 K
개인 1	제품 1	y_{111}	y_{112}	……	y_{11k}
	제품 2	y_{121}	y_{122}	……	y_{12k}
	•	•	•		•
	제품 J	y_{1J1}	y_{1J2}		y_{1JK}
개인 2	제품 1	y_{211}	y_{212}		y_{21k}
	•	y_{221}	y_{222}		y_{22k}
	•	•			•
	제품J	y	y	……	y_{2JK}
•	•	•	•	•	•
•	•	•	•	•	•
•	•	•	•	•	•
	•	•	•	•	•
개인 N	제품 1	y_{N11}	y_{N12}	•	y_{N1K}
	제품 2	y_{N21}	y_{N22}	•	y_{N2K}
	•	•	•	•	•
	•	•	•	•	•
	제품 J	y_{NJ1}	y_{NJ2}	•	y_{NJK}

평가하게 한 것이다. 그러면 (NJ)×(K)의 행렬이 도출되는데, K개의 속성이 개인과 제품에 걸쳐서 요인분석되는 것이다. 여기서 Y_{ijk}는 소비자 i가 제품 j의 속성 k에 대해 5점 척도(혹은 7점 척도)로 평가한다.

지각도 작성을 위한 입력자료를 좀더 구체적으로 살펴보자. 첫 번째 세줄에 해당되는 001은 소비자의 일련번호에 해당되며, 넷째 줄의 숫자는 1에서부터 5까지 밑으로 기록되어 있는데 이는 설문서에 조사한 제품의 번호이다. 즉 설문서에서와 마찬가지로 1은 삼성, 2는 LG부터 5는 에이서로 되어 있다. 그리고 그 다음 10줄의 자료는 10개 속성에 대한 평가이다. 맨 마지막 줄은 각 노트북에 대한 선호순위를 표시한 숫자이다. 자료에 대한 사항은 SPSS 프로그램에서 자료에 관한 설명에서도 이를 읽을 수 있다. 지각도 분석을 위하여 요인분석에 활용되는 자료들을 일반적으로 서술하면 [표 8-1]와 같으며 입력자료에 해당된다.

(2) 차원의 결정

그 다음 단계로는 차원의 수를 결정해야 된다. 차원의 수는 극단적인 경우 변

222

수의 수만큼 나올 수 있으므로 이를 어느 정도의 수준에서 결정해 주어야 하는데 이는 다음과 같은 방법이 있다.

첫 번째는 고유근 기준방법이다. 고유근(eigen value)이란 각 요인이 얼마만한 설명력을 가지는가를 나타내 주는 값으로 보통 고유근이 1 이상인 요인들까지만 선택하고 나머지는 버린다. 이렇게 고유근 1을 기준으로 쓰는 이유는 어떠한 요인이라도 최소한 변수 한 개의 설명량보다는 클 때 그 존재가치가 있다는 데 근거를 두기 때문이다. 두 번째는 분석자가 몇 개의 요인이 필요한지 아는 경우에, 미리 그 수를 결정하여 주는 방법이 있다. 세 번째로 지각도 작성자가 지각도를 몇 개의 그림으로 나타낼 것인가 하는 작성자의 주관적 의사결정에 의존한다.

이러한 차원 수를 결정하는 데에는 설명되는 분산의 양과 요인구조 해석의 용이성간에 항상 상충관계가 일어나므로 의사결정의 환경 등을 고려하여 결정해야

		요인 1	요인 2	요인 3
개인 1	제품 1	1.83339	1.00122	1.55187
	제품 2	0.45979	−0.27087	1.60034
	제품 3	−0.21479	−1.12908	2.09031
	제품 4	−0.44518	0.21904	2.24568
	제품 5	−0.04668	1.11042	3.00293
개인 2	제품 1	0.08756	0.17155	0.06825
	제품 2	0.13429	2.85250	−0.58406
	제품 3	1.28303	1.45494	−0.04776
	제품 4	0.81149	−0.53916	−1.94356
	제품 5	−0.93426	−0.03285	−1.41697
−	제품 1	•	•	•
	제품 2	•	•	•
	제품 3	•	•	•
	제품 4	•	•	•
	제품 5	•	•	•
개인 N	제품 1	0.43037	0.75400	0.27245
	제품 2	1.44346	0.60463	0.10611
	제품 3	1.00730	1.47996	−0.31210
	제품 4	0.83025	0.31921	−0.58860
	제품 5	−1.31406	0.66118	2.02588

표 8-2
요인점수의
데이터자료

표 8-3
배리맥스 회전된
노트북 속성의
요인분석 결과

	요인 1	요인 2	요인 3
주변기기와 연결이 쉽다.	0.74859	0.03812	0.09246
A/S가 좋다.	0.71287	0.07104	0.06246
멀티기능이 우수하다.	0.69110	0.27800	0.05414
일반적인 성능이 우수하다.	0.58691	0.49144	0.07815
확장가능성이 뛰어나다.	0.50824	0.15917	0.38600
사용편리성이 좋다.	0.50694	0.38403	0.30412
휴대편리성이 뛰어나다.	0.05631	0.86949	−0.00265
외관이 좋다.	0.38192	0.62368	0.20440
성능 대비 가격이 적절하다.	0.08861	−0.09034	0.85887
충전후 사용기간이 길다.	0.10368	0.38415	0.61006

할 것이다.

차원(요인)의 수가 결정된 후 [표 8-2]와 같이 요인적재값(factor loading)이 도출된다. 이는 실제 노트북에 대한 요인분석의 결과이다. 여기서 요인적재값이란 해당 요인에 의해서 표현되는 분산(정보)의 양을 나타낸다.

따라서 요인적재값이 높은 변수들만 모으면 이 변수들은 어느 한 기본 차원으로 나타날 수 있으므로, 이들 변수들에 근거해 그 차원에 이름을 붙일 수가 있는 것이다. [표 8-3]에서 보면 첫 번째 요인으로 먼저 요인적재값이 0.50 이상인 변수들이 묶여서 한 요인을 이루게 되는데, 이 변수들을 살펴보면 이 변수들은 노트북의 본원적 기능이 주를 이루고 있으므로 이를 본원적 기능 요인이라고 명명하며, 그 다음으로는 휴대가 간편하고 외형이 좋아야 한다는 디자인 요인으로 명명하고, 그 다음으로는 가격·충전 속성이 묶였으므로 기타 요인이라고 이름을 붙이고자 한다. 각 요인의 이름은 연구자가 각 요인에 속하여져 있는 변수의 속성을 파악하여 알맞은 표현을 찾아 정해야 한다.

(3) 지각도의 작성

위와 같이 해서 차원의 명칭과 수가 결정되면 다음으로는 각 제품의 위치를 2차원의 공간상에 나타낸다. 즉 제품 1에서부터 제품 5까지의 각 차원상에서의 좌표는 요인분석을 통해서 얻게 되는 요인점수(factor score)를 평균함으로써 얻게 된다. 요인점수의 평균값이란 응답자별 각 제품의 요인값을 평균하는 것으로 예를 들어 제품 1의 평균값을 구하고자 할 때 모든 응답자의 각 요인값을 더하여 응답자 수로 나누어 구한다. 이와 같은 방법으로 제품 1부터 제품 J에 이르기까지 그리고 요인 1

에서 요인 3에 이르기까지 평균을 구하면 [표 8-3]과 같이 각 노트북의 좌표가 주어지게 된다. 여기에서는 요인이 세 개이기 때문에 지각도는 2개 또는 3개가 필요하게 되며 그 결과는 [그림 8-5], [그림 8-6]에 나타난 바와 같다.

(4) 선호도 회귀분석과 이상방향(ideal vector)

그 다음 단계는 요인분석의 자료를 활용하며 선호도 회귀분석에 의해서 이상방향을 구하게 된다. 앞에서 설명한 바와 같이 각 인식도상에 기존 제품에 대한 위치가 나와 있는 경우, 신제품 혹은 기존 제품이 어느 곳으로 옮아가야 소비자에게 보다 많은 효용을 줄 수 있을 것인가? 즉 차원상에 있어서 어느 차원에 얼마만큼 가중치를 주어야 하는가를 알아야 한다. 여기서의 이상방향이란 각 차원상에 있어서 상대적인 가중치의 평균선을 의미하는 것으로 이는 선호도 회귀분석(preference regression analysis)이라는 기법을 사용함으로써 구해질 수 있다.

이에 대한 자료는 [표 8-4]와 같은 방법으로 소비자에게 각 제품에 대한 선호도를 측정하여 얻는다.

소비자의 선호순위를 조사해 순위가 높은 제품에 대해서는 많은 점수를 할당하고, 이 선호도 점수와 각 차원에 있어서의 요인점수를 회귀분석함으로써 각 차원의 가중치를 도출한다. 이 가중치가 이상방향의 기울기가 되며, 각 차원의 상대적 중요도를 나타내게 된다. 이 때 주의할 점은 반드시 선호순위를 역순으로 입력하여야 한다. 예를 들어 LG가 1위였다면 6−1=5가 되고 에이서가 5위였다면 6−5=1로 입력해야만 한다.

입력된 자료를 활용하여 선호도 평가점수를 종속변수로 하고 본원적 기능 요인, 디자인 요인, 기타 요인은 독립변수로 하여 회귀분석을 실시한다. 그리고 이 실행 결과에 따른 회귀분석의 계수추정치가 각 차원에 있어서의 상대적 중요도가 된다. 본원적 기능요인과 디자인 요인을 고려할 경우 이상방향의 기울기는 0.35792/0.21057가 된다.

[문항] 다음 제품 중에서 향후 가장 사고싶은 브랜드를 1위로, 가장 사고싶지 않은 브랜드를 5위로 하여 순위를 정해주시기 바랍니다.
"순위"
삼성 ( ) 위
LG ( ) 위
제우스 ( ) 위
레노버 ( ) 위
에이서 ( ) 위

표 8-4
선호도 회귀분석을
위한 선호도
조사의 예

표 8-5
이상방향의
기울기 및 각
백화점의 차원별
좌표

	본원적 기능요인	디자인 요인	기타 요인
삼성	0.430	−0.193	−0.379
LG	0.345	0.377	−0.092
제우스	−0.110	0.081	0.081
레노버	−0.172	0.003	0.179
에이서	−0.494	−0.268	0.211
이상방향	0.35792	0.21057	−0.08979

이러한 과정을 통해 도출된 각 제품의 차원별 좌표와 이상방향의 기울기를 요약하면 [표 8-5]와 같다.

삼성의 본원적 기능요인의 좌표는 0.43064이고 디자인 요인이 −0.193이기 때문에 [그림 8-5]와 같은 위치를 차지하게 된다. 이와 같은 결과는 컴퓨터 출력 결과를 참조하면서 파악해 주기 바란다. 위와 같이 지각도를 작성하기 위한 2개의 차원과 좌표를 도출하여, 이를 각각 2개 차원씩 쌍을 지어 2차원 평면상에 도시하면 [그림 8-5], [그림 8-6]과 같다.

지금까지 지각도의 작성에 대하여 사례를 통해 알아보았다. 그 결과 노트북 사례를 종합해 보면 소비자들이 노트북을 비교 평가하여 선택하는 데 있어서 중요한

그림 8-5
본원적 기능요인
과 디자인 요인
의 지각도

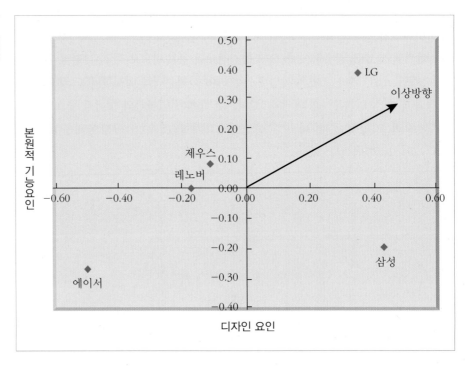

그림 8-6
본원적 기능요인
과 기타 요인의
지각도

본원적 기능 요인

0.30

레노버
0.20 ◆

에이서
◆

0.10
제우스 ◆

0.00
-0.60   -0.40   -0.20   0.20   0.40   0.60

-0.10
삼성 ◆
이상방향

-0.20

-0.30

LG
-0.40 ◆

-0.50

기타 요인

인식차원은 본원적 기능요인, 디자인 요인, 그리고 기타 요인의 세 가지이다. 따라서 노트북의 본원적 기능을 충실하게 제품을 만들고 외형적인 요소 및 휴대 편리성 차원에서 탁월한 디자인력을 발휘하여 제품을 포지셔닝해야 할 것이다. 마지막으로 구매한 제품에 대해 성능 대비 가격도 함께 고려하여 신제품을 개발해야 할 것이다.

이와 같이 요인분석에 의한 지각도는 소비자들의 제품을 평가하는 데 사용되는 인식차원을 파악할 수 있게 하며 인식차원상에서 상품들의 위상을 알려준다. 이에 따라서 자사의 상품들이 어떻게 포지셔닝되고 있는지 알 수 있으며, 신제품의 기회, 시장진출 전략, 그리고 포지셔닝 및 기존 제품에 대한 재포지셔닝 등 다양한 시장전략 수립의 기본적인 도구로 활용될 수 있다.

사례

"오늘 세탁소, 내일은 셀프밥집" 편의점의 차별화 노력

셀프밥집, 세탁, 맞춤형 화장품, 전기차 충전, 픽업서비스…

편의점이 진화를 거듭하고 있다. 급격한 생활여건 변화에 맞춰 숨 막히는 무한변신을 거듭하고 있다. 고객

세븐일레븐의 미니세탁소 펭귄하우스와 GS25가 도입한 전기차 충전시설
출처: 파이낸셜 뉴스.

이 직접 반찬을 고르고 조리해 먹을 수 있는 '셀프밥집'이 등장하는가 하면 세탁소가 통째로 편의점에 들어왔다. 화장품가게를 가지 않고도 자신에 맞는 색조화장품을 고르고 전기차 충전도 가능하다. 지난해까지만 해도 편의점업계가 혁신서비스라고 홍보에 열을 올렸던 택배물건 픽업서비스나 금융거래서비스 등은 이미 '기본 사양'이 됐다.

24시간 세탁소 운영

세븐일레븐은 1-2인 가구를 위한 미니 세탁소를 운영하고 있다. 고객이 세탁물을 맡기면 업자가 회수와 세탁, 드라이크리닝까지 제공한다. 고객은 365일 24시간 원하는 시간에 세탁물을 찾아 갈 수 있다. 세탁 가격도 와이셔츠 990원, 정장 한 벌 5,200원 등 시중 세탁소와 비교해도 저렴한 편이다.

또 세븐일레븐은 롯데홈쇼핑, 롯데닷컴 등 롯데계열사에서 구입한 상품을 편의점에서 원하는 시간에 찾아갈 수 있는 '스마트픽' 서비스도 운영하고 있다. 상품 수령은 물론 반품도 가능하다. 최근에는 편의점 업계로는 최초로 전국 주요 점포 30곳에서 10~20대 여성을 위한 색조 화장품 브랜드를 론칭하고 판매를 시작했다.

GS25는 제주에 편의점 최초의 전기차 충전 설비를 갖췄다. 향후 제주도를 중심으로 전기차 충전 점포를 늘린 뒤 전국 점포로도 확대할 계획이다. 서울 강남에 문을 연 한 편의점은 인근 호텔 이용자들을 위해 외투 및 자켓 등을 살균, 건조할 수 있는 스타일러스를 무료로 운영하고 있다. 또 대학교 내에 있는 점포는 학생들이 사용할 수 있는 무료 회의 공간을 보유했다.

셀프밥집, 맞춤형 화장품도 등장

이마트 위드미는 스타필드 1호점에 조리한 반찬을 직접 선택해서 만드는 '셀프 밥집' 편의점을 운영하고 있다. 불고기, 미트볼정식, 돈까스카레 덮밥 등 고객이 직접 원하는 밥을 만들어 먹을 수 있다. 이마트 예술의 전당점은 '클래식이 흐르는 편의점'이라는 주제로 매장 내 휴게 공간에서 클래식 음악을 들을 수 있다.

전기요금 수납 등 단순 서비스를 넘어 물건을 사고 남은 잔돈을 카드 포인트로 받을 수 있는 금융서비스도 도입될 예정이다. 편의점 CU와 세븐일레븐, 위드미 등은 한국은행의 '동전없는 사회' 사업의 시범 사업자로 선정됐다. CU관계자는 "물건이나 서비스를 구매하고 남은 거스름돈을 현금으로 받는 대신 교통카드나 신용카드 포인트 등으로 받는 서비스"라며 "최근에는 신한은행과 제휴를 통해 스마트 무인 '금융키오스크'를 설치해 영상통화를 통해 계좌 개설 등 다양한 금융 서비스도 받을 수 있다"고 말했다.

세븐일레븐은 화장품 전문업체와 손잡고 10~20대 여성층을 겨냥한 맞춤형 화장품 브랜드 '0720'을 론칭하며 틴트와 팩트, 아이라이너 등 색조 화장품 19종을 선보였다. 세븐일레븐 측은 화장을 시작하는 연령대가 낮아지면서 접근성이 좋은 편의점이 새로운 화장품 구매 채널로 성장하는 점을 감안해 '0720'을 론칭했다고 설명했다. GS25도 LG생활건강의 화장품 브랜드 '비욘드'를 독점 판매한다.

출처: 파이낸셜 뉴스, 2017.3. 13.

SECTION
03 제품차별화

오늘날 기업들이 생산해내는 제품 혹은 서비스의 개념을 제품 그 자체 에 의미를 부여하여 제품을 생산해내는 시대는 과거지사(過去之事)가 되었다. 소비자들은 각각의 제품이나 서비스들이 제공하는 가치(value)를 구입하게 되는 것이다. 따라서 제품생산의 개념은 가치를 창출하고 첨부해 가는 과정으로서 기존의 국경과 시간, 즉 시간과 공간을 초월한(borderless, timeless) 사업을 바탕으로 가치를 제공하는 제품을 생산하여야 한다. 이는 제품 혹은 서비스의 속성과 소비자의 욕구를 잘 관찰하여 제품과 서비스와 같은 제공물의 인식상에 경쟁적인 좌표를 설정함으로써 경쟁회사의 전략에 대응하는 차별화를 꾀하여야 한다는 것을 의미한다.

'갑'이라는 회사는 플라스틱을 생산하는 소규모 기업이며, 현재 플라스틱 제품시장은 대기업들이 높은 시장점유율을 갖고 있는 상황이다. 대기업들이 생활용품의 원가와 가격을 낮추려는데 중점적으로 노력하고 있을 때 '갑'이라는 회사는 정반대의 길을 택했다. 즉 일반적인 생활용품 생산을 자제하고 소비자들이 진정으로 원하는 새롭고 특별한 제품을 생산하기 시작하였고 이를 위해 소비자들과 긴밀한 유대관계를 쌓아갔으며 장기적인 고객관계를 구축하게 되었다. "저희 회사는 가격을 문제삼지 않고 대신 품질에 전념한다"라는 '갑'회사 사장의 이야기가 이를 가능하게 해주었던 것이다.

'갑'회사의 전략은 대부분의 시장에 있어서 차별화에 대한 가치척도라고 말할 수 있으며 이러한 사실은 차별화라는 측면의 중요성을 나타내고 있다. 이는 유형의 제품 또는 무형의 제품속성에 관련되어 있고 제품품질의 각기 다른 수준을 포함하고 있으며 신제품 포지셔닝과 동시에 병행해 나갈 수 있다. 무엇보다도 중요한 점은 제품차별화를 통한 '갑'회사의 전략이 가격경쟁의 울타리 밖에서의 주요한 경쟁도구가 될 수 있다는 것이다.

3.1 제품차별화의 의의

어떤 기업이 목표고객을 선정하고 연구를 하였다고 가정해보자. 만약 이러한 목표고객에 대해서 이 기업만이 제품(서비스)을 공급한다고 한다면 상당한 이윤을 남길 수 있을 것이다. 하지만 현실은 그렇지 않다. Poter가 5'forces에서 설명한 바와 같이 산업 내 경쟁, 공급자와 구매자의 Bargaining Power, 새로운 진입위험, 대체품(제품, 서비스) 등의 위험이 항상 존재하고 있는게 현실이다. 제품차별화는 이러한 상황에서 어떻게 하면 다른 경쟁제품에 비해서 경쟁우위를 점할 수 있는가를 살펴보는 제품전략이라고 할 수 있다.

기업의 성패를 좌우하는 가장 기본적인 요인 중의 하나가 제품 혹은 서비스라고 말할 수 있다. 왜냐하면 궁극적으로 소비자들이 일정한 금액을 제공하고 구입하는 것이 제품과 서비스이기 때문이다. 따라서 제품과 서비스와 같은 제공물의 경쟁적인 좌표를 설정하는 제품 포지셔닝(positioning) 또한 제품차별화를 실시하기 위한 중요한 능력이라고 할 수 있다.

제품차별화란 경쟁자의 제품과 비교해서 소비자들의 식별이 용이하도록 하여 경쟁상황에 있어서 경쟁우위를 확보하기 위한 전략이다. 즉 소비자에게 자사 제품과 경쟁사의 제품간의 차이를 인식하도록 판매 촉진하는 전략으로써 이는 비가격 경쟁의 주요한 수단으로 자사제품이 경쟁제품과는 다르며 보다 우수한 품질을 갖고 있다는 것을 소비자들에게 인식시키기 위해 이용되는 전략이다. 제품차별화를 하기 위해서 기업은 목표시장(target market)의 욕구와 자사상표와 경쟁 상표간의 최근 위치에 대한 평가를 내리고, 자사상품의 가장 바람직한 좌표나 위치를 설정함으로써 경쟁회사의 전략에 대응하여 차별화를 꾀할 수 있게 된다.

제품차별화는 경쟁적인 측면에서 실시되기도 하지만 소비자에게 효익을 제공하기도 한다. 공급 측면에서 살펴보면 제품차별화를 통해 기업의 경쟁적인 우위를 점할 뿐만 아니라 높은 수익을 발생시키고, 수요 측면에서는 소비자에게 제품 혹은 서비스의 보다 높은 혜택을 안겨줄 수 있다.

3.2 제품차별화의 종류

제품차별화는 여러 가지 측면으로 실행가능하다. 가장 일반적인 방법으로는 유형 또는 무형의 제품속성 차원에서의 제품차별화를 생각해 볼 수 있는데 [그림 8-7]

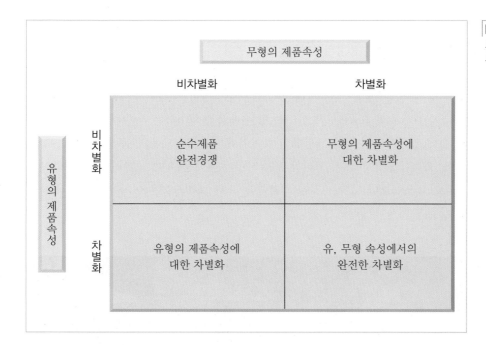

무형의 제품속성

	비차별화	차별화
비차별화	순수제품 완전경쟁	무형의 제품속성에 대한 차별화
차별화	유형의 제품속성에 대한 차별화	유, 무형 속성에서의 완전한 차별화

유형의 제품속성

📄 그림 8-7
본원적 유형과
무형의 차별화

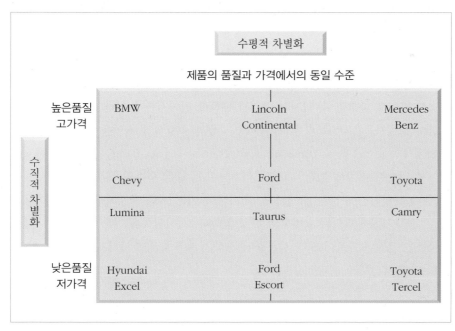

수평적 차별화

제품의 품질과 가격에서의 동일 수준

높은품질 고가격	BMW	Lincoln Continental	Mercedes Benz
	Chevy	Ford	Toyota
	Lumina	Taurus	Camry
낮은품질 저가격	Hyundai Excel	Ford Escort	Toyota Tercel

수직적 차별화

📄 그림 8-8
수직적 차별화와
수평적 차별화

은 이러한 방법을 분류해 놓은 것이다.

제품차별화의 또 다른 목적으로서 각각의 다른 제품간의 질적 차이에 의존한 차별화가 있다. 경제학자들은 이러한 방법을 수직적 또는 수평적 제품차별화라고 하는데 이는 [그림 8-8]과 같이 나누어볼 수 있다.

(1) 수직적 차별화

제품에 있어서 품질의 차이에 따라 수직적 차별화를 고려할 수 있는데 [그림 8-8]에서와 같이 Mercedes Benz는 Toyota의 Tercel에 비해 월등히 차별화 되어 있음을 알 수 있다. 물론 제품의 품질에 있어서 상당한 차이를 보이지만 이러한 점이 Benz가 Toyota의 Tercel보다 신뢰성 있는 제품을 의미하는 것은 아니며 단지 제품의 질에 있어서의 수직적 개념상의 차이이며, 여기서 '제품의 품질'은 크기, 무게, 높이, 화려함 등의 비교적 고려할 만한 사항에 대해서 소비자들이 동의한 수준에서 Benz가 Tercel보다 낮다는 것을 의미한다. 또한 소비자들은 여기에서 가격과 품질을 상호 연관지어 생각하게 된다.

그림 8-9
자동차 시장의
수직적 차별화

(2) 수평적 차별화

수평적 제품차별화는 품질의 관점에서 살펴지는데 제품 혹은 서비스에 있어서 상당한 차이를 나타낼 수 있지만 가격과 제품에 있어서는 동일하다는 측면에서 출발하며 소비자들은 서로 다른 기준에서 제품의 수평적인 차이를 나타낸다. [그림 8-8]에서 보듯이 Chevy Lumina와 Ford Tourus, Toyota Camry는 가격과 품질에 있어서 비슷한 위치에 있다. 이는 소비자들이 동일한 수준의 제품에 대해 무엇이 더 좋다고 확실히 구분할 수 없음을 의미하며 이는 제품 포지셔닝 전략시 이용된다. 수평적 제품차별화는 소비자의 선호에 따라 그 이익성을 논할 수 있으며, 제조업자들은 그들의 제품이 보다 세분화된 시장의 욕구를 충족시키도록 차별화 할 수 있도록 해준다.

3.3 제품차별화의 변수

철강, 아스피린 등과 같은 제품들은 매우 극도로 표준화된 제품으로서 약간의 변형만을 필요로 한다. 하지만 이러한 제품들에 있어서도 진정한 변화가 가능하다. 철강은 그 속성과 강도에 있어서 변형이 가능하며, Bayer는 아스피린이 혈류의 움직임을 빠르게 한다고 주장한다. Procter & Gamble은 세제를 통해 생활용품에 있어서 어떤 변형이 있을 수 있는지를 성공적으로 차별화 시켰다. 또 다른 면에서도 제품에 대한 상당한 변형이 가능한데 자동차, 상업용 빌딩, 가구 등이 그것이며 여기에서 판매자는 디자인의 충분한 척도를 갖게 된다. 이들 제품들의 주요한 제품차별화는 특색, 성능, 적합성, 내구성, 신뢰성, 보상, 스타일 그리고 디자인 등이다.

제품	서비스	담당부서	이미지
특색	배달	경쟁	기호
성능	설치	친절	미디어
적합성	고객훈련	신용	분위기
내구성	컨설팅 서비스	신뢰성	이벤트
신뢰성	수리	책임감	
보상	기타	의사소통	
스타일			
디자인			

표 8-6
제품차별화 변수

1) 특색(features)

특색은 제품의 기본 기능을 제공해 주는 성질이다. 대부분의 제품들은 여러 가지 특색을 제공할 수 있는데 그 시작점은 제품의 본질에 있으며, 제조업체는 여기에 또 다른 특색을 추가시킴으로써 새로운 특색을 제공하는 제품을 만들어 낼 수 있다. 자동차 제조업자는 파워 윈도우, 자동 변속기 또는 에어컨과 같은 여러 선택적 특색을 제공할 수 있다. 이들 자동차 제조업자는 어떤 특색이 기준이 되어야 하는지 또는 선택사양이 되어야 하는지를 결정할 필요가 있다. 이를 통해서 각각의 특색은 추가적인 구매자들의 요구를 사로잡을 기회를 제공하게 된다.

White Powder의 9가지 차별화 방법

Procter & Gamble은 9가지 브랜드의 세제를 만들었다(Tide, Cheer, Gain, Dash, Bold, Dreft, Ivory snow, Oxydol). 이러한 P&G의 브랜드들은 같은 수퍼마켓 진열대에서 서로 경쟁을 한다. 그러나 왜 P&G는 하나의 브랜드에 집중하여 선도브랜드를 채택하는 대신에 하나의 제품목록에 여러 브랜드를 런칭했을까? 답은 여러 상이한 소비자들이 그들이 구매하고자 하는 제품으로부터 여러 가지의 혼합된 효익을 추구한다는 사실이었다. 세탁물 세제를 예로 들자면, 몇몇 사람들은 세탁과 표백분을 가장 중요하게 고려하고, 몇몇은 직물의 부드러움을 선호할 것이며, 또 다른 사람들은 부드럽고 산뜻한 향의 세제를 원할 것이다. P&G는 9가지의 중요한 세제의 세분적 속성을 구분짓고, 각각의 특별한 욕구에 부합하도록 서로 다른 브랜드를 개발하였다.

White Powder는 명백히 기능적이고 심리적으로 차별화 되었으며, 분명한 브랜드 속성들을 부여하였다. 결국 P&G는 여러 브랜드를 생산함으로써 단지 한가지의 브랜드에 대해 기대했던 것보다는 보다 많은 시장의 점유를 가능케 했다.

표 8-7
소비자 효용가치
측정

특색	회사비용(1)	소비자 가치(2)	소비자 효용(3)=(2)÷(1)
자동변속기	$10	$20	2
에어백	$60	$60	1
졸음방지 시스템	$60	$180	3

특색은 회사제품의 차별화를 위한 경쟁적 도구이다. 몇몇 회사들은 그들의 제품에 새로운 특색을 추가하기 위해 극도로 혁신적이기도 하는데, 이러한 것은 시계, 카메라, 자동차, 오토바이, 계산기 등으로 이는 일본 회사들에 있어서 주요한 성공 요인의 하나로서 사용되고 있다. 이처럼 새로운 특색을 갖춘 제품을 출시하는 것은 경쟁에 있어서 가장 효과적인 방법 중의 하나이다.

기업은 적절하고 새로운 특색을 선택하고 확인하기 위해 최근 구매경험이 있는 소비자에게 여러 질문을 함으로써 잠재적인 특색의 리스트를 얻을 수 있다. 다음으로 회사는 어떤 것이 가치 있고 추가적인 특색인지를 결정하여야 하는데, 이를 위해서 회사는 소비자의 가치와 회사의 가치를 비교하여 산출해내야 한다. 예를 들어, 자동차 제조업자는 [표 8-7]에서 나타난 것과 같이 세 가지의 가능한 개선책을 고려할 수 있다. '자동 변속기'는 공장에서 차 한 대당 $10의 추가 비용이 들며, 소비자들에 해당되는 평균은 이러한 특색에 있어서 $20의 가치를 지닌다. 그러므로 회사는 매번의 회사비용 $1에 대하여 $2 만큼의 소비자 만족을 이끌어 낼 수 있다. 이러한 기준은 시작에 불과하다. 회사측에서는 얼마나 많은 소비자들이 각각의 특색에 대해 원하고 있는지와 각각의 특색을 선보이는데 걸리는 시간, 경쟁업체에 대한 모방의 용이성 등을 고려하여야 한다.

2) 성능(품질)

성능(품질)은 제품의 기본적인 특성을 조작하는 수준에 관련되어 있다. 대부분의 제품은 초기에 네 가지의 성능 가운데 하나로 설계되어진다(저성능, 평균성능, 고성능, 최고성능). 그러면 제품의 높은 성능은 높은 수익을 창출해내는가? 여기에 대한 질문에 대해 Strategic Planning Institute에서는 제품의 품질에 대한 상대적인 영향을 연구해본 결과 제품의 품질과 투자수익률(ROI)간에 상당히 유의적인 상관관계를 갖는 것을 발견했다([그림 8-10(a)] 참조). 기업은 또한 시간의 흐름을 고려하여 성능의 정도를 어떻게 관리하여야 하는가를 결정하여야 하는데 이는 [그림 8-10(b)]에서 나타내는 것과 같다.

첫 번째 전략은 제조업자가 계속적으로 제품을 향상시킴으로써 높은 수익률과 시장점유율을 얻는 것이며, 두 번째 전략은 제품의 품질을 그대로 유지시키는 것이고, 세 번째 전략은 시간이 지남에 따라 제품의 품질을 낮추는 전략이다.

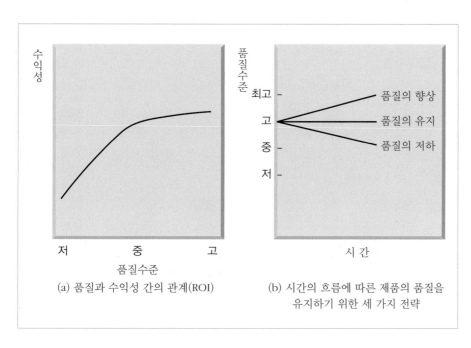

그림 8-10
품질전략과
수익성

(a) 품질과 수익성 간의 관계(ROI)

(b) 시간의 흐름에 따른 제품의 품질을 유지하기 위한 세 가지 전략

3) 적합성

적합성은 제품의 디자인과 운영특성의 정도가 얼마나 목표로 한 기준치에 가까운가를 나타내는 것으로 여러 가지 제공되는 단위들이 이상적으로 제조되었거

나, 보다 특색이 있다는 것을 반영한다.

4) 내구성

내구성은 제품의 기대된 작동수명으로서 구매자들은 보다 내구성이 있는 제품에 대해 약간의 추가된 금액을 지불한다. 이러한 경우 제품은 유행성과 기술력에 민감하지 않는 제품에 한하여 제품차별화의 전략으로 사용될 수 있다.

5) 보상

보상은 제품의 결함이나 이상이 발생시 수리와 교체의 용이성을 나타내주는 것으로 자동차의 경우 각각의 부품에 대해 표준화를 적용하여 쉽게 교체될 수 있게 하고 있다. 이상적인 보상은 소비자 스스로가 적은 비용과 시간으로 스스로 교체, 수리가 가능한 제품이라고 할 수 있다.

6) 스타일

스타일은 보다 멋지고 구매자로 하여금 구매의사를 일으키게 하는 정도의 형태를 말한다. 스타일은 모방하기 힘들다는 이점이 있으며, 포장 또한 스타일의 차별화에 있어서 스타일전략에 포함된다.

7) 디자인

제품에 있어서 가장 선행되는 부분이 디자인이며 많은 연구개발을 필요로 한다. 기업의 입장에서 잘 디자인된 제품은 유통, 제조하기가 쉬운 제품을 의미하고 소비자의 입장에서는 외관상의 설치, 개봉, 사용, 수리, 처분 등의 용이성을 의미한다. 한편, 디자인에 있어서 가장 중요한 점은 어떻게 표적시장의 지각과 가중치를 인식하느냐에 달려 있다.

사례

때론 '뉴' 아닌 '리뉴'가 통한다

스타크래프트. 게임에 대해 잘 모르는 사람도 들어본 적이 있을만한 레전드 온라인 게임이다. 1998년 블리자드 엔터테인먼트에서 제작한 실시간 전략 게임(RTS)으로 'E스포츠의 시조'라고도 불리며 2000년대 초반 최고 인기 게임이었다.

특히 2003년에 프로 리그가 생기면서 인기가 더욱 치솟았지만, 2010년 일부 선수들의 승부 조작 사건으로 그 화려한 전성기가 막을 내리게 됐다. 그렇게 잊혀가던 스타크래프트가 다시금 부활하고 있다.

스타2 실패 뒤 돌아온 마스터

스타크래프트의 인기가 떨어지던 2010년 7월 블리자드는 영광을 재현하고자 12년 만에 후속작인 스타크래프트2를 출시했다. 새로운 버전의 게임은 기존의 플레이 틀은 그대로 유지한 듯 보였지만, 그래픽·유닛·전략·대응 방식 등 세부적인 내용이 상당히 많이 바뀌었다.

때문에 스타크래프트 오리지널을 오랫동안 플레이해온 사용자들은 '후속작이 아니라 아예 다른 게임을

스타크래프트 오리지널(왼쪽)과 리마스터 구동 화면. 중간 화살표를 좌우로 이동하는 식으로 세밀한 차이를 눈으로 직접 비교할 수 있게 했다.
출처: 블리자드 공식 홈페이지.

하는 듯하다'고 실망감을 드러냈으며, 결과적으로 흥행에 실패했다.

이후 약 7년의 시간을 절치부심한 블리자드는 2017년 7월 '스타크래프트 리마스터'라는 스타크래프트1의 리메이크 버전을 출시했다.

유저들의 관심은 생각보다 뜨거웠다. 이는 게임 대회의 상금으로도 입증됐다. 리마스터 버전 출시 후, 아프리카 TV에서 주최하는 스타크래프트 리그(일명 ASL) 시즌4의 상금(총 1억 80만원)이 직전 대회(총 3,620만원)보다 약 3배 상승했다.

유저들의 리턴 행보도 잇따랐다. 게임 전문 리서치 사이트 '게임트릭스'에 따르면 2018년 5월 2주차 게임 사용량 순위에서 스타크래프트 리마스터 버전이 전체 장르 중 6위, 장르(RTS부문) 내 2위를 차지하는 등 성공적으로 안착한 분위기를 느낄 수 있다.

오리지널 버전과 리마스터 버전을 비교해보면 그래픽이 선명해진 것 외에는 크게 달라진 것이 없다. 결국 리마스터 버전(리뉴얼 제품)이 스타크래프트2라는 신제품을 제치고 성공할 수 있었던 이유는 바로 초기 버전 유저들의 니즈를 정확하게 파악했기 때문이다.

최고의 전성기를 보냈을 때의 그 유저들을 다시 끌어 모으는 방법은 전혀 다르고 화려한 인터페이스를 제공하는 것이 아니라, 그 때의 그 감성과 재미 요소를 다시 한 번 더 구현하는 것이었다.

첫 매력 잃지 말아야

이는 게임에만 적용되는 것이 아니다. 애플은 2014년 이전 제품의 화면 크기 4인치에서 0.7인치를 키운 아이폰6을 출시했다. 물론 예상대로 성공을 거두었지만, 아이폰의 아이덴티티라고 할 수 있는 한 손에 쏙 들어온 크기를 좋아하는 고객들의 이탈이 우려됐다.

이에 애플은 새로운 전략이 필요했고 2016년 3월, 아이폰 SE를 출시했다. 아이폰 SE는 아이폰5의 화면 크기인 4인치를 그대로 유지하면서 소프트웨어의 일부는 아이폰 6S 수준으로 업그레이드한 리메이크 버전이었다. 애플 부사장인 그렉 조스위악(Greg Joswiak)은 "많은 소비자들이 여전히 작은 크기의 스마트폰을 원한

다"고 말하며 아이폰 SE 출시 이유를 밝혔다.

애플은 고객들의 '기존 아이폰의 핵심 구매 요인'을 정확하게 간파했다. 여기에 보급형 저가전략을 더해 나름의 성과를 거뒀다. 그해 2분기 실적발표에서 '아이폰 SE에 대한 수요가 공급을 넘었다'고 평가할 정도였다.

앞선 두 사례는 새로운 것보다 기존의 것에 더해진 보완의 중요성을 보여준다. 우리는 종종 트렌드와 최신 기술을 쫓아 신제품 연구개발에 몰두하다가 고객들이 정말 원하는 것을 놓치는 상황을 마주한다.

이미 시장에 상품을 출시한 적이 있다면 소비자들이 느끼는 불편한 사항을 종합해 신제품 개발에 적용하는 것은 당연한 일이고 바람직하다. 그러나 그 과정에서 '고객들이 제품을 구입하는 핵심적인 요인'을 벗어나는 순간 외면당할 수 있다.

소비자들은 더 이상 '뉴(New)'가 나왔다는 이유만으로 눈길을 주지 않는다. 기존에 알고 있던 제품으로 이목을 집중시키는 것은 어떨까? 그리고 그 관심을 구매까지 이어지게 하는 것이 리뉴(Renew)의 핵심이라 할 수 있다. 마치 귓가에 익숙한 명곡들이 리메이크 버전을 통해 다시 한 번 고객들의 마음을 흔드는 것처럼 말이다.

출처: The PR, 2018. 5. 30.

요약정리

시장에서 경쟁하는 상품들에 대한 소비자의 인식을 파악하는 방법은 크게 두 가지로 분류될 수 있으며 소비자의 인식상에 뚜렷이 자리잡기 위해서는 경쟁브랜드와의 차별화가 매우 중요하다. 또한 새로운 제품, 기존 제품의 renewal 등과 같은 모든 제품은 경쟁상황에서 뚜렷이 구별되는 차별점이 있어야 된다. 따라서 본 장에서는 소비자의 인식상에 어떻게 신제품을 포지셔닝시킬 것인가와 제품차별화 방법에 대해 살펴보았다.

특히 요인분석을 활용한 지각도는 중요한 속성이 선발되면 기본적인 인식차원을 설정하여 경쟁상품들을 인식차원에서 일목요연하게 파악할 수 있는 도구가 되고 있다. 즉 소비자가 제품을 평가하는 근본적인 인식차원을 알려주며, 평가되는 상품들의 위상을 파악할 수 있게 하는 것이다. 우리는 본 장에서 5개의 노트북에 대한 소비자의 인식에 대해 살펴보았다. 이와 같은 소비자 인식의 파악은 비단 상품에만 국한되는 것이 아니다. 어떠한 대상이건 그 대상이 경쟁적인 관계에 있고 그리고 다양한 속성들의 집합체라고 한다면 우리는 요인분석을 통한 지각도를 작성할 수 있으며, 그 결과로서 인식차원을 파악할 수 있고, 상대적인 위상을 알아볼 수 있다. 현재 알려져 있는 정치인, 유명배우, 가수 등과 같이 잘 알려져 있어서 비교평가가 가능한 인물뿐만 아니라 조직체, 사건, 사물 등 다양한 속성을 가지고 있는 것이라면 마찬가지로 지각도를 작성할 수 있으며 상대적인 위상과 이상적인 방향(ideal vector)을 파악할 수 있다. 그리고 그 결과로서 이미지 제고를 위한 포지셔닝 전략이 수립될 수 있을 것이다.

마케터는 이러한 전반적인 소비자 인식을 파악한 후 구체적으로 어떻게 제품을 차별화 시킬 것인가를 고민해야 한다. 제품차별화 변수는 매우 다양하기 때문에 이 중에서 효과적이고 효율적으로 경쟁제품과 차별화할 수 있는 변수를 선택하는 것이 중요하다.

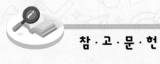

참·고·문·헌

Crawford, C. M., and Benedetto, C. A. (2000). *New Product Management*. 6ᵗʰ Ed., NY: McGraw−Hill.

Green, P. E., and Krieger, A. M. (1989). Recent contributions to optimal product positioning and buyer segmentation. *European Journal of Operational Research*, 41(2), 127−141.

Hauser, J. R., and Koppelman, F. S. (1979). Alternative perceptual mapping techniques: Relative accuracy and usefulness. *Journal of Marketing Research*, 16(4), 495−506.

Kotler, P., and Keller, K. L. (2016). *Marketing Management*. 15ᵗʰ ed., NJ: Pearson.

Mazzola, E., Perrone, G., and Handfield, R. (2018). Change is good, but not too much: Dynamic positioning in the interfirm network and new product development. *Journal of Product Innovation Management*, 35(6), 960−982.

Lies, A., and Trout, J. (2001). *Positioning: The Battle for Your Mind*. NJ: Prentice−Hall.

Tyagi, R., and Raju, J. (2018). The effect of entrant brand's ownership on national brands' positioning strategies. *Managerial and Decision Economics*, 39(4), 475−485.

Yang, X., Cai, G. G., Chen, Y. J., and Yang, S. J. S. (2017). Competitive retailer strategies for new market research, Entry and positioning decisions. *Journal of Retailing*, 93(2), 172−186.

Zhao, Y. L., Libaers, D., and Song, M. (2015). First product success: A mediated moderating model of resources, founding team startup experience, and product positioning strategy. *Journal of Product Innovation Management*, 32(3), 441−458.

[부록 1] 요인분석을 통한 지각도 작성 데이터 예제

ID	제품	속성1	속성2	속성3	속성4	속성5	속성6	속성7	속성8	속성9	속성10	선호도
001	1	4	4	5	5	4	5	4	5	5	4	1
	2	3	4	4	4	4	4	4	3	4	3	3
	3	3	3	3	4	3	4	5	3	3	3	4
	4	3	3	4	5	4	2	4	4	4	3	2
	5	4	4	4	5	5	3	5	5	3	4	5
002	1	4	3	4	4	3	4	3	3	3	3	3
	2	5	5	5	4	4	4	2	4	4	2	1
	3	5	4	5	5	3	4	3	4	4	4	2
	4	3	3	5	3	3	4	1	2	3	3	4
	5	3	3	3	3	3	3	1	2	3	2	5
003	1	3	3	4	3	3	4	1	3	3	3	3
	2	3	3	3	3	3	4	1	3	3	3	4
	3	3	4	4	4	3	3	3	4	4	3	2
	4	3	3	4	3	3	3	2	4	4	3	5
	5	3	4	4	4	3	3	3	4	4	3	1
004	1	4	4	3	3	3	5	2	3	3	3	1
	2	4	4	3	3	3	4	2	3	3	3	2
	3	4	4	3	3	3	4	2	3	3	3	4
	4	4	4	3	3	3	4	2	3	3	3	3
	5	4	4	3	3	3	4	2	3	3	3	5
005	1	3	3	4	3	3	3	3	3	4	4	1
	2	4	3	3	4	3	2	2	4	3	3	2
	3	3	2	3	3	4	3	3	3	4	3	3
	4	3	2	2	4	3	3	3	2	4	4	5
	5	2	3	3	4	3	3	3	3	3	4	4
006	1	3	4	4	4	3	4	4	4	3	3	2
	2	5	3	4	3	3	5	3	4	4	4	3
	3	3	4	3	4	3	5	4	4	3	4	1
	4	4	3	3	3	4	4	4	4	3	3	4
	5	3	3	3	3	4	5	3	4	3	4	5
007	1	2	4	4	2	3	4	3	3	3	3	2
	2	4	5	4	4	4	4	3	5	4	4	1
	3	3	3	3	3	3	4	3	4	3	3	5
	4	5	3	3	2	3	4	4	3	4	2	3
	5	4	4	3	3	5	4	4	4	4	4	4
008	1	5	5	5	5	5	4	2	5	5	4	1
	2	4	5	4	4	4	4	2	3	4	3	2
	3	3	3	3	3	3	2	3	3	3	3	4
	4	5	4	3	4	3	3	4	5	4	3	3
	5	3	3	3	2	4	4	3	3	2	3	5

009	1	5	3	3	4	3	4	3	5	3	4	2
	2	5	4	3	5	3	4	3	5	4	4	1
	3	4	4	3	4	3	3	4	4	3	4	3
	4	5	3	3	4	3	4	3	4	3	3	4
	5	3	3	3	3	3	3	3	3	3	3	5
010	1	4	3	2	2	4	2	2	4	3	3	3
	2	3	3	2	2	3	4	2	3	3	4	1
	3	4	3	2	2	3	3	2	3	3	3	4
	4	3	3	2	2	3	3	2	3	4	3	2
	5	3	3	2	2	3	3	2	3	3	3	5
011	1	3	3	4	3	2	4	3	2	3	3	3
	2	5	4	4	3	4	4	2	4	3	3	1
	3	3	3	3	3	2	3	3	3	3	3	4
	4	4	3	4	3	4	4	4	4	3	3	2
	5	3	3	3	3	2	3	3	3	3	3	5
012	1	4	3	3	4	2	4	2	3	4	4	2
	2	4	4	4	4	2	4	2	3	4	4	1
	3	3	3	4	3	2	4	2	3	4	4	3
	4	5	3	3	3	2	4	2	3	4	4	5
	5	3	3	4	3	2	4	2	3	4	4	4
013	1	3	3	4	4	2	5	2	4	3	3	1
	2	2	3	3	3	2	3	3	3	3	3	3
	3	2	2	4	2	2	2	3	2	2	2	4
	4	3	3	3	4	2	3	2	3	3	4	2
	5	4	3	4	2	2	2	2	2	2	2	5
014	1	4	4	4	4	3	5	3	3	4	3	3
	2	5	4	4	3	3	4	2	5	5	3	1
	3	3	4	4	4	3	4	2	5	4	3	2
	4	3	4	4	5	3	4	3	3	4	3	4
	5	3	3	3	3	3	3	3	3	3	3	5
015	1	3	4	3	4	3	2	2	3	3	3	5
	2	2	5	4	3	4	3	3	4	4	3	4
	3	3	4	3	3	3	2	2	3	3	4	2
	4	4	3	3	4	4	4	4	4	4	3	3
	5	3	4	4	3	3	3	3	3	3	4	1

New Product
Design
&
Development

CHAPTER 09

사업성 분석과 수요예측

2000년대 1차 벤처 창업 붐을 일으켰던 대기업 사내 벤처 바람이 최근 다시 불고 있다. 경험 있는 회사 인력들이 사내 벤처를 만들어 성과를 도출하고, 적절한 시기에 독립해 창업하는 문화가 대기업에서 새로운 트렌드로 자리 잡고 있다. 2000년대 벤처 붐 때 사내 벤처는 주로 정보기술(IT)계열 업체 중심으로 이뤄졌으나 최근에는 유통업체와 은행권도 가세하고 있다.

사내 벤처의 대명사는 네이버다. 2000년대 초반 삼성SDS의 사내 벤처로 시작해 당당히 한 해 4조원이

삼성디지털시티 내 마련된 삼성전자의 사내벤처 'C-랩' 프로그램 전용 공간
출처: 한경비즈니스.

넘는 매출을 기록하며 승승장구하고 있다. 인터파크는 옛 LG데이콤, SK엔카는 SK(주)의 사내 벤처에서 분사한 회사다. 그러나 사내 벤처 붐은 곧 사그라들었다. 외환위기 이후 기업이 생존경쟁에 내몰리면서 직장을 다니며 '딴짓'하지 못하는 분위기 때문이었다. 자기계발보다는 회사의 주된 업무에 올인하면서 사내 벤처는 옛날 얘기가 돼버렸다. 하지만 4차 산업혁명 시대에 맞춰 대기업에 아이디어를 즉각 실행하는 데 중심을 둔 스타트업 문화가 보급되면서 다시 조명받고 있다. 특히 실패를 용인하고, 창의적 조직문화를 확산하기 위해서라도 기업들이 사내 벤처를 운영하기 시작했다.

사내 벤처 운영으로 성과를 거두고 있는 회사는 4차 산업혁명 선두에 서 있는 삼성전자다. 삼성전자는 2012년부터 사내 벤처 프로그램으로 C랩을 운영하고 있다. 삼성전자는 스타트업 독립 시 10억원을 지원하는데 현재 32개 스타트업이 독립했다. 현대자동차는 사내 벤처를 통해 '자동차 생태계'를 만든다는 전략을 세우고 사내 벤처를 자동차산업 플레이어들로 키우려 하고 있다. 특히 실리콘밸리에 오픈 이노베이션센터인 '현대크래들'을 운영하면서 스타트업과 소통에 나서고 있다.

유통업계도 스타트업 육성사업 확대에 나섰다. 아모레퍼시픽이 창의적 브랜드를 육성하기 위해 2016년 시작한 사내 벤처 프로그램 '린스타트업(Lean Startup)'이 2기를 맞는다. 이미 1기 사내 벤처 아이디어를 통해 친환경 천연 화장품과 스포츠 전문 자외선 차단 브랜드 등을 내놓았다. 신한은행은 지난해 은행권에서 처음으로 사내 벤처 제도를 도입해 혁신 상품 개발에 나서고 있다. 회장의 아이디어로 시작된 1기 사내 벤처가 성과를 내면서 은행권에서도 사내 벤처 바람이 불고 있다.

사내 벤처 제도가 대기업에 더욱 확대되기 위해선 기업문화를 대폭 개선해야 하고 규제 완화도 절실하다

　　신제품 개발의 목적은 지속적인 수익의 창출이다. 따라서 신제품 개발과정 중에 과연 신제품이 시장에서 잘 팔릴 수 있는지를 판단할 수 있는 단계, 즉 사업성 분석과 수요예측을 통해 검증하는 과정을 거쳐야 한다.

　　사업성 분석은 시장성 및 개발 적합성 등을 종합적으로 고려하여 신제품의 개발여부 뿐만 아니라 향후 개발방향을 제시하는 역할을 한다. 사업성 분석을 통해 기업은 과연 개발의 수익성은 있는지, 타당성은 있는지 검토해야만 한다. 또한 제품 출시에 앞서 과연 신제품 수요가 얼마나 될 것인지를 예측하는 것도 매우 중요하다. 시장 수요에 따라 수익이 달라질 수 있으며 출시 전략에까지 영향을 미칠 수 있다. 정확한 수요예측을 통해 성공적인 신제품 개발을 수행해야 할 것이다.

　　이번 장에서는 신제품 사업성 분석과 수요예측에 대해 설명하도록 하겠다.

SECTION 01　신제품의 사업성 분석

　　신제품 사업성 분석은 단순히 신제품의 컨셉을 평가하던 것에서 발전하여 포괄적으로 신제품의 성공 여부를 파악하는 것이다. 신제품의 컨셉 평가에서 주로 분석했던 소비자의 구매의도를 파악한 후 과연 상업화에 성공할 수 있을 것인지 가능성 여부를 전체적으로 평가하는 단계이다.

사업성 분석의 초점은 신제품 개발을 위한 투자노력에 비해 신제품이 얼마나 성과를 거둘 것인지를 알아보는 것이다. 신제품 컨셉 평가에서 좋은 결과를 얻었다 하더라도 상업화하기에 적합하지 않은 경우가 있을 수 있으며 신제품 컨셉을 상업화하는데 필요한 기업의 보유자원도 함께 고려해야만 하기 때문이다. 즉, 신제품 사업성 분석은 한정되어 있는 소중한 기업의 자원을 가장 가치 있는 신제품의 개발에 효과적이며 효율적으로 투입하기 위해 거치는 중요한 단계이기 때문에 대량 생산단계 이전에 반드시 수행되어야 한다.

신제품 사업성을 평가하는 데 있어서 단 하나의 평가 기법만을 사용해서는 안 되며 여러 가지 측면에서 신제품 개발 상황에 적합한 기법들을 이용하여 신제품을 평가해야 한다. 또한 전사적인 차원에서 사업부별로 여러 개의 신제품을 동시에 개발할 때 기업의 자원을 어떻게 할당할 것인지의 문제도 함께 고려해야 한다.

신제품 사업성 분석의 목적은 다음과 같다.

첫째, 신제품을 최종적으로 상업화 할 것인지 아니면 폐기할 것인지를 결정하는 것이다. 가치 있는 신제품은 채택하고 반대의 경우에는 개발을 기각하거나 보류 등의 결정을 내려야 한다.

둘째, 동시에 추진되는 여러 가지 신제품 개발의 우선 순위를 결정하는 것이다. 선정된 모든 신제품 개발에 자원을 동일하게 투자할 수는 없다. 따라서 한정된 자원으로 최대의 성과를 올릴 수 있도록 사업성 분석을 통해 신제품 개발 프로젝트의 우선 순위를 정하여야 한다.

셋째, 신제품 개발과정을 체계적으로 관리할 수 있다. 사업성을 평가할 때에는 소요되는 투자비용, 시간 등을 함께 고려하게 된다. 따라서 신제품 개발의 목표에 맞게 일정계획이나 표적시장, 품질 등이 계획대로 잘 진행되고 있는지를 확인할 수 있다.

1.1 신제품 사업성 평가방법

신제품 사업성을 평가하는 방법에는 편익측정 모형(Benefit Measurement Model), 경제적 모형(Economic Model), 포트폴리오 선택 모형(Portfolio Selection Model) 등이 있다. 이러한 모형들은 측정방법이나 어떠한 척도로 사업성을 평가하느냐에 따라서 분류된 것으로 실제로 편리하게 사용가능하며 많이 사용되는 기법들이다.

(1) 편익측정 모형

편익측정 모형(Benefit Measurement Model)은 사업성 평가시에 많이 쓰이는 방법이다. 매출액 또는 투자비용 등과 같은 자료보다는 기업의 목표나 신제품의 경쟁력, 시장 매력도 같은 전략적인 자료를 이용하게 된다. 따라서 신제품 사업성 평가의 초기 단계에 적절한 모형이다.

편익측정 모형은 제품의 프로파일을 이용하는 방법, 신제품 속성에 대해 가중치를 부여하여 평가하는 스코어링 모형(Scoring Model) 등이 대표적이다. 편익측정 모형(Benefit Measurement Model)은 재무적 자료를 포함시키지 않기 때문에 각 프로젝트가 독립적으로 평가된다는 단점이 있다.

1) 프로파일 모형(Profile Model)

프로파일 모형(Profile Model)은 시장의 요구에 부응하는 기준을 마련하고 이에 맞춰 제품이 갖춰야 하는 프로파일을 결정하고 현재 개발하고 있는 신제품의 프로파일과 비교하는 것이다.

제품의 프로파일로는 시장의 요구, 시장규모, 시장추세, 경쟁상황, 기술의 적합성, 개발비용, 생산비용, 생산방식 등이 이용된다. 신제품의 프로파일을 평가할때에는 기준이 되는 프로파일과 비교하여 어느 정도의 수준에 있는지를 −5에서 +5점으로 평가하여 신제품을 평가한다. 이 방법은 단순히 신제품 개발의 선정과 폐기를 결정하는데 목적을 두기보다는 앞으로 개발될 신제품의 품질을 개선하고 조정하는 역할을 한다. 중요하게 관리되어져야 할 제품의 속성이 간과되었을 경우 개선 또는 보완하여 다음의 단계로 진행될 수 있도록 한다.

신제품 평가시 필요한 기준이 될 수 있는 프로파일을 선정하는 일은 매우 어렵다. 또한 평가자들의 주관적인 경향이 많이 포함될 수 있다는 점에서 어떠한 정보에 대해 평가자들의 느낌이나 평가가 객관적이지 못하고 부정확한 결론을 도출할수도 있다는 단점을 가지고 있다.

2) 스코어링 모형(Scoring Model)

스코어링 모형(Scoring Model)은 신제품의 사업성을 평가하는 데 필요한 요인들을 선별하여 각 응답에 가중치를 부가해 평가하는 방법으로 체크리스트법의 단점을 보완하여 발전시킨 모형이다. 단순히 "예" 또는 "아니오"로 답하는 것이 아니라 5점 척도를 사용하여 중요하게 여겨지는 항목에 가중치를 둔다는 점에서 체크리스트법과 차이가 있다.

스코어링 모형(Scoring Model)의 진행과정을 보면, 먼저 무엇을 평가할 것인지를 결정하고 스코어링을 실시한 후 가중치를 부여해 평가를 실시하는 순서로 진행

표 9-1
신제품 사업성
분석을 위한
스코어링 모형
(Scoring Model)

요인	척도	점수	가중치	가중치 점수
기술적 평가 −기술적 업무의 어려움	1···2···3···4···5	3	2	6
−연구기술	1···2···3···4···5	4	3	12
−기술적인 서비스	1···2···3···4···5	2	2	4
−생산시설과 절차	1···2···3···4···5	4	4	16
−개발기술	1···2···3···4···5	3	4	12
−기술적인 장비와 절차	1···2···3···4···5	4	5	20
−기술변화의 정도	1···2···3···4···5	3	5	15
−디자인의 우수성	1···2···3···4···5	5	3	15
−신제품 팀의 구성 및 활용	1···2···3···4···5	4	3	12
−특허관련 디자인의 독특성	1···2···3···4···5	3	4	12
−납품업체와의 협력관계	1···2···3···4···5	4	2	8
−품질	1···2···3···4···5	4	5	20
−법적 규제	1···2···3···4···5	3	4	12
		합계		164
상업적 평가 −시장의 안정성	1···2···3···4···5	3	2	6
−예측 시장 점유율	1···2···3···4···5	4	5	20
−예측 제품 수명	1···2···3···4···5	3	3	9
−영업능력	1···2···3···4···5	4	3	12
−판매촉진	1···2···3···4···5	5	4	20
−표적고객	1···2···3···4···5	2	2	4
−유통업자	1···2···3···4···5	1	5	5
−소매상	1···2···3···4···5	2	4	8
−소비자에 미치는 중요성	1···2···3···4···5	3	3	9
−불만족 정도	1···2···3···4···5	3	3	9
−소비자 요구 부응 정도	1···2···3···4···5	4	4	16
−경쟁력	1···2···3···4···5	3	4	12
−환경	1···2···3···4···5	4	5	20
−해외시장 진출 가능성	1···2···3···4···5	5	4	20
−시장확산	1···2···3···4···5	5	3	15
−소비자 확산	1···2···3···4···5	4	3	12
−예상 수익	1···2···3···4···5	3	5	15
		합계		212
총합			376	

된다. 신제품을 평가함에 있어서 요인 즉, 평가할 항목이 단 한가지라면 쉽게 평가할 수 있다. 그러나 이와 같은 경우는 실제로는 불가능하기 때문에 신제품 프로젝트의 성공에 영향을 미치는 요인들을 잘 선별해야 한다. 이 단계는 매우 어려우면서도 중요한 단계이다. 이 단계를 성공적으로 수행하기 위해서는 먼저 상위 요인을

결정하는데 상위 요인을 기술적 요인이나 상업적인 요인 등으로 분류한 후 그러한 상위 요인을 구성하는 하위 요인을 찾아서 조사를 실시하게 된다. 다음의 표는 신제품 프로젝트를 평가하기 위한 스코어링 모형으로 쉽게 이해할 수 있도록 나타나 있다.

일반적인 조사 요인을 살펴보면 재무적 측면인 비용과 투자수익률, 이익 등이 평가대상이며 이외에도 기술적인 요인, 시장의 크기, 성장가능성, 개발기간, 기업의 목표와의 적합성, 기업의 능력, 특허 등을 요인으로 사용하게 된다. 평가 요인이 선정되면 평가자를 선택해야 한다. 평가자를 선정하는 것은 신제품 개발팀을 구성하는 것과 비슷하게 기업 각 부문의 실무자들에게 응답을 받도록 한다.

그러나 스코어링 모형(Scoring Model)의 문제점은 응답을 하게 되는 관리자 또는 경영자의 주관적인 의견이 개입될 수 있다는 점과 자료들이 완벽하게 믿을 만한 것인지를 알 수 없다는 것이다. 이러한 문제들을 최소화하기 위해 여러 부문의 관리자 또는 경영자를 응답자로 구성하는 한편, 여러 평가자료들의 신뢰도를 높이는 데 노력을 기울여야 할 것이다. 가중치를 어떻게 부여하는지에 대한 문제도 심각히 고려해야 할 문제 중 하나이다. 평가자의 점수 못지않게 가중치는 최종 합계점수를 좌우하는 것이기 때문에 가중치의 부여가 중요한 문제이다. 따라서 개인적인 성향이 반영되어 오류를 발생시킬 수 있으므로 주의하여 조사하여야 한다.

(2) 경제적 모형(Economic Model)

경제적 모형(Economic Model)은 전형적인 투자결정 모형으로 불확실성을 내포한 자료인 신제품 개발의 투자금액 회수기간, 손익분기점 분석, ROI, 할인된 현금흐름(Discounted Cash Flow: DCF) 등을 평가한다.

1) 투자금 회수기간 분석

투자금 회수기간 분석(Payback Period Method)은 매년 투자된 비용에 대비해 얼마만큼의 수익이 창출되는지를 분석하는 방법으로 과연 신제품 출시 이후 몇 년 만에 투자금이 회수되는지를 분석하여 신제품의 사업성을 평가하는 방법이다. 이 방법은 간단하며 이해하기 쉽고, 현금흐름을 이용하기 때문에 회계방법의 논쟁을 피할 수 있다는 장점을 가지고 있다.

2) 할인된 현금흐름 분석법

할인된 현금흐름 분석법(Discounted Cash Flow: DCF)은 자본예산 분석법(Capital Budgeting Method) 또는 현재가치 분석법(Present Value)이라 불리는데, 할인률을 이용해 과연 향후 신제품의 현재 가치가 얼마나 될 것인지 평가하는 모형이다.

신제품 출시의 최종적인 목표는 결국 이익의 창출을 통한 지속적인 기업의 발전에 있다. 따라서 신제품 사업성 분석시 현금흐름을 고려한 분석은 매우 중요하다고 할 수 있다.

(3) 포트폴리오 선택 모형

포트폴리오 선택 모형(Portfolio Selection Model)은 편익측정 모형과 경제적 모형이 결합된 형태를 가진 모형이다. 수학적인 모형이나 여러 가지 프로그램이 많이 사용되는 모형으로 재무자료, 기업의 자원에 관한 자료, 프로젝트의 완성과 성공가능성에 관한 자료 등을 토대로 하며, 단순히 프로젝트를 선정하거나 폐기하는 역할을 하는데 그치는 모형이 아닌 기업의 목표에 맞게 몇 가지의 신제품 프로젝트와 기존에 진행중인 프로젝트에 가장 최적의 기업 자원을 배분하기 위한 모형이다. 아주 많은 자료를 필요로 하고 사용이 어렵다는 단점이 있기는 하지만 치열해지는 경쟁환경 속에서 점차 필요성이 부각되고 있는 모형이며, 지속적으로 이러한 모형들을 사용하기에 편리한 컴퓨터 프로그램들이 개발됨에 따라 사용이 용이해지고 있다.

1) BCG 포트폴리오 매트릭스

BCG 포트폴리오 매트릭스는 Boston Consulting Group(BCG)에 의하여 개발된 네 개의 정사각형 그리드로 [그림 9-1]에서 보는 바와 같이 종축은 산업 성장률을, 횡축은 상대적 시장점유율을 나타내며 매트릭스상에 종축과 횡축의 좌표와 더불어 각 상품 또는 사업단위를 원 모양으로 나타내는데, 각 원의 크기는 전체 기업 포트폴리오에 차지하는 각 사업단위의 상대적인 매출액 수준을 나타낸다.

그림 9-1
BCG 매트릭스

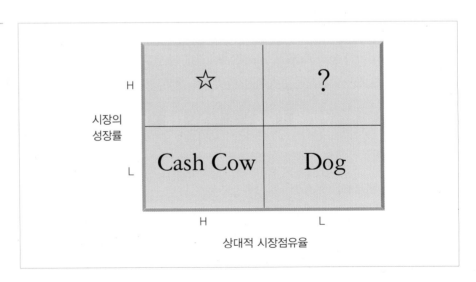

각 매트릭스 칸의 명칭과 그 의미를 살펴보면, 별(star)은 성장률이 높은 시장에서 높은 상대적 시장점유율을 확보하고 있는 상품 또는 사업 단위들이며 여기에 해당 되는 상품들은 양호한 수익과 높은 성장기회를 동시에 제공하고 있다. 물음표(question marks)는 성장률이 높은 시장에서 낮은 상대적 시장 점유율을 갖는 상품이나 사업 단위들을 지칭한다. 시장의 성장성 때문에 매력적이지만 상대적으로 시장점유율이 낮기 때문에 시장성장에 따라 잠재적 수익을 실제적으로 획득할 수 있을지에 대한 의문을 갖게 한다.

자금 젖소(cash cow)는 성장률이 낮은 시장에서 운영되는 상대적 시장점유율이 높은 상품이나 사업단위를 지칭하는데, 이는 재투자와 성장을 위하여 필요로 하는 것보다도 많은 자금을 창출하기 때문이다. 마지막으로 개(dogs)는 성장률이 낮고 상대적 시장점유율이 낮은 사업단위를 가리킨다. 각 그리드에 적합한 전략은 별(star)에 대해서는 build 전략, 물음표(question marks)는 hold 전략, 자금 젖소(cash cow)는 harvest 전략 그리고 개(dogs)는 divest 전략을 구사한다는 것이 BCG 매트릭스를 포함하는 표준화된 포트폴리오 모형들의 주장이다.

BCG 매트릭스를 포함한 전반적인 매트릭스 형태의 포트폴리오 모형들은 현재 기업의 포트폴리오 구성을 진단하고 포트폴리오 내의 제품 또는 사업단위들에 대한 방향 설정 및 전략 수립과 관련하여 광범위한 처방을 내릴 수 있는 기준을 제시하기 위하여 개발되었다. 하지만 매트릭스의 수평축과 수직축의 정의 문제와 측정 척도 자체의 타당성이 결여되어 있어서 분류결과에 대한 신뢰성 문제가 제기되고 있다. 또한 현재 사업의 분류에만 한정될 뿐, 미래 지향적인 적정 포트폴리오의 선택에 유용한 도구가 되지 못한다는 단점을 가지고 있다.

2) ADL방법(Arthur D. Little)

ADL방법은 계량적인 측면뿐만 아니라 질적인 측면도 함께 고려하고 있다.
다음은 ADL가 나타내는 신제품 개발의 매력도를 나타내는 항목들이다.

- 신제품 프로젝트가 기업의 전략과 일치하는가?
- 기업의 사업상 개발의 장점과 전략적 중요성
- 경쟁적 측면에서의 지속성
- 보상(재무적인 측면의 수익)
- 기술의 경쟁적인 영향력
- 기술적, 재무적 측면의 성공가능성
- R&D 비용
- 개발 기간

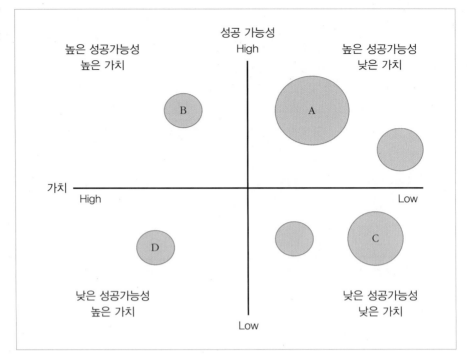

그림 9-2
ADL 방법을 이용한
신제품 사업성
분석

– 기술적인 성공을 위한 자본과 마케팅 투자 요구 수준

위와 같은 매력도를 나타내는 항목으로 2차원 도표를 작성하면 수없이 많은 그림이 만들어질 것이다. 해당 신제품 프로젝트에 가장 적절한 몇 가지 요인들을 가려내어 이 모형을 이용하는 것이 바람직하다.

이와 같이 신제품 사업성을 분석하는 데에는 매우 다양한 방법이 있다. 평가방법을 고를 때에는 기업의 상황과 제품의 특성 등을 고려하여 취사선택하면 될 것이다. 또한 한 가지 방법만 적용하였을 때에는 위험부담이 있으므로 여러 가지 방법들을 혼합하여 사용하는 것이 바람직하다.

정확한 수요 예측으로 신선한 제품을 소비자에게

사람들은 매일 페이스북에 사진을 올리고 스마트폰으로 기사를 읽고 신용카드로 결제를 한다. 큰 의미 없는 일상생활인 것 같지만 행동 하나하나가 모두 데이터로 쌓이고 있다. 이른바 '빅데이터' 시대이다. 요즘 뜨고 있는 인공지능(AI)도 빅데이터 덕분에 더욱 발전하고 있다. 빅데이터가 왜 중요한 걸까?

세계 최대 식품회사 네슬레는 매일 10억 개의 제품을 출고한다. 제품 수만 1만 가지이다. 네슬레의 가장 큰 고민 중 하나는 소비자들에게 신선한 제품을 제때 제공하는 것이다. 하지만 10억 개의 제품을 필요한 시기에 필요한 수요만큼 적확하게 공급을 한다는 것은 굉장히 어려운 일이다. 특히 식음료는 계절적 영향, 날씨, 수요변동, 소매업 동향, 제품의 상태 등 고려해야 할 사항이 한두 가지가 아니다.

효과적인 수요와 공급을 위해 네슬레의 '글로벌 수요계획성과 및 통계예측팀'은 두 가지 매트릭스를 이용해 수요공급을 계획한다. 바로 고객 서비스 수준과 재고수준이다. 고객 서비스 수준은 소비자들에게 적시에 납품된 제품의 비율을 의미하고 이는 재고 확대를 통해 가능하다.

하지만 재고만 늘린다고 해서 옳은 결정은 아니다. 팔리지 않은 재고를 쌓아놓기만 한다면 비용이 과도하게 낭비되고 저장 공간이 부족해 필요한 제품들을 제때 저장하지 못하게 되기 때문에 제품의 신선도 저하로 이어지게 된다. 따라서 수요공급을 계획한다는 것은 고객서비스 수준과 재고수준을 적절하게 맞춰야 함을 의미한다. 이를 위해 수요예측 산출이 중요한 것이다.

예측 산출에는 두 가지 방식이 있다. 첫 번째는 주관적 방법으로 사람의 경험을 통해 도출하는 추정이고 두 번째는 통계적 방법으로 데이터 기반의 예측을 하는 것이다. 네슬레는 보다 정확한 예측을 위해 통계적 방법을 사용하기로 했으며, 비즈니스 분석 프로그램인 SAS 솔루션을 활용했다.

데이터 기반이라고 해서 무조건 과거의 데이터만 분석을 한다면 미래를 예측하는데 부정확할 수 있다. 과거의 데이터와 앞으로의 복잡한 환경을 복합적으로 평가를 할 수 있어야 한다. 특히 수요예측을 하기에 가장 어려운 제품은 '대량이면서 변동성이 높은 상품'이다. 보통 일년 내내 꾸준히 판매되지만 프로모션 행사로 수량이 폭증하는 네스카페와 같은 제품이 바로 그것이다.

이러한 상품들의 수요예측을 위한 지표로 네슬레는 FVA(Forecast Value Added) 방법을 사용한다. FVA는 예측 프로세스에서 해당 단계가 예측 오차를 낮추거나 올릴 수 있는 정도를 나타낸다. 이를 통해 네슬레는 고객들의 수요를 예측하고 신선한 제품을 매장에 유통할 수 있게 된다.

국내 대표적인 제과업체인 해태제과식품도 수요예측을 위해 데이터 분석을 활용한다. IBM의 비즈니스 인텔리전스 솔루션을 이용해 시장 수요를 예측하고 생산을 매출량과 연계하고 있다. 시장과 제품 데이터를 분석하는 것은 물론 향후 제품 판매 시나리오를 예측하고 소비자의 구매행동 패턴을 파악할 수 있다. 이를

신제품 사업성 분석과 함께 개발에 있어서 매우 중요한 것이 바로 신제품 수요
예측이다. 시장에서 수요가 얼마나 있는지를 파악한 후 신제품 출시 전략을 결정해
야 하기 때문이다. 수요예측이란 매우 불확실성이 높은 일이기 때문에 신중을 기하
여야 한다. 혹자는 기업이 신제품이나 새로운 서비스를 개발하고 출시하면서 부딪
치게 되는 가장 큰 문제점들 중 하나가 바로 신제품에 대한 소비자들의 수요가 어
느 정도일 것인가를 예측하는 일이라고 말한다. 신제품을 시장에 내놓기 위해서는
많은 연구개발투자가 필요하며 상당한 시간과 인력을 소비하게 되므로 시장에서의
수요를 정확하게 예측하여 신제품의 실패율을 극소화하는 일은 기업의 입장에서
보면 지극히 중요한 일이다.

2.1 수요예측의 필요성

수요예측은 미래에 대한 기대를 다룬다. 즉, 다음 기에 어떠한 일이 일어날 것
인가에 대한 예상인 것이다. 기업 경영에 있어서 예측하여야 할 일은 무수히 많다.
특히 마케팅 관리자의 입장에서 신제품의 매출액, 시장점유율 및 수익에 대한 예측
은 필수적이다.

이러한 수요예측은 첫째, 전략의 선정에 있어 가장 필요한 정보인 전략 대안
들의 성과에 대한 추정치를 제공해 준다. 즉, 신제품의 가격이나 광고량, 판촉활동
비 등의 변화가 시장 수요에 미치는 영향을 파악할 수 있게 해주어 최적 전략 대안
의 선택에 기여한다. 둘째, 수요예측의 결과는 추정된 매출액을 달성하는데 필요한
자원들의 소요량을 파악할 수 있게 해주어 예산수립에 기초가 된다. 셋째, 수요예
측은 지속적인 시장 관찰을 위한 기준을 제시해 줌으로써 예측치에서 벗어나는 원
인을 발견할 수 있게 해준다. 넷째, 정확한 수요예측은 좀더 효율적인 생산과 유통
체계를 구축하는데 기초가 된다. 재고관리 및 생산 일정 계획 등은 기본적으로 시
장 수요의 예측으로부터 출발하게 된다.

좋은 수요예측은 몇 가지 중요한 범주의 변수들을 고려하게 되는데 그것들은

소비자의 행동, 과거 및 계획된 제품 전략, 경쟁 상황, 환경 등이다. 제품 전략 등은 비교적 제품 관리자의 통제하에 있고, 거시환경 변수들에 대한 예측은 주로 외부의 전문기관(예, 통계청, 한국은행, 경제연구소 등)에서 수행한 2차 자료를 이용하지만, 소비자의 행동과 경쟁 상황에 대한 예측은 기업의 마케팅 부서에서 수행해야 하는 중요한 과제가 된다. 하지만 이러한 변수들은 대부분 제품 관리자의 통제 밖에 있으며 예측도 매우 어렵다. 또한 이러한 변수들은 상호 연관되어 있는 경우가 많아 (예, 거시 환경 변수들이 경쟁자와 소비자에게 영향을 미쳐 궁극적으로 자사에 영향을 미치는 경우, 자사의 전략이 경쟁자 및 소비자의 행동에 영향을 미쳐 다시 그에 대한 반응이 돌아오는 경우 등), 되도록 관련 변수들이 누락되지 않도록 주의하여야 한다.

(1) 수요예측 절차

수요예측 절차는 수요예측을 위해서 필요한 자료를 수집하고 알맞은 모형 및 통계적 방법을 선택한 후 예측치를 도출하고 이를 신제품 개발 담당자인 의사결정자가 활용하여 신제품 관련 의사결정을 내리는 순서로 진행된다.

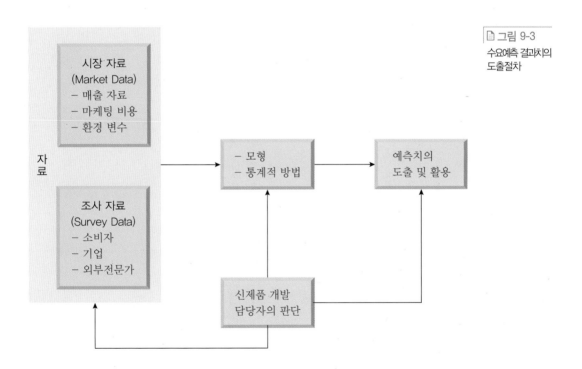

그림 9-3
수요예측 결과치의
도출절차

표 9-2
수요예측 기법들의 분류

차원	판단적(Judgment)				조사적(Counting)		시계열(Time Series)			인과적(Association/Causal)			
	단순 외삽법	판매원 통합법	경영진 의견	델파이 기법	시장 조사	설문 조사	이동 평균법	지수 평활법	외삽법	상관관계 분석	회귀 분석	선행 지표	계량경제 모형
1. 예측기간	중/단기	중/단기	중/단기	중/장기	중기	중기	중/단기	중/단기	단/중/장기	단/중/장기	단/중/장기	단/중/장기	단/중/장기
2. 긴급성	신속	신속	시간필요 (외부)	시간필요	시간 필요	시간 필요	신속	신속	신속	신속	보통	보통	시간필요
3. 계량분석 능력	최소	최소	최소	최소	보통	필요	최소	최소	기본적 능력	기본적 능력	기본적 능력	기본적 능력	높은 수준 요구
4. 재무적 자원	매우 낮다	낮다	높을 수도 (외부)	높을 수도	높다	높다	낮다	낮다	낮다	보통	보통이상	보통	높다
5. 과거자료	약간 필요	불필요	불필요	불필요	불필요	불필요	필요	필요	필요	필요	필요	필요	필요
6. 정확성	제한적	변동적	개인-제한적 집단-양호	동태적 환경에서 가장 양호	신제품에 적함	제한적	안정적 환경에서 적함	단기에 양호	추세, 안정 적시계열에 적함	변동적	설명력이 높을 경우 정확	보통정도 의 정확성	안정적인 환경에서 최선

2.2 수요예측 기법들의 분류

수요예측을 위해서 많은 방법들이 개발되어 왔으며, 이러한 방법들을 다양한 차원에서 비교하는 연구들도 많이 수행되었다(Chambers, Mullick, and Smith, 1971; Georgoff and Murdick, 1986; Wheelwright and Makridakis, 1985). [표 9-2]는 다음의 6가지 주요 차원들에 입각하여 각 모형들을 비교한 결과를 보여주고 있다.

① 각 방법들이 적합한 예측 기간: 이러한 예측 기간은 단기(6개월 이내), 중기 (6개월에서 2년), 장기(2년 이상)로 구분된다.
② 각 방법들을 통해서 수요예측치를 얻는데 소요되는 시간: 각 방법별로 예측 치를 얻는데 소요되는 시간들이 상이하다(즉, 많은 시간이 소요되는 방법들은 긴급한 의사결정이 필요한 시점에서는 적합하지 않을 수 있다).
③ 방법들을 적용하는 데 있어서 필요한 계량적 분석 능력의 정도
④ 방법들을 실제로 실행하는 데 필요한 비용
⑤ 방법들을 사용하는데 있어서 과거 매출자료 확보의 중요성 정도: 일부 방법 들은 많은 양의 과거 자료를 필요로 하는 반면, 과거 자료를 전혀 필요로 하지않는 방법들도 있다.
⑥ 모형의 정확성

이와 같은 기준에 따라 각 모형들을 분류해보면 다음과 같다.

(1) 판단적 방법(Judgment-based Methods)

1) 단순외삽법(Naive Extrapolation)
이 방법은 전기의 판매량에서 예상되는 변화량(percentage change)을 더한 값을 다음기의 예측치로 사용하는 것이다. 예를 들면 식료품의 내년 매출액은 금년의 매출액에 예상되는 경제성장률을 더한 값이 될 수 있을 것이다. 또 다른 접근 방법은 "目測(graphical eyeball)"을 이용하는 것이다. 이는 과거 매출액의 자료들을 도시하고 과거의 패턴에 맞는 다음 기의 값을 눈대중으로 짐작하는 것이다.

2) 판매원 통합법(Sales Force Composite)
일반적으로 판매원들은 자신이 맡은 영역에 대한 예측을 수행하게 된다. 판매원들은 고객들과 가장 가까이에 위치하고 있으므로 고객들의 구매 계획을 가장 잘 이해할 수 있는 위치에 있다. 이러한 예측치들은 제품이나 제품라인 전체의 수요예측을 위해 적절하게 통합될 수 있다. 하지만 이러한 예측치들이 판매량을 할당하기 위해 사용된다면 지나치게 과소 추정될 것이며, 반대로 상급자에게 좋은 인상을 심

그림 9-4
단순외삽법

범위

예측치

매출액

시간

어주기 위해 지나치게 과대 추정될 수도 있다. 따라서 이러한 접근법을 사용할 때에는 해당 판매원의 과거 예측치 대비 실적을 비교하여 추후 조정하는 작업이 필요하다.

3) 전문가 또는 경영진의 판단(Jury of Expert Opinion)

많은 연구들이 전문가의 수요예측치를 이끌어 내기 위해 진행되었다. 전문가나 경영진의 판단을 예측치로 사용하는 경우 그들의 판단이 유효하기 위해서는 추측과정에서 관련 변수와 자료들을 적절하게 조합하는 작업이 성공적이어야 한다. 비체계적이며, 과거 장기적인 예측들이 많이 빗나갔다는 비판에도 불구하고 이러한 접근법은 계량적인 기법들이 가지는 일부 한계를 많이 보완해 주는 기능을 가지고 있다.

소수의 의견에만 의존하지 않고 집단 토론과정을 사용하여 그들의 예측치를 통합(예, 단순 평균, 가중 평균 등)하여 사용하는 접근법(jury approach)도 있다. 이는 집단 합의를 도출하는 방법으로 일부 강한 주장을 펴는 소수에 의해 결과가 좌우되는 상황을 적절히 통제할 수 있어야 한다.

4) 델파이 기법(Delphi Method)

집단적인 합의를 도출해나가는 또 다른 접근법으로서, 그 절차는 먼저 각 전문가들에게 개별적으로 수요예측치를 산출하도록 요청하면서 시작된다. 그 후 집단 밖의 조정자가 각 의견들을 취합한 다음 평균을 산출하여 참가자들에게 원래의 예측치와 평균 예측치를 돌려준 후 최초의 예측치를 다시 고려하도록 요청한다. 이 경우 일반적으로 참가자들은 자신의 예측치를 평균에 가깝도록 수정하게 된다. 이러한 과정을 수 차례 거치게 되면 일반적인 합의에 이르게 된다. 이러한 접근법은 과거 자료가 전혀 없는 신기술이나 혁신 제품들의 수요예측을 위해 많이 사용된다.

(2) 조사적 방법(Counting Methods)

1) 시장조사(Market Testing)

소비자를 대상으로 하는 1차적인 시장조사와 주로 관련된 예측 방법으로서, 제품 개념에 대한 소비자의 반응을 개인면접이나 초점집단면접(Focus Group Interview), 가정사용 시험(Home Usage Test) 등을 통해 이끌어낸다. 컨조인트 분석을 통해 이상적인 제품의 형태나 궁극적인 시장점유율 등을 평가할 수도 있다.

2) 설문조사(Market Survey)

잠재 소비자들에 대한 설문조사 등을 통해 제품의 구매가능성 지표에 대한 응답을 이끌어 내는 시장조사 방법이다. 구매 의도나 선호 서열 등을 측정하여 이를 구매 확률로 전환하는 과정을 통해 수요예측치를 도출해낸다. 일반적인 설문조사가 가지는 문제점인 무응답 오류, 부정확한 응답 등에 대한 주의가 필요하다.

(3) 시계열 분석 방법(Time-series Methods)

1) 이동평균법(Moving Averages)

이동평균법은 자료에 잠재되어 있는 패턴을 발견하는 과정에서 '잡음(noise)'을 줄이기 위해 가장 많이 사용되는 방법 중의 하나이다. 즉, 과거 자료를 기본값, 추세, 주기적 변동(계절성), 오차변동 등으로 분해하여 파악한 다음 주로 오차변동을 완화시켜 추세나 주기적 변동을 좀더 명확하게 나타나도록 하는 방법이다. 충분한 과거 자료가 확보되고 좀더 정교한 방법을 사용하면 추세나 주기적 변동을 포착할 수도 있다. 단순한 3기 이동평균모형은 다음과 같이 주어진다.

$$\bar{S}_t = (S_{t-1} + S_t + S_{t+1})/3$$

여기서 각 자료들에는 동일한 가중치가 주어지며 추세나 주기적 변동은 고려되지 않는다. 구체적인 예를 살펴보면, [표 9-3]에서 첫 3기 동안의 자료에 대한 이동평균은 105(즉, 100, 110, 105의 평균)가 되며, 2기에서 4기 동안의 이동평균은 115(즉, 110, 105, 130의 평균)가 된다. 이 이동평균의 값들과 원변화량을 비교해보면 원자료보다 이동평균의 값들이 변동폭이 적으며, 기간당 약 10단위씩 증가하는 추세가 좀더 명확하게 드러난다. 따라서 수요예측은 원자료가 아닌 이동평균 값들의 패턴을 바탕으로 하여 진행된다.

기간	매출액	3기 이동평균	원변화량
1	100	–	–
2	110	105	+10
3	105	115	−5
4	130	125	+25
5	140	130	+10
6	120	140	−20
7	160	152	+40
8	175	–	+15

2) 지수평활법(Exponential Smoothing)

이동평균법과 유사하게 지수평활법은 전기간의 자료에 각각 가중치를 부여하여 고려하게 된다. 간단한 지수평활법을 이용한 수요예측의 공식을 살펴보면 다음과 같다.

$$\check{S}_{t+1} = \alpha S_t + (1-\alpha)\check{S}_t$$

즉, 다음기에 대한 지수평활된 예측치는 이번 기의 매출액과 예측치의 조합으로 이루어진다. 모수 α는 0과 1 사이의 값을 갖게 되며 과거 매출자료를 통해 결정하게 된다. 이동평균법과 유사하게 기간들 사이의 오차변동을 흡수하며, 추세와 주기적 변동은 별도로 추정되게 된다.

3) 외삽법(Extrapolation)

가장 간단한 형태의 외삽법은 시간을 독립변수로 하는 회귀분석을 이용하는 것이다. 시계열 회귀분석은 기본값(절편)과 추세(기울기)에 대한 추정치를 제공해 준다. 계절적인 변동 등은 자료로부터 사전적으로 제거할 수도 있고, 더미변수를 사용하는 모형을 통해 직접 추정할 수도 있다. 계절성을 무시한 가장 단순한 형태의 모형은 다음과 같다.

매출액=a+b(시간)

위의 이동평균법에서 사용한 자료를 이용하여 위의 모형을 추정한 결과와 그 결과식에 그 다음기(9기)의 시간을 삽입하여 예측치를 구해보면 다음과 같다.

매출액(9기)=85.4+9.9(9)=174.5

이러한 시계열 회귀분석은 단순한 예측치만을 제공해 주는 것이 아니라 모형이 얼마나 자료를 잘 설명하는지에 대한 결정계수(R^2)와 예측치의 신뢰구간을 동시에 제공해 준다.

경우에 따라 시간에 따른 매출액의 변화가 비선형인 경우(예: 성장곡선)에는 비선형 모형을 추정하는 통계절차를 활용하여 시간만을 독립변수로 하는 모형의 계수를 추정할 수 있다.

(4) 인과적 방법(Association/Causal Methods)

1) 상관관계분석(Correlation)

상관계수는 두 변수간의 관계를 나타내주는 −1과 +1 사이의 값을 의미한다. 매출액의 자료가 하나의 변수로 주어진 경우에 이 상관계수는 다른 변수와 매출액과의 연관관계의 강도를 나타내준다. 높은 양의 상관계수는 관련 변수(예: 광고)가 증가(감소)함에 따라 매출액도 함께 증가(감소)함을 의미한다. 음의 상관계수일 경우에는 그 반대의 해석이 가능하다. 상관계수 그 자체로는 예측치를 제공해 주지 못하지만 매출액과 관련 변수간의 상관계수의 크기는 그 관련 변수의 변화에 대한 매출액의 반응을 추정하는 데 도움을 준다.

2) 회귀분석(Regression Analysis)

기본적으로 회귀분석은 외삽법에서 사용한 시계열 회귀분석의 확장이며, 인과관계적 분석의 대표적인 분석 모형이다. 매출액에 영향을 미치리라고 판단되는 모든 관련 변수들이 독립변수로서 포함된다.

3) 선행지표분석(Leading Indicators)

일반적으로 거시경제학적인 시각에서 한 변수가 경제적인 현상의 변화에 앞서서 일어나는 경우 그 변수를 선행지표라고 한다. 예를 들어 고용, 건설, 이자율, 소매판매량, 부동산 경기 등은 경제적인 변화의 선행지표가 될 수 있다. 이러한 선행지표는 산업 특유로 존재하기도 하는데, 각 매장의 재고량은 그 산업 생산의 선행지표가 될 수도 있다.

4) 계량경제적 모형(Econometric Models)

계량경제적 모형은 보통 대규모의 연립 회귀식으로 구성되어 있다.

2.3 예측기간에 따른 수요예측 기법들의 활용도

기업 실무에서 실질적으로 사용되고 있는 수요예측 방법들의 활용도에 대해 96개 기업들을 대상으로 조사한 결과를 살펴보면 [표 9-4]와 같다(Sanders and

표 9-4
수요예측 방법의
활용도

예측 기법	예측 기간			
	즉시 (1개월 이하)	단기 (1개월-6개월)	중기 (6개월-1년)	장기 (1년 이상)
판단적 기법				
관리자의 판단	27.9	39.8	37.1	9.3
경영진의 판단	17.5	28.9	40.1	26.2
판매원 의견 결합	28.6	17.5	33.1	8.7
계량적 기법				
이동평균법	17.7	33.5	28.3	8.7
직선투사법	7.6	13.2	12.5	8.2
단순외삽법	16.0	18.5	13.8	0
지수평활법	12.9	19.6	16.8	4.2
회귀분석	13.4	25.1	26.4	16.5
Simulation	3.4	7.8	11.2	8.3
고전적 분해법	0	6.8	11.9	9.3
Box-Jenkins	2.4	2.4	4.9	3.4

출처: Sanders N. R., Manrodt, K. B. (1994), "Forecasting practices in US corporation: Survey results," *INTERFACES*, 24(2), 92−100.

Manrodt, 1994). 이 연구는 서로 다른 예측기간에 대해서 실제 기업 관리자들이 응답한 여러 기법들의 활용 비율이다. 비교적 중·단기에서는 판단적인 접근방법에 많이 의존하고 있으며, 가장 자주 사용되는 계량적 방법은 이동평균법이다. 하지만 이러한 방법들은 좀더 정교한 모형들에 비하면 정확성이 떨어지므로 시간과 자료 등에 제약이 있는 경우 많이 사용된다.

예측기간에 관계없이 전반적으로 비교적 높은 활용도를 보이고 있는 방법이 회귀분석임을 알 수 있다. 특히 회귀분석은 장기예측에 있어 가장 많이 활용되는 계량적 방법임을 보여주고 있다.

이어서 구매의도분석, 선호서열분석, 회귀분석 및 Logit 분석을 중심으로 수요예측의 실제 수행과정을 논의하겠다.

SECTION 03 신제품 수요예측의 수행

3.1 구매의도분석

구매의도분석이란 단순히 소비자에게 신제품을 구매 또는 사용할 가능성을 물

표 9-5
구매의도분석을
위한 설문지 1

설문의 예: 5점 척도 구매의도

여러분께서는 만약 "얼음과 냉수를 빼낼 수 있는 장치가 달린 냉장고"가 있다면, 다음 중 어떤 문항이 여러분의 느낌을 가장 잘 표현하고 있습니까? 1가지만 선택해 주십시오.
 	
    1. 나는 그 냉장고를 분명히 살 것이다.
    2. 나는 그 냉장고를 아마도 살 것이다.
    3. 나는 그 냉장고를 살지도 모르겠다.
    4. 나는 그 냉장고를 아마도 사지 않을 것이다.
    5. 나는 그 냉장고를 분명히 사지 않을 것이다

어본 후 이로부터 얻어낸 주관적 추정치를 과거의 경험 등을 통해서 신제품을 구매할 확률로 환산하는 방법을 말한다. 예컨대 Gruber(1970)의 연구에 의하면 비내구성 소비재의 경우 "분명히 사겠다"는 소비자들 중 75.5%, "아마도 살 것이다"고 응답한 소비자들 중의 31.4%, "살지도 모르겠다"는 소비자들 중의 26.8%가 실제로 제품을 구매했다고 한다. 그러나 제품의 포지셔닝이 잘 되고 공격적인 마케팅 전략을 구사하는 경우 "분명히 사겠다"는 소비자의 약 90%, "아마도 살 것"이라는 소비자의 약 40%, 그리고 "살지도 모르겠다"는 소비자의 약 10% 정도가 실제로 제품을 사게 될 것이라는 것이 일반적인 마케팅 연구가들의 의견이다(Urban and Hauser, 1993).

실제로 이러한 수치들을 적용함에 있어서는 산업별 특성, 관리자로서의 판단 등이 가미되어야만 한다. 그러나 경험적으로 밝혀진 바에 의하면 이러한 요인들을 감안하더라도 90%, 40%, 10%의 수치에서 크게 벗어나지는 않고 있다. 여기서 이 수치들을 적용하는 구체적인 예를 들어보면 다음과 같다. 어떤 회사에서 얼음과 냉수를 빼낼 수 있는 장치가 달린 냉장고를 개발하여 시장조사를 해 본 결과 응답자들 중 "분명히 사겠다"는 사람은 아무도 없었고, "아마도 살 것이다"라고 응답한 사람이 23.7%, "살지도 모르겠다"라고 응답한 사람이 36.1%라고 하면 소비자들 중의 약 13.1%[= (0.9)(0.0) + (0.4)(0.237) + (0.1)(0.361)] 정도가 새로운 냉장고를 구매하게 될 것이라는 예측이 가능하다.

한편 Morrison(1979)도 [그림 9-5]와 같이 응답된 구매확률과 실제구매확률 사이에 Juster(1996)와 비슷한 선형관계를 발견했다. 여기서 [표 9-6]에 나타난 응답한 구매확률과 실제구매확률이 관계를 그림으로 나타내면 [그림 9-5]와 같은 선형관계로 표현할 수 있다.

Just(1966)는 앞서 제시한 측정항목보다는 확률적인 표현을 사용하는 것이 더 정확한 예측을 가능하게 해준다는 연구결과를 제시하고 있다. 즉, "확실히 살 것이

표 9-6 소비자들이 응답한 구매확률과 실제 구매확률의 관계	응답확률	실제확률(자동차)	실제확률(가전제품)
	100분의 1	0.07	0.017
	10분의 1, 2 또는 3	0.19	0.053
	10분의 4, 5 또는 6	0.41	0.111
	10분의 7, 8 또는 9	0.48	0.184
	100분의 99	0.55	0.205

출처: Juster, F. T. (1966). Consumer buying intentions and purchase probability: An experiment in survey design. *Journal of the American Statistical Association*, 61(315), 658–696.

그림 9-5
응답구매확률과
실제구매확률
사이의 선형관계

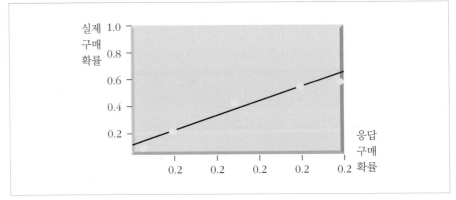

출처: Morrison, D. G. (1979). Purchase intentions and purchase behavior. *Journal of Marketing*, 43(2), 65–74.

다(100중 99)," "거의 확실히 살 것이다(10중 9)," "살 가능성이 매우 높다(10중 8)," "살 가능성이 높다(10중 7)" 등의 표현을 사용하는 경우, 범주의 수가 많고 또한 정확하게 정의되어 있기 때문에 예측을 정확도를 높일 수 있다.

그러나 확률적인 척도 역시 구매의도와 마찬가지로 일종의 환산과정을 거쳐야 한다. 즉, 소비자들이 말하는 확률과 실제구매확률은 일치하지 않기 때문에 실제구매확률을 계산하기 위해서는 소비자들이 말한 확률에 일정한 상수를 곱해야 실제구매확률을 얻을 수 있다. Just(1966)에 의하면 [표 9-6]과 같이 소비자들의 응답확률은 실제 구매확률과 대체로 정비례하기는 하지만 응답확률의 값이 커질수록 실제확률보다 과대 표현되는 경향이 있음을 알 수 있다. 또한 현실적인 문제로서 선택해야 하는 범주의 수가 늘어났을 때 소비자들이 자신의 구매의도 확률을 정확하게 구분할 수 있는가의 문제가 제기된다.

이와 같은 관계를 파악한 후 소비자들이 응답한 구매확률을 소비자별로 환산하여 실제구매확률을 추정하고, 추정된 구매확률의 평균을 구하면 그것이 시장점유율의 추정치가 된다. 이러한 방법을 사용함에 있어 주의할 점은 무응답 오류(non

표 9-7

구매의도 분석을
위한 설문지 2

설문의 예: 5점 척도 구매의도

여러분께서는 모든 것을 고려하였을 때, "얼음과 냉수를 빼낼 수 있는 장치가 달린 냉장고"를 구입할 가능성은 다음 중 어느 정도입니까?

　　1. 확실히 살 것이다(100중 99)
　　2. 거의 확실히 살 것이다(10중 9)
　　3. 살 가능성이 매우 높다(10중 8)
　　4. 살 가능성이 높다(10중 7)
　　5. 상당히 살 가능성이 있다(10중 6)
　　6. 다소 살 가능성이 있다(10중 5)
　　7. 약간 살 가능성이 있다(10중 4)
　　8. 살지도 모르겠다(10중 3)
　　9. 살 가능성이 낮다(10중 2)
　　10. 거의 확실히 사지 않을 것이다(10중 1)
　　11. 확실히 사지 않을 것이다(100중 1)

---

response bias)이다. 즉 실제로 신제품을 구매할 가능성이 높은 소비자들이 설문지에 성실하게 응답하여 회신할 가능성도 높다면 실제보다 구매확률이 더 높게 나타날 가능성이 많다. 이와 같은 오류를 줄이기 위해 응답률을 높이기 위한 조치와 무응답 오류를 감소시키는 통계적 기법을 사용할 필요가 있다.

3.2 선호서열분석

구매의도분석과 함께 비교적 손쉽게 신제품의 시장 수요를 예측할 수 있는 방법으로서는 선호서열분석을 들 수 있다. 이 방법의 가장 큰 장점은 제품 개념에 대한 소비자의 의견을 따로 물어볼 필요 없이, 상품의 설계과정에서 선호회귀분석(preference regression)을 행하면서 사용하는 기법을 이용하여 신제품의 기존 제품들

표 9-8

선호서열분석을
위한 설문지

설문의 예: 선호서열

여러분께서는 모든 것을 고려하여, 다음의 5가지 제품들을 좋아하는 순서대로 순위를 매겨주십시오. 가장 좋아하는 브랜드는 1위, 가장 싫어하는 브랜드는 5위를 표시해주십시오.

　　브랜드 A: (　　)위
　　브랜드 B: (　　)위
　　브랜드 C: (　　)위
　　브랜드 D: (　　)위
　　브랜드 E: (　　)위

표 9-9
선호서열과 구매
확률 간의 관계
(예)

	체취방지제	교통수단
1위	83%*	76%
2위	15%	16%
3위	2%	8%

* 특정 제품이 1위라고 응답한 사람들 중 83%가 응답한 제품을 실제로 구매한다는 것을 의미한다.
출처: Urban, G. L., Hauser, J. R., and Dholakia, N. (1987). *Essentials of New Product Management*. NJ: Prentice Hall.

과 비교한 선호서열만 얻어낼 수 있다면 손쉽게 시장점유율의 추정치를 얻어낼 수 있다는 점이다. 즉, 선호서열분석에서는 신제품의 선호서열이 1위냐, 2위냐, 3위냐에 따라 각각의 서열에 해당하는 구매확률을 부여함으로써 시장점유율을 추정하게 된다.

예를 들면 Silk and Urban(1978)에 의하면 체취방지제의 경우 선호서열이 1위인 경우 구매확률(t_1)은 0.83, 2위인 경우 구매확률(t_2)은 0.15, 3위인 경우 구매확률(t_3)은 0.02로 나타났다. 이 수치들은 제품의 종류에 따라 달라지게 되므로 제품별로 경험의 축적을 통해 되도록 정확한 구매확률을 알아내야 한다. 앞에서 예를 든 신형냉장고의 경우 $t_1=0.80$, $t_2=0.20$이라고 가정하고, 표적시장의 소비자들 중에 9.2%가 신제품을 여러 가지 대안들 중 가장 좋아하고, 22.4%가 신제품을 두 번째로 좋아한다면, 결국 추정된 시장점유율은 $(0.80)(0.092)+(0.20)(0.224)=0.118$, 즉 11.8%가 된다.

선호서열분석은 앞에서의 구매의도분석과 함께 신제품 설계과정의 초기단계인 제품개념단계에서 사용하기에 적합한 방법이며, 제품의 개념이나 포지셔닝을 간단하게 평가해 보는 도구로 활용할 수 있다.

3.3 회귀분석

수요예측의 관점에서 회귀분석은 일반적으로 3단계에 걸쳐 수행된다. 먼저 종속변수(예, 매출액, 시장점유율, 구매확률, 이익 등)에 영향을 미치는 독립변수들을 선정한다. 즉, 다음과 같은 변수들을 선택하여 모형을 구축한다.

매출액 = f(가격, 광고비, 판촉활동비, 가처분소득)

다음은 독립변수와 종속변수와의 관계를 구체화하여 모형을 구축한다. 즉, 독립변수와 종속변수의 관계가 선형인지, 비선형인지 등에 대한 결정을 하게 된다. 대부분의 경우 다음과 같이 독립변수와 종속변수 간에 선형관계가 성립할 것이라는 가정하에서 출발하게 된다.

$$매출액 = b_0 + b_1(가격) + b_2(광고비) + b_3(판촉활동비) + b_4(가처분소득)$$

마지막으로 일반적인 통계프로그램을 이용한 회귀분석을 수행하여 모형을 추정한다.

$$매출액 = 2.5 - 1.5(가격) + 3.3(광고비) + 1.6(판촉활동비) + 0.2(가처분소득)$$

이렇게 추정된 모형을 이용하여 다음 기의 독립변수 값을 투입(단, 독립변수의 값이 마케팅관리자가 통제 가능하거나 종속변수의 값보다는 예측이 용이하여야 한다)하여 예측치를 얻거나, 여러 전략 대안들의 효과에 대한 결과를 비교해볼 수 있다(회귀계수를 이용하여 광고비나 판촉활동비의 변화에 따른 매출액의 변화 정도를 산출).

3.4 Logit 분석

앞서 언급한 선호서열분석과 같은 기법의 경우에는 소비자들의 선호순위에 따라 각각의 순위에 해당하는 구매확률을 부여하여 시장점유율의 추정치를 얻어낼 수 있다. 따라서 소비자들의 선호강도가 고려되지 않기 때문에 소비자들이 각 대안을 비슷한 정도로 좋아할 경우, 실제와는 전혀 동떨어진 시장점유율의 추정치를 얻을 수 있다. 그에 반해 Logit 분석은 소비자들이 각 대안을 좋아하는 정도를 감안하여 구매확률에 대한 정확한 추정치를 얻어내기 위한 분석적 기법이다. 여기서 Logit 모형의 구조를 간단히 살펴보면 다음과 같다.

$P_i[X]$: 소비자 i가 제품 X를 구매할 확률
$U_i[X]$: 소비자 i가 제품 X에서 얻는 효용
$e = 2.71828...$이라고 하면
$P_i[X] = P_i\{U_i(X) > U_i(Y) \text{ for all } Y \neq X\}$

제품	선호분석으로 얻어낸 선호점수
신제품(A)	3.5
오리온껌(B)	2.6
롯데껌(C)	3.7
해태껌(D)	5.4

표 9-10
4개 상표의 껌에 대한 가상적 선호점수

표 9-11
각 상표의 선택
빈도에 대한
예측

제품	선호점수	선택빈도의 예측치	실제빈도	Squared Error
신제품(A)	3.5	10.4/(10.4+5.7+11.9+37.3)=0.16	2/11=0.18	0.004
오리온껌(B)	2.6	5.7/(10.4+5.7+11.9+37.3)=0.09	1/11=0.09	0.000
롯데껌(C)	3.7	11.9/(10.4+5.7+11.9+37.3)=0.18	2/11=0.18	0.000
해태껌(D)	5.4	37.3/(10.4+5.7+11.9+37.3)=0.57	6/11=0.55	0.007

만일 오차가 weibull 분포를 이룬다면 $P_i[X]$는 다음과 같이 표현된다.

$$P_i[X] = \frac{e^{U_i(X)}}{\sum_{all\ Y} e^{U_i(Y)}}$$

흔히 사용되는 Logit에서는 $U(X)=\beta P_X$로 놓게 되는데, 이 때의 P_X는 보통 conjoint 분석을 통해서 얻어진 제품 X에 관한 선호점수를 사용하게 된다([표 9-10] 참조).

여기서 $P_i[X]$를 구해내기 위해 β를 추정해야 하는데 이를 위해서 최우추정법 (maximum likelihood method)을 사용하게 된다. 실제로 제품이 만들어져 있는 경우에는 가상적인 구매상황을 통해서 선택되는 상표를 관찰한다. 이상의 과정을 간단한 예를 들어 설명하면 다음과 같다.

만일 관찰된 구매순서가 A-D-D-C-D-A-B-D-C-D-D라면 우도함수 (likelihood function)는 $L_A{}^*L_D{}^*L_D{}^*L_C{}^*L_D{}^*L_A{}^*L_B{}^*L_D{}^*L_C{}^*L_D{}^*L_D$으로 되는데,

단, $L_A = e^{3.5\beta} / (e^{3.5\beta} + e^{2.6\beta} + e^{3.7\beta} + e^{5.4\beta})$

$L_B = e^{2.6\beta} / (e^{3.5\beta} + e^{2.6\beta} + e^{3.7\beta} + e^{5.4\beta})$

$L_C = e^{3.7\beta} / (e^{3.5\beta} + e^{2.6\beta} + e^{3.7\beta} + e^{5.4\beta})$

$L_D = e^{5.4\beta} / (e^{3.5\beta} + e^{2.6\beta} + e^{3.7\beta} + e^{5.4\beta})$

여기서 $L_A^2 \cdot L_B^1 \cdot L_C^2 \cdot L_D^6$를 극대화할 수 있는 β를 찾아내면 그 값은 0.67이 되므로 [표 9-11]과 같은 결과를 얻을 수 있다.

Logit 분석의 장점은 현실적인 소비자행동 모형에 근거를 두고 있고, 오차를 허용하는 모형이라는 점이다. 또한 Logit 분석은 비교적 사용하기 쉽고 시장수요에 대한 정확한 추정치를 얻어낼 수 있게 해 준다. 이와 같이 Logit 분석은 수요예측을 위해서 소비자들의 기호와 소비자들의 선택을 연결해 주는 최선의 방법 중의 하나이다.

3.5 수요예측 결과의 활용

지금까지 다양한 수요예측의 방법들의 장단점을 검토하였다. 중요한 수요예측을 수행할 경우에는 여러 가지 방법을 사용하여 예측을 수행하고 이들을 결합하여 의사결정에 반영하는 것이 일반적이다. 여러 가지의 예측 기법들을 결합하는 것은 한 가지 방법만을 사용했을 때 발생하게 되는 그 방법 특유의 약점을 보완할 수 있어 보다 나은 예측치를 제공해 준다. 이러한 예측치의 결합방법은 단순히 평균값을 이용할 수도 있고, 적절한 가중치를 사용할 수도 있다.

기업의 마케팅 계획 수립과정에 있어서 중요한 위치를 차지하는 수요예측을 어떠한 방법을 선택하여 진행할 것인가를 결정하는 일은 매우 어려운 일이다. 앞에서 언급한 여러 가지 차원들을 적절히 고려하여 자사에 적합한 모형과 방법을 선택하여야 할 것이다.

방법	수요예측치		
	비관적 상황	현상황 유지	낙관적 상황
구매의도분석			
시계열 외삽법			
회귀분석			
전문가의 판단			
전문가 A			
전문가 B			
판매원 통합			

표 9-12
수요예측결과의
보고 형식

이러한 계량적인 방법들은 일상적이고 반복적인 예측상황을 단순화시켜 주며, 가정들을 명백히 나타내도록 해준다. 특히 예측치에 대한 민감도 분석(여러 가지 방법들을 사용하여 비교하거나, 모형의 추정에 사용하는 자료의 수를 변화)을 충분히 하고, 매기마다 예측치와 실제치와의 차이에 대해 충분히 분석하여 누락된 변수들을 발견하기 위해 노력하며, 수요예측치가 때로는 중요한 전환점에 대한 정보를 제공해 주지 못할 수도 있다는 사실 등을 염두에 두면 훨씬 더 신뢰를 갖고 수요예측을 진행할 수 있을 것이다.

수요예측은 기업의 마케팅 관리자가 직면하는 가장 중요한 문제 중의 하나이다. 이는 마케팅 전략의 중요한 투입요소이며, 생산계획의 수립, 자금계획의 수립 등에 광범위하게 활용될 수 있다.

2015년 11월, 구글이 인공지능 엔진 '텐서플로(Tensor Flow)'를 오픈소스로 공개하자 업계는 들썩였고, 곧 주류 기술로 부상하기 시작했다.

텐서플로는 2011년 개발돼 음성인식, 자동자막 기술 등 다양한 서비스 인프라를 개발하는 데 사용된 디스트 빌리프(DistBelief)의 약점을 보완한 2세대 머신러닝 소 프트웨어 라이브러리다. 2배 빠른 속도, 쉬운 사용성과 확장성을 갖췄으며 범용적인 활용에 초점을 맞췄다. 심층신경망(deep neural network)인 텐서플로는 긍정 적인 강화학습을 통해 작업을 수행하는 법을 배우고 올바른 결과를 도출할 수 있도록 데이터 계층을 통해 작동한다.

텐서플로는 구글의 제2세대 머신러닝 소프트웨어 라이브러리다. 여전히 기업에서 사용하는 데 제약이 있 긴 하지만, 딥러닝 기술을 오픈소스로 활용할 수 있다는 데 의미가 있다.

오픈소스 공개를 통해 구글은 복잡한 심층신경망을 더욱 간단하게 구축하고, 교육하며, 배포하고자 한다. 머신러닝 활용 능력은 개발자 수준에 달렸지만, 모든 개발자에게 파이썬과 C/C++ API를 지원한다.

이러한 유형의 머신러닝은 그간 연구 영역에서만 사용됐다. 하지만 구글은 텐서플로를 오픈소스화함으 로써 이 강력한 기능을 활용하여 데이터를 강화하고 저렴한 클라우드 컴퓨팅으로 운영을 증대하는 것을 꾀 한다.

텐서플로 라이브러리를 사용하면 자가학습요소(self-learning)와 음성인식, 컴퓨터 비전(컴퓨터로 인간의 시각적인 인식 능력을 재현하는 AI 연구분야, 구글 포토의 핵심 기술인 사진 검색 및 분류에 이미 사용됐으며, 추후 동영상 검색으로 확장되어 자율주행, CCTV 등으로 확장될 예정), 자연어 처리 등과 같은 인공지능의 특성을 애플리케이션에 쉽게 통합할 수 있다.

텐서플로가 유일한 딥러닝 오픈소스 라이브러리는 아니지만 검색엔진이 '구글과 그 이외의 것'으로 나뉘는 것처럼 '텐서플로인가, 아닌가'로 이 분야가 나뉜다. 텐서플로 이외에도 뉴욕대(NYU)의 '토치(Torch)'와 최 근 페이스북이 카페2 버전을 출시한 UC버클리의 '카페(Caffe)' 등의 딥러닝 오픈소스 라이브러리가 있다.

텐서플로 사례, 오카도(Ocado)

구글은 에어비앤비, 에어버스, 드롭박스, 스냅챗, 우버와 같은 세계적인 규모의 기업이 텐서플로를 사용한 다고 밝혔다.

영국의 온라인 슈퍼마켓 오카도의 데이터 과학팀은 창고에서 돌아다니는 로봇용 라우팅 알고리즘에서부 터 10년 전 구식 모델인 선형회귀분석(linear regression model) 기반의 수요 예측과 쇼핑 습관 분석을 통한 구매 추천 기능 개선에 이르기까지 텐서플로를 다양한 영역에 활용하고 있다.

오카도는 텐서플로를 통해 제일 먼저 고객센터로 쏟아져 들어오는 이메일을 관리했다. 이전에는 우선순위에 대한 고려 없이 먼저 접수되는 순서대로 처리했다. 이럴 경우 급작스러운 악천후 등으로 인한 배송 지연, 3~4배 폭증하는 문의 이메일, 웹사이트 문제보다 훨씬 심각한 배송 문제 등에 대처하기 어렵다.

오카도 기술부문 데이터 책임 담당자인 댄 넬슨은 "우리는 이메일을 우선순위로 다룰 수 있는 해결책을 찾고 있었고 핵심은 자연어 처리 방법이었다. 들어오는 이메일을 중간에서 포착하여 고객의 감정과 요구를 이해하길 원했다. 구글의 기존 자연어 처리 소프트웨어로는 문제가 복잡하여 텐서플로 라이브러리를 사용하게 됐다"고 말했다.

또한 그는 "오카도는 구글 기술을 이용한 온라인쇼핑몰이다. 이미 쿼리와 스토리지 대부분에 빅쿼리(Big Query)를 이용하고 있기에 텐서플로를 구글 기반 서비스에 배치하기가 더 쉽다. 클라우드 서비스를 사용하지 않았다면 꽤 심각한 하드웨어 프로비저닝 작업을 수행하며 그럭저럭 운영해 나갔을 것이다. 구글을 사용할 필요는 없지만 텐서플로는 확실히 도움이 된다"고 덧붙였다.

출처: CIOKOREA, 2017. 5. 2.

요약정리

신제품의 사업성 분석 및 수요예측을 통해 효과적이고 효율적인 신제품 개발이 가능하다. 사업성 분석은 신제품 컨셉 테스트에서 다루지 못했던 여러 가지 평가를 포괄적으로 실시한다. 단일 신제품에 대해서도 평가해야겠지만 전사적인 측면에서 개발되고 있는 여러 신제품의 평가도 함께 이뤄져야 한다. 사업성 분석을 통해 기업의 자원을 효율적으로 활용하고 더 나아가 지속적인 이윤창출을 통해 기업발전을 도모할 수 있다. 또한 정확한 수요예측을 통해 신제품 개발 계획과 관련된 여러 의사결정을 정확하게 함으로써 보다 성공확률이 높은 신제품 개발을 가능케 할 수 있다. 따라서 신제품 개발 담당자는 신제품 출시 이전에 사업성 분석 및 수요예측을 통한 성공적인 신제품 개발을 위해 노력해야 할 것이다.

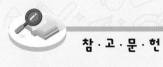

Brownstone, D., and Train, K. (1998). Forecasting new product penetration with flexible substitution patterns. *Journal of Econometrics*, 89(1−2), 109−129.

Chambers, J. C., Mullick, S. K., and Smith, D. D. (1971). How to choose right forecasting technique. *Harvard business review*, 49(4), 47−76.

Georgoff, D. M., and Murdick, R. G. (1986). Manager's guide to forecasting. *Harvard Business Review*, 86(1), 110−126.

Gruber, A. (1970). Purchase intent and purchase probability. *Journal of Advertising Research*, 10(1), 23−27.

Juster, F. T. (1966). Consumer buying intentions and purchase probability: An experiment in survey design. *Journal of the American Statistical Association*, 61(315), 658−696.

Morrison, D. G. (1979). Purchase intentions and purchase behavior. *Journal of Marketing*, 43(2), 65−74.

Sanders, N. R., and Manrodt, K. B. (1994). Forecasting practices in US corporations: survey results. *Interfaces*, 24(2), 92−100.

Schneider, M. J., and Gupta, S. (2016). Forecasting sales of new and existing products using consumer reviews: A random projections approach. *International Journal of Forecasting*, 32(2), 243−256.

Silk, A. J., and Urban, G. L. (1978). Pre−test−market evaluation of new packaged goods: A model and measurement methodology. *Journal of Marketing Research*, 15(2), 171−191.

Urban, G. L., Hauser, J. R., and Dholakia, N. (1987). *Essentials of New Product Management*. NJ: Prentice Hall.

Wheelwright, S. C. and Makridakis, S. (1985). *Forecasting Methods for Management*. 4th Ed., Canada: Wiley.

제품 개발

New Product
Design
&
Development

CHAPTER 10

제품 디자인

애플이 내놓을 신제품 아이폰에 대한 온갖 루머와 소식이 넘쳐나는 때다. 현재와 비슷한 제품군 구성으로 5.8인치부터 6.5인치까지 세 가지 크기의 제품이 출시될 것으로 보인다. 이중 가장 흥미로운 제품은 6.1인치 LCD 모델이다.

지금까지의 소문으로 미루어보면 5.8인치와 6.5인치 아이폰 XI 모델이 OLED, 조금 더 저렴한 제품으로 출시될 6.1인치 제품이 LCD로 추정된다. 월 스트리트 저널의 보도에 따르면 애플은 6.1인치 LCD 제품이 발매 후 전체 아이폰 판매량의 절반 이상을 차지할 것으로 추산하고 있

혁신적 디자인으로 유명한 애플의 아이폰 X
출처: IT월드.

다. 즉, 현재 판매량을 기준으로 1억 대 이상이 팔릴 수 있다는 의미다. 애플의 6.1인치 신형 아이폰이 OLED 제품을 제치고 가장 많이 판매될 근거 세 가지를 정리했다.

완벽한 크기

5.8인치 아이폰 X는 5.5인치 아이폰 8 플러스보다 더 화면이 크기는 해도, 독특한 비율과 윗부분 노치 디자인 때문에 사용할 수 있는 면적이 더 좁다. 차이는 고작 몇 mm에 불과하지만, 지난 수년간 플러스 타입의 대형 아이폰을 써 온 사용자들에게는 쉽게 눈에 띈다.

화면 크기를 6.1인치로 확대하면서 애플은 그 차이를 줄인다. 손에 쥐는 느낌부터 유용성까지 6.1인치 아이폰은 아이폰 X보다는 크고, 아이폰 8 플러스처럼 지나치게 크지는 않을 것이다. 반면, 6.5인치 아이폰 제품은 가장 많은 것을 바라는 아이폰 사용자에게 환영받을 것으로 보인다.

아이폰 X의 외관 그대로

LCD보다 OLED가 더 낫다는 것은 여러모로 잘 알려진 사실이다. 그러나 대다수 일반 사용자에게는 크게 중요하지 않다. 아이폰 X의 특별한 점은 고화질 화면이 아니라 디자인이다. 노치 디자인에 대해서는 호불호가 갈린다고 쳐도, 아이폰 X의 전면 스크린 설계와 둥그스름한 모서리, 대칭 베젤의 매력은 부인하기 어렵다. 윗부분 면적과 테두리가 넓은 아이폰 8이 시대에 뒤떨어진 것처럼 보일 정도다.

LCD 화면을 채택한 6.1인치 아이폰도 아이폰 X의 디자인과 노치 등을 그대로 가져가면서 전체 제품군의 디자인이 비슷하게 될 것이라는 소문이 있었다. 2019년경 애플은 아이폰 X 디자인을 다른 모델로 확장할 것이다. LCD 화면은 OLED보다 유연하지 않으므로 몇 가지 엔지니어링 설계가 필요하겠지만, 아이폰 X와 같은 모양의 LCD 아이폰이 나온다면 사려고 할 사람은 많을 것 같다.

제품 디자인의 사례는 우리 주변에서 쉽게 찾아 볼 수 있다. 컴퓨터 모니터, 주방기기, 가전제품의 디자인 등은 이제 우리 생활의 일부분이 되었다. 우리 주위에서 흔히 볼 수 있는 제품의 디자인은 이제 중요한 신제품 개발의 한 부분이 되었다.

신제품 컨셉은 제품 디자인 과정을 거치면서 실제 제품으로 구현된다. 신제품 아이디어, 컨셉의 개발과정이 주로 문장이나 말로 표현된 것이라면 제품 디자인은 실제 제품으로 구현해내는 과정이다.

제품 디자인에서 가장 중요한 것은 소비자의 욕구를 얼마나 잘 반영하는가이다. 소비자가 제품을 선택하고자 할 때, 제품의 외형적인 스타일이나 모양도 중요시하지만 궁극적으로 제품 사용을 통해 얻을 수 있는 편익을 더욱 중요하게 여기기 때문이다.

📄 그림 10-1
독특한 디자인으로 유명한 렉슨(Lexon)의 생활용품

출처: 까사리빙.

이번 장에서는 신제품 디자인에 대해 알아보도록 하겠다.

신제품 디자인이란?

신제품을 만들기 위해서는 여러 단계를 거치게 된다. 신제품 개발의 준비단계는 신제품 전략수립, 시장 기회의 파악, 소비자의 욕구와 경쟁상황, 시장 상황의 파악 등으로 시작된다. 준비단계를 거쳐 실제 제품을 구현하기 위한 제품 디자인을 수행하게 된다. 즉, 신제품 디자인은 앞서 언급한 여러 가지 준비단계를 바탕으로 신제품을 실현시키는 과정이다.

미국 산업디자이너협회(IDSA: The Industrial Designers Society of America)는 제품 디자인을 "사용자와 생산자의 상호 이익을 위해 제품의 기능, 가치 및 외형을 최적화 시킬 수 있는 제품 컨셉과 제품 명세서(Specification)를 개발하는 과정"이라고 말하고 있다. 즉, 제품 디자인은 제품 컨셉과 제품 명세서를 도출하기 위해서 제품의 기능(Function), 가치(Value), 외형(Appearance)을 최적화 시키는 과정이라고 볼 수 있다.

● 기능(Function) 제품의 기능적인 측면은 제품을 사용하여 얻을 수 있는 혜택과 직접적인 관계를 맺고 있다. 예를 들어, 대부분의 소비자는 세탁기를 구매할 때 세탁기의 기능을 제일 먼저 고려한다. 80년대 출시되었던 세탁기는 세탁 기능만을 제공하고 있어 헹구거나 탈수를 할 때는 직접 손으로 하거나 탈수기능이 있는 다른 제품을 사용하였다. 그러나 현재 세탁기는 세탁기능, 헹굼기능, 탈수기능 등 여러 기능들을 함께 제공하고 있다. 이

📄 그림 10-2
제품 디자인의
3요소

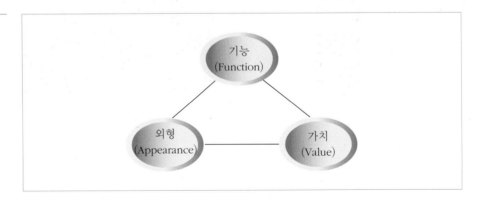

그림 10-3
감성적 제품외형의
자동차들

출처: 오토카 & 페어뉴스.

는 소비자의 욕구를 반영하는 기능을 제품에 추가하여 출시하였기 때문에 가능했던 일이다. 따라서 제품의 기능은 제품의 편익 사항과 밀접한 관계를 맺고 있기 때문에 제품 디자인을 할 때 매우 중요한 요소이다.

● 제품 외형(Appearance) 제품의 외형은 제품의 형태적인 요소와 감성적인 요소를 포함하고 있다. 제품의 형태적인 요소는 제품의 기능 및 특성을 잘 나타낼 수 있는 제품의 외형을 일컫는 것이고 감성적인 요소는 소비자가 제품을 접했을 때 느끼는 감정 또는 감흥 등을 일컫는다. 자동차를 구매할 때 자동차가 제공하는 기능들도 중요하지만 자동차의 스타일이나 색상 등과 같은 외형적인 요소 역시 매우 중요하다. 더 나아가 제품의 형태적인 외형뿐만 아니라 감성적인 부분까지 고려하여 제품을 디자인하게 된다. BMW 또는 벤츠와 같은 외국의 자동차 회사는 최근 제품의 감성적인 요소의 중요성을 인식하고 소비자에게 어필할 수 있는 감성적인 제품 또는 마케팅 활동을 전개하고 있다.

● 제품 가치(Value) 제품의 가치는 제품을 구매하고 사용할 때 느끼는 자부심, 희소성에 의한 가치, 소속감, 기대감 등과 같은 부가적인 가치를 말한다. 제품을 사용하여 얻을 수 있는 가치는 다양하다. 예를 들어, 여성 의류의 경우 옷을 구매하였을 때 제품의 외형 및 스타일과 같은 외형적인 요소와 보온성, 통기성 등과 같은 기능적인 요소들이 복합적으로 어울려 제품의 가치를 제공할 수 있다. 또한 브랜드력에 의한 브랜드 가치의 제고를 통해 보다 많은 가치를 소비자에게 전달할 수 있다.

마케팅 관점에서는 신제품 디자인을 소비자에게 제공되는 제품의 핵심 편익을 파악하고 경쟁 제품과 비교하여 핵심 편익을 포지셔닝하기 위하여 물리적인 제품, 마케팅 전략, 서비스 정책 등을 개발 및 실현시키는 과정(Urban and Hauser, 1993)으로 정의하고 있다.

제품 디자인에서 가장 핵심이 되는 것은 제품이 소비자에게 제공할 수 있는 핵심 편익을 도출하고 찾아내는 것이다. 핵심 편익(Core Benefit)이란 경쟁제품 또는 기술적으로 뛰어난 제품을 내포하고 있을 뿐만 아니라 실질적으로 소비자가 느끼기에 뛰어난 편익을 의미한다.

기술적으로 아무리 우월한 제품이라 하더라도 소비자의 욕구 또는 시장에서 수용되지 않는 제품은 사라지기 마련이다. 신제품 디자인 또한 선행된 단계에서 도출된 제품의 컨셉에서 주요한 핵심 편익을 도출하여 신제품 디자인에 반영하는 것이 매우 중요하다.

 사례

디자인 승부 나선 카드사들…'캐릭터 마케팅'으로 2030 잡기 나서

워너원을 모델로 하는 신한카드   카카오 프렌즈를 활용한 카카오뱅크카드
출처: 한국경제.

보수적인 디자인이 지배하던 카드 시장에 새로운 바람이 불고 있다. 카드사들은 다양한 인기 캐릭터와의 협업과 개성있는 컬러, 디자인으로 무장해 2030세대의 마음 잡기에 나섰다.

SC제일은행은 어벤져스와 블랙 팬서를 모델로 한 체크카드 2종과 통장을 출시했다. SC제일은행은 2017년 월트디즈니컴퍼니 코리아와 제휴를 맺은 후 어벤져스의 히어로 캐릭터와 곰돌이 푸, 미키·미니 마우스 등 다양한 디즈니 캐릭터를 이용한 카드를 선보였다.

KEB하나은행도 2017년 포켓몬코리아와 협업해 포켓몬 체크카드·통장을 선보여 인기를 끌었다.

현재 캐릭터 시장의 '끝판왕' 카카오프렌즈는 등장하자마자 카드업계에 센세이션을 일으켰다.

카카오뱅크 영업 개시 1주일 만에 100만장을 돌파했고 지금까지 누적 414만장이 발급됐다. 이 중 절반이 라이언이 그려진 카드다. 발급신청이 폭주하면서 초기에는 카드 발급까지 한 달 이상이 걸리는 등 물량 부족 사태가 벌어지기도 했다.

최근에는 평창 동계올림픽의 깜짝 스타로 떠오른 '수호랑'이 그려진 우리카드의 '평창 체크카드' 시리즈가 50만장을 넘어서며 또 하나의 성공 사례를 추가했다.

캐릭터에 이어 인기스타를 활용한 카드 디자인도 인기다. IBK기업은행은 빅뱅의 지드래곤이 직접 디자인한 'GD카드'를 10만개 한정으로 출시, 열흘만에 4만개가 발급됐다. 신한은행도 워너원을 이용한 카드를 내놓으면서 젊은 층의 호응을 얻고 있다.

체크카드를 주로 이용하는 20~30대 고객들이 다양한 혜택보다 디자인의 차별화를 더 중요시하고 있는 것을 반영했다는 설명이다. 카드사들의 경쟁 심화에 할인·적립 등의 체크카드 혜택이 상향평준화되면서 비슷한 혜택이라면 개성을 보여줄 수 있는 캐릭터 카드를 선택한다는 것이다.

업계 관계자는 "캐릭터 카드는 선호도가 분명해 특정 연령대나 성별 등에 타깃 마케팅을 하기 좋다"며 "일반 카드처럼 대중화되기는 어려운 대신 충성도가 높아 중장기적으로 고정 고객을 만들 수 있다는 판단"이라고 말했다.

출처: 한국경제, 2018. 3. 26.

제품 디자인 단계에서는 어느 단계에서보다 기술, 생산, 마케팅 부서들의 협력이 필요하다. 실제 제품을 구현하기 위해서는 마케팅적인 접근도 필요하지만 생산, 기술적인 기능을 관리하는 능력 역시 매우 중요하기 때문이다. 아무리 신제품의 컨셉이 좋다고 하더라도 기술적인 실현가능성 및 생산 능력 등과 같은 제반 사항을 고려하지 않으면 실제 제품으로 구현하기 어렵다.

[그림 10-4]는 제품 디자인 비용과 전체 개발 비용 중 디자인 비용이 차지하고

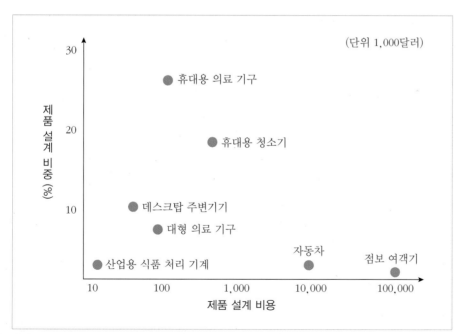

📄 그림 10-4
전체 제품 개발 비용 중 제품 디자인이 차지하고 있는 비중

출처: Ulrich, K. T., and Eppinger, S. (2000). *Product Design and Development.* NY: McGraw-Hill.

있는 비중을 설명해 주고 있다. 휴대용 의료 기구는 전체 개발 비용 중에서 제품 디자인 비용이 많은 부분을 차지하고 있는 것을 볼 수 있다.

시장지향적 제품 디자인

기업에서는 제품 디자인의 중요성을 인식하고 디자인 전담 부서를 만들어 운영하고 있다. 제품 디자인 과정은 상황 및 제품의 특성에 따라 다소 차이를 보이고 있으나 대체적으로 도출된 컨셉을 바탕으로 소비자의 욕구를 잘 반영하는 주요 편익을 파악하는데서부터 시작한다. 따라서 제품 컨셉은 제품 디자인의 기본적인 방향을 제시하는 역할을 한다. 제품 컨셉 도출시 소비자의 욕구를 파악하고 이를 제품 디자인에 잘 반영해야 한다.

제품 디자인을 할 때에는 소비자 중심의 디자인 과정을 거쳐야 한다. 제품 디자인 자체에 너무 치우쳐 협소적인 제품 디자인을 하는 것을 피해야 하며 소비자의 시각에서 전체적인 신제품 개발과정에 맞춰 제품 디자인을 수행해야 한다. [그림 10-5]는 시장지향적 제품 디자인 과정을 잘 나타내 주고 있다. 제품 개발 단계에서만 제품 디자인을 수행하는 것이 아니라 컨셉 개발에서부터 사업성 분석에 이르기까지 신제품 전 과정에서 좋은 제품 디자인을 위해 소비자의 시각에서 제품 디자인을 수행해야 한다.

또한 제품 기능 및 개발 비용을 고려한 제품 개발을 수행해야 한다. [그림 10-6]을 보면 제품 디자인은 시장과 소비자의 양쪽에서 접근해야 한다는 것을 알

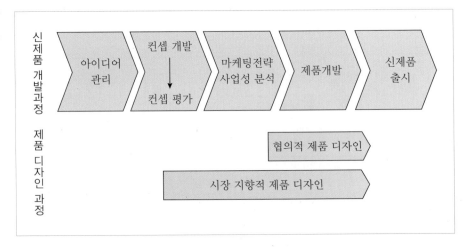

📄 그림 10-5
시장지향적 제품
디자인

수 있다. 제품의 개발 비용과 시장에서의 판매를 고려한 이익, 제품 사용에서 느끼는 편익에서 얻을 수 있는 사용자 만족의 수준을 함께 생각해야 한다.

제품 디자인을 수행할 때에는 기본적으로 소비자의 욕구와 제품이 갖추어야 할 기능(Function)을 결정하고 제품 컨셉을 잘 표현할 수 있는 제품의 외형을 디자인하는 과정을 거치게 된다. 이를 위해 소비자의 욕구를 잘 표현할 수 있도록 제품이 갖추어야 할 기능을 열거하여 제품 요구사항(Product requirement)을 작성한다.

성공적인 신제품을 위해서는 소비자의 욕구를 잘 반영한 제품을 디자인하는 것이 매우 중요하다. 그러나 소비자의 욕구를 제품에 반영하기에는 매우 어려운 점이 많다. 첫째, 소비자의 욕구가 무엇인지 파악하기 어렵다. 소비자들이 가지고 있는 욕구를 파악하기 위해서는 FGI, 설문조사 등과 같은 여러 가지 조사와 연구과정을 거쳐야 한다. 둘째, 소비자의 욕구를 명확하게 표현하기 어렵다. 소비자의 욕구가 파악되었다고 하더라도 소비자의 욕구를 제품에 반영시키기 위해서는 신제품 개발에 참여하는 모든 사람들이 신제품의 요구 사항을 명확히 알아야 한다. 예를 들어 라면시장에서 새로운 제품을 출시하기 위해 소비자의 욕구를 파악하려고 할 때, 소비자의 욕구는 "매운맛, 담백한 맛, 건강한 맛, 달콤한 맛, 시원한 맛" 등과 같은 애매모호한 언어로 표현되기 싶다. 애매모호한 언어로 표현된 소비자의 욕구

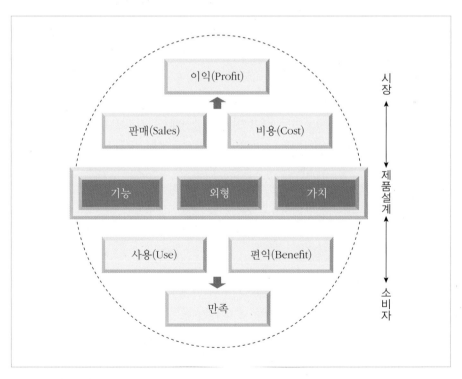

📄 그림 10-6
시장 및 소비자
와 제품 디자인

는 제품에 반영하기에 어려운 일이다. 따라서, 신제품을 개발할 때에는 소비자의 욕구를 제품에 반영하기 위해서 누구나 명확하게 이해할 수 있는 언어로 바꿔주는 작업이 필요하다.

철강에 창조적 혁신 '디자인'을 입히다

포스코

우리나라 대표 철강기업 포스코가 '디자인'을 접목하여 새로운 가치를 만들어나가고 있다. 포스코의 고급 소재와 기술을 활용한 다양한 디자인을 제공함으로써 중국산 철강의 물량 공세 속에서 차별화된 생존전략을 추구하는 고객사로부터 환영을 받고 있다. 고객이 쓰기 가장 좋은 형태, 원하는 형태로, 고객이 고민하는 바를 '패키지'로 해결하여 제공한다는 포스코의 '솔루션 마케팅'의 맥락에서 디자인 솔루션은 철강재 고유의 특성에 표면처리, 형태, 색상 디자인

친환경 에너지 태양광 Solar Pine
출처: 한겨레신문.

을 융·복합하여 작게는 제품에서부터 크게는 건축물까지 만들어내고 있다.

새로운 도전을 시작한 포스코가 '디자인'으로 만들어내고 있는 혁신적 사례들을 살펴본다.

인천 동구 화수동의 어린이 놀이시설 '플레이룸(Playroom)'은 철강소재로 만든 건축물 다섯 개가 모여 거대한 꽃잎을 이루는 형태로 구성되어 있다. 이 놀이시설 건축물의 겉과 속은 모두 '파형강판'의 이중 구조로 되어 있다. 파형강판이란 일정한 크기의 구조용 강재를 파형 모양으로 성형하여 성형 전의 평평한 강판의 강성을 증가시킨 건설부재로, 일반적으로 교량, 터널, 격납고 등의 토목 구조물에 활용되고 있다. 포스코 디자인 솔루션 TF는 파형강판에 디자인을 입혀 층고가 높으면서 기둥이 필요 없는 공간을 만들어 어린이들이 마음껏 뛰어놀 수 있는 놀이시설을 제작하도록 했다.

최근 입주를 시작한 경기도 용인의 한 아파트 단지 안 분리수거 시설. 천장에는 디자인 패턴으로 인쇄된 '잉크젯 프린트 강판'이, 기본 구조에는 고내식 강판이 적용되었다. 포스코가 최근 자체 기술로 개발하는 데 성공한 고해상도 잉크젯 프린트 강판의 이미지 패턴을 디자인하여 시범 적용한 것이다. 이번에 개발한 잉크젯 프린트 강판은 완벽한 풀 컬러(full color) 인쇄가 가능하고 해상도도 기존 프린트 강판 대비 4배 이상 높다.

이렇듯 포스코는 소재와 기술에 디자인을 접목하여 원소재에서부터 고객사 제품까지 전체를 아우르는 토털 디자인 솔루션을 제공하고 있다. 이전에 생각하지 못했던, 기존 소재의 새로운 용도를 고객에게 보여주기도 한다.

과거 '산업의 쌀'을 곳곳에 공급하며 국내 산업 진흥을 이끌어갔던 포스코가 이제는 새로운 가치와 소통을 기반으로 한 '솔루션 마케팅'을 융합하여 전통적인 제조업의 패러다임을 바꾸어나가고 있다.

출처: 한겨레신문, 2016. 11. 30.

SECTION 03 제품 디자인 실행

제품 디자인은 제품의 컨셉 또는 소비자의 욕구를 직접 실현해 내는 과정이다. 소비자의 욕구를 잘 반영하는 제품을 만들기 위해서는 소비자의 욕구를 상세하게 기술하는 제품 요구사항을 정리하는 것이 중요하다. 제품 요구사항이 모두 정리가 된 후에는 제품의 물리적이고 기능적인 요소를 고려한 디자인 작업을 수행해야 한다.

제품의 요구사항은 제품이 갖춰야 할 사항을 구체적으로 기술한 것이다. 여기에는 제품의 기능적인 요구사항뿐만 아니라 시장의 기회 및 마케팅, 생산 및 디자인과 같은 내용을 포함하고 있다. 제품 요구사항을 분석하기 위해서는 시장에서의 기회를 제시하는 부분과 이를 구현하기 위한 마케팅 및 생산, 디자인적인 접근을 동시에 반영하여야 한다.

3.1 제품 요구사항 파악

제품 요구사항은 제품의 컨셉을 바탕으로 실제로 제품이 갖추어야 할 사항을 보다 구체적으로 기술하는 작업이다. 소비자의 욕구는 매우 다양하며 이를 만족시키는 방법도 매우 많다. 소비자의 다양한 욕구를 정확하게 만족시키기 위해서는 소비자의 욕구를 달성시키기 위한 방법을 보다 구체적으로 기술할 필요가 있다.

제품 요구사항 분석은 제품 컨셉을 제품으로 실현시키기 위해 구체적으로 작성되어야 한다. 제품 요구사항을 작성할 때에는 명확하고 누구나 이해할 수 있도록 작성해야 한다. 파악한 시장의 욕구를 제품 디자인에 반영하는 작업은 신제품 개발

📄 표 10-1
인터뷰를 통한
제품 요구사항
파악

▶ 프로젝트 No: 321-2(Desktop 제품개선)
▶ 고객 성명 : 고원헌　　　　　▶ 인터뷰어: 정의파
▶ 인터뷰 일시 : 2018. 12.　　　　▶ 사용제품: 개인용 데스크탑 PC
▶ 사용자 유형 : 학생

질문	고객 인터뷰 내용	제품 요구사항	중요도
사용 상황	– 인터넷을 사용할 때 주로 사용하고 있다.	– 손쉬운 인터넷 사용	높음
	– 게임을 할 때 사용한다.	– 빠른 그래픽 기능 지원	높음
	– 가끔 리포트 작성이나 과제물 작성을 할 때 사용한다.	– 오피스계열 소프트웨어 지원	높음
만족 요인	– 키보드의 자판이 손에 잘 맞는다.	– 자판 이용 많음	보통
	– 컴퓨터 고장시 신속하게 수리를 해준다	– 컴퓨터의 고장에 대한 편리성	보통
	– 다른 비슷한 가격대의 컴퓨터보다 탁월한 기능을 가지고 있다.	– 가격대비 성능중시	보통
	– 컴퓨터 게임시 그래픽의 처리속도가 좋다.	– 엔터테인먼트 기능 추구	보통
	– 주변기기와의 호환성이 좋다	– 사용편리함을 추구	보통
불만 요인	– 컴퓨터의 크기가 너무 커서 공간을 많이 차지한다	– 공간을 줄일 수 있는 본체 디자인	매우높음
	– 컴퓨터를 설치하기에 매우 어렵다	– 설치를 용이하게 개선	매우높음
	– 업그레이드가 어렵다.	– 손쉬운 업그레이드	매우높음
	– 지원되는 소프트웨어가 미흡하다.	– 번들용 S/W 개발 및 제공	높음
	– 소음이 매우 크다	– 소음제거 디자인	매우높음

에서 매우 중요한 부분을 차지하고 있다.

[표 10-1]은 개인 컴퓨터 사용자에 대한 인터뷰를 통해 새로운 제품에 반영되어야 할 소비자의 욕구를 정리한 것이다. 소비자의 요구 사항은 해석하는 사람이 누구냐에 따라 많은 차이를 보일 수 있다. 따라서 소비자의 요구사항을 명확하게 정의하고 제품 디자인을 시작해야 한다.

3.2 제품 아키텍처의 작성

제품 요구사항이 파악되었으면 이제 제품 아키텍처를 작성해야 한다. 제품 아키텍처는 제품이 필요로 하는 기능을 제품의 형태로 변환시키는 작업을 일컫는다. 제품도 그것이 가지고 있는 하나 하나의 기능들이 모여서 전체를 구성한다. 제품의 기능적인 측면에서, 각 기능들은 전체를 작동할 때 제대로 제품의 구실을 하도록

도와주는 역할을 한다(Otto and Wood, 2001). 예를 들어, 잉크젯 프린터의 기능적인 요소로는 종이의 공급, 잉크저장, 잉크의 출력, 종이의 수급 등을 들 수 있으며 이것들이 모여서 프린터라는 제품의 구실을 할 수 있게 만든다. 제품 디자인이 단일의 기능들이 조합을 이뤄 제품의 구실을 할 수 있도록 만드는 과정이라고 한다면 이러한 기능들을 일목요연하게 정리할 수 있도록 만드는 것이 제품 아키텍처이다.

제품 아키텍처는 시장의 요구 또는 소비자의 욕구와 제품 디자인 간의 징검다리 역할을 한다. 제품 아키텍처를 통해 소비자의 욕구를 효과적으로 제품 디자인에 반영할 뿐만 아니라 제품 개발자에게 제품 디자인을 손쉽게 할 수 있도록 도와줄 수 있다.

또한, 제품 아키텍처를 이용하여 제품 개발의 시간과 비용을 줄일 수 있다. 우리가 사용하고 있는 잉크젯 프린터를 디자인한다고 생각해 보자. 잉크젯 프린터는 개인 PC를 보유한 개인 사용자나 사무실에서 컬러(color)인쇄를 하는데 주로 사용되고 있다. 잉크젯 프린터는 현재 시장에서 성숙기 제품으로 새로운 잉크젯 제품의 성공을 위해서는 시장을 세분화하여 소비자의 욕구를 반영해야 한다. 성숙기 제품으로 경쟁도 치열하기 때문에 성공적인 신제품을 출시하려면 보다 다양한 제품의 제공과 생산 비용의 절감이라는 두 가지 목표를 달성해야 한다.

신제품 개발자는 최대한 빠른 시간 안에 소비자의 욕구를 파악하여 신제품에 반영하기를 원할 것이다. 이러한 목표를 달성하기 위해서 개발자에게는 제품의 기능은 물론 정확한 개발을 위한 지시사항 및 명확한 설명이 필요하다. 제품 아키텍처는 신제품 개발시 정확한 개발 지침서 구실을 하여, 개발 단계의 모호성을 없애 시간과 비용을 단축시키는 역할을 하고 있다.

훌륭한 제품 아키텍처를 구성하기 위해서는 선행되어야 할 조건들이 몇 가지 있다. 첫째, 소비자의 욕구를 정확히 파악해야만 한다. 제품 아키텍처의 본질은 시장의 욕구 또는 소비자의 욕구를 얼마나 충실히 반영하였는가에 초점을 맞추고 있다. 둘째, 제품 아키텍처를 구성할 때 제품 디자인시의 제약적인 요소를 잘 알아야 한다. 제약적인 요소(constraints)는 제품 개발 비용, 개발 일정, 환경적 제약, 법적인 제약 등을 포함한다. 셋째, 제품 개발의 우선순위를 결정해야 한다. 소비자의 욕구와 신제품 개발시 따르는 여러 제약적인 여건들은 항상 상충되어 발생하기 마련이다. 소비자의 욕구를 제대로 반영하자니 제품 디자인의 비용이 높아진다거나 일정이 늘어나 제품 개발에 차질이 생기는 등 여러 가지 상충되는 상황이 발생할 수 있는 것이다. 이럴 때에는 제품 개발의 우선순위를 두어 해결하는 방법을 취하여야 할 것이다.

(1) 제품 아키텍처의 작성 절차

제품의 근본적인 목표는 소비자의 욕구를 반영하여 소비자가 만족할 수 있도록 하는 것이다. 제품 아키텍처는 소비자의 욕구를 보다 잘 수용하기 위해서 제품의 기능 및 구성 요소를 세부적으로 나누어 디자인하는 사람이 쉽게 제품을 구현할 수 있도록 해주는 역할을 한다. 디자인 과정에서 제품 아키텍처의 작성은 올바르게 제품을 개발하고 있는지를 확인하는 과정으로도 사용할 수 있다. 제품을 만드는 과정은 비용과 시간이 많이 걸려 신중한 결정을 내려야 하는데 여러 번의 검증과정을 거쳐 이뤄지는 것이 보통이다. 제품 디자인을 할 때에는 곧바로 완제품을 만들기 전에 확인하는 작업들이 필요하다. 제품 아키텍처가 이러한 검증작업을 수월하게 만들어 줄 수 있다.

제품 아키텍처를 구성하는 과정은 다음 4단계를 걸쳐 작성된다(Ulrich and Eppinger, 2000).

1) 1단계: 제품의 개략적인 기능 다이어그램 작성

제품 개략도(Schematic of product)란 제품을 디자인 또는 개발하는 개발자들이 제품의 구성 요소들을 이해하기 쉽게 다이어그램 형식으로 표현하는 것이다. 예를 들어 프린터의 개략적인 기능 다이어그램을 작성해 보자. [그림 10-7]은 대략적인 프린터의 기능 간의 관계를 나타내 주고 있다. 네모 안에 기술되어 있는 것들은 제품의 기능을 일컫는다. 용지를 저장한다든지 잉크를 분사한다든지 하는 프린터를 구성하고 있는 각각의 기능들을 나누어 개략적으로 도식화한 것이다. 직선 및 점선 화살표로 표시된 것은 각 기능 간의 관계를 나타내주고 있다. 직선 화살표는 전기 및 종이 등의 흐름을 나타내고 있으며 점선 화살표는 데이터의 흐름을 개략적인 수준에서 나타내고 있다.

개략적인 기능 다이어그램을 작성할 때는 무슨 기능을 수행하고 있는지에 대해 간략하게 기술하고 각각의 기능의 관계를 화살표로 표시한다. 이 단계는 제품의 기초적인 디자인을 위한 작업이기 때문에 너무 많은 기능이나 관계를 표시하기보다는 중요한 기능 및 관계 위주로 다이어그램을 작성하는 것이 중요하다.

2) 2단계: 동질적인 기능별 군집화

개략적인 기능 다이어그램이 완성되면 동질적인 기능별로 군집화하여 일목요연하게 제품의 기능을 정리해야 한다. 군집화(clustering)는 상호 상관관계가 높은 것들을 모으는 것을 말하는데, 기능별 군집화는 동질적인 또는 상호 상관관계가 높은 기능들을 하나로 묶는 작업을 말한다. 군집화를 하는 이유는 제품의 디자인시 기능

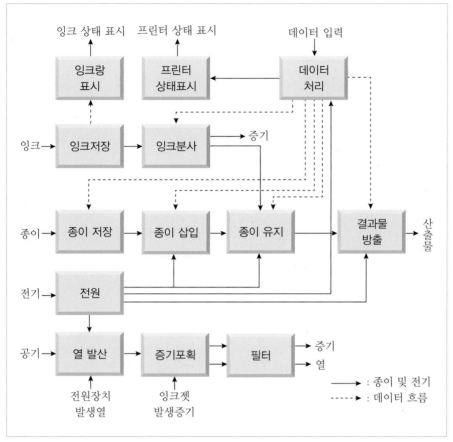

출처: Cutherell, D. (1996). Product Architecture. *In The PDMA Handbook of New Product Development*. Ed., M. Rosenau et al., NJ: John Wiley & Sons, Inc.

별로 부품을 모듈화해 제품을 생산하는 것이 보다 효율적으로 제품을 개발할 수 있기 때문이다.

여기에서 동질적인 기능이란 각각의 하위 기능들이 모여 상위의 기능을 수행하는 것을 말하며 하위 기능끼리의 상관관계는 매우 높다. 각 군집화 된 기능간의 관계는 서로 독립적이다. 예를 들어, 잉크량을 조절한다든지, 잉크의 상태를 표시해 주는 기능은 프린터 잉크관리 기능으로 묶일 수 있다. 이는 종이를 관리하는 또 다른 기능과의 관계에 있어 중복적이지 않고 서로 독립적인 것을 알 수 있다. 군집화된 기능을 청크(Chunk)라고도 하는데 이는 동질적인 기능들의 상호 독립적인 묶음이라고 설명할 수 있다. 즉, 하위 기능들이 한데 묶여 상위의 기능을 수행하게 되는데 이 때 군집화된 개념은 다른 군집화된 상위개념과 상호 독립적으로 구성되어야 한다.

동질적인 기능별로 군집화를 이룬 후에는 각 상위 기능간의 관계를 화살표로 표시해야 할 필요가 있다. 각 상위 기능들간의 상호관계를 표시함으로써. 각각의 기능들의 독립적인 관계는 물론 시스템 디자인 시 고려되어야 할 사항을 정리할 수 있다. [그림 10-8]은 잉크젯 프린터의 하부 기능들 중 동질적인 기능을 묶어 군집화한 예이다. 종이를 지탱하거나 종이를 저장하는 기능들을 한 곳에 묶어 종이관리의 상위 기능집단을 만들고 이 종이관리 기능과 연관이 있는 기능과의 상호 관계를 표시하여 각 기능이 수행해야 할 명확한 작업을 표시해 주고 있다.

　　다음은 [그림 10-8]의 동질적인 기능별 군집화를 위한 구체적인 방법이다(Otto and Wood, 2001).

● 물리적인 흐름을 고려하여 동질적인 하위 기능들을 결합한다. 잉크젯 프린

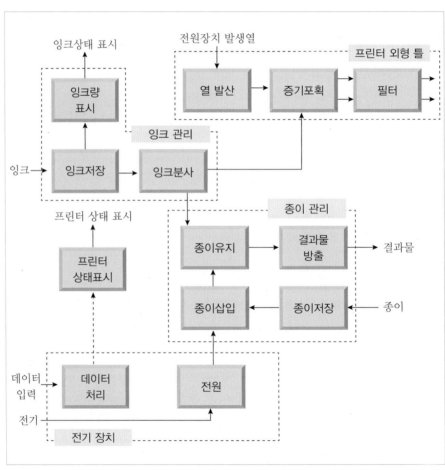

📄 그림 10-8
유사 기능별
군집화

출처: Cutherell, D. (1996). Product Architecture. In *The PDMA Handbook of New Product Development*. Ed., M. Rosenau et al., NJ: John Wiley & Sons, Inc.

터의 경우 물리적인 흐름은 세 가지를 들 수 있다. 종이의 이동, 전원의 흐름, 데이터의 흐름이 그것인데 종이의 이동은 프린터를 수행할 때 종이가 저장되어 있고 입력되어서 출력되는 흐름을 나타내고 있으며 데이터의 흐름은 호스트 컴퓨터에서 입력되어진 신호를 받아 인쇄를 수행하는 것이다.

● 군집화 된 기능간의 상호 연결관계를 표시한다. 종이를 관리하는 기능과 카트리지를 관리하는 기능간의 관계를 화살표로 표시한다. 이는 각 기능간의 관계를 파악하는 데 매우 유용하게 사용될 수 있으며 후에 제품 개발시 각 모듈 또는 군집화된 기능간의 데이터 흐름, 전기의 흐름 등과 같은 물리적인 흐름을 고려할 수 있는 기초를 제공한다.

● 마지막으로 군집화하고 각 군집끼리의 상호 관계를 표시한 후 모듈화 된 다이어그램이 제품을 생산할 때 비용적인 측면 또는 기술적인 측면에서 얼마나 효과적인지를 검증해야 한다. 만약, 제품 구현시 불가능한 부분 또는 비용을 많이 발생시키는 부분들은 수정 및 보완이 이뤄져야 한다.

3) 3단계: 제품의 공간적인 배치도 작성

기능별 군집화가 마무리되면 군집화 된 모듈별로 제품을 공간적으로 어떻게 배치해야 할 것인지를 결정해야 한다. 잉크젯 프린터의 경우 크게 잉크관리, 종이관리 등으로 구성되어 있으며 이를 공간적으로 배치하게 되면 [그림 10-9]와 같다.

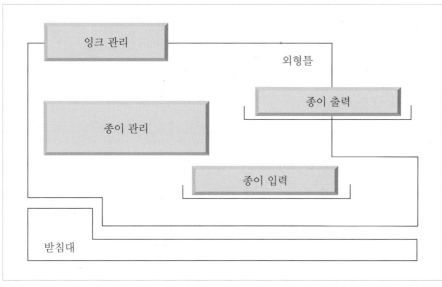

📄 그림 10-9
제품의 공간적인 배치도(layout)

출처: Cutherell, D. (1996). Product Architecture. In *The PDMA Handbook of New Product Development*. Ed., M. Rosenau et al., NJ: John Wiley & Sons, Inc.

제품을 상세히 디자인하기 전에 제품기능 및 모듈을 대략적으로 어떻게 배치해야 하는가에 관한 정보를 제공해 준다.

4) 4단계: 상호작용 파악 및 세부적인 특징 파악

대략적인 공간배치를 마친 후 모듈간의 상호작용을 정의해야 한다. 하위 기능으로 구성된 군집화된 기능들, 즉 모듈은 상호 독립적으로 구성되어 있다. 각 모듈간에 이뤄지고 있는 상호작용을 이해하는 것은 매우 중요한 일이다. 세부적인 제품 구현시 필요한 프로토타이핑(Prototyping)은 테스트에 유용한 정보를 줄 수 있고 신제품 개발 부서 또는 개발자간의 의사소통을 명확히 할 수 있다는 이점이 있기 때문이다.

상호관계와 세부적인 특징을 파악하기 위해서 다음의 네 가지 사항을 점검해야 한다(Otto and Wood, 2001).

- 물질적 상호작용(Material interactions) 각 모듈간의 종이 또는 잉크의 분사 등과 같은 물질적인 상호작용을 정의해야 한다. 물리적으로 구성되어 있는 제품상 물질의 흐름은 매우 중요한 역할을 한다.
- 에너지의 상호작용(Energy interactions) 각 모듈간의 전원의 흐름을 파악해야 한다. 전원장치에서 전원이 입력되고 이를 통해 제품이 작동되는 원리를 이해하고 있어야 한다.
- 정보 상호작용(Information interactions) 데이터 또는 신호와 같은 정보와 관련된 상호작용을 파악하는 것도 중요하다. 프린터의 경우 프린터를 할 수 있도록 데이터를 주고 받는 모듈간의 상호작용을 정의하는 것이 중요하다.
- 공간적 상호작용(Spatial interactions) 각 모듈이 공간적으로 배치되었을 때 각 모듈간의 공간적인 상호작용을 파악해야 한다.

SECTION
04
품질기능전개도(QFD: Quality Function Deployment)

신제품 디자인에 있어서 통합적인 설계는 매우 중요하다. 소비자의 니즈파악에서 제품으로 구현하기까지 모든 과정이 통합적인 과정을 거쳐야 한다. 따라서 전체적인 신제품 개발과정에서 통합적인 제품 디자인을 위한 노력을 수행하는 동시에 소비자 만족을 위한 제품의 품질을 체계적으로 관리해야만 한다. 이를 위해 사용되는 대표적인 방법 중 하나가 바로 품질기능전개도이다.

신제품의 개발과정을 간단히 살펴보면, 우선 핵심편익문안(core benefit proposition)을 만들어 내고 이를 구현하기 위한 제품 속성들을 찾아 낸 후 이 같은 문안(제품컨셉)이나 제품 속성들을 구체적인 엔지니어링과 생산상의 디자인을 가지고 구체화시키는 과정을 거치게 된다. 이 같은 구체화 과정에서 전체를 통해 지침이 되어야할 개념은 품질이라고 하겠다. 과거에는 품질이라는 개념이 제품이나 서비스의 불량률을 줄이는 품질관리의 차원에서만 논의되어 왔으나 최근에는 품질개념이 고객을 만족시키는 것을 목표로 하는 제품의 디자인과 생산에 관한 요소들을 모두 포괄하게 되었다(Hauser and Clausing, 1988). 따라서 품질은 더 이상 생산이나 연구개발 부서에 한정된 관심사가 아니며 마케팅을 비롯한 조직구성원 전부의 노력이 뒤따라야 하는 전사적 품질(total quality)의 개념으로 발전하게 되었다. 품질을 중심으로 제품이 물리적 또는 기능적 실체를 갖추어 나가기 위해서는 고객의 필요와 자사의 엔지니어링 특성을 연결시키는 고리가 필요하다. Quality Function Deployment(QFD)는 바로 그와 같은 연결고리의 역할을 수행한다고 볼 수 있다. 품질기능전개(Quality Function Deployment)는 고객의 의견을 듣고 최대한으로 고객이 원하는 것을 충족시키기 위해, 한정된 자원을 사용하도록 결정해 주는 합리적인 도구라 할 수 있다.

앞서 언급한 바와 같이 좋은 제품은 고객만족의 탐색과 제품 디자인 사이의 연계로 시작된다. 다수의 회사들은 고객만족의 탐색과 제품 디자인이 연계되는 평가의 첫 단계에 자사의 역량을 집중시키고 있다.

4.1 소비자 중심의 디자인

소비자의 필요는 1차적 필요(primary needs)인 전략적 필요, 2차적 필요(secondary needs)인 전술적 필요, 3차적 필요인 구체적 필요(tertiary needs)로 나누어 볼 수 있다. 소비자 위주의 디자인이란 결국 이 같은 소비자의 필요들을 엔지니어링 특성들을 가지고 만족시킬 수 있는 방법을 찾아 내는 것이라고 할 수 있다. 이 같은 과정을 올바르게 수행하기 위해서는 '고객의 소리(the voice of the customer)'를 정확하게 듣고 해석하는 능력을 갖추어야 한다(Griffin, 1993). 고객의 소리는 일반적으로 고객필요를 망라한 리스트(list), 그 필요들의 위계적 구조, 필요들의 상대적인 중요도 및 각 필요상 경쟁 제품들에 대한 고객의 평가를 총체적으로 일컫는 말이다.

품질 좋은 자동차의 문을 만들기 위해서는 [표 10−2]에서 보는 바와 같이 '밖

1차적 필요	2차적 필요	3차적 필요
작동이 잘됨	개폐의 용이성	– 밖에서 닫기 편함 – 언덕에서 열려 있음 – 밖에서 열기 편함 등
	차단성	– 비가 새지 않음 – 소음이 안들림 – 세차할 때 물이 안샘 등
	팔걸이	– 부드럽고 편함 – 올바른 위치에 있음
보기에 좋음	내부 끝맺음	– 쉽게 닳지 않는 재료의 사용 – 매력적인 생김새 등
	청결성	– 청소하기에 편함 – 기름때가 잘 안 묻음 등
	꼭맞음	– 문과 본체 사이에 틈이 균일함

에서 닫기 편하고', '언덕에서 열려 있는 상태로 고정될 수 있어야'하며, '밖에서 열기에 편해야 한다'는 등의 조건을 구비해야 할 것이다. 그러나 이와 같은 구체적인 필요들이 모두 동일한 중요성을 갖는다고 보기는 어렵다. 또한 모든 속성에서 최고급의 제품을 만들어 내는 것은 기업의 입장에서 기술상 불가능하거나, 기술상으로 가능하다고 할지라도 손익상 바람직하지 못한 제품인 경우가 많다. 따라서 시장에서 경쟁우위를 갖는 제품을 만들어 내기 위해서는 각 3차적 필요에 대해 소비자들이 부여하는 중요도와 경쟁 제품들에 대한 소비자의 평가를 얻어낼 필요가 있다. [표 10-3]의 경우 자사제품은 필기의 용이성이라는 면에서 소비자가 매우 중요하다고 생각하는 속성임에도 불구하고 경쟁 제품들에 비해 낮은 점수를 받고 있다. 한편 글씨모양의 보존성면에서는 상대적으로 덜 중요한 속성임에도 경쟁 제품보다 높은 평가를 받고 있다. 이와 같은 경우 글씨 보존성 측면에서는 지금 현재의 수준을 유지하는 한편 필기의 용이성 면에 있어서 경쟁 제품과 동일한 수준, 또는 그보다 더 나은 수준까지 끌어올리는 것이 제품의 경쟁력을 제고 시키는 방법일 것이다.

2차적 필요	3차적 필요	중요도	경쟁 제품에 대한 소비자 평가	
		1: 전혀중요치 않음 7: 매우 중요	가장 나쁨	가장 좋음
필기의 용이성	글씨 쓰는데 힘이 덜든다.	7		
	쥐기 편하다.	5		
글씨모양의 보존성	물에 번지지 않는다	3		
	모양이 변하지 않는다	2		

경쟁A사   경쟁B사   자사

📄 표 10-3
중요도와 경쟁 제품의 소비자 평가(예: 필기도구)

4.2 소비자 필요와 엔지니어링 특성의 연결

일단 '고객의 소리'에 대한 분석이 끝나고 소비자의 필요구조와 경쟁 제품들을 지각하고 나면 이를 토대로 소비자들이 원하는 편익을 제품특성을 통해 실현하는 작업이 수행되어야 한다. 이를 위해서는 우선 소비자의 필요와 관련된 엔지니어링 특성들이 어떤 것들인지를 확정하여야 한다. [표 10-2]에서 볼 수 있듯이 자동차의 문에 관련된 소비자의 2차적 필요는 개폐의 용이성이나 외부와의 차단성 등을 들 수 있다. 이 같은 필요들과 관련된 엔지니어링 특성들을 살펴보면 개폐의 용이성의 경우에는 '문을 닫는 데 필요한 에너지', '평지에서 버티는 힘', '10도 경사의 언덕에서 열려 있는 채로 버티는 힘', '문을 여는 데 필요한 에너지', '문을 닫을 때 필요한 최대의 힘' 등을 들 수 있다. 엔지니어링 특성은 제품속성(product features)이나 부품특성(parts characteristics)과는 구별되는 개념이라는 것을 유의해야 한다. 제품속성은 창문을 자동으로 만들 것인가 수동으로 할 것인가와 같은 제품 자체의 물리적인 특성을 말하고, 부품특성은 재료를 강철로 사용할 것인가 알루미늄을 사용할 것인가 등에 관한 부품의 물리적 특성을 의미한다. 이에 반해 엔지니어링 특성은 소비자의 필요와 연결될 수 있으면서 측정가능한 변수로서 엔지니어링의 지침이 될 수 있는 특성들을 말한다. 소비자 필요를 만족시켜 주기 위해 어떤 엔지니어링 특성을 강화시킬 필요가 있는지를 확정하게 되면 이를 구현하기 위해 제품속성이나 부품속성을 갖추어 나가게 된다.

Gupta, Raj and Wilemon(1986)에 의하면 소비자의 필요와 엔지니어링 특성을 연결시키는 데 가장 큰 장애가 되는 요소는 부서들간의 의사소통 부족이다. 마케팅과 연구개발 부서 사이에 빈번한 의사소통이 되지 않는 경우 신제품이 실패하는 사례를 자주 볼 수 있다(Urban and Hauser, 1993). 흔하게 볼 수 있는 장애 요인은 마케팅과 연구개발 부서가 서로의 관점을 이해하지 못하거나 무시해버리는 것이다. 연구개발 부서의 입장에서는 마케팅 부서에서 전달해 주는 고객의 요구조건이나 제품성능에 대한 평가, 경쟁 제품에 관한 정보가 별로 쓸모가 없거나 적절치 못하다고 평가하는 경우를 흔히 볼 수 있다. 그러나 마케팅 부서와 연구개발 부서 사이에는 의사소통을 통한 합의가 필요하다: ① 제품에 관한 소비자의 요구사항, ② 제품성능에 관한 소비자의 평가, ③ 경쟁 제품에 관한 정보, ④ 시장의 필요에 맞는 제품 개발, ⑤ 신제품의 목표와 우선순위 결정(Gupta, Raj, and Wilemon, 1986).

4.3 품질의 집을 이용한 QFD

신제품의 개발은 이제 더 이상 연구개발 부서나 생산 부서만의 일이 아니라 전사적인 통합된 노력을 기울여야 하는 과업이 되어가고 있다. 그 중에서도 앞서 기술한 바와 같이 마케팅과 연구개발 부서 사이의 원활한 의사소통은 신제품의 성패를 좌우하는 관건이라고 할 수 있다. 신제품의 성공을 위해 필수적인 마케팅과 연구개발 부서 사이의 의사소통을 원활하게 해주면서도 신제품 디자인에 있어 창의성을 보존할 수 있도록 하는 기법들 중 가장 대표적인 것이 QFD이다. QFD는 제품의 출시 이전에 마케팅과 연구개발 부서 사이에 충분한 의사소통이 가능하게 함으로써 제품 디자인의 질은 그대로 유지하거나 개선시키면서도 디자인 시간은 40%, 디자인 비용은 60%까지 절감시키는 효과를 얻을 수 있는 기법이다(Hauser and Clausing, 1988). QFD기법을 수행해나가기 위한 도구들 중에서 가장 대표적인 것은 '품질의 집(house of quality)'을 이용한 접근법이다(Hauser and Clausing, 1988). [그림 10-10]은 '품질의 집'의 한 예이다. 보통 '품질의 집'은 마케팅, 연구개발, 엔지니어링, 생산 등의 여러 부서가 같이 참여하여 만들게 되는데 실제 품질의 집은 자동차 문만을 위한 품질의 집이라 하더라도 [그림 10-10]에서 볼 수 있는 것보다 고객속성의 수나 기술적 특성의 수가 훨씬 더 많다.

품질의 집에서는 '문의 개폐 용이성', '차단성' 등의 2차적 필요와 '밖에서 닫기 쉬워야 한다'는 등의 3차적 필요를 고객속성으로 보고 이를 '문을 닫는 데 드는 힘' 등의 기술적 특성(엔지니어링 특성)과 연결시키고 있다. 중앙의 매트릭스에는 고객의 속성과 기술적 특성들 사이의 관계가 표현되어 있다. 지붕에 해당하는 세모꼴 속에는 기술적 특성들 사이의 상호관계가 표현되어 있으며, '굴뚝'에는 고객특성의 상대적 중요성이 나타나 있다. '고객의 인식'부분에는 고객의 필요마다 경쟁 제품들을

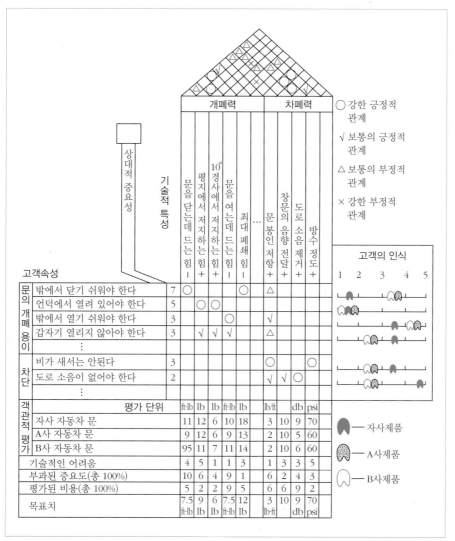

출처: Hauser, J. R., and Clausing, D. (1988). The house of quality. *Harvard Business Review*, 66(May–June), 63–73.

소비자들이 어떻게 지각하고 평가하는가를 나타내었다. '객관적 평가'부분에는 각 경쟁 제품들을 기술적인 특성별로 평가하여 객관적인 측정치로 나타내었다. 그리고 기술적 특성 부분의 맨 밑에 나타나 있는 '+' 또는 '−'는 그 특성 값이 올라갈수록 고객의 효용이 올라가는 경우에는 +, 내려가는 경우에는 −로 나타낸다. 품질의 집중에서 가장 아래 부분에는 각 기술적 특성을 개선시키는 데 있어서 기술적인 어려움과 각 기술적 특성의 중요도와 개선에 필요한 비용 등이 나타나 있다. 마지막으로 고객의 필요와 기술적 특성, 고객의 인식과 각 제품에 관한 객관적 평가, 그리고 기술적인 면, 비용 등을 모두 고려하여 각 기술적 특성별로 우리 제품의 목표치를 정한 값이 맨 아래 나타나 있다.

[그림 10-10]의 자동차 문의 예에서 보듯이 품질의 집을 활용할 때는 고객의 3차적인 필요부터 따져보는 것이 정석이다. 즉 소비자들은 문을 밖에서 닫기 쉬워야 한다는 3차적 필요가 매우 중요한 속성으로 생각하고 있음에도 불구하고 경쟁 제품에 비해 자사 제품이 매우 낮은 평가를 받고 있다. 따라서 시장에서 우리 제품이 경쟁우위를 확보할 수 있으려면 이 속성을 대폭 개선하지 않으면 안 된다. 밖에서 닫기 쉽다는 속성과 관련 있는 기술적 특성을 따져보면 '문을 닫는 데 드는 힘'과 '최대 폐쇄 힘'은 강한 긍정적인 관계에 있다. 기술적 특성간의 관계를 지붕에서 살펴보면 '밖에서 닫기 쉽도록' 하기 위해 '문을 닫는데 드는 힘'과 '최대 폐쇄 힘'을 개선하면 차폐력이 떨어지면서 외부와의 차단성을 저해할 우려가 있다. 그러나 밖에서 닫기 쉬워야 한다는 고객의 필요는 너무나 중요한 속성이기 때문에 11ft.lb의 현 수준에서 경쟁 제품들의 수준을 능가하는 7.5ft.lb를 '문을 닫는 데 드는 힘'의 목표치로 삼았다. '비를 막아주는 것'과 '도로 소음을 줄여주는 것'의 측면은 이미 우리 제품이 경쟁 제품보다 뛰어나다고 인식되고 있으며 객관적인 평가로도 우리 제품의 기술적 특성이 경쟁 제품들보다 우월하다. 더구나 이 속성들은 소비자들이 상대적으로 덜 중요하다고 생각하는 속성들이므로 지금 현재의 기술적 특성 수준으로 고정시키기로 결정한다. 이 같은 방법으로 제품 개발과 관련된 모든 부서들 사이의 의사소통을 원활하게 할 수 있을 뿐만 아니라 제품 개발의 노력을 고객만족과 경쟁우위확보에 그 초점을 맞출 수 있다. 품질의 집은 단순히 한 차례만 사용할 수 있는 기법이 아니라 '기술적 특성'을 '부품 특성'과 연결시키는 집, '공정계획'을 '생산요건'과 연결시키는 집 등으로 점점 더 구체적인 제품의 요건을 확정해 나가는 데 사용할 수 있다(Hauser and Clausing, 1988).

사례

매력적 디자인으로 승부한다. '데카르트 마케팅'

데카르트 마케팅은 Tech(기술)와 Art(예술)라는 단어가 합쳐 만들어진 Techart(테카르트)에서 비롯됐다. 영어식 발음이 프랑스 수학자 데카르트(Descartes, René)의 이름과 유사하다고 해서 학자들은 편의상 데카르트 마케팅이라고 부른다.

데카르트 마케팅은 제품에 예술적 디자인을 접목시켜 소비자들의 감성을 자극하고 브랜드 이미지를 개선하는 마케팅 활동을 뜻한다. 명칭이 수학자 이름과 같아 개념이 '다소 어려울 것 같은' 감이 있지만, 실제로는 전혀 그렇지 않다. 우리 주변에서 데카르트 마케팅만큼 이렇게 실제 사례를 쉽게, 많이 찾을 수 있는 마케팅 기법도 드물다. 이를테면, 'OO아티스트 디자인 한정판' 혹은 '△△아티스트 협업 디자인 콜라보레이션'으로 표현되는 제품들이 모두 데카르트 마케팅의 대표적인 사례다.

눈길을 사로잡고, 마음을 훔치고, 지갑을 연다

흔히 데카르트 마케팅 기법의 적용은 유명 화가들의 예술작품이나 유명 디자이너들의 디자인을 제품에 반영하는 경우가 가장 많다. 어디선가 한 번쯤은 본 것 같은 익숙함으로 눈길을 사로잡고, 매력적인 디자인으로 소비자들이 제품을 구매하고 싶다는 생각이 들게 만든다. 여기에서 중요한 것은 디자인 콘텐츠의 인지도다. 적어도 디자인 원작자의 이름 또는 작품, 또는 관련 브랜드가 사람들에게 어느 정도는 알려져 있어야 한다. 너무 난해하거나 소수지향적인 디자인의 반영은 대다수의 소비자들로 하여금 오히려 반감을 살 수도 있다. 물론 경우에 따라 일부 매니아들에게 각광받을 수도 있겠지만, 데카르트 마케팅의 주된 목적은 대중이 느끼는 브랜드 호감도의 개선이다.

탤런트 이승기를 모델로 앞세운 삼성전자 지펠의 냉장고 마시모주끼
출처: 삼성전자.

현대자동차는 2011년 명품 패션브랜드 '프라다(PRADA)'와 디자인 협업을 통해 생산한 '제너시스 프라다' 한정판을 공개해 소비자들에게 세계적 브랜드와 협력한 '명품 자동차 브랜드'라는 인식을 심는 데 성공했다.

삼성전자 지펠은 지난 2010년 주얼리 브랜드 티파니(Tiffany)로 잘 알려진 디자이너 '마시모주끼(Massimo Zucchi)'의 디자인 제안으로 만들어진 냉장고 '지펠 마시모주끼'를 공개했다. 이 제품은 출시 후 4개월 만에 1만대가 넘게 팔려나가며 그 해의 히트상품으로 기록됐다.

'오바마 스마트폰'으로 잘 알려진 IT업체 블랙베리(Blackberry)는 자동차 브랜드 포르쉐(Porsche)가 디자인을 맡아 생산한 스마트폰 'P9938'을 출시했다.

데카르트 마케팅은 고가의 스마트 기기, 가전제품과 같은 고가 품목뿐만 아니라 식품이나 장

디자인 베어브릭 제품들
출처: flicker.com.

난감에도 적용됐다. 2007년 해태제과는 파이 제품 '오예스'의 포장에 심명보 작가의 '백만송이 장미'를 그려 넣어 소비자들로부터 좋은 반응을 얻었고, 그 해 오예스의 연 매출은 약 30% 이상 증가했다.

장식용 아트토이로 전 세계 매니아들에게 각광받는 베어브릭(Bearbrick) 시리즈는 해마다 세계 유명 아티스트가 디자인한 제품을 출시하고 있다. 대중에는 당대의 인기 영화나 만화 캐릭터 디자인이 반영되는 경우도 있는데, 그 제품들은 출시되자마자 매진돼 경매 시장에서 고가로 거래되곤 한다. 참고로, 쿠엔틴 타란티노 감독의 영화 킬 빌(KILL BILL) DVD 출시 기념으로 제작된 베어브릭은 한 경매 사이트에서 원래 가격의 10배가 넘는 가격으로 거래되기도 했다.

비용대비 효과, 항상 만족스럽지는 않다

인지도가 있는 디자인의 IP(지적재산권) 활용에는 대개 많은 비용이 투입된다. 디자인 원작자의 이름이 많이 알려져 있을수록, 혹은 디자인이 유명할수록 더욱 그렇다. 그리고 디자인이 유명하다고 해서 제품이 반드시 성공을 거두는 것은 아니기 때문에 기업 입장에서는 마케팅 적용에 앞서 비용대비 효과를 심각하게 고민할 수밖에 없다. 가시적으로 보여지는 마케팅 실행 사례들에 가려져 의외로 실패사례도 많다.

한 마케팅 전문가는 "인지도나 기업이미지 측면에서 데카르트 마케팅은 충분히 긍정적일 수 있으나, 콘텐츠 활용에 따른 마케팅 초기 비용이 일반 마케팅보다 큰 점은 적용상의 리스크가 크다"며 "기업은 단순히 디자인 콘텐츠 인지도에 의존해 제품이 '업혀가는 것'이 아니라 제품 차별화로 인한 소비자 만족도를 높이는 방안을 더욱 고민해야 한다"고 말했다.

출처: 이코노믹리뷰, 2016. 5. 4.

요약정리

시장지향적 제품 디자인을 통해 통합적이고 체계적인 제품 설계를 하려는 노력을 기울여 소비자들이 만족할 수 있는 제품을 개발해 낼 수 있다. 소비자와 시장의 욕구를 제품에 반영하는 것은 매우 어려운 일이다. 하지만 도출된 신제품 컨셉을 구체적으로 제품에 반영하는 과정을 잘 관리한다면 이는 핵심적인 신제품 성공요인이 될 수 있다. 신제품 디자인은 외형뿐만 아니라 제품의 가치, 기능까지도 포함하는 포괄적인 개념이다. 따라서 신제품 개발시 신제품 디자인을 위해 많은 노력을 기울여야 한다. 체계적인 신제품 디자인 과정을 거치는 제품은 그렇지 않은 제품에 비해 품질과 시장성 측면에서 매우 뛰어난 것을 알 수 있다. 이러한 일정 수준 이상의 제품의 품질을 보장하기 위해 QFD와 같은 방법을 사용한다. 체계적이고 통합적인 신제품 디자인을 통해 우수한 신제품을 개발할 수 있을 것이다.

참·고·문·헌

Cutherell, D. (1996). Product Architecture. In *The PDMA Handbook of New Product Development*. Ed., M. Rosenau et al., NJ: John Wiley & Sons, Inc.

Gupta, A. K., Raj, S. P., and Wilemon, D. (1986). A model for studying R&D. Marketing interface in the product innovation process. *Journal of Marketing*, 50(2) 7–17.

Hauser, J. R., and Clausing, D. (1988). The house of quality. *Harvard Business Review*, 66(May–June), 63–73.

Jin, J., Liu, Y., Ji, P., and Liu, H. (2016). Understanding big consumer opinion data for market-driven product design. *International Journal of Production Research*, 54(10), 3019–3041.

Jindal, R. P., Sarangee, K. R., Echambadi, R., and Lee, S. (2016). Designed to succeed: Dimensions of product design and their impact on market share. *Journal of Marketing*, 80(4), 72–89.

Morris, R. (2016). *The Fundamentals of Product Design*. UK: Bloomsbury Publishing.

Otto, K., and Wood, K. (2001). *Product Design*. NJ: Prentice-Hall

Ulrich, K. T., and Eppinger, S. (2000). *Product Design and Development*. NY: McGraw-Hill.

Urban, G. L., and Hauser, J. R. (1993). *Design and Marketing of New Products*. 2nd Ed., NJ: Prentice-Hall.

**New Product
Design
&
Development**

CHAPTER 11

최적상품 선택

3D 기술로 '나만의 옷' 만들어 보니··· 디자인부터 제작까지 1시간 만에 뚝딱

"내가 원하는 옷을 즉석에서 만들어준다?"

서울 삼성동 코엑스에 개설된 미래패션공작소(My Fashion Lab)는 말 그대로 미래 패션의 모습을 체험하는 자리였다. 신체 계측부터 디자인 주문, 디지털 프린팅, 재단, 봉제까지 원스톱으로 진행되는 이곳에서는 즉석에서 '나만의 옷'을 만들 수 있다.

소요시간은 1시간. 아무리 패스트 패션 시대라지만 빨라도 너무 빠르다. 과연 한 시간 만에 옷을 만드는 게 가능할까? 정말 옷다운 옷이 나올까? 체험에 앞서 궁금증이 커져만 갔다.

코엑스에서 열린 미래패션공작소 전경
출처: 조선비즈.

디자인부터 제작까지 한 시간 만에 뚝딱··· '취향'과 '속도' 모두 잡았다

옷을 만드는 과정은 총 6단계로 진행됐다. 3D 인체 스캐닝으로 아바타를 생성하고 의상과 도안을 선택해 디자인을 구상한다. 이를 토대로 완성된 패턴에 디지털 인쇄를 하고, 재단과 봉제를 해 마무리하면 끝.

먼저 신체 계측을 했다. 간단한 신상명세와 몸무게를 기재하고, 1인용 노래방처럼 생긴 3D 계측기에 들어갔다. 옷을 입은 채 관계자의 안내에 따라 똑바로 서면 3D 스캐닝이 진행된다. 과정은 1~2분 정도 소요됐다.

3D스캐너로 계측한 내용을 토대로 디지털 카탈로그에 아바타가 만들어지며, 이 아바타에 스타일과 도안을 조합해 옷을 입혀가며 디자인을 완성한다.
출처: 조선비즈.

이전에 운동화 매장에서 3D 프린터로 발을 계측한 적이 있는데, 그때와 비교해 보니 훨씬 단순하고 편리했다. 당시엔 맨발에 계측점을 일일이 표시했는데, 이 기계는 인체의 수분을 감지해 계측하기 때문에 그럴 필요가 없었다.

계측을 마치자 체형을 분석한 리포트가 출력됐다. 키, 다리길이, 팔길이, 어깨너비, 가슴둘레, 엉덩이둘레 등 신체 치수를 비롯해 체형 타입과 비만도(BMI)까지 기록됐다. 리포트에 열중하는 사이 디지털 카탈로그엔 날 닮은 아바타가 생성됐다.

다음은 옷을 설계하는 단계다. 재킷, 스웨트셔츠, 원피스, 바지 스커트 등 8가지 스타일, 30가지 도안 중 마음에 드는 걸 조합하면 된다. 사이즈는 여성 상의의 경우 스몰과 라지 사이즈 중 하나를 선택할 수 있다. 여기에 옷의 기장과 소매 길이, 도안의 크기와 채도 등을 원하는대로 조정할 수 있다. 터치스크린을 활용해 아바타에게 여러 벌의 옷을 입혀가며 최종 디자인을 확정했다.

주문과 함께 패턴이 만들어졌고, 이를 토대로 디지털 인쇄(DTP, Digital Textile Printing)와 재단, 봉제 공정이 차례로 진행됐다. 인쇄된 패턴물(원단)을 자르고 박는(봉제) 과정은 사람의 손이 사용됐다. 관계자는 "실제로는 레이저 커팅기로 재단이 진행되지만, 현장 사정상 기계를 가져오지 못했다"고 아쉬워했다. 각 분야의 담당자(혹은 기계)들은 조용하지만 빠르게 업무를 수행했다. 인쇄부터 완성까지의 과정은 약 45분가량이 소요됐다.

드디어 '나만의 옷'이 나왔다. 터치스크린으로 요리조리 구상해 만든 옷이 한 시간여 만에 실체를 드러냈다. 라벨까지 부착된 완벽한 기성품의 모습이었다. 재질, 패턴, 디자인, 크기 모두 나에게 맞춘 맞춤옷이었다.

미래패션공작소 관계자는 "지금까지 70여 명이 시연을 했는데 각자의 취향이 다양해 놀라웠다"며 "일반 관람객들도 큰 호응을 보였다. 내가 디자인하고 만든 옷, 세상에서 한 벌 뿐인 나만의 옷이라는 점에서 만족감을 느끼는 것 같다"고 말했다.

아디다스 스피드팩토리 구축… 개인 맞춤형 패션이 미래 패션의 핵심

4차 산업혁명의 시대, 패션업계도 이에 발맞춰 진화하고 있다. 최근엔 '좋은 것보다 다른 것', '나만의 제품'을 추구하는 트렌드에 맞춰, 기술이 접목된 맞춤형 패션 시장이 전 세계적으로 확대되는 추세다. 아디다스의 경우 지난해 독일에 스피드팩토리를 짓고 5시간 만에 개인 맞춤형 신발을 생산하는 시스템을 구축했다. 국내 핸드백 브랜드 '쿠론'도 온라인 맞춤 플랫폼 '쎄스튜디오'를 통해 맞춤 핸드백을 판매하고 있다.

미래패션공작소 역시 개인의 취향을 반영한 맞춤옷을 즉석에서 생산하는 것이 핵심이다. 앞서 등장한 기술보다 속도를 단축해 경쟁력을 높였다. 사용된 기술은 3D 스캔, 3D 아바타, 3D 피팅 등 가상현실 기술과 디지털 염색(DTP: Digital Textile Printing) 등이다. 패션업계에서 이 기술들이 개별적으로 사용된 적은 많지만, 이를 통합해 소비자 맞춤형으로 제안한 것은 이번이 처음이다.

미래패션공작소 관계자는 "앞서 아디다스가 '니트 포 유'를 통해 니트를 즉석에서 만드는 시스템을 선보였는데 제작 시간만 4시간이 걸렸다. 스피드팩토리도 신발을 만드는 데 5시간이 소요된다"라며 "1시간 만에 맞춤형 의류를 만드는 건 미래패션공작소가 최초"라고 설명했다.

주문과 함께 생산을 하기 때문에 불필요한 재고를 만들지 않는다는 것도 장점으로 꼽힌다. 실제로 의류업체들은 온라인 쇼핑이 증가하면서 반품과 재고가 급증해 골머리를 앓고 있다.

비용 절감 등을 이유로 해외로 공장을 이전하는 의류 제조업체들의 이탈을 막을 대안으로도 지목된다. 관계자들은 노동집약적인 저비용 대량생산 방식이 아닌 고부가가치 생산방식이 정착되면, 국내 의류 제조업계가 다시 활성화할 것이라 기대한다.

출처: 조선비즈, 2017. 9. 4.

시장에 나와 있는 기존의 제품들이 소비자들에게 어떻게 인식되고 있는지를 파악하는 기법으로서 지각도 기법(perceptual mapping)이 사용되고 있으며, 이와 더불어 지각도상에서 도출된 소수의 차원에 대해 어느 차원에 어느 정도의 가중치를 두어야 하는가를 알아보는 선호도 회귀분석(preference regression)이 있다. 이러한 방법들을 통해서 기업은 2차원 평면상에 기존 제품의 위치와 소비자들이 생각하는 이상 방향(ideal vector)을 나타내어 새로운 제품에 대한 시장기회는 물론이거니와 신제품이 갖추어야 될 속성들의 종류와 그 속성들의 상대적 중요도를 알 수 있다. 하지만 엄밀히 말하면 위 방법을 통해서 도출된 중요성은 여러 속성들이 합성되어 나타난 기본 인식 차원상에서의 중요도에 대한 가중치이므로, 구체적으로 개개 속성이 얼마나 중요하고 소비자들이 가장 선호하는 속성들의 집합이 무엇인가라는 질문에는 답하지 못하는 약점을 가진 것이 사실이다.

실제로 기업이 미래를 위한 전략을 모색하는 데에는 기존 제품들에 대한 소비자들의 인식과 기본 차원에서의 상대적 중요도를 바탕으로 자사의 기존 제품을 소비자의 인식 속에 재포지셔닝(repositioning)시키는 것도 중요하다. 하지만 더 나아가서는 소비자에게 최대의 만족을 줄 수 있는 신제품을 개발하고 그 신제품을 기업이 원하는 방향으로 포지셔닝 시키는 것이 더 중요한 것이다. 그런데 신제품의 설계를 위해서는 합성 차원에서의 중요도보다는 개개 속성에 대한 정보가 오히려 더 필요하며, 꼭 신제품의 설계가 아니더라도 이를 합성적 속성 차원의 정보와 분리적인 개개 속성의 정보를 상호 보완적으로 사용함으로써, 지각도에서 도출된 차원을 보완할 수 있고 더 나아가서는 최적 제품을 구체화시킬 수 있으며, 이를 이상 방향(ideal vector)으로 포지셔닝 시킬 수 있는 것이다.

따라서 본 장에서는 소비자에게 가장 많은 효용을 줄 수 있는 최적 제품의 설계를 위한 기법으로서의 컨조인트 분석에 대해 살펴봄으로써, 한 제품에 있어서 소비자들의 개별 속성에 대한 태도를 보다 정확히 파악하고 가장 이상적인 제품을 설계할 수 있도록 하고자 한다.

SECTION 01 신제품 개발과 최적상품 선택

소비자 A가 치약을 구매할 계획을 갖고 있다고 하자. 이 때, 소비자 A가 고려하는 치약은 다음과 같은 2개의 치약이라고 할 때, 소비자 A는 과연 어느 치약을 구매할 것인가?

치약 1	튜브형의 아카시아맛을 지닌 잇몸보호기능을 갖는 치약
치약 2	원통형의 허브맛을 지닌 미백효과기능을 갖는 치약

　　이들 각각의 치약은 서로 상반되는 속성을 갖는 치약들로 제품용기의 속성에 대해 각각 튜브형과 원통형, 맛이라는 속성에 대해 각각 아카시아맛과 허브맛, 그리고 효능이라는 속성에 있어서는 잇몸보호기능, 미백효과기능 등과 같이 그 속성이 다르다. 따라서 소비자 A는 각각의 속성을 비교하여 평가하고 그 결과로서 전반적인 판단을 내린 후에 치약을 선택하게 된다. 이 때, 시장 조사자의 입장에서는 치약의 여러 속성 중에서 소비자 A가 치약 선택에 있어서 가장 중요시하는 속성은 무엇이고 또한 이 속성이 여타의 다른 속성보다 어느 정도나 중요하며, 소비자 A에게 가장 이상적인 치약의 속성집합이 무엇인가를 안다면 이는 새로운 치약 개발에 있어서 매우 중요한 정보가 될 수 있다. 또한 소비자 A뿐만 아니라 치약을 사용하는 모든 고객들에 대해서 이러한 정보를 얻게 되면, 치약제품의 마케팅 관리자측에서는 먼저 어느 요소에 초점을 두고 치약을 만들어야 하며, 현재의 소비자 인식을 어느 방향으로 재포지셔닝(repositioning)해야 할 것인가 또는 어떠한 속성을 갖는 치약이 소비자에게 가장 사랑받을 수 있는가, 더 나아가서는 어떠한 소비자 집단에게 소구해야 하는가 등의 시장 세분화 문제까지도 해결할 수 있게 된다.

　　이러한 정보를 얻는 방법으로는 여러 가지 측정방법이 있으며, 앞서 설명한 지각도 기법(perceptual mapping)과 이상 방향(ideal vector)은 그 한 가지 방법이 된다. 하지만 이 방법에 있어서는 다수의 속성을 소수의 차원으로 압축하여 압축된 차원상에서의 상대적 중요성을 나타내므로 각 개별 속성들의 중요성을 알 수는 없다. 또한 각 속성들에 대해 소비자에게 직접 그 중요성을 물어보는 방법을 사용하게 될 경우 속성들간의 상충(trade-off)관계에서의 측정치가 아니므로, 속성들의 진정한 상대적 중요도를 평가하지 못하는 약점을 가지고 있다. 따라서 각 개별 속성들이 상충적으로 주어진 상황하에서 소비자의 인식을 평가함으로써 개개 속성에 대한 상대적 중요성을 수치적으로 파악하고 나타내는 방법이 필요하게 되는데, 이를 위한 방법이 바로 컨조인트 분석인 것이다.

컨조인트 분석을 이용한 신제품 설계

2.1 컨조인트 분석(Conjoint Analysis)이란 무엇인가?

컨조인트 분석은 각각의 소비자들이 제품이나 서비스에 대한 선호도를 이해하기 위해 특별히 사용되는 다변량 기법 중의 하나로서 소비자들이 제품, 서비스 혹은 아이디어(실제 혹은 가설적인 아이디어)에 대하여 각각의 속성에 의해 제공되어지는 부분적인 가치를 조합함으로써 평가한다는 것을 기본적인 전제로 하는 기법이다. 컨조인트 분석에서 효용(utility)이란 측정하고자 하는 가치의 개념적인 기준으로써 개개인에 대한 독특한 선호도의 주관적인 정의라고 할 수 있으며, 유형 또는 무형의 제품, 서비스의 모든 특징, 전반적인 선호도의 측정과 같은 내용을 포함하고 있다.

컨조인트 분석은 조사자가 처음 단계에서 선택된 각각의 속성 수준이 조합되어진 실제적 또는 가상적인 제품 혹은 서비스에 대한 집단을 구성해 주어야 한다는 점에서 다른 다변량 분석기법들과는 차이가 있다. 이러한 조합들은 조사대상자들에게 제시되어지고, 응답자들은 전반적인 평가를 하게 된다. 응답자들은 조사자에게 각각의 개인적인 속성이 그들에게 얼마나 중요한지 또는 어떤 특별한 속성이 제품에 얼마나 중요한지 등을 말해 줄 필요가 없다. 그러한 이유는 조사자가 가상의 제품 또는 서비스를 특별한 방법으로 만들었으며, 각각의 속성의 영향과 응답자의 효용에 대한 정의에 있어서 각각의 속성들의 가치는 응답자의 전반적인 순위로부터 결정되어질 수 있기 때문이다.

컨조인트 분석을 효과적으로 적용하기 위해 조사자는 제품 또는 서비스에 대해 명확한 용어로 기술해 줄 수 있어야 하며, 각각의 속성에 대한 모든 반대되는 가치를 설명할 수 있어야만 한다. 특별한 속성이나, 제품 혹은 서비스의 또 다른 특성을 속성(factor)이라고 하며, 각각의 수준에 있어서의 가능한 가치들을 수준(level)이라고 한다. 본 장에서는 제품이나 서비스를 어떤 속성에 있어서의 그 수준이라고 설명할 것이다.

예를 들면, 컨조인트 분석에 있어서 제품명과 가격이라는 두 개의 속성을 가질 수 있는데, 제품명은 두 가지의 수준(브랜드 X, 브랜드 Y)을 가질 수 있으며 가격은 네 가지의 수준(100원, 150원, 200원, 250원)을 지닐 수 있다. 조사자가 계획에 따라 제품 또는 서비스를 정의하려고 할 때 속성과 수준을 선택함에 있어서 그 조합은 제품(자극: treatment 또는 stimulus)으로 나타내어진다. 그러므로 위의 예를 살펴보면 가격이 200원인 브랜드 X라는 제품(자극)이 있을 수 있다.

2.2 컨조인트 분석의 목적

1971년 Green과 Rao에 의해 마케팅 분야에 처음 도입되었던 컨조인트 분석은 현재 신제품 개발, 경쟁분석, 가격결정, 시장세분화 등에 널리 사용되고 있는 마케팅 기법 중의 하나이다. 1970년 중반이래 컨조인트 분석은 다속성 제품(서비스)들에 대한 소비자들의 의사결정을 현실적으로 적용하는 기법으로 상당한 주목을 받아왔다. 1980년에는 여러 산업에 걸쳐 컨조인트 분석이 기존의 10배 이상 적용되기 시작하였으며, 1990년대에 이르러서는 거의 모든 산업에 걸쳐 사용되게 되었다. 컨조인트 분석은 산업 마케팅과 같은 마케팅 분야에서 소비자의 구매를 유도하기 위한 신제품 개발에 널리 응용되기 시작한 것으로 어떤 제품이나 서비스에 대한 소비자의 선호도를 조사해서, 제품이나 서비스가 갖고 있는 특성들이 소비자의 선호도에 얼마만큼 영향력을 미치는가를 수치적으로 계산해 내는 방법이다. 앞의 예에서처럼 잇몸보호나 미백효과 등의 효능에 대한 속성을 다른 속성과 비교해 소비자 A의 치약 선호도에 얼마만큼의 영향력을 갖는가, 그리고 잇몸보호나 미백효과라는 대체안 중에서 어느 대체안이 얼마만큼 더 선호되는가를 파악할 수 있는 기법인 것이다.

컨조인트 분석은 제품 혹은 서비스에 대한 소비자의 선호도를 통해서 제품 또는 서비스가 갖는 특성들이 소비자의 선호도에 미치는 영향력을 측정하고자 하는 것이다. 따라서 컨조인트 분석은 복수의 속성을 갖는 다양한 제품이나 서비스에 대한 소비자의 전반적인 판단으로부터 시작한다. 이러한 판단에 근거하여 컨조인트 분석은 이 판단이 유지되도록 원래의 속성들에 효용값을 분배하는 과정이라고 할 수 있다.

예를 들어, 신제품 설계를 위해서는 지각도와 같이 합성차원에서의 중요도보다는 개개속성에 대한 정보가 오히려 더 필요하다. 이러한 개개속성에 대한 소비자들의 인식을 평가할 수 있는 기법이 컨조인트 분석이다. 즉 컨조인트 분석이란 각 개별 속성들이 상충적으로 주어진 상황하에서 소비자들의 인식을 평가함으로써 개개속성에 대한 상대적 중요성(효용)을 수치적으로 파악하는 방법이다. 지각도가 여러 가지 다양한 속성들로부터 기본적인 인식차원으로 간결하게 도시화하는 하나의 합성적 접근법(compositional approach)이라면, 컨조인트 분석은 설계가능한 상품들을 속성의 선택된 수준들의 조합으로 나타낸 다음, 전반적인 평가를 소비자들로부터 조사해 각 속성의 세부적인 표현들(levels)의 효용값을 분리하여 구해내는 분리적 접근법(decompositional approach)인 것이다.

따라서 컨조인트 분석은 복수의 속성을 갖는 다양한 제품이나 서비스에 대한 소비자의 전반적인 선호도 평가로부터 시작해서 이 선호도에 기초하여 각 속성의 효용값을 추정해 나가는 과정이라고 할 수 있다.

2.3 컨조인트 분석의 적용 절차

비록 컨조인트 분석이 조사자가 요구하는 형태와 수에 있어서 응답자에게 요구하는 것이 작다고 하더라도, 조사자는 실험을 설계하고 결과를 분석하기 위해 몇개의 주요한 의사결정을 하여야 한다. 가장 먼저 조사를 개념화 하기 위해 목적을 명확히 제시해야 한다. 조사의 목표가 결정되면 실제 조사설계에 관련된 문제들이 나열되고 가정이 평가된다. 다음으로 고려될 사항은 결과치의 실제 추정과 해석, 그리고 결과의 타당성에 사용되는 방법이 고려되어야 하며 향후 시장세분화나 선택모형과 같은 분석에 대한 적용의 검정으로 끝을 맺게 된다. 그러면, 컨조인트 분석의 응용을 각 단계별로 앞의 치약에 대한 예를 가지고 신제품 개발과 관련하여 살펴보도록 한다. 이 부분에서는 특히 자극의 설계(속성과 수준의 선발), 컨조인트 부분가치의 추정과 해석, 그리고 신제품 개발을 위한 시장 수요예측의 적용과 최적상품의 선택 등에 중점을 두어 설명하고자 한다.

(1) 문제제기

주식회사 '한국'은 치약시장에서 그 동안 선두의 시장점유율을 유지하여 왔는데, 이 회사의 주요한 전략방향은 인구통계학적인 특성에 따른 세분시장그룹에 맞는 다양한 종류의 치약으로 소비자의 욕구에 대응하는 것이었다. 그런데, 최근 젊은 층에서의 시장점유율이 감소하는 상황에 직면하게 되어 마케팅 부서의 주관하에 제품차별화의 일환으로서 신제품 개발에 대한 프로젝트에 착수하게 되었다. 따라서 이러한 회사의 요구에 부응하고자 하는 조사로서 치약과 관련된 몇 개의 중요한 속성을 기초로 하여 신제품 개발과 관련된 대안을 모색하고자 하는데 그 목적이 있다.

컨조인트 분석에서 소비자의 의사결정에 대한 분석의 실험설계는 두 가지의 목적을 갖는다. 첫째, 예측변수의 공헌과 소비자 선호의 결정에 있어서의 수준을 결정하기 위한 목적으로 예를 들면 제품의 구매의사에 있어서 가격은 얼마나 공헌을 하며 어떤 수준의 가격이 가장 좋은가? 어떤 제품의 구매의사가 가격의 수준간의 차이에 의해서 얼마나 변화하는가? 등이 있다. 둘째는 소비자 판단모델의 타당성을 설정하기 위한 목적으로 모델의 타당성은 속성의 어떠한 조합에 대해서도(비록 속성이 본질적으로 소비자에 의해 평가되지 않는다 하여도) 소비자에 대한 적용으로 인한 예측을 가능케 한다. 응답자는 단지 조사자가 제공하는 자극(속성의 조합)에 대해서만 반응한다. 이러한 속성들은 실제 의사결정에 사용되는가? 감정적인 반응과 같은 보다 질적인 속성 또한 중요한가? 라는 고려 사항들은 두 가지 중요한 사항에 있어서 문제제기가 형성된다. 첫 번째로 연구하는 제품 또는 서비스에 대한 주어진 효용과 가치에 대한 모든 속성을 기술할 수 있는가? 두 번째는 이러한 제품 또는 서비스의 형태에 대한 선택과정에 있어서 주요 의사결정의 척도는 무엇인가? 이러한 문제점은 컨조인트 분석의 설계과정에 앞서 해결되어야 하는데 그 이유는 이러한 것들이 각각의 단계에서 중요 의사결정에 대한 결정적인 지침을 제공하기 때문이다.

(2) 컨조인트 분석방법 선택

조사목적으로부터 나온 문제를 해결하였으면 조사자는 컨조인트 분석을 디자인하고 실행하는데 포함되는 특별한 문제에 관심을 가져야 한다. 첫 번째로 여러 가지 대안적인 컨조인트 분석 중 무엇을 선택할 것인지와 특별히 고안된 문제를 해결할 수 있는 모델을 선택하여야 한다. 예를 들어 응답자들이 평가하는데 제공되는 여러 가지 속성들을 어떻게 조합하여야 하는지를 결정하여야 하며, 조합(자극)들을 구체화 하는데 덧붙여서 조사자는 각각의 속성에 있어서 수준이 얼마나 되는지, 어떻게 선호도를 측정하고 자료를 수집할 것인지, 어떠한 추정방법이 사용되어야 하는지를 결정하여야 한다. 어떤 이슈에 대한 디자인은 컨조인트 분석에서 가장 중요한 부분이라고 할 수 있다. 따라서 조사자는 컨조인트 분석의 구성과 관리를 둘러싼 이슈들에 대해 각별한 관심을 가져야 할 것이다. 제품 혹은 서비스의 효용을 구성하는 기본적인 속성이 결정되면 조사자는 세 가지 컨조인트 분석방법 중 무엇을 선택하여야 하는지를 결정하여야 한다. 컨조인트 분석방법의 선택은 속성의 수, 분석 수준, 모델형식의 제한 등의 세 가지 기본적인 특성과 관련되어 있다. [표 11-1]은 세 가지 방법에 대해 비교를 보여준다.

전통적(traditional) 컨조인트 분석은 초기의 전형적인 표현으로 각각의 개별적인 속성을 9개까지 포함하는 단순한 가산적인 모델이며, 적합적(adaptive) 컨조인트 분석은 속성이 많은 경우(30개까지)의 조합을 위해 개발되었다. 선택기준(choice-bases) 컨조인트 분석은 제시된 자극의 특별한 형태를 집단 내에서 사용하며, 직접적으로 상호작용에 포함하는 것과는 달리 집합적인 수준에서 평가된다.

특성	Conjoint 방법		
	전통적 Conjoint	적합적 Conjoint	선택기준 Conjoint
속성의 수(최대)	9	30	6
분석 수준	개별적	개별적	집합적
모델 형식	가산적	가산적	가산적 + 상호작용효과

(3) 선호도 모델의 선택

컨조인트 분석을 하기 위해서는 우선 소비자들이 상품이나 서비스를 구성하는 각 속성들에 대해서 어떠한 선호 추이(preference trend)를 갖는가를 알아야 한다. 속성들이 취하는 값에 따라 소비자들의 효용이 변하는 추이를 가정한 모델을 선호도 모델(preference model)이라고 하는데, 소비자의 선호도는 개인 간에 차이가 있지만 모든 소비자에게 있어서 선호도 모델은 같은 것으로 간주되고, 이 모델에 따라서 각 속성의 효용치가 측정된다. 이 선호도 모델에는 벡터 모델(vector model), 이상점 모델(ideal-point model), 부분가치 함수 모델(part-worth function model) 그리고 이들을 혼합하여 사용하는 혼합모델(mixed model) 등이 있다.

1) 부분가치 관계의 형태

컨조인트 분석은 조사자에게 가장 제한적인 것(선형관계)에서부터 가장 제한적이지 않는 것(독립적 부분가치)에 이르는 범위의 세 가지 대안을 제시한다. [그림 11-1]은 서로 다른 세 가지 형태의 차이점을 나타내고 있다. 벡터(선형)모형은 단지 하나의 부분가치(회귀분석의 결정계수와 유사)로 추정하기 때문에 가장 단순하고 제한적인 형태로써 각각의 수준에 대한 독립적인 부분가치에 도달하기 위한 수준의 가치에 의해 배가된다. 이상점 모델로 알려진 2차 함수형태는 엄격한 선형성을 완화시킨 가정으로써 간단한 곡선형의 관계를 갖으며, 곡선의 형태는 오목형 또는 볼록형으로 변할 수 있다. 마지막으로 부분가치함수 형태(종종 단순히 부분가치 형태로 언급됨)는 가장 일반적이며 각각의 수준에 대한 독립적인 추정을 한다. 독립적인 부분가치를 사용할 때에는 추정가치의 수가 최고이며 속성과 수준을 추가함에 따라 각각의 새로운 수준이 독립적인 부분가치로 추정되기 때문에 급속하게 증가하게 된다.

2) 부분가치 관계의 선택

조사자는 각각의 속성에 대한 관계의 형태를 결정하는데 있어서 여러 가지 접근방식을 가지고 있다. 첫째로 조사자는 관계의 형태를 사용함에 있어서 기존 연구 또는 개념적 모델에 의존한다. 선험적인 접근에 의하면 컨조인트 모델은 첫 번째로 부분가치 모델로서 추정가능하고, 상이한 부분가치 추정은 선형 혹은 2차형의 형태에 대한 적절함을 시각적으로 관찰하게끔 해준다. 많은 경우에 일반적인 형태가 두드러지며 각각의 변수에 대한 구체화를 정당화시키기 위한 관계와 함께 재추정할 수 있다.

● 벡터 모델(Vector Model) 이는 어느 한 속성이 증가하면 할수록 소비자의 선호도는 계속해서 증가하거나 감소하는 것을 가정한 모델로서 [그림 11-1(a)]에 그 선호도 추이가 나타나 있다. 예를 들면 소비자가 양복을 살 때, 다른 속성들의 영향력이 일정하다면 가격이 올라감에 따라 소비자의 선호도는 감소될 것이다.

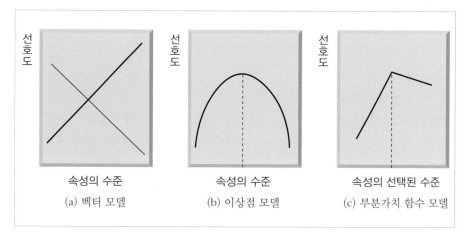

그림 11-1
각 모델에 따른 선호도 변화 추이

(a) 벡터 모델   (b) 이상점 모델   (c) 부분가치 함수 모델

● 이상점 모형(Ideal-point Model) 어떤 제품이나 서비스에 대해 소비자의 선호도가 속성의 한 수준에서 극대화가 되고 그 수준에서 벗어남에 따라 선호도가 떨어진다고 할 때 소비자의 선호도가 극대화되는 수준 즉 이상점(ideal point)을 찾아서 각 수준으로부터 이상점까지의 거리가 가까울수록 속성 수준은 높은 효용치를 얻을 수 있다고 가정한 모델로 [그림 11-1(b)]에 그 선호도 추이가 나타나 있다. 예를 들면 한 소비자가 가정용 전기 밥솥을 구매하려 할 경우 전기 밥솥에는 1~15인용까지의 밥솥이 있다고 하자. 이 경우에 5~6 인용의 밥솥 구매가 가장 많다고 하면 밥솥 용량의 수준이 5~6인용일 때가 가장 이상점이 되고, 그 외의 경우는 이상점에서 멀어

질수록 소비자의 선호도는 떨어질 것이다.

● 부분가치 함수 모델(Part-worth Function Model)　이는 속성의 수준에 따라서 선호도 함수가 달라진다는 가정하에 몇 개의 대표적인 수준만을 선택하고 각 수준에서의 효용치만을 구해내는 방법이다. 컨조인트 분석이 행해지는 대부분의 경우에 있어서 각 속성의 성격이 가격에서와 같이 275, 276, 277 ……, 1021원과 같이 연속형 변수가 아니라 '아카시아맛' 내지 '허브맛'과 같은 이상형의 변수가 많으므로, 몇 가지 대표적인 수준만을 선택하여 그 선호도를 측정하는 이 방법이 널리 쓰이고 있다. [그림 11−1(c)]에 역시 그 선호도 추이가 나타나 있다(Green and Srinivasan, 1978). 본 장에서는 선택된 몇 개의 수준에 대해서 부분가치를 추정하는 부분가치 함수 모델을 택하여 이후의 논의를 전개해 나간다.

3) 자극의 설계(속성과 수준의 선택 및 결정)

컨조인트 분석의 실험적 토대는 응답자들에 의해 평가되는 자극의 설계에 상당한 중요성을 두고 있다. 이러한 설계는 속성과 수준을 선택함에 있어서 컨조인트 변수의 구체화를 포함한다. 속성과 수준을 결정하는데 있어서 각각의 측정에 대한 일반적인 특성과 관련된 이슈들을 나타내야 하며, 이러한 설계 이슈는 자극의 효과에 영향을 미치고 결과의 정확성과 궁극적으로는 관리적인 적절성에 있어서 매우 중요하다.

속성과 수준의 일반적인 특성으로서는 속성과 수준의 구체화에 적절한 특성이 소개되어야 하며, 속성과 수준을 조정할 때 그 측정이 의사소통가능(communicable)하며 활동적(actionable)이라는 것을 증명하여야 한다.

① 속성에 관한 구체적인 이슈

속성으로서의 특성이 선택되고 그 측정이 의사소통가능하고 활동적이라는 것이 확인되면 조사자는 속성을 명시하는데 있어서 세 가지 이슈 즉 속성의 수, 속성들간의 다중공선성, 속성으로서의 가격의 역할을 고려해야 한다.

● 속성의 수　분석에 있어서의 속성의 수는 직접적으로 통계적인 유의성과 결과의 신뢰성에 영향을 미친다. 속성과 수준이 추가됨에 따라 parameter의 수가 증가하며, 이는 자극의 수와 parameter의 신뢰성에 대해 평가되어진다. 자극의 최소한의 수는 분석이 개개인의 수준에서 행해졌을 경우 응답자에 의해 평가되어지며 다음과 같이 나타낼 수 있다.

● **속성의 다중공선성**   속성들간의 다중공선성은 반드시 해결해야 할 문제이다. 속성들간의 상관관계(상호 속성 또는 환경적 상관관계)는 속성들간의 개념적인 독립성의 결함으로 나타난다. 게다가 상관관계 다중공선성은 두 개 혹은 그 이상의 속성간의 결합에 대한 불신의 결과로 나타난다. 예를 들어 자동차에 있어서 마력과 가스 마일리지는 일반적으로 부(−)의 상관관계라고 생각되어지며, 그 결과 높은 수준의 마력과 가스 마일리지를 지닌 자동차는 믿음을 주지 못하게 된다. 이러한 문제점은 수준 자체에 있는 것이 아니라 사실상 모든 조합에 있어서 parameter 추정이 요구되는 실제적인 조합을 할 수 없기 때문이다.

● **속성으로서 가격의 역할**   가격은 여러 제품 혹은 서비스에 대한 가치의 직접적인 요소로서 컨조인트 분석에 많이 사용되어지는 속성이다. 하지만 가격은 다른 속성의 관계와는 다르며 많은 경우에 가격은 다른 속성과 높은 상관관계를 갖고 있다. 또한 가격−품질의 관계는 특정 속성간에 영향을 미치며, 상표명과 같은 속성보다 특별한 무형의 속성으로 다른 속성과 상호작용한다.

② 수준과 관련된 특별한 이슈

수준의 결정은 자극을 형성하는데 사용되는 실제적인 측정이기 때문에 컨조인트 분석에서 특별한 관점을 지니고 있다. 그러므로 의사소통이 가능하고 실제적인 것에 추가하여 조사자는 수준의 수와 속성간의 수준에 있어서의 균형, 응답자에 의해 평가되는 직접적인 효과를 갖는 속성이 범위 등을 고려해야 한다.

제품의 설계는 제품이 지니고 있는 속성들의 선정으로부터 시작된다. 속성을 선발하는 방법에는 여러 가지가 있으나, 주로 소비자들에게 해당 상품에 대하여 중요하게 생각되는 속성들이 무엇인가를 직접 물어보는 방법이 널리 이용되고 있으며, 전문가들의 조언이나 제품 판매상들의 이야기를 들어서 속성이 선발되기도 한다. 또는 소비자의 구매시점에서 관찰하거나, 포커스 그룹(focus group)을 이용한 심층면접을 이용하기도 한다. 이와 같이 선발된 속성들은 신제품 설계의 효율화를 위하여, 그리고 추정되는 속성의 효용에 대한 정확성과 신뢰성을 높이기 위하여 속성의 수가 적절히 축소된다. 이를 위해 요인분석(factor analysis)이나 군집분석(cluster

표 11-2
치약 설계를 위
한 속성과 수준

속성	수준
제품용기	1. 튜브형 2. 원통형
맛	1. 무미 2. 아카시아맛 3. 허브맛
효능	1. 치석 제거 2. 잇몸 보호 3. 미백 효과
색깔	1. 하늘색 2. 투명 3. 흰색

analysis)이 사용되기도 한다.

신제품 개발의 설계에서 고려하고자 하는 속성들이 결정되면, 각 속성의 수준 (level)을 결정하게 되는데, 수준이란 상품화시킬 때에 속성을 다양화시키는 정도를 나타낸다. [표 11-2]에서 보듯이 우리가 흔히 접할 수 있는 일상용품 중 치약에 대한 네 가지의 속성(제품용기, 맛, 효능, 색깔)과 각 속성에 따른 수준들이 나타나 있다. 앞에서의 신제품 개발과 컨조인트 분석에 대한 설명을 근거로 새로운 치약을 개발하기로 하자. 영업사원과 특정 집단에 대한 심층면접기법을 통해 이 회사의 마케팅 관리자는 네 가지 중요한 속성을 발견해 냈으며(제품용기, 맛, 효능, 색깔), 이러한 네 가지 속성을 조작화하기 위해 조사자는 각각의 속성에 2~3가지의 수준을 부여했다.

치약의 제품용기는 두 가지 수준, 즉 튜브형(일반치약 모델)과 원통형(젤타입의 일정양을 눌러 쓰는 모델)이 고려되었고, 맛과 효능, 색깔은 세 가지 수준으로 나타나 있다. 물론 이와 같은 수준의 결정은 편의상 결정한 것이며 필요에 따라 증감시킬 수도 있을 것이다. 이러한 수준의 결정은 제품설계 담당자들이 수준의 수를 몇 개로 할 것인가 하는 문제와 각 수준의 간격을 어떻게 유지할 것인가 하는 문제를 포함하게 된다. 이에 관해서는 고려되는 제품의 수와 관련을 가지게 되므로 다음에서 설명하는 실험설계와 관련지어 논하고자 한다.

4) 실험설계

설계하고자 하는 제품의 속성들과 각 속성의 수준을 파악하고 나면 각 속성의 수준을 하나씩 선발하여 조합함으로써 적절한 상품을 설계하여야 한다.

앞의 [표 11-2]에 주어진 예에서 살펴보면 모든 속성의 수준들을 이용하여 총 54개(＝2×3×3×3)의 치약의 설계가 가능하며, 54개 가운데에서 최적의 치약의 수준들을 선발하는 것이다. 그러나 54개의 제품조합들에 대해 소비자를 대상으로 조사되는 것은 쉬운 일이 아니다. 실제의 경우에는 이보다도 더욱 많은 속성들이 있게 되어서 보다 더 많은 상품의 조합들이 조사되어야 할지도 모르기 때문에 더욱 어려운 작업이 된다.

상품의 설계를 위하여 고려되는 속성들의 집합이 $I=\{i:1, 2, \cdots\cdots, I\}$로 표시되며 각 속성 i에 n수준들이 있다고 하자. 그러면 조합이 가능한 총 제품들의 수는 $\prod_{i=1}^{I} n_i$가 된다. 만일 실제 상품개발에서 속성의 수가 5개이고 각 속성이 3개의 수준들을 지니고 있을 경우 총 설계가능한 수는 $3^5(=243)$개가 되기 때문에 모든 조합의 상품들을 소비자에게 모두 조사한다는 것은 아마도 힘들 것이다.

선발된 속성이 연속형 변수일 때(예를 들면 가격)에는 수준과 수준 사이에 응답자들이 실제로 차별을 느낄 수 있을 정도의 충분한 간격을 유지해야 한다. 이를 위해서 본 조사가 실시되기 이전에 예비조사를 통하여 충분히 검토함이 바람직하다. 그리고 속성이 범주형(categorical)일 경우에는 선정된 수준이 실제로 상품설계에 있어서 실행 가능해야 하며 속성을 대표할 수 있을 만큼 충분히 선발되어야 한다. 그러나 수준의 수의 증가는 총 가능한 상품의 수를 기하급수적으로 증대시켜서 조사에 어려움을 주게 된다. 이를 위하여 시장조사의 어려움을 줄이고 동시에 필요한 만큼의 정보를 유지할 수 있는 대체적인 실험설계방법으로 부분인수법(fractional factorial design)이 제안되었다.

앞의 [표 11-2]에서 예시한 치약의 예에서 54개의 설계가능한 총 조합을 부분인수법에 의해서 9개까지 축소하여 각 속성의 수준들의 효용을 추정할 수 있는 실험설계가 [표 11-4]에 예시되어 있다. 치약 1의 모형은 제품용기가 튜브형이고, 아카시아맛의 미백효과를 지닌 하늘색 제품이다. 마찬가지로 마지막의 치약에 이르기까지 속성의 단계들의 조합을 볼 수 있다.

[표 11-3]은 각각의 속성과 수준에 대한 총 54개의 설계가능한 조합 중 orthogonal design을 통한 최적의 수의 조합을 선택하는 과정을 SPSS 프로그램의 syntax로 나타낸 것이다. 연구를 위한 속성과 수준을 아무리 세심하게 선출하였다고 하여도 의미 있는 판단을 위한 대안의 조합을 알아보기에는 매우 많은 대안의 수를 검토하여야 한다. 위의 치약의 예에서는 총 54개(2×3×3×3)의 설계가능한 조합이 필요하지만 이러한 full factorial design의 대안으로 orthogonal design이 사용된다. orthogonal design은 모든 가능한 조합에 대한 부분집단을 말하며, 모든 중요한 효과에 대한 부분가치의 추정을 가능케 해준다. [표 11-3]에서는 이러한 과정을

*Generate Orthogonal Design
ORTHOPLAN
/FACTORS＝제품용기(1'튜브형' 2'원통형') 맛(1'무미' 2'아카시아맛' 3'허브맛') 효능(1'치석제거' 2'잇몸보호' 3'미백효과') 색깔(1'하늘색' 2'투명' 3'흰색')
/OUTFILE＝'C:₩한국₩Conjoint₩치약.sav'

제품	제품용기	맛	효능	색깔
1	1	2	3	1
2	1	3	1	2
3	2	1	3	2
4	2	3	2	1
5	2	2	1	3
6	1	3	3	3
7	1	1	1	1
8	1	1	2	3
9	1	2	2	2

위한 명령어들을 나타내 주고 있다. '/FACTORS＝'에는 모든 속성과 그에 대한 수준을 나타내 주며, '/OUTFILE＝'은 이러한 결과를 어떤 파일에 저장하라는 의미이다. 이상의 결과를 통해 [표 11-4]와 같은 9가지의 제품을 도출해낼 수 있다. 여기에서 제품용기 중 1은 튜브형, 2는 원통형을 의미한다. 마찬가지로 맛의 속성에서는 1은 무미, 2는 아카시아맛, 그리고 3은 허브맛을 나타내며, 효능에서는 1은 치석제거, 2는 잇몸보호, 3은 미백효과를 나타낸다. 마지막으로 색깔의 속성에서는 1은 하늘색, 2는 투명, 그리고 3은 흰색을 나타낸다. 따라서 제품 1의 경우 튜브형의 아카시아맛을 지니고, 미백효과기능을 하는 하늘색 치약을 의미한다. 이렇게 도출된 9가지의 제품을 가지고 조사자는 응답자에게 설문조사를 통해 상대적으로 중요한 속성과 수준을 도출하여 최적상품을 선출할 수 있게 된다.

5) 자료 수집

속성과 수준의 구체화와 기본적인 모델형식이 갖추어졌으며 조사자는 다음으로 자극의 제공형태(trade-off, full-profile, 또는 pairwise comparison), 응답변수의 형태, 그리고 자료 수집방법에 대해 결정하여야 한다.

① 제공방법의 선택

상충, 전체자극제시 그리고 쌍비교방법은 가장 널리 적용되는 자극제공의 방

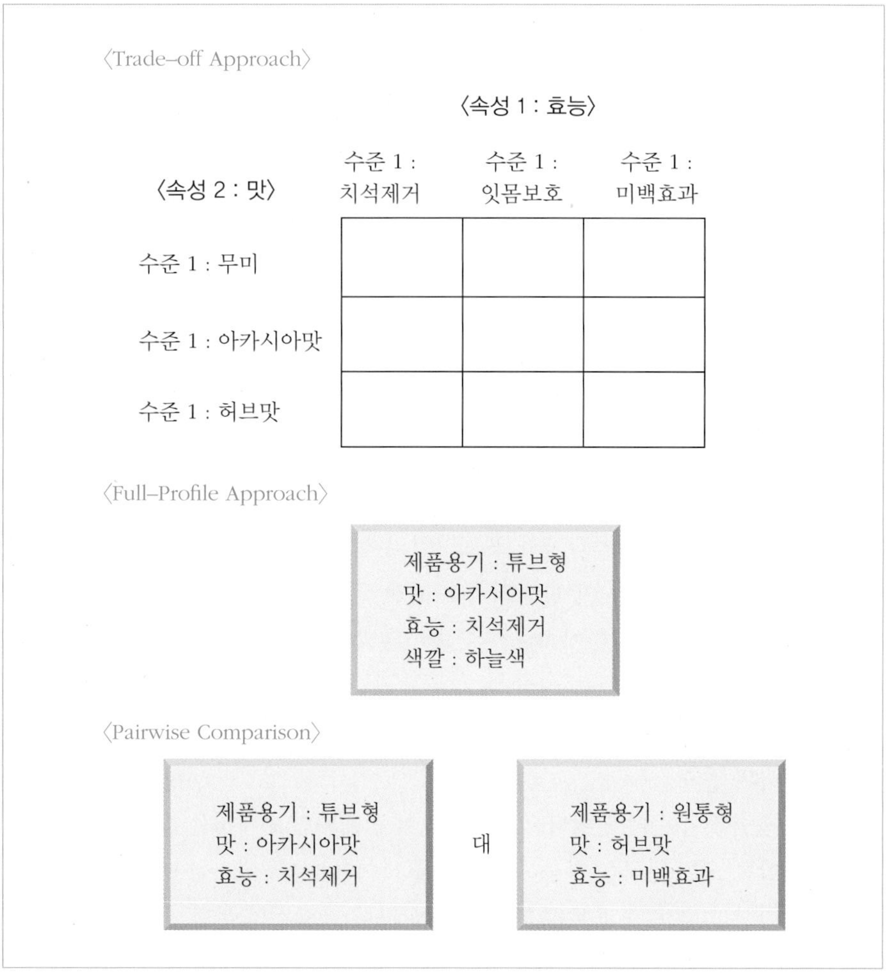

그림 11-2
자극제시방법의
세 가지 예

〈Trade-off Approach〉

〈속성 1 : 효능〉

〈속성 2 : 맛〉	수준 1 : 치석제거	수준 1 : 잇몸보호	수준 1 : 미백효과
수준 1 : 무미			
수준 1 : 아카시아맛			
수준 1 : 허브맛			

〈Full-Profile Approach〉

제품용기 : 튜브형
맛 : 아카시아맛
효능 : 치석제거
색깔 : 하늘색

〈Pairwise Comparison〉

제품용기 : 튜브형 맛 : 아카시아맛 효능 : 치석제거	대	제품용기 : 원통형 맛 : 허브맛 효능 : 미백효과

법이다. 비록 형식과 응답자에게 제공되는 정보의 양에 있어서 차이가 있지만 전통적인 컨조인트 분석에 있어서 모두 적용가능하다. [그림 11-2]는 자극제시방법의 주요 세 가지 방법을 나타내고 있다.

● 상충방법(trade-off approach)　수준의 모든 조합에 순위를 정함으로써 두 가지 속성을 동시에 비교하는 방법으로 응답자에게 간편함과 관리의 용이성 또한 단지 두 가지 속성을 동시에 제공함으로써 정보의 과부하를 피할 수 있다는 장점이 있다. 하지만 한번에 단지 두 가지 속성에 대해서만 사용함으로써 현실을 무시한 점이 있고, 작은 수의 수준에 대해서도 여러 번의 판단이 필요하며, 응답자의 실증 또는 피로 등의 여러 가지 한계점으로 인해 최근 그 사용이 줄어들고 있다.

● 전체자극 제시방법(full-profile approach) fractional factorial design의 사용을 통한 비교하는 수를 제거하는 능력과 현실성을 제공하기 때문에 가장 많이 사용하는 방법으로 각각의 자극이 독립적으로 묘사되며 프로파일 카드를 주로 사용한다. 이러한 방법의 장점으로는 각각의 속성수준의 용어에 있어서 자극을 기술함에 의해 보다 현실적인 묘사가 가능하고, 모든 속성과 속성간에 존재하는 환경적 상관계수간의 보다 정확한 제시, 보다 많은 선호형태에 사용가능하다. 그러나 첫째, 속성의 수가 증가함에 따라 정보 과부하의 가능성이 있으며, 둘째, 카드에 기록되어 있는 속성의 순서가 평가에 영향을 줄 수 있다는 한계점을 가지고 있다. 따라서 속성의 수가 여섯 개 미만인 경우에 사용하는 것이 적절하다.

● 쌍비교 제시방법(pairwise comparison) 두 가지 다른 방법의 조합인 부분비교 제시방법은 응답자가 프로파일의 선호의 정도를 나타내는 비율척도를 자주 사용한다. 이 방법의 두드러진 특징은 프로파일이 전형적으로 모든 속성을 포함하지 않지만 프로파일을 구성함에 있어서 동시에 선택해야 하는 몇몇 속성만으로 대처한다.

② 자극의 창출

일단 속성과 수준이 선정되고 제공방법이 선택되면 조사자는 응답자의 평가에 대한 처리방법 또는 자극을 창출하는 작업을 하여야 한다. 어떠한 방법에 있어서든 조사자는 항상 많은 속성과 수준의 증가함에 따른 응답자의 부담 증가에 직면하게 된다. 따라서 효율적으로 정보를 얻을 수 있는 방안을 강구해야 한다.

● Trade-off 제시방법 trade-off 방법의 경우 모든 가능한 속성의 조합이 사용된다. Trade-off 매트릭스의 수는 엄격히 속성의 수에 기반을 두고 있으며 그 계산은 다음과 같다.

$$\text{Trade-off 매트릭스의 수} = \frac{N(N-1)}{2}, \ (N = \text{속성의 수})$$

조사자가 염두해야 할 점은 각각의 trade-off 매트릭스는 속성수준의 제품과 동일한 반응의 수가 포함된다는 것이다. 이 방법은 속성 또는 수준의 수가 증가함에 따라 응답자의 부담이 가중되지만 응답자에게 단지 두 가지 속성을 동시에 평가하게 한다는 점에서 간단하다(Johnson, 1974).

● Full-profile 또는 Pairwise combination 제시방법   적은 수의 속성과 수준으로 구성된 간단한 컨조인트 분석에 있어서 응답자는 모든 가능한 자극을 평가할 수 있을 것이다. 모든 조합을 사용하는 경우는 fractional design이라고 알려져 있으며, 속성 또는 수준이 증가함에 따라 이러한 설계는 불가능하게 된다. 이러한 경우 자극의 하위집단을 명시하는데, fractional factorial design는 자극의 하위집단을 기술하고 평가하는데 가장 일반적으로 사용하는 방법이다. fractional factorial design은 가능자극의 샘플을 선택하는 것으로 자극의 수는 응답자에 의해 사용되는 것을 가정하는 composition rule의 형태에 달려있다. 상호작용이 없는 각각의 속성에 대한 주효과만을 가정하는 가산적 모델의 사용에 있어서 4개의 속성에 4가지의 수준을 갖는 full-profile 방법을 사용하는 연구는 단지 주효과를 측정하기 위해 16개의 자극이 필요하다. [표 11-5]는 16개의 자극의 두 가지 가능한 집단을 나타내 주고 있으며, 두 가지 디자인은 최적의

Factorial Designs(주효과만)

	디자인 1*				디자인 2*			
	속성 1	속성 2	속성 3	속성 4	속성 1	속성 2	속성 3	속성 4
1	3	2	3	1	2	3	1	4
2	3	1	2	4	4	1	2	4
3	2	2	1	2	3	3	2	1
4	4	2	2	3	2	2	4	1
5	1	1	1	1	1	1	1	1
6	4	3	4	1	1	4	4	4
7	1	3	2	2	4	2	1	3
8	2	1	4	3	2	4	2	3
9	2	4	2	1	3	2	3	4
10	3	3	1	3	3	4	1	2
11	1	4	3	3	4	3	4	2
12	3	4	4	2	1	3	3	3
13	1	2	4	4	2	1	3	2
14	2	3	3	4	3	1	4	3
15	4	4	1	4	1	2	2	2
16	4	1	3	2	4	4	3	1

📄 표 11-5
속성(4가지)과 수준(4가지)에 있어서 가산모델에 대한 대안적 Fractional

* 속성(1~4) 하단 열안의 숫자는 각각의 속성수준이다. 예를 들면, 디자인 1의 첫 번째 자극은 속성 1
의 수준 3, 속성 2의 수준 2, 속성 3의 수준 3 그리고 속성 4의 수준 1로 구성되어 있다.

설계로서 orthogonal(속성 전반에 걸쳐 수준간의 상관관계가 없는 것)과 balanced(속성에 있어서 각각의 수준은 같은 수로 나타난다)이다.

어떠한 컨조인트 분석에 있어서든지 고려하여야 할 사항은 평가된 컨조인트 자극의 수로 인하여 응답자에게 부담을 주는 것이다. 분명히 응답자는 많은 수의 자극은 평가할 수 없다. 그러면 컨조인트 분석에 있어서 적당한 자극의 수는 얼마나 되는가에 대한 의문이 생긴다. 최근의 연구에서는 응답자들이 20개까지 쉽게 응답할 수 있다고 밝힌 바 있다.

앞의 치약에 대한 설문지는 다음과 같이 작성되어 제시되어질 수 있다. 본 장에서는 컨조인트 분석을 설명할 목적으로 응답자의 수를 15명으로 정하였지만, 보다 의미 있는 분석결과를 얻기 위해서는 적어도 100명 이상의 응답자에 대한 자료가 필요하다.

 설문지의 예

▣ 아래에는 실제로 존재하지 않는 가상적인 여러 가지의 치약 제품들이 제시되어 있습니다. 귀하가 치약을 구매한다고 할 경우 가장 구매할 의향이 높은 것부터 순서대로 각제품 밑의 ( )안에 순위를 적어주시기 바랍니다〈가장 구매할 의향이 높은 제품은 1, 가장 구매할 의향이 낮은 제품은 9입니다〉.

※ 각각의 네모 칸 속의 5가지 제품 속성과 수준은 다음과 같습니다.

속성	제품용기	맛	효능	색깔
수준	1. 튜브형 2. 원통형	1. 무미 2. 아카시아맛 3. 허브맛	1. 치석제거 2. 잇몸보호 3. 미백효과	1. 하늘색 2. 투명 3. 흰색

제품 1	제품 2	제품 3
용기: 튜브형 맛 : 아카시아맛 효능: 미백효과 색깔: 하늘색	용기: 튜브형 맛 : 허브맛 효능: 치석제거 색깔: 투명	용기: 원통형 맛 : 무미 효능: 미백효과 색깔: 투명
( )	( )	( )

제품 4	제품 5	제품 6
용기: 원통형 맛 : 허브맛 효능: 잇몸보호 색깔: 하늘색	용기: 원통형 맛 : 아카시아맛 효능: 치석제거 색깔: 흰색	용기: 튜브형 맛 : 허브맛 효능: 미백효과 색깔: 흰색
( )	( )	( )

제품 7	제품 8	제품 9
용기: 튜브형 맛 : 무미 효능: 치석제거 색깔: 하늘색	용기: 튜브형 맛 : 무미 효능: 잇몸보호 색깔: 흰색	용기: 튜브형 맛 : 아카시아맛 효능: 잇몸보호 색깔: 투명
( )	( )	( )

▣ 다음은 귀하의 일반적인 사항들에 대한 질문입니다. 통계적 처리만을 위해 사용되오니 솔직한 답변을 부탁드립니다.

  1. 귀하의 나이는?   (   )세

  2. 귀하의 성별은?   남(   )   여(   )

  3. 귀하의 한달 용돈은 얼마 정도입니까?(해당 부분에 V표시를 하여 주십시오)

   ① 15만원 이하   ② 15만원~20만원   ③ 20만원~25만원
   ④ 30만원~35만원   ⑤ 35만원 이상

♠ 빠짐없이 답변하셨습니까? 감사합니다.

위에서 나타난 9가지의 치약제품을 편의상 15명의 응답자를 무작위 추출하여 각각에 대한 선호도를 조사하게 된다. 각각의 제품에 대한 속성과 수준들의 부분가치를 알아보기 위해 SPSS 프로그램상에서의 syntax를 이용하여 작성한 예가 [표 11-6]에 나타나 있고, 그 결과가 [표 11-7]에 나타나 있다. 일단 데이터가 수집되면, 컨조인트는 각각의 속성수준에 대한 부분가치를 추정할 수 있게 된다. 이러한 부분가치의 점수는 어떤 특별한 조합에 대한 응답자들의 선호도에 대한 각각의 수준가치에 대한 영향을 나타낸다.

[표 11-6]은 치약 데이터의 분석을 위한 SPSS 명령들의 집합을 나타내 주고 있다. BEGIN DATA와 END DATA 사이에 있는 자료는 15명의 응답자에 대한 9가지 제품의 선호순서를 나타낸다. 또한 여기에서는 데이터 수집의 sequence 방법이 사용되었는데, 이는 가장 선호하는 것부터 가장 선호하지 않는 것까지의 응답자의 정렬을 의미한다. 즉 응답자 1의 경우 4번째의 제품을 가장 선호하며 그렇기 때문에 가장 처음의 데이터 위치에 놓여지게 된다. 'CONJOINT'라는 명령어는 1번 응답자

표 11-6
속성과 수준에 대한 부분가치를 알아보기 위한 syntax

```
DATA LIST FREE /ID 선호 1 TO 선호 9.
BEGIN DATA
```

01	4	3	9	1	6	2	7	8	5
02	1	6	5	2	7	8	3	9	4
03	1	6	7	3	5	2	8	4	9
04	6	3	9	1	2	5	7	8	4
05	3	7	1	5	8	4	9	6	2
06	9	1	7	4	2	8	3	5	6
07	1	3	6	9	5	2	4	8	7
08	1	9	7	5	2	4	3	8	6
09	5	1	3	7	6	4	9	8	2
10	2	6	7	4	3	5	9	8	1
11	4	9	3	5	6	8	1	2	7
12	4	3	7	6	8	2	9	5	1
13	2	1	9	6	7	5	8	4	3
14	1	6	2	7	5	3	8	9	4
15	5	3	9	2	6	1	8	7	4

```
END DATA
CONJOINT PLAN='A:치약.SAV'
/DATA=*/
/FACTORS 제품용기(DISCRETE) 맛(DISCRETE) 효능(DISCRETE) 색깔(DISCRETE)
/SUBJECT ID / SEQUENCE 선호 1 TO 선호 9
/PRINT ALL /UTILITY='A:\TEMP.SAV'
```

가 가장 선호하는 속성의 수준 정보에 대한 plan 파일에 있어서 13번째의 제품이라는 것을 나타낸다. 'PLAN'이라는 하위명령어는 plan 시스템 파일을 나타내며, 'DATA'는 선호 데이터들이 working 데이터 파일에 위치한다는 것을 나타낸다.

하위명령어 'FACTORS'는 선호 데이터와 속성의 수준간의 예상되는 관계를 나타내기 위한 모델을 구체화하는 것이다. 'FACTORS'에서는 네 가지의 상이한 모델들이 사용되는데 즉, DISCRETE, LINEAR, IDEAL, 그리고 ANTIIDEAL이다. DISCRETE은 속성의 수준이 범주형이며 수준과 데이터간의 관계에 대한 가정이 없을 경우에 사용한다. LINEAR은 데이터가 속성과 선형의 관계가 있다고 예상될 경우에 사용되는데, 특히 가격에 있어서 소비자가 낮은 가격을 선호하는 경우 일반적으로 사용된다. 또한 DISCRETE와 LINEAR의 경우 예상되는 관계의 방향을 나타내주기 위해서 MORE와 LESS를 사용하여 구체화 할 수 있다. IDEAL 모델은 이상점 속성 수준을 갖고 있으며, 이러한 이상점으로부터의 거리는 선호도의 감소와 관련이 있다. 그리고 ANTIIDEAL 모델 또한 매우 유사하지만 단지 차이점은 이상점으로부터의 거리가 멀수록 선호도가 증가한다는 것이다. 예를 들어, 치약의 경우 네 가지 속성 모두가 범주형이고 데이터간의 관계에 대하여 특별한 가정이 없기 때문에 DISCRETE 모델을 사용하였다. 위의 결과를 통해 각각의 응답자에 대한 컨조인트 결과를 도출해 볼 수 있다. [표 11-7]은 이러한 결과 중 응답자 1에 해당되는 결과를 나타낸 것이다.

컨조인트 분석에서는 각각의 속성에 대한 중요도를 계산해낼 수 있는데, [표 11-7]의 왼편에 있는 막대그래프를 통해 각각의 속성을 비교할 수 있도록 제시해 주고 있다. 중요도는 특정 속성에 대한 효용의 범위를 계산하여 모든 효용의 범위에 대한 합으로 나누어 준 것을 나타낸다. [표 11-7]에서는 응답자 1의 경우 효능과 색깔이 34.92로 가장 중요하게 나타난 반면, 제품용기(14.29)가 가장 중요하지 않게 나타났다. 하단부의 Pearson's R과 Kendall's tau 통계치는 모델의 적합도를 나타내 주는 것으로 응답자 1의 경우 매우 유의적으로 나타나고 있다. [표 11-8]은 응답자

표 11-7
응답자 1에 대한
컨조인트 결과

```
SUBJECT NAME: 1.00
Importance Utility(s.e.) Factor

          +----+                                    제품용기
14.29     I     I         -.7500( .4330)      -I     튜브형
          +----+          .7500( .4330)      I-     원통형
                I
          +----+                                    맛
15.87     I     I         -.6667( .5774)      -I     무미
          +----+         -.3333( .5774)      -I     아카시아맛
                I         1.0000( .5774)      I--    허브맛
                I
+----------+                                        효능
I 34.92         I        -2.3333( .5774)    ----I   치석제거
+----------+             1.0000( .5774)     I--     잇몸보호
                I        1.3333( .5774)     I--     미백효과
                I
+----------+                                        색깔
I 34.92         I         1.0000( .5774)     I--     하늘색
+----------+             1.3333( .5774)     I--     투명
                I        -2.3333( .5774)    ----I    흰색
                I
                    5.2500( .4330) CONSTANT

Pearson's R = .987              Significance = .0000
Kendall's tau = .957            Significance = .0002
```

표 11-8
속성의 수준별
부분가치와
중요도

ID	용기 1	용기 2	맛 1	맛 2	맛 3	효능 1	효능 2	효능 3	색깔 1	색깔 2	색깔 3	용기 중요	맛 중요	효능 중요	색깔 중요
1	-0.75	0.75	-0.70	-0.30	1.00	-2.33	1.00	1.33	1.00	1.33	-2.33	14.29	15.87	34.92	34.92
2	1.00	-1.00	-1.00	1.00	0.00	1.00	-2.67	1.67	0.00	-1.33	1.33	18.18	18.18	39.39	24.24
3	0.50	-0.50	0.33	0.33	-0.30	0.33	-3.00	2.67	1.00	-1.33	0.33	10.34	6.90	58.62	24.14
4	0.50	-0.50	-0.70	-0.70	0.00	-1.00	-1.67	2.67	-1.67	1.67	0.00	10.00	13.33	43.33	33.33
5	-1.00	1.00	2.30	2.30	-3.00	0.00	-1.00	1.00	1.33	-0.67	-0.67	18.18	45.45	18.18	18.18
6	1.00	-1.00	-0.30	-0.30	-1.00	-0.33	1.33	-1.00	2.00	0.67	-2.67	17.65	20.59	20.59	41.18
7	-0.25	0.25	-1.00	-1.00	-0.30	-1.67	-1.33	3.00	-0.67	1.00	-0.33	5.08	30.51	47.46	16.95
8	0.50	-0.50	-1.00	-1.00	-2.00	1.00	-0.33	-0.67	1.67	0.33	-2.00	9.37	40.62	15.63	34.38
9	-1.25	1.25	0.00	0.00	-2.00	0.33	-2.00	1.67	1.00	-1.33	0.33	21.13	28.17	30.99	19.72
10	0.00	0.00	-0.30	-0.30	2.70	1.67	-1.33	-0.33	-0.33	0.67	-0.33	0.00	55.56	33.33	11.11
11	-1.75	1.75	-1.00	-1.00	0.33	-2.00	2.00	0.00	-0.67	0.67	0.00	33.33	15.87	38.10	12.70
12	-1.00	1.00	1.70	1.70	1.30	-0.67	0.67	0.00	0.67	0.00	-0.67	21.43	50.00	14.29	14.29
13	2.00	-2.00	-2.00	-2.00	0.67	1.00	-1.00	0.00	0.00	0.67	-0.67	37.50	31.25	18.75	12.50
14	1.25	-1.25	-0.70	-0.70	0.33	1.00	-3.00	2.00	0.33	-0.67	0.00	26.32	10.53	52.63	10.53
15	-0.75	0.75	-0.70	-0.70	1.70	0.67	-1.33	0.67	-2.67	2.00	0.67	13.85	24.62	18.46	43.08

15명에 대한 결과를 표로 나타낸 결과이다.

6) 효용의 추정

각 속성의 수준에 대한 효용의 추정은 추정하고자 하는 선호도 모형과 관계가 있기 때문에 우선 선호도 모형에 관해서 언급한 후, 추정방법에 대해서 소개하기로 한다. 먼저 모형에서 사용되는 첨자와 변수는 다음과 같다.

첨자, 변수 및 상수

$i = 1, 2, \cdots\cdots, I$ 소비자

$j = 1, 2, \cdots\cdots, J$ 설계된 상품

$k = 1, 2, \cdots\cdots, K$ 속성

$l = 1, 2, \cdots\cdots, L_k$ 속성 K의 수준

Y_{ij}: 소비자 i의 제품 j에 대한 선호도(10−순위)

U_{jkl}: 속성 k의 수준 l에서 소비자 i가 갖는 효용

X_{jkl}: (1; 상품 j에 속성 k의 수준 l이 포함될 때, 0; 포함되지 않을 때)

일반적으로 가장 많이 활용되고 있는 선호도 모형은 다음과 같은 모형으로
제시된다.

$$Y_{jk} = \sum_{k=1}^{k} \sum_{l=1}^{L_k} U_{ikl} X_{jkl}$$

소비자의 평가로서 순위척도가 제시되면, 이 자료는 앞의 모형에서 종속변수
Y_{ij}의 입력자료로 이용되며, 앞에서 언급한 부분인수법에 의한 실험설계가 X_{jkl}의 자
료로서 입력된다. 그리고 U_{jkl}이 추정되어지는 속성 k의 l에 관한 소비자 i 의 효용이
된다. 이에 대한 내용은 [표 11-9]에서 나타난 바와 같다. 여기에서 소개된 모형과
그에 따른 설계행렬은 각 속성의 주요효과(main effect)만이 고려되었으며, 하나의
속성이 다른 속성과 상호작용하며 발생되는 상호작용효과(interaction effect)도 물론
추가될 수 있다.

속성 수준의 효용 추정방법은 설계된 제품의 선호도로 어떠한 척도를 이용하
였는가에 따라서 달라진다. 순위척도를 사용하여 선호도를 측정하였을 경우
MONANOVA, PREMAP, Nonmetric trade-off 분석법 및 LINMAP 등의 방법이 있
다. 그리고 등간척도를 사용하였을 경우 OLS 회귀분석, MSAE 회귀분석이 사용되
며, 쌍비교(paired comparison)자료의 경우에는 LOGIT이나 PRPBIT이 적용된다. 위
와 같은 추정방법들을 이용하지 않더라도, [표 11-8]의 설계행렬이 부분인수법
(fractional factorial design)에 의하여 상품을 모두 열거하였거나 혹은 orthogonal 설
계인 경우, 다음과 같은 전환된 평균법에 의해서 계산할 수 있다. 여기에서 제시한
방법에 의해서 효용치를 추정한 후에 이에 대한 설명을 하고자 한다.

제품	제품용기		맛			효능			색깔			평가
	튜브형	원통형	무미	아카시아	허브맛	치석제거	잇몸보호	미백효과	하늘색	투명	흰색	(10-순위)
j	X_{11}	X_{12}	X_{21}	X_{22}	X_{23}	X_{31}	X_{32}	X_{33}	X_{41}	X_{42}	X_{43}	X_{ij}
1	1	0	0	1	0	0	0	1	1	0	0	6
2	1	0	0	0	1	1	0	0	0	1	0	7
3	0	1	1	0	0	0	0	1	0	1	0	1
4	0	1	0	0	1	0	1	0	1	0	0	9
5	0	1	0	1	0	1	0	0	0	0	1	4
6	1	0	0	0	1	0	0	1	0	0	1	8
7	1	0	1	0	0	1	0	0	1	0	0	3
8	1	0	1	0	0	0	1	0	0	0	1	2
9	1	0	0	1	0	0	1	0	0	1	0	5

📄 표 11-9
효용추정을 위한
설계 행렬(응답
자 1의 경우)

효용의 추정방법은 크게 두 단계로 나누어 질 수 있다. 첫 번째 단계는 속성에서 해당되는 수준의 평균값을 구하는 단계이며, 두 번째는 평균값을 효용치로 전환하는 단계이다. 첫째로 [표 11-9]의 설계행렬에서 각 속성의 각 수준에 대하여 종속변수에 해당되는 Y_{ij}의 값의 평균치를 계산한다. 수식으로 나타내면,

$$\sum_{j=1}^{18} Y_{ij}\, Y_{jkl} \Big/ \sum_{j=1}^{18} X_{jkl}$$

예를 들어, 제품용기 튜브형이 이용되는 제품의 종속변수값의 평균을 구하면, (6+7+8+3+2+5)/6=5.17이 된다. 둘째로 위에서 구한 평균값을 특정한 범위의 효용가치로 변환시킨다. 예를 들면, [표 11-10]에서 나타난 바와 같이, 평균값의 범위는 2.0~8.0인데 이 값을 속성간 비교를 위해 0.1에서 1.0의 범위에서의 효용가치로 전환한다. 이를 전환된 평균값이라 부른다.

이 경우 전환을 위하여 활용된 식은 {(평균값-최소값)/(최대값-최소값)}×0.9+0.1이 사용되었다. 따라서 튜브형의 효용은 {(5.17-2.00)/(8.00-2.00)}×0.9-0.1=0.58이며, [표 11-10]의 효용(전환된 평균)에 나타나 있다.

각 속성수준의 효용이 주어졌을 때 하나의 설계된 제품에 대해 각 속성의 해당되는 수준의 효용을 합함으로써 상품의 효용을 파악할 수 있다. 예를 들어, 응답자 1의 경우 상품 1에 대한 효용은 다음과 같이 계산될 수 있다.

U(상품 1)=U(튜브형)+U(무미)+U(치석제거)+U(흰색)
=0.58+0.10+0.50+0.50=1.68

📄 표 11-10
속성수준의 평균치 및 효용(응답자 1의 경우)

	속성수준	평균치	효용(전환된 평균)
제품용기	튜브형	5.17	0.58
	원통형	4.67	0.50
맛	무미	2.00	0.10
	아카시아맛	5.00	0.55
	허브맛	8.00	1.55
효능	치석제거	4.67	0.50
	잇몸보호	5.33	0.60
	미백효과	5.00	0.55
색깔	하늘색	6.00	0.70
	투명	4.33	0.45
	흰색	4.67	0.50

즉, 순위가 6위인 상품 1의 총효용은 1.51이다. 그리고 순위가 1인 상품 4의 경우를 보면,

$$U(상품 4) = 0.50 + 1.00 + 0.60 + 0.70 = 2.80$$

위의 1명에 대한 응답자의 효용추정에 대한 값을 그래프로 나타내면 다음과 같다.

응답자 1의 경우 [그림 11-3]을 통해 튜브형의 허브맛을 지닌 잇몸보호기능이 있는 하늘색 치약제품을 선호하는 것을 알 수 있다. 앞에서 15명의 응답자를 대상으로 할 경우 응답자 각각의 9가지 제품에 대한 평가(10-순위)는 [표 11-11]과 같다.

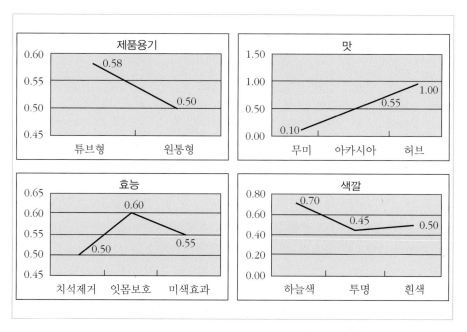

그림 11-3
1명의 응답자에 대한 효용추정

제품	제품별 응답자의 평가(10-순위)														
	1	2	3	4	5	6	7	8	9	10	11	12	13	14	15
1	6	9	9	4	7	1	9	9	5	8	6	6	8	9	5
2	7	4	4	7	3	9	7	1	9	4	1	7	9	4	7
3	1	5	3	1	9	3	4	3	7	3	7	3	1	8	1
4	9	8	7	9	5	6	1	5	3	6	5	4	4	3	8
5	4	3	5	8	2	8	5	8	4	7	4	2	3	5	4
6	8	2	8	5	6	2	8	6	6	5	2	8	5	7	9
7	3	7	2	3	1	7	6	7	1	9	1	2	2	2	2
8	2	1	6	2	4	5	2	2	2	8	5	6	1	3	3
9	5	6	1	6	8	4	3	4	8	9	3	9	7	6	6

표 11-11
9가지 제품에 대한 응답자 15명의 평가

표 11-12
응답자 15명의
각 속성, 수준별
효용

| 제품 | 속성 및 수준 | | | | | | | | | | |
| | 제품용기 | | 맛 | | | 효능 | | | 색깔 | | |
	튜브형	원통형	무미	아카시아	허브맛	치석제거	잇몸보호	미백효과	하늘색	투명	흰색
1	0.58	0.50	0.10	0.55	1.00	0.50	0.60	0.55	0.70	0.45	0.50
2	0.53	0.60	0.45	0.70	0.50	0.50	0.55	0.60	1.00	0.55	0.10
3	0.62	0.62	0.33	0.62	0.92	0.33	0.55	1.00	0.85	0.10	0.92
4	0.55	0.82	0.10	0.82	1.00	0.82	0.76	0.34	0.70	0.58	0.64
5	0.58	0.66	0.55	0.72	0.55	0.10	0.72	1.00	0.50	0.89	0.44
6	0.50	0.65	0.55	0.45	0.65	1.00	0.55	0.10	0.50	0.60	0.55
7	0.70	0.34	0.46	0.76	0.70	0.82	0.10	1.00	0.70	0.58	0.64
8	0.55	0.65	0.38	1.00	0.38	0.65	0.17	0.79	1.00	0.10	0.65
9	0.49	0.40	0.16	0.58	0.64	0.40	0.34	0.64	0.10	1.00	0.10
10	0.53	0.60	0.10	1.00	0.55	0.40	0.65	0.60	0.55	0.60	0.50
11	0.47	0.55	1.00	0.38	0.10	0.44	0.55	0.49	0.78	0.27	0.44
12	0.91	0.10	0.10	0.82	1.00	0.19	0.91	0.82	0.28	1.00	0.64
13	1.00	0.10	0.19	0.96	0.70	0.61	0.87	0.61	0.61	0.87	0.61
14	0.39	0.49	0.17	0.74	0.36	0.17	0.10	1.00	0.36	0.62	0.29
15	0.60	0.45	0.10	0.55	1.00	0.45	0.65	0.55	0.55	0.50	0.60
총효용	9.09	7.53	4.74	10.65	10.05	6.93	8.07	10.09	9.18	8.71	7.62

또한 응답자 각각의 9가지 제품에 대한 평가를 바탕으로 응답자별 각 속성 수준의 효용과 전체적인 총효용을 산출하면 [표 11-12]와 같이 나타난다.

15명의 응답자에 대한 전체적인 총효용의 추정결과를 그래프로 나타낸 결과가 [그림 11-4]에 나타나 있다. 응답자 15명의 총효용의 추정결과 튜브형의 아카시아 맛을 지니며 미백효과가 뛰어나고 하늘색의 치약이 가장 적절한 제품으로 나타났다.

[그림 11-4]의 결과를 통해 대부분의 응답자들이 기존에 흔히 사용해 오던 튜브형 제품을 선호하며 맛에 있어서 특정한 맛을 즐길 수 있는 제품을 선호하는 것으로 나타났다. 젊은층을 대상으로 조사한 결과로 응답자의 대부분이 치아의 건강보다는 시각적인 면을 선호하며 하늘색의 색상을 선호하는 것으로 나타났다. 따라서 치약에 대한 신제품 개발시 위와 같은 사실은 매우 중요하게 적용될 수 있다. 하지만 치약시장이 큰 경우 위와 같은 한 가지의 제품만을 제공함으로서 모든 소비자들에게 만족을 얻기란 매우 불가능한 일이다. 따라서 위 응답자들 비슷한 속성을 지닌 응답자들로 세분시장을 나누어 볼 필요가 있다.

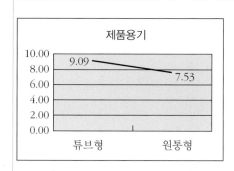

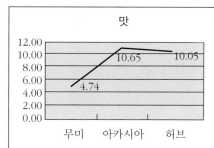

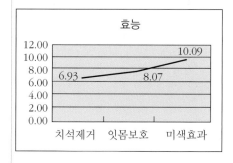

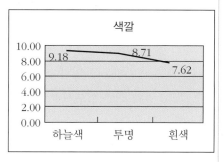

7) 컨조인트 분석의 관리적 운용

일반적으로 개별 수준에서 추정된 Conjoint 모델은 개개인들의 의사결정과정을 대표함으로써 의사결정 지원분야에서 쓰이게 된다. 가장 일반적인 Conjoint 분석의 적용은 소비자의 선호구조를 나타내는 세분화, 수익성 분석 등에도 사용된다.

① 세분화(Sgmentation)

개별 수준의 컨조인트 분석결과 가장 일반적인 사용은 비슷한 부분가치에 해당되는 응답자를 그룹화시키거나 세분화를 규명하기 위해 중요성 가치를 그룹화하는 것이다. 추정된 컨조인트 부분가치의 효용은 독립적으로 사용되거나 다른 변수(예를 들어 인구통계학적 변수 등)들과 조합하여 그룹화된 응답자들이 그들의 선호가 가장 비슷하게 유도하는 데 사용할 수 있다.

② 수익성 분석

제품 설계시 의사결정의 보완책으로써 추정된 제품 설계의 수익성 분석이 있다. 만약 각각의 특성에 대한 최저 비용을 알고 있다면 각각의 '제품'의 비용은 예상되는 시장점유율과 판매량과 관련지어서 제품의 성장력을 예측할 수 있게 된다. 이러한 과정은 각각의 변수의 낮은 비용을 통해 이윤을 증가시킬 수 있기 때문에 가장 수익성 있고 비슷한 점유율의 속성들의 조합에 중점을 둘 수 있다.

세분시장별 최적상품의 설계

앞에서 설명한 바와 같이 [그림 11-4]에서 응답자 15명의 각각의 속성에 부분 가치의 평균을 살펴보면 최적의 상품은 튜브형의 아카시아맛을 지닌 미백효과기능을 갖는 하늘색 치약이 된다. 하지만 전체의 평균만으로는 마케팅의 목표인 목표고객을 정확히 파악할 수 없기 때문에 서로 비슷한 속성을 지닌 응답자들로 세분시장을 나누어 볼 필요가 있다.

컨조인트 분석의 결과는 시장세분화를 통해 이용되는 경우가 많은데 시장세분화란 보다 효과적인 마케팅 믹스의 개발을 위해서 전체시장을 상품에 대한 욕구가 비슷한, 혹은 영업활동에 의미 있는 동질적 부분시장으로 나누는 작업이라고 정의할 수 있다. 이와 관련하여 시장세분화를 하는 방법에는 크게 사전적인 방법과 사후적인 방법이 있다.

사전적 세분화는 크게 인구통계학적 변수, 지리적 변수, 심리적 변수 등을 사용하여 세분시장들 사이에 컨조인트 모형의 계수에 유의적인 차이가 있는지를 분석하는 방법이다. 사후적 세분화는 군집화에 근거하여 구매행동이나 태도, 편익과 같은 특성과 관련하여 소비자들의 다변량적인 유사성에 따라서 이들을 군집화하고, 군집한 결과에 따라 세분화된 소비자 집단들의 차이점들을 파악한다.

편익세분화는 Haley(1968, 1971)를 비롯하여 그 동안 많은 학자들과 마케팅 실무자들에 의해서 사용되어 왔다. 인구통계적, 지리적 변수와 같은 일반적 고객 특성 변수에 의한 세분화는 구체적으로 고객이 어떤 욕구를 가졌는지를 설명해 주지 못하기 때문에 마케팅 정책수립에 직접적으로 기여하지 못한다는 단점이 있다. 반면 편익에 의한 세분화는 고객이 상품으로부터 얻고자 하는 편익(benefit)을 기준으로 시장을 세분화하는 기법이다. 편익세분화에는 군집분석(Cluster Analysis)이 통계처리 방법으로 자주 활용되는데, 군집분석은 비교적 동질적인 고객들을 찾아서 집단으로 묶어주는 작업을 수행한다. 여기서 동질적이라 함은 고객들이 여러 편익에 부여한 중요도들이 유사하다는 것을 의미한다. 따라서 동일한 집단에 속한 고객들이 여러 편익에 부여한 중요도들은 매우 유사한 반면, 상이한 집단간에는 큰 차이를 보이게 된다. 군집분석을 이용하여 응답자 15명을 4개의 집단으로 구분할 수 있으며 그 결과는 [표 11-13]과 같다.

치약을 선택할 경우 가장 중요하다고 생각하는 제품 속성을 기준변수로 하여 군집분석을 한 결과 전체시장은 네 개의 집단으로 분류되었다. 각 집단별로 중요시하는 속성을 살펴보면 1집단의 경우에는 맛에 크게 민감하고 치약의 효능을 중시하

구분	미각추구집단 (집단 1)	색상추구집단 (집단 2)	효능추구집단 (집단 3)	다속성추구집단 (집단 4)
제품용기 중요	13.20	13.79	8.47	27.29
맛 중요	50.34	25.43	16.91	20.80
효능 중요	21.93	22.40	49.80	35.97
색깔 중요	14.53	38.39	24.81	15.94

표 11-13
군집분석을 이용한 집단 구분

는 집단이고, 2집단의 경우에는 특정 색상을 즐겨 사용하고 맛과 기능성을 중요시하며, 3집단의 경우에는 치약이 갖고 있는 효과에 상당한 관심을 가지고 있는 것으로 나타났다. 그리고 4집단은 치약을 선택할 때 모든 사항(제품용기, 맛, 효능, 색깔)을 동시에 고려하여 종합적으로 판단하는 집단으로 나타났다. 도출된 4개의 집단을 주식회사 '한국'이 고려할 수 있는 세분시장이라고 말할 수 있으며, 이러한 특성들을 기준으로 1집단은 '미각추구집단', 2집단은 '색상추구집단', 3집단은' 효능추구집단', 그리고 4집단은 '다속성추구집단'으로 칭할 수 있을 것이다.

또한 각 집단별로 응답자의 수를 비교하여 본 결과 각각 3명, 4명, 3명, 5명이 포함되어 있으며, 이러한 결과를 놓고 마케팅 관리자는 시장규모가 가장 큰 '다속성추구집단'을 목표시장으로 선정하여도 될 것이다. 또한 ANOVA 분석을 이용하여 집단간의 차이를 살펴본 결과는 [표 11-14]에 제시되어 있다

ANOVA 분석을 통한 집단간 차이를 조사해 본 결과 각각의 중요도에 대해 유의적이라고 할 수 있다. 따라서 이상의 4개의 집단에 대한 속성의 수준별 부분가치의 평균치를 나타내면 [표 11-15]와 같고 이를 그래프로 나타낸 것이 [그림 11-5]이다.

이상 각 세분집단에 대한 속성의 수준별 효용의 평균치를 조사해본 결과 각각의 최적상품을 설계할 수 있다. 즉, 1집단(미각추구집단)은 튜브형의 아카시아맛을 지니고 미백효과기능을 하는 투명한 치약을, 2집단(색상추구집단)은 제품용기에 상

	Cluster		Error			
	Mean Square	df	Mean Square	df	F value	p value
용기 중요	277.339	3	52.854	11	5.247	.017
맛 중요	713.582	3	90.511	11	7.884	.004
효능 중요	566.98	3	105.820	11	5.358	.016
색깔 중요	473.116	3	32.052	11	14.761	.000

표 11-14
ANOVA 분석을 이용한 집단간 차이 검정

표 11-15	속성 및 수준										
속성, 수준의 효용에 대한 집단별 평균치	제품용기		맛			효능			색깔		
집단	튜브형	원통형	무미	아카시아	허브맛	치석제거	잇몸보호	미백효과	하늘색	투명	흰색
1집단	0.67	0.45	0.25	0.85	0.70	0.23	0.76	0.81	0.44	0.83	0.53
2집단	0.56	0.56	0.35	0.64	0.76	0.65	0.49	0.46	0.69	0.41	0.58
3집단	0.65	0.59	0.30	0.73	0.87	0.66	0.47	0.78	0.75	0.42	0.73
4집단	0.58	0.43	0.39	0.67	0.46	0.53	0.48	0.67	0.57	0.66	0.31

그림 11-5

각 집단별 속성의 효용

[집단 1의 효용]

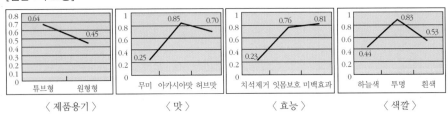

〈 제품용기 〉　　〈 맛 〉　　〈 효능 〉　　〈 색깔 〉

[집단 2의 효용]

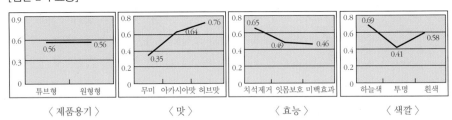

〈 제품용기 〉　　〈 맛 〉　　〈 효능 〉　　〈 색깔 〉

[집단 3의 효용]

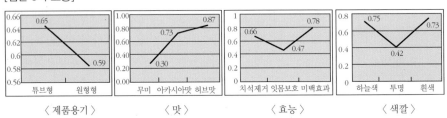

〈 제품용기 〉　　〈 맛 〉　　〈 효능 〉　　〈 색깔 〉

[집단 4의 효용]

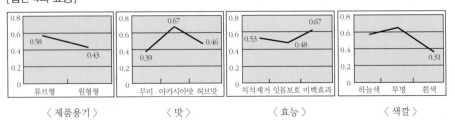

〈 제품용기 〉　　〈 맛 〉　　〈 효능 〉　　〈 색깔 〉

관없이 허브맛의 치석제거기능을 갖는 하늘색 치약을, 3집단(효능추구집단)은 튜브형의 허브맛을 지닌 미백효과가 있는 하늘색의 치약을, 그리고 4집단(다속성추구집단)은 튜브형의 아카시아맛을 지니고 미백효과가 있는 투명한 치약이 각각의 집단에 대한 최적상품이 될 수 있다. 마케팅 관리자는 이러한 사항에 중점을 두어 신제품 개발에 대한 전략을 수립할 수 있다.

[그림 11-5]에서 나타나듯이 제품용기에 있어서는 대부분 튜브형을 선호하고 있다. 하지만 집단 2의 경우 제품용기에 그리 민감하지 않게 나타났다. 또한 맛의 속성에 있어서는 1, 4번 집단이 비슷하며, 2, 3번 집단이 비슷하게 나타났다. 효능의 경우 1번 집단이 다른 집단과 차이를 보이고 있으며, 색깔의 속성에 있어서는 1, 4번 집단과 2, 3번 집단이 각각 비슷한 결과를 나타내고 있다.

SECTION
04 컨조인트 분석의 적용분야

컨조인트 분석이 소개되고 실제로 기업들이 이 컨조인트 분석을 상품개발에 응용하기 시작한 것은 1970년대에 들어와서였다. 1970년대 말에 이르러서 많은 기업들에 의해서 이용되었으며, 신제품 개발뿐만 아니라 마케팅 관리의 여러 분야에서 응용되었다.

1971~1980년 사이에 미국의 17개의 경영연구 자문회사를 상대로 조사한 결과 698건의 연구 프로젝트가 컨조인트 분석을 이용하였으며, 이 중 160건이 1980년대 행하여졌다. 이러한 프로젝트의 내용들을 제품과 서비스별로 나누어 보면 [표 11-16]과 같다(Cattin and Wittink, 1982).

제품구분	1971~1980년 사용빈도	1980년 사용빈도
소비재	429 (61%)	96 (60%)
산업재	138 (20%)	33 (21%)
수송재	25 (4%)	5 (3%)
금융재	53 (8%)	6 (4%)
공공재	18 (3%)	7 (4%)
기타 서비스	35 (5%)	13 (8%)
합계	698 (100%)	160 (100%)

표 11-16
제품/서비스별
컨조인트 분석의
사용

용도	1971~1980	1981~1985
신제품 개발	72%	47%
경쟁분석	–	40%
가격결정	61%	38%
시장 세분화	48%	33%
Repositioning	–	33%
광고	39%	18%
유통	7%	5%
합계	100%(698건에 대한 분류)	100%(1,062건에 대한 분류)

📑 표 11-17
용도별 컨조인트
분석의 적용

60%에 해당되는 프로젝트가 소비재에 관련되어 있으며 다음으로 산업재에 20%가 조금 넘게 컨조인트 분석이 이용되었음을 볼 수 있다. 그리고 재화뿐만 아니라 서비스 부분(금융재와 기타 서비스)도 13%가 컨조인트 분석을 응용하였음은 재화와 용역의 모든 분야에 걸쳐서 적용되고 있음을 보여주고 있다(Wittink and Cattin, 1989).

컨조인트 분석의 적용사례들을 마케팅 관리상에서 프로젝트의 용도별로 살펴보면 다양하게 사용되고 있음을 [표 11-17]에서 볼 수 있다. 1971~1980년에는 698건에 대한 조사이고 1981~1985년에는 1,062건에 대한 조사결과이다. 우선 마케팅 관리의 모든 분야에서 적용되고 있음을 볼 수 있으며 최근에 이르러서 용도도 다양해지고 있음을 볼 수 있다. 그리고 하나의 프로젝트가 행하여질 때 다양한 목적을 가지고, 예를 들면 신제품 개발사례의 경우 가격과 경쟁분석을 동시에 행함으로써 경영관리자가 의사결정을 내리는데 보다 효율적인 도구로 사용되고 있음을 감지할 수 있다. [표 11-17]에서 합계가 100%가 넘는 것은 컨조인트 분석을 수행하였을 때 그 용도가 신제품 개발을 하면서 경쟁분석, 가격분석 등을 동시에 수행하기 때문이다. 이것은 컨조인트 분석이 다목적으로 활용될 수 있는 힘있는 도구라는 의미이다. 컨조인트 분석의 다목적 이용이 70년대보다는 80년대에 이르러서 더욱 활발해지고 있음이 나타나고 있다. 이 밖에도 앞에서 소개한 절차, 즉 속성과 수준의 선발을 포함하는 다양한 주제에 관하여 여러 가지 방법이 연구되고 토론들이 진행되어 왔다.

현재에 이르기까지 실무자들이 컨조인트 분석을 보다 실용적으로 이용할 수 있도록, 많은 노력을 기울여와서 최근에는 간편한 컴퓨터 소프트웨어들이 개발되어 있다. 그리고 속성들이 많아짐에 따라서 조사하는 데 부담을 가져오게 되는데, 이러한 문제의 해결에도 노력을 기울이고 있으며, 다양한 선호도 모형의 개발과 결과의 타당성 문제, 효용가치의 신뢰성 문제 등 다양한 문제들을 심도 있게 연구하고 있다. 1970년대를 컨조인트 분석의 도입시기라고 본다면 1980년에는 실용화를 위하여 노력했던 시기라고 볼 수 있으며, 앞으로 더욱더 친밀하게 마케팅 관리 실무자들이 컨조인트 분석을 이용할 수 있게 되리라고 믿는다.

SECTION 05 / 요약정리

최적상품을 설계하기 위해서는 소비자가 판단하는 제품에 대한 평가를 기초로 설계되어야 한다. 중요속성을 선발하고 소비자 평가를 통해 각 효용치의 결합된 값을 통해 최적의 제품 구성을 찾아내는 방법에 대해 알아보았다. 컨조인트 방법은 최적의 제품을 구성하여 제품 개발에 체계적인 정보를 제공한다는데 많은 의의를 갖고 있다. 또한 세분시장별 최적상품을 구성하여 시장전략을 세울 때 유용하게 사용될 수 있는 것을 확인할 수 있었다. 이외에도 컨조인트 분석방법을 이용한 다양한 활용방법에 대해서도 알아보았다. 신제품 설계시 과학적으로 소비자의 의견과 평가를 바탕으로는 하는 방법은 많지가 않다. 이러한 컨조인트 방법을 통해 보다 시장과 소비자의 의견을 많이 반영한 제품을 구성할 때 비로소 성공적인 신제품 개발이 될 수 있을 것이다.

참·고·문·헌

Cattin, P., and Wittink, D. R. (1982). Commercial use of conjoint analysis: A survey. *Journal of Marketing*, 46(3), 44–53.

Green, P. E., and Srinivasan, V. (1978). Conjoint analysis in consumer research: Issues and outlook. *Journal of Consumer Research*, 5(2), 103–123.

Green, P. E., and Srinivasan, V. (1990). Conjoint analysis in marketing: New developments with implications for research and practice. *Journal of Marketing*, 54(4), 3–19.

Haley, R. I. (1968). Benefit segmentation: A decision–oriented research tool. *Journal of Marketing*, 32(3), 30–35.

Haley, R. I. (1971). Beyond benefit segmentation. *Journal of Advertising Research*, 11(4), 3–8.

Howell, J. R., Allenby, G. M., and Rossi, P. E. (2018). Feature valuation using equilibrium conjoint analysis. In *Handbook of Marketing Analytics*, Ed., Mizik, N. and Hanssens, D. M., UK: Edward Elgar Publishing.

Johnson, R. M. (1974). Trade–off analysis of consumer values. *Journal of Marketing Research*, 11(2), 121–127.

Kotler, P., and Keller, K. L. (2016). *Marketing Management*. 15th ed., NJ: Pearson.

Wittink, D. R., and Cattin, P. (1989). Commercial use of conjoint analysis: An update. *Journal of Marketing*, 53(3), 91–96.

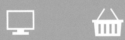

**New Product
Design
&
Development**

CHAPTER **12**

제품 사용 테스트

개인 컴퓨터와 인터넷이 아직 대중화되지 않았던 1970년대, IBM은 음성을 텍스트로 자동 변환해주는 기기 개발을 검토했다. 많은 사람들이 키보드로 정보를 입력하는 데 익숙하지 않았기 때문에 컴퓨터를 대중화시키려면 꼭 필요한 기술이라는 목소리가 컸다. IBM 입장에서는 엄청난 투자비용이 들 게 뻔한 프로젝트였다. 결단을 내리기에 앞서 IBM은 기술에 관심을 표시한 소비자들을 대상으로 작은 실험을 진행했다. 가짜 음성 텍스트 변환기를 설치해 실제 소비자가 마이크로 말한 내용이 모니터에 그대로 나타나도록 한 것. 실제로는 다른 방에 있는 속기사가 목소리를 듣고 열심히 받아 적고 있었다. 이 사실을 모른 채 실험에 참가한 소비자들은 음성이 문자로 자동 변환되는 신기술에 놀라움을 금치 못했다. 하지만 음성 텍스트 변환기 구매의사를 물었을 때 이들은 고개를 저었다. 오래 말하려니 목이 아프고, 여러 사람이 동시에 얘기하니 시끄럽고, 또 사생활이 침해된다는 불만을 제기했다. 소비자 반응을 지켜본 IBM은 음성 인식 기술에 투자는 하되, 당장 많은 지원을 투입하지는 않기로 했다.

IBM의 결정은 옳았다. 그 후 30년간 컴퓨터는 음성 텍스트 변환기 없이도 대중화하는 데 성공했다. 사람들은 키보드로 문자를 직접 입력하는 데 익숙해졌다. 지금도 데스크톱 컴퓨터나 노트북은 키보드와 찰떡궁합을 이루고 있다. 30년 전 잘 설계한 실험을 통해 얻은 데이터가 고객들의 진짜 니즈를 파악하는 데 결정적 힌트를 제공한 것이다.

30년 전 IBM이 실험에서 사용한 기기는 진짜 시제품, 즉 프로토타입(prototype)이 아니었다. 만약 IBM이 진짜 시제품을 만들어 실험하려 했다면 훨씬 더 많은 시간과 비용이 들었을 것이다. 그 대신 IBM은 아주 단순한 형태의 '가짜' 기기를 만들어 소비자에게 완제품과 거의 동일한 '진짜' 체험을 제공했다. 구글의 혁신 컨설턴트 알베르토 사보이아(Albert Savoia)는 IBM이 만든 기기를 프리토타이핑(pretotyping)이라고 명명했다. 프리토타이핑은 2009년 개념이 소개된 이후 스탠포드대와 구글 등 미국 실리콘밸리 일대에서 널리 활용되고 있다.

프리토타이핑은 제품의 가장 단순한 버전을 만들어 아이디어를 빠르고 저렴한 비용으로 테스트하는 것을 말한다. 프로토타이핑에서 파생한 단어이자 방법론이다. 프로토타이핑과 프리(pre)의 합성어로 시제품을 만들기 전(pre)에 시제품을 사칭해본다(pretending)는 의미를 갖는다. IBM이 완전한 시제품을 만들기 전에 유사 음성 변환기를 만들어 아이디어를 테스트해 본 것처럼 말이다.

프리토타이핑은 왜 필요한가?

창업가들은 자기만의 공상에 빠지거나 주변의 좋은 얘기만 듣고서 아이디어가 반드시 성공할 것이라고 쉽게 확신한다. 그리고 시제품을 개발해 시장에 출시했다가 실패의 쓴맛을 보고 제로 상태에서 다시 시작하는 과정을 되풀이한다. 이런 과정에는 초기 창업가들이 감당하기 어려운 많은 시간과 비용이 든다. 프리토타이핑은 프로토타이핑 단계 전에 내 아이디어가 맞는지 가장 쉽게 검증할 수 있는 도구다. 프로토타이핑이 "이 제품을 만들 수 있을까?"를 테스트한다면 프리토타이핑은 제품을 만들어 보기에 앞서 "과연 고객들이 이 제

프리토타이핑 기법의 사례

이름	내용	예시
피노키오 (Pinocchio)	가짜 제품을 마치 작동하는 제품인 것처럼 사용자 체험	PDA제조사 Palm의 창업자 호킨스는 나무로 된 가짜 PDA를 만들어 주머니에 넣고 다니면서 사용하는 척함
미캐니컬 터크 (Mechanical Turk)	복합적인 대규모 기술에 투자하기 전에 사람을 활용해 같은 기술 효과를 구현해 사용자 테스트	IBM이 속기사를 숨겨서 음성 텍스트 변환기의 사용자 테스트 실시
페이크 도어 (Fake Door)	미개발 제품이나 서비스를 완성된 것처럼 만들어 사람들의 초기 관심 수준을 테스트	맥도날드 메뉴에만 맥스파게티를 만들어 주문량 체크, 누군가 주문하면 아직 준비가 안 됐다며 무료 버거제공
파사드(façade)	아직 접근성이 떨어지는 제품이나 서비스를 마치 접근성이 높은 것처럼 만들어 기초관심 수준 테스트	1990년대 말 빌 그로스는 카스다이렉트(CarsDirect) 시험용 웹사이트를 만들어 재고 없이 사람들이 온라인으로 차를 얼마나 구매할지 테스트
유튜브(YouTube)	실제 상품을 만들지 않고 마치 존재하는 것처럼 영상을 보여줘 사람들 반응 체크	구글 글라스를 통해본 세상은 유튜브 비디오를 통해 처음 알려짐. 이 영상을 본 고객이 출시전 툴킷을 얼마나 구매할지 체크하는 데 활용
지방(Provincial)	제품이나 서비스를 대규모로 출시하기 전 작은 규모의 비공식적인 환경에서 테스트	전국 단위 유기농 레스토랑 정보를 담은 앱을 출시하기 전에 작은 지역 단위 정보 앱을 먼저 만들어 소비자 반응 체크
원나잇스탠드 (Onenight Stand)	제한된 짧은 시간 안에 프리토타입을 제공해 장기간 사업 가능성 테스트	에어비앤비 창업자들은 본인들 아파트를 하루 빌려주기 위해 웹사이트를 만들어 3명의 고객에게서 240달러를 벌었음
최소기능제품(MVP)	절대적으로 최소의 특징만 모은 상품을 만들어 시장 테스트	아이폰의 최초 버전은 자유롭게 앱 다운로드가 불가능했고, 자르고 붙이는 기능조차 안 됐지만 출시 후 폭발적 반응

출처: http://www.pretotypelabs.com, http://www.pretotyping.org

품이나 서비스를 실제로 사용할 것인가"를 테스트 해 보는 것이다. 간단하다. 제품의 핵심만을 뽑아서 유사 제품을 만들고 실제 내 제품을 사용할 고객에게 보여주는 것이다. 그들의 경험을 관찰하면서 피드백을 받을 수 있다.

프리토타이핑을 활요한 실제 사례는?

스마트폰으로 레스토랑을 예약하는 포잉(poing)이란 애플리케이션이 있다. 고객이 앱에서 레스토랑 예약 버튼을 누르면 바로 예약 가능 여부를 확인해 레스토랑을 예약하고, 확인 문자를 보내주는 서비스를 제공한다. 초기 포잉 고객은 이 과정이 워낙 빠르게 진행됐기 때문에 당연히 자동적으로 이뤄진다고 생각했다. 하지만 실제로는 포잉 직원이 뒤에서 재빠르게 움직이고 있었다. 사무실에 있는 직원이 웹사이트를 보고 있다가 고객이 앱의 예약 버튼을 누르면 그 즉시 해당 레스토랑에 전화를 걸어 예약해줬다. 포잉은 이런 절차를 자동화하기 전에 고객의 니즈를 확인하고 자세히 관찰했다.

포잉의 테스트 방식은 IBM이 속기사를 써서 음성 텍스트 변환기의 실효성을 테스트한 것과 매우 유사하다. 프리토타이핑에서는 이런 기법을 미캐니컬 터크(Mechanical Turk)라고 부른다. 미캐니컬 터크는 18세기에 유행했다는 체스 두는 터키인 기계이다. 기계 행세를 했지만 사실은 그 안에 체스를 잘 두는 사람이 몰래 들어가 있었다고 한다. 18세기 기술력으로 체스 컴퓨터를 만드는 것은 당연히 불가능했기 때문에 이런 방법을 고안한 것이다.

구글에서도 비슷한 테스트를 진행한 적이 있다. 구글은 2007년 'GOOG-411'이란 프로젝트를 진행했는데 무료 전화로 상담원을 연결해 본인이 있는 지역과 원하는 상품을 얘기하면 매장을 검색해 바로 연결해주는 서비스였다. 예컨대 내가 어디 살고 있는데 피자가 먹고 싶다고 얘기하면 주변에 피자집을 검색해서 연결해주는 것이다. 구글 직원이 직접 전화 상담원이 돼 고객의 요구 사항을 듣고 정보를 검색해 알려줬다. 구글이 이런 서비스를 진행한 이유는 실제 상담원의 역할을 자동화 할 경우 고객이 무엇을 궁금해 할지, 고객의 음성 패턴은 어떠한지의 데이터를 확보하기 위해서였다. 지금 구글의 인공지능 어시스턴트 OK구글이 이런 상담원 역할을 하고 있다.

국내 스타트업이 활용할 만한 프리토타이핑 기법은 무엇이 있는가?

프리토타이핑 인터넷 사이트(www.pretotyping.org)에서 다양한 기법을 소개하고 있다. 예컨데 일명 피노키오 기법은 가짜 제품을 마치 작동하는 제품인 것처럼 사용하면서 사용자 경험 정보를 얻는 방식이다. 팜파일럿(Palm Pilot)은 손바닥 사이즈의 포켓용 정보단말기(PDA)로 1996년 최초로 도입됐다. 이 제품의 개발자이자 회사의 창업자인 제프 호킨스는 팜파일럿을 개발하기 전에 같은 사이즈의 나무토막을 주머니에 넣고 다니면서 실제 사용하는 흉내를 내봤다고 한다. 호킨스는 실제 나무토막을 PDA처럼 직접 사용해보면서 개인용 PDA가 시장에서 성공할 것을 확신했다고 한다. 그때부터 PDA를 얼마나 작은 사이즈로 어떻게 만들지, 또 배터리는 얼마나 오래 가야 하는지, 비용이 얼마나 들지를 구체적으로 따져봤다. 프리토타이핑을 한 후에 프로토타입을 고민하기 시작한 것이다.

그렇다고 해서 스타트업들이 이런 기법을 모두 따라 해볼 필요는 없다. 회사의 아이디어, 상품과 서비스의 종류와 특성에 따라 프리토타이핑의 방식은 달라질 수 있다. 다양한 방식의 가상 혹은 유사 상품을 통해서 최소비용과 시간으로 아이디어를 검증해야 한다.

출처: 동아비즈니스리뷰, 233호, 2017. 9.

신제품 컨셉과 제품 디자인 단계를 거쳐 가장 최초로 개발된 제품을 원형제품(prototype product)이라고 한다. 이 원형제품을 활용하여 최종 소비자(end-user)의 반응을 알아보는 것이 바로 제품 사용 테스트(Product Use Testing: PUT)라고 하며 필드 테스트(field test), 사용자 테스트(user test) 또는 시장 수용성 테스트(market acceptance test)라고 불리기도 한다.

제품 사용 테스트(PUT)는 컨셉 테스트와 유사한 부분도 많지만 제품의 원형을 갖고 시장의 반응을 측정하므로 보다 정확한 테스트가 가능하다. 또한 제품 사용 테스트는 신제품 출시 전에 시장의 반응을 알아보는 것 이외에도 제품에 대한 문제들을 조기에 파악하여 신속하게 해결할 수 있도록 해 준다.

비록, 제품 사용 테스트가 신제품이 시장에서의 성공을 보장해 주는 결정적인 요인은 아닐지라도, 효과적이며 적절하게 활용된다면 신제품의 성공 보증 수표가 될 수도 있다. 실제로 PC 프린터 분야에서 부동의 1위를 차지하고 있는 HP의 데스크젯 프린터의 경우, 효과적으로 원형제품을 이용한 제품 사용 테스트를 통해 성공적으로 신제품을 출시한 좋은 예이다.

따라서 이번 장에서는 제품 사용 테스트를 이해하고 제품 사용 테스트를 어떻게 수행해야 하는지에 대해 알아보도록 하겠다.

SECTION 01 제품 사용 테스트의 이해

1.1 제품 사용 테스트란?

제품 사용 테스트란 출시되기 전 단계에서 원형제품을 이용하여 소비자 평가를 실시하는 것이다. 즉, 제품 사용 테스트는 원형제품이 갖고 있는 문제점을 파악하고 소비자의 욕구를 만족시킬 수 있는 제품인지를 확인하는 작업인 셈이다.

그리고 제품 사용 테스트를 통하여 반드시 '잠재적인 구매자들에게 원형제품이 초기 컨셉 테스트 때 세웠던 기준들과 일치하는가?', '신제품 아이디어가 실제로 잘 구현되었는가?', '신제품이 실제 사용법대로 편리성이나 내구성, 제품의 능력 등을 잘 구현하였는가?', '경쟁사 제품과 비교하여 경쟁 우위를 제공하는가?' 등을 평가해야만 한다.

제품 사용 테스트의 목적은 크게 둘로 나눠 생각해볼 수 있다.

첫째, 제품이 신제품 개발팀이 만들고자 했던 설계기준과 핵심편익을 충족시키는지를 확인하는 것이다. 특히 소비자가 상품에 대해 주관적으로 느끼고 있는 측면을 평가하는 것이 매우 중요하다. 새로운 자동차를 출시하기 전에는 여러 가지 제품에 대한 테스트를 실시하는데, 자동차 문의 내구성은 기계로 하여금 문을 여러 번 여닫게 하여 자동적으로 테스트할 수 있다. 그러나 자동차 문이 얼마나 견고한가를 측정하기 위해서는 고객에게 직접 사용하여 견고함을 측정해야 하는데 소비자가 직접 문을 열고 닫아보아 실제 여닫는 느낌을 평가하여야만 한다.

둘째, 제품 사용 테스트를 통하여 제품을 개선하거나 제조원가를 절감할 수 있는 방법을 찾는 것이다. 경쟁제품과 비교하여 월등한 편익을 제공하는 것은 물론 제조 원가를 낮췄을 때 더 많은 이익을 얻을 수 있다. 따라서 제품 사용 테스트를 통해 제품에 대한 신뢰성을 만족스러운 수준에서 유지하면서 제조원가를 낮출 수 있는 여러 아이디어를 얻는다.

1.2 제품 사용 테스트의 필요성

제품 사용 테스트는 출시하기 전 제품의 결함을 조기에 발견하여 해결할 수 있도록 해 준다. 그러나 실제로 제품 사용 테스트를 실시하기 위해서는 시간과 비용이 소요된다. 또한 제품 사용 테스트를 통해 출시 시기가 늦춰질 수 있으며 출시 타이밍을 놓치는 경우도 발생한다. 그리고 출시 지연으로 인한 매출액 감소도 감수해야 한다.

[그림 12-1(a)]와 [그림 12-1(b)]를 보면 제품 사용 테스트를 실시하지 않은 제품의 매출량이 제품 사용 테스트를 실시했을 경우의 매출보다 더 큰 것을 알 수 있다. 그러나 [그림 12-2]처럼 제품 사용 테스트를 실시하지 않고 출시한 후에 제품에 결함이 발생했을 경우의 판매량은 제품 사용 테스트를 실시한 제품과 극명한 차이를 보이게 된다.

물론 자사의 신제품을 모방한 제품이 시장에 먼저 출시되는 일이 생긴다면 제품 사용 테스트보다는 시장에서 먼저 출시하는 것이 바람직할 것이다. 예를 들어,

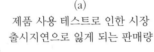
그림 12-1
제품 사용 테스트로 인한 판매량 감소

(a)
제품 사용 테스트로 인한 시장
출시지연으로 잃게 되는 판매량

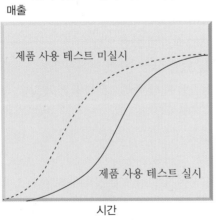

(b)
제품 사용 테스트를 실시하지 않은
경쟁자와의 판매량 비교

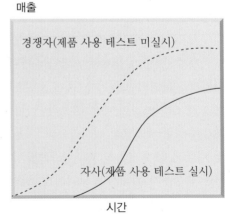

식음료 시장에서의 신제품은 기존 제품을 모방하거나 답습하여 출시하는 경우가 많다. 이러한 시장에서 제품 사용 테스트를 실시하는 것은 자칫 경쟁사에 뒤처질 수 있는 여지를 제공한다.

하지만 다음과 같은 이유에 의해 제품 사용 테스트를 진지하게 고려해야 한다.

첫째, 경쟁자보다 더욱 좋은 제품을 만들어야 한다. 경쟁자들에 의해 자사제품의 장점을 차용하여 자신의 제품에 종종 반영한다. 그러나 기업간에 제품의 모방이 만연하게 될수록 결국 가격경쟁으로 이어지게 되고 이런 가격 경쟁은 기업의 순수익을 떨어뜨리게 된다. 또한 타사의 제품을 모방한 회사는 대개 신제품 개발사가 가지고 있는 제품의 결함 또한 모방하게 되는 경우가 많다. 그러나 경쟁사의 모방이 두려워 제품 사용 테스트를 하지 않으면 보다 월등한 제품을 만들 수 없다. 롯데제과는 1997년 세븐일레븐에서 자일리톨 껌에 대한 소비자의 반응을 조사했다. 테스트 결과는 비교적 성공적이었으나 초기 시장 진출에는 실패하였다. 그러나 제품 사용 테스트 결과를 바탕으로 제품의 실패 원인을 찾아 기존 종이 포장에서 플라스틱 케이스로 포장 재질을 바꾸고, 일반 껌과는 달리 껌에 코팅처리를 하였다. 제품을 수정한 후 재출시하여 엄청난 성공을 거뒀다. 해태제과나 동양제과 등 다른 경쟁사들도 롯데의 자일리톨 껌과 유사한 형태로 자일리톨 껌을 출시했으나 아직까지도 롯데 자일리톨 껌의 1위 자리를 위협하고 있지 못하다.

둘째, 소비자 욕구는 매우 복잡하기 때문이다. 어떤 산업이든 소비자의 욕구에 부응하는 것이 가장 중요한 일이다. 그러나 소비자의 욕구에 맞춰 제품을 개발하는

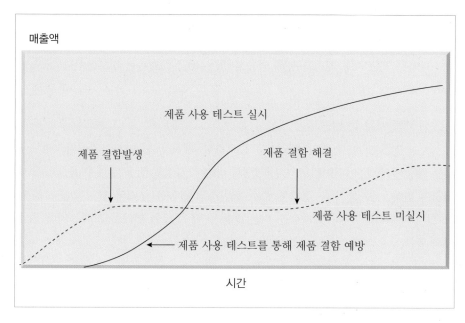

그림 12-2
제품결함 발생
후 매출액의
변화

것은 매우 어려운 일 또한 사실이다. 특히 소비자의 욕구가 신제품 개발팀이 사전에 조사했던 결과와 다르거나 소비자가 제품에 대한 거부감이 심할 때 시장에서 실패하게 된다. 소비자의 욕구는 단순히 실험실에서 실시하는 조사로는 정확히 파악할 수 없을 만큼 매우 다양하며 복잡하다. 아무리 좋은 기술일지라도 실험실에서 하는 테스트로는 소비자의 욕구를 완전히 파악하는 일은 불가능하며, 소비자의 욕구를 읽지 못한다면 결국 제품은 아무리 획기적이라 할지라도 실패하게 되는 것이다.

특히 예전에 출시된 적이 없는 혁신적인 제품일 경우 기업이 제품 사용 테스트를 얼마나 실시해야 하는가는 매우 중요하다. 이를 통해 신제품 개발자들은 제품 사용 테스트시 발생한 제품 결함으로부터 보완해야 할 점을 찾아야 한다. 웅진식품은 가을대추로 큰 성공을 거둔 이후 가을대추의 명성을 이어갈 스타상품을 찾고 있었다. 제 2 의 가을대추를 기대하며 출시한 '여름수박' 등의 계절음료는 모두 6개월을 채 넘기지 못하고 시장에서 퇴출당했다. 주요 실패원인은 소비자 욕구를 제대로 파악하지 못하고 제품을 출시했던 탓이었다. 이처럼 웅진식품의 뼈아픈 실패의 경험으로 나온 후속제품이 '아침햇살'과 '초록매실'이다. 철저한 시장 조사와 제품 사용 테스트를 통해 소비자 욕구를 제대로 파악한 것이 큰 성공요인이 되었다.

1.3 제품 사용 테스트 결과의 활용

위의 여러 예에서도 볼 수 있다시피 제품 사용 테스트를 통해서 기업은 많은 것을 얻을 수 있다. 그리고 신제품 개발팀은 제품 사용 테스트를 통해서 얻은 결과들을 이용하여 신제품이 진입하고자 하는 시장의 욕구를 더 더욱 반영하여 더 훌륭한 제품을 만들 수 있다.

다음은 제품 사용 테스트를 통해 얻을 수 있는 제품 개발관련 정보들이다(Crawford and Benedetto, 2003).

1) 제품 사용 전 반응

누군가를 만날 때 첫인상은 매우 중요하다. 제품 또한 마찬가지이다. 처음 접하는 제품에 대해 '이러이러한 점이 어떻다'라는 즉각적인 반응은 매우 중요하게 다뤄져야 한다. 제품을 처음 접해본 순간 소비자의 반응은 구매와 밀접한 관계를 맺고 있기 때문이다. 따라서 제품을 처음 접했을 때 어떠한 반응을 보이는지 파악해야만 한다.

2) 초기 제품 사용 경험

소비자로 하여금 직접 제품을 사용하게 하여 제품 개발시 의도한데로 제품이

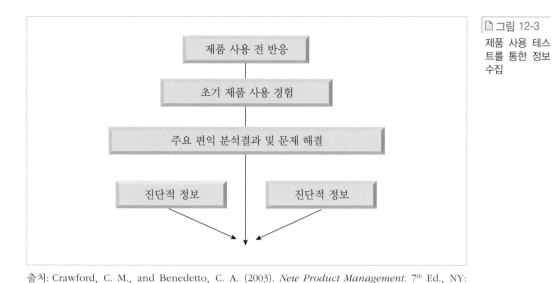

그림 12-3
제품 사용 테스트를 통한 정보 수집

제품 사용 전 반응

초기 제품 사용 경험

주요 편익 분석결과 및 문제 해결

진단적 정보

진단적 정보

출처: Crawford, C. M., and Benedetto, C. A. (2003). *New Product Management*. 7ᵗʰ Ed., NY: McGraw-Hill.

잘 만들어졌는지를 판단해야 한다. 이 때 가장 주목해야 할 사항은 소비자가 추구하는 편익과 개발된 제품의 일치성 여부이다. 하지만 처음부터 완벽한 제품은 드물기 때문에 초기 사용 단계에서의 제품의 문제점을 파악하여 궁극적으로 완성해야 할 제품이 어떠해야 하는지에 대한 실마리를 잡는 것이 중요하다.

베타 테스트와 감마 테스트

온라인 게임이 발달한 한국에서 웹서핑을 하다 보면 'ㅇㅇ게임 베타 테스트 개시'라는 온라인 광고를 쉽게 발견할 수 있다. 그만큼 베타테스트는 산업 전분야에 걸쳐 광범위하게 실시되고 있다.

베타 테스트란 한정된 소비자에게 제품을 실제 사용하게끔 하여 평가하는 테스트이다. 주로 제품을 제시할 때에는 무료로 제공하거나 임대해 주는 경우가 많으며 이 때 꼭 완벽한 제품은 아니니 꼭 개선될 만한 사항이 있으면 주저없이 이야기하라고 알려 주어야 한다.

특히 IT분야의 소프트웨어와 하드웨어 산업에서 베타 테스트가 많이 수행되고 있다. 이들 IT분야의 베타 테스트는 자사의 홈페이지나 특정 사이트에서 제품 사용 테스트를 실시한다(하드웨어 같은 경우는 사용자를 선정하여 베타 테스트를 실시하기도 한다). 사용자들은 제품이 잘 작동되는지 오류는 없는지 사용경험을 바탕으로 질문에 응하게 된다.

질렛트의 센서 면도기는 철저한 베타 테스트를 통해 성공한 신제품 개발사례 중의 하나로 손꼽힌다. 이 센서 면도기가 출시되기까지 수많은 베타 테스트가 행해졌고, 이를 통해 계속적으로 제품을 개선한 결과 성공적인 신제품을 만들 수 있었다. 특히 질렛트社는 제품 출시 시기까지 늦추면서 갖가지 테스트를 실시하였다. 20개의 원형제품을 제작해 알파 테스트와 베타 테스트에 200명의 종업원을 동원했고 면도하는 모습을 비디오로 촬영해 제품에 반영하였다.

코닥의 일회용 카메라인 펀세이버도 베타 테스트를 이용하여 성공한 사례로 꼽힌다. 코닥의 직원들은 그때 그때의 원형제품을 집에 가지고 가서 손수 테스트하고 피드백을 개발팀에 제공했다. 특히 원형제품 개발 초기에 실시했으며 횟수도 확대했다. 이로 인해 추가적인 파생 제품에 대한 아이디어도 수렴할 수 있었다. 코닥은 원형제품을 직원들에게 주말에 임대해 사용하게 하고 피드백을 받았는데, 한 종업원이 일회용 카메라 원형제품을 물에 빠트렸다. 그러나 카메라 속에 담긴 필름은 물속에 빠졌음에도 불구하고 전혀 이상이 없었고 그는 성공적으로 필름을 인화할 수 있었다. 이를 통해 코닥은 새로운 파생 제품인 Weekend를 개발할 수 있었다.

이처럼 신제품 개발팀은 베타 테스트를 통해 원형제품을 소비자들에게 평가 받아 오류를 수정하는 것 외에도 새로운 제품 아이디어를 얻을 수도 있다. 또한 기업은 베타 테스트를 받는 사용자로부터 기업-소비자와의 관계를 더욱 깊게 만들 수 있는 정보를 획득할 수도 있다.

베타 테스트를 통해 얻어진 정보를 바탕으로 제품을 다시 수정하여 완제품에 대해 충분한 시간을 갖고 사용자 테스트를 실시한다. 이러한 완제품을 통한 테스트를 감마 테스트라고 한다(Crawford and Benedetto, 2003). Apple의 Power book 노트북은 디스크 드라이브에 결함을 가지고 있었음에도 불구하고 테스트 기간 동안 결함을 발견해 내지 못했다. 실제 문제가 있음에도 불구하고 베타 테스트를 통해 검출되지 않은 문제들을 찾아내기 위해 감마 테스트를 실시하게 된다. 감마 테스트를 통과하기 위해서는 아무리 많은 테스트 시간이 걸릴지라도 소비자가 제품에 대해 느끼고 있는 문제가 무엇인지 파악하고 이를 철저히 해결해야 한다.

3) 진단적 정보

세심한 설계를 거친 신제품들 가운데 다수가 시험시장에서 테스트 받을 때 실패작으로 드러나곤 한다. 그러나 제품들을 포기할 수도 있지만 제품 그 자체나 광고를 좀더 개선시킬 수 있는 여지가 있는 것이 보통이다. 따라서 신제품 개발팀은 예비 시험시장 예측 이전 단계인 제품 사용 테스트 단계에서 어떻게 제품이 사용되는지, 제품의 결함이 어떤 결과를 가져 오는지 등 진단적 정보를 얻어야 한다. 제품 사용 테스트를 통해 얻은 진단적 정보는 비용과 시간을 줄이면서 제품의 성능을 향상시킬 수 있기 때문이다.

또한 신제품 개발팀은 소비자가 느끼고 있는 조그만 문제라도 파악해야 하며 신제품을 받아들이는 속도가 너무 느리지 않은지 등을 언제나 주시하면서 진단적 정보를 얻어야 한다.

쏟아지는 모바일 신제품, '앱 테스트' 비용도 눈덩이…해법은?

우리가 무심코 스마트폰에 설치해서 편리하게 사용하는 모바일 금융 앱이나 유통 앱은 하루 아침에 뚝딱 만들어지는 것은 아니다. 서비스 출시에 앞서 앱이 모바일 기기에서 정상적으로 작동되는지 또는 예상치 못한 오류가 발생하지는 않는지 사전에 철저한 테스트를 거친다. 특히 금융회사가 제공하는 앱은 그 성격에 따라 극도로 민감한 개인정보와 금융정보가 노출될 수 있기 때문에 테스트 과정이 더욱 중요하다.

은행의 경우 기본적으로 앱을 출시하기 전에 앱 개발사, IT본부, 스마트금융부서로 이어지는 3단계 테스트 과정을 거친다. 그런데 이 테스트 과정은 거의 수작업으로 이뤄지고 있다. 국내 은행들은 약 15~20명 정도의 전문 테스트 요원을 운영하고 있고, 점차 인원을 더욱 늘여야 할 상황인 것으로 전해진다. 금융회사 입장에선 앱의 개발과 품질뿐만 아니라 테스트에서의 완결성과 속도를 확보하는 것도 중요한 경쟁력이다.

그런데 앱 테스트의 고단함은 여기서 그치지 않는다. 끊임없이 스마트폰, 태블릿PC 등 신형 모바일 기기가 계속 시장에 출시되기 때문이다. 새로운 제품이 출시될 때마다 테스트 요인이 발생한다. 그러면 다시 기존 앱을 새로운 모바일 기기에 설치하고 테스트를 해야 한다.

요약하면 금융 앱의 종류와 모바일 기기의 종류가 늘어날수록 테스트의 범위도 눈덩이처럼 불어나는 구조다. 구형 모델부터 새로운 모델까지 계속 모바일 기기의 테스트 대상이 늘어나는데, 그 기준은 은행마다 정하기 나름이다. 현재 가장 대중적인 안드로이드 계열 OS기반의 모바일기기만 하더라도 전 세계적으로 2만 4000개에 달하는 것으로 추산되고 있다.

이와 관련 국내 테스트 솔루션업체 대표는 "사실 어느 시점에서는 이 같은 수작업 방식의 테스트는 불가능한 상황에 직면하게 될 것"이라고 지적한다. 비용도 문제지만 테스트의 속도가 시장을 따라가지 못할 수 있다는 것이다.

테스트 비용도 사실 금융권의 입장에서 슬슬 부담이 되고 있다. 무엇보다 테스트를 위해 은행이 구매하는 스마트폰 등 신형 모바일 기기 구매 비용과 개통 비용도 적지 않다. 연간 1억원이 넘을 것으로 추산된다는 게 전문가들의 분석이다. 여기에 수작업을 하는 테스트 요원의 인건비 부담도 은행 입장에선 무시할 수 없다. 실제로 국내의 한 대형 시중은행이 현재 시장에 출시한 앱만 이미 50개를 상회한다. 일단 시중에 나와 있는 거의 모든 모바일기기에 관련 앱을 테스트해야 한다.

테스트 비용을 절감하고 테스트의 효율성을 확인하는 방안으로 클라우드 기반의 테스트 플랫폼이 제시되고 있다. 이미 해외에서는 이 같은 클라우드 테스트가 일반화되고 있는 추세다. 그러나 국내에서는 이 같은 방식이 제한적이다. 특히 국내 금융권에서는 보안문제 때문에 클라우드 방식으로 금융 앱을 자유롭게 테스트하기가 제한적이라는 지적이 제기되고 있다. 따라서 클라우드 개념을 적용해 비용을 줄이되 보안문제에 부담이 없는 일종의 폐쇄형 모바일 테스트 플랫폼이 대안으로 제시되고 있다.

관련업계 전문가들에 따르면, 최근 국내 금융권, 전자상거래업계 등 모바일 비즈니스를 확장하고 있는 업종을 중심으로 모바일 테스트 플랫폼에 대한 수요가 구체화되고 있다. 기본적으로 기존 수작업 기반의 모바일 앱 테스트 방식에서 테스트 솔루션을 활용한 자동화 방식으로의 전환 필요성이 강조되고 있다.

출처: 디지털데일리, 2017. 3. 21.

제품 사용 테스트 과정

제품 사용 테스트를 실시하기 위해서는 먼저 사용자 그룹을 선정하고 제품 설명의 내용과 범위를 정하고 테스트 수행방법을 결정하여야 하다.

📄 그림 12-4
제품 사용 테스트
과정

2.1 대상 제품의 선정

사용 테스트를 실시하기 전에 테스트 대상 제품을 선정해야 한다. 제품을 선정한 후 연구의 목적에 따라 브랜드의 노출여부 정도를 결정해야 한다.

1) 제품의 선정

제품 선정시 먼저 연구 목적에 맞는 제품을 선정한다. 자사의 신제품을 독립적으로 테스트할 때에는 타사의 제품은 배제하고 자사제품만을 평가한다. 특히 혁신적인 제품처럼 시장에 유사한 제품이 존재하지 않을 경우에 많이 사용되는 방법이다. 단일 제품을 이용하는 방법 이외에도 시장에서 유사한 제품 또는 경쟁 제품과의 비교 평가를 통해 사용 테스트를 하는 경우도 있다.

따라서 제품의 비교 대상에 따라 대상 제품의 선정이 달라질 수 있다.

다음은 연구 목적에 따른 제품의 세 가지 제품 선정 유형이다.

- ● 단일(Monadic) 제품 테스트   가장 간단한 테스트 방법이며 제품의 일반적인 용도를 조사할 때 쓰는 방법으로 사용자들이 특정한 기간 동안 한 제품을 사용토록 하는 것이다. 이 테스트는 서비스산업, 또는 혁신 제품 등에 대한 테스트를 위해 많이 사용된다.
- ● 두 종류(Paired Comparison) 제품 테스트   사용 테스트 대상 제품을 경쟁사의 제품과 함께 나란히 또는 어긋나게 진열해 놓고 테스트하는 방법으로 제품 사용 테스트 시 가장 많이 사용되는 방법 중의 하나이다. 특히 브랜드를 가리고 우편이나 인편으로 배달하여 브랜드에 대한 영향력을 모두 배제하고 두 가지 제품을 사용자들이 일정 기간 사용토록 하기 때문에 가장 보편적인 방식으로 널리 사용되고 있다.
- ● 세 종류(Triangular) 제품 테스트   삼각비교 제품 테스트는 신제품과 다른 두 가지 제품을 함께 테스트 하는 방법이다.

유형	대상 제품	테스트
단일제품 (Monadic)	신제품	신제품을 써보시고 느낌이 괜찮은지 말씀해 주세요.
두 종류 제품 (Paired Comparison)	신제품과 B사 제품 (경쟁사 또는 업계 수위 업체 제품)	이 제품들을 써보시고 어느 것이 더 괜찮은지 말씀해 주세요.
세 종류 제품 (Triangular)	신제품과 다른 두 가지 제품 (비교는 신제품과 두 제품 중에 하나를 사용)	이 중에서 어느 것이 더 괜찮은지 말씀해 주세요.

📄 표 12-1
사용 테스트의
제품 유형

출처: Crawford, C. M., and Benedetto, C. A. (2003). *New Product Management.* 7th Ed., NY: McGraw-Hill.

2) 브랜드 노출 여부

대상 제품이 선정되었다면 제품의 브랜드를 노출하여 테스트할 것인지 노출하지 않은 상태에서 테스트할 것인지를 결정해야 한다. 소비자들은 제품의 브랜드 노출로 인해 어느 정도 선입견을 가지고 있기 때문에 브랜드에 의한 후광 효과로 말미암아 사용자의 반응이 왜곡될 수 있다. 실제 땅콩버터의 맛 테스트에서 브랜드를 노출하였을 때와 노출하지 않았을 때 동일 제품에 대한 맛 평가 결과가 달라지는 경우도 있다.

경우에 따라, 브랜드를 완전히 감추고 사용자 테스트를 실시하는 것은 매우 어렵다. 예를 들어 자동차와 같은 제품의 경우, 차체의 부피와 자동차가 기존에 가지고 있는 기업의 고유한 차체 디자인 등으로 인해 블라인드 테스트가 어렵다. 따라서 보다 정확한 테스트를 위해서는 대상 제품에 대해 충분히 연구하여 적절한 노출 수준을 결정해야 한다.

2.2 사용자 그룹 선정

테스트 대상 제품을 선정한 후 과연 누구를 대상으로 제품을 테스트 할 것인가를 정해야 한다. 일반적으로 제품 사용 테스트는 사용자가 누구인가? 또는 어떤 종류의 제품을 테스트 하는가? 에 따라 테스트 방법이 달라지기 때문이다.

제품 사용 테스트시에는 한쪽으로 편향되지 않은 사용자 그룹을 선택해야 한다. 이 때 고려되는 사용자 그룹은 일반 소비자, 외부 전문가, 내부 직원 등 매우 다양하다. 일반 소비자를 대상으로 제품 사용 테스트를 실시할 때에는 제품을 무상으로 제공하거나 임대해 준다. 소비자는 제공받은 제품을 집이나 직장 등에서 직접 사용해 보고, 개별 인터뷰, 공청회 등을 통해 제품의 사용 편리성, 사용 빈도, 개선 사항 등에 대한 정보를 제공한다. 또한 몇몇 회사는 직원들을 대상으로 제품 사용 테스트를 실시하기도 한다. 듀퐁社는 새로운 속옷과 양말 등 제품을 여직원들에게 나눠주고 제품에 대해 만족했던 점과 사용하는데 불편했던 점에 대해 서술하게 한다. 자동차 회사들 또한 종종 직원들에게 제품의 사용 테스트를 실시하도록 한다.

그러나 이 때 주의해야 할 점은 자사 제품에 우호적인 소비자들로만 구성된 제품 사용자를 대상으로 테스트를 실시해서는 안 된다는 것이다. 왜냐하면 편향된 소비자는 실제 사용 결과와 다르게 평가하기 때문에 질 좋은 정보를 얻기 힘들기 때문이다. 따라서 사용 테스트에 참여하는 소비자는 어느 한쪽에 편향되지 않도록 공정하게 선정되어야 한다.

2.3 테스트 방법 결정

제품 사용 테스트 방법으로는 실험실 평가법, 전문가 평가법, 소비자 평가법, 내부직원에 의한 평가방법 등이 있다. 신제품 개발자들은 제품의 종류가 다양하기 때문에 각 상황에 맞는 제품 사용 테스트 방법을 결정하기 위해서는 각 방법의 장단점을 충분히 파악하고 이해하고 있어야 한다.

1) 실험실 평가법

제품의 성능에 대한 문제들은 대부분 실험실 테스트를 통해서 해결된다. 예를 들어, 자동차 바퀴의 내구성이나 브레이크의 작동 여부 등을 테스트 할 때에는 주행 시험장에서 시험할 수 있다. 또한 유제품과 같은 식품류 신제품들은 식품이 온도의 변화나 시간의 경과 그리고 주변 환경의 변화 등 미리 다양하게 설정된 상황에서 제품을 테스트함으로써 제품의 부패까지의 기간과 환경을 알아냄으로써 가장 적절한 유제품 유효기간과 보관 장소 등에 대한 계획을 세울 수 있다.

그러나 실험실 테스트는 다음과 같은 두 가지 단점을 갖고 있다.

첫째, 실험실은 제품의 실제 사용 상황을 완벽하게 반영하지 못한다. 예를 들어 의약품의 경우, 사람들의 체질에 따라 약품의 효능이 다르게 반응될 수 있으나 실험실 테스트에서는 모든 사람들의 체질을 그대로 테스트하지 못하며 동물 실험이나 한정된 인원에 대해서만 테스트를 하게 된다. 따라서 약품의 효능이나 성능을 완벽하게 실험해내는 데에는 무리가 따른다.

둘째, 실험실에서 이뤄지는 평가는 기술적인 관점에서 주로 평가를 하기 때문에 소비자가 감성적으로 느낄 수 있는 편익을 소홀히 할 수 있다. 예를 들어, 새로운 맥주 제품을 만들어낸 후 실험실에서 피험자들을 상대로 맛에 대한 실험을 할 경우 소비자들이 이 제품에 대해 느끼는 편익이 부드러움이라 한다면, 이는 소비자가 맥주를 시음할 때 생각하는 중요한 편익 중 하나이지만 이를 그대로 실험실에서 측정하기란 매우 어렵다. 따라서 실험실 테스트는 소비자 테스트 등과 병행을 해야 향후 제품 보완 및 개선에 더 효과적인 결과를 얻을 수 있는 것이다.

2) 전문가 평가법

전문가 평가법은 제품 전문가의 판단에 의해 평가하는 방법으로 주로 소비자가 지각하는 편익 측면에 대한 평가에 사용되고 있다. 예를 들어, 부엌칼의 경우, 요리 전문가들이 직접 신제품 조리시에 사용해 봄으로써 제품에 대한 평가를 내릴 수 있다. 또한 와인 제품 평가시에는 '소믈리에'라는 와인 감별사들이 직접 제품에 대한 맛과 향을 평가한다. 그들은 특정 제품에 대해 전문가로서의 지식을 통해 정확한 반응을 보임으로써 신제품 매니저들로 하여금 제품의 핵심적인 문제를 발견하는데 일조하기도 한다. 그리고 가장 중요한 것은 전문가에 의한 평가 테스트는 다른 테스트들에 비해 비용이 적게 든다는 장점을 가지고 있다.

그러나 한편, 전문가 평가 테스트는 전문가들의 평가가 소비자들의 일반적인 욕구를 정확하게 만족시키고 있지 못한다는 문제를 가지고 있다. 왜냐하면 항상 전문가들이 예상하고 평가한 결과대로 소비자들이 움직이지 않기 때문에 소비자의 반응을 제대로 이끌어 내지 못할 수도 있기 때문이다. 예를 들어, 신작 영화가 개봉하기 전에 시사회 등을 통해 영화 평론가들은 성공할 만한 영화임을 예측하기도 하지만 그 반대의 상황도 종종 발생한다.

3) 소비자 평가법

소비자에 의한 테스트는 신제품 테스트에서 가장 보편적인 방법이며, 소비자 편익에 대한 평가, 신제품에 대한 전반적인 평가 등을 테스트한다. 소비자 평가법은 H.U.T(Home Use Test), C.L.T(Central Location Test) 등이 대표적이다.

H.U.T(Home Use Test)는 "가정 내 사용조사"라고 하며 응답자가 실제로 집에서 제품을 일정 기간 내지 장기간 사용한 후 그 결과를 평가하는 조사방법으로 "가정 유치 조사(Home Placement Test)"라고도 불린다. 예를 들어, 실제 30~40대 주부들을 대상으로 500명의 평가단을 선발 구성한 후 가정 내에서 주방 세제를 3개월 동안 사용토록 한 뒤 그 결과를 평가하는 소비자 테스트를 실행하는 것이다.

H.U.T은 자료의 수집을 위하여 응답자를 선발하는데 있어 장기간에 조사가 가능하도록 이에 적절한 응답자를 선발하고 관리하는 것이 가장 중요하다. 이를 위해 응답자들을 상대로 조사에 대한 목적과 소요시간, 주의 사항 등을 설명하고 조사를 실시한다. 보통의 조사들이 1차 방문을 통해 끝남과는 달리 이 조사방법은 제품 유치과정과 2~3차 면접 방문이 추가되며 기간은 조사의 목적이나 제품의 종류에 따라 7~10일 정도 제품 사용 기간을 갖게 된다.

이 조사의 진행과정은 조사 대상자들로부터 제품에 대한 사용 실태 및 기존 제품에 대한 평가 등에 대한 정보 수집 후 이들에게 신제품의 특성과 사용법을 설명한다. 이후 이들에게 신제품을 사용토록 한 후 일정한 유치 기간이 지난 후에 응답자들과 면담을 통해 신제품을 사용하였을 때 나타나는 문제점 등에 대해 토론을 하도록 유도하며 기존 제품들과의 비교 평가도 함께 진행하도록 하는 것이다.

H.U.T 조사를 할 때 유의해야 할 점은 면접원들이 수시로 응답자들이 테스트 기간 동안 시제품을 실제로 사용하고 있는 꼭 확인해야 한다. 왜냐하면 제품에 대

📄 그림 12-5
H.U.T에 참여하고 있는 소비자

출처: EMBRAIN.

그림 12-6
CLT의 진행과정

Select the Place

Soliciting the respondents

Interview

Evaluation on the product

출처: EMBRAIN.

한 사용 후에 나타날 수 있는 문제점들을 찾기 위한 것이 목적이기 때문에 응답자가 실제로 제품을 사용하는 것이 가장 중요한 것이다. 또한 제품을 적격 대상자가 아닌 다른 사람과 사용하지 못하도록 주의를 시켜야 한다.

다음으로 면접원들은 응답자의 제품 사용과정에 대한 통제가 어려움에 따라 사용방법에 대한 철저한 사전 교육 및 가정 방문을 통해 점검을 하도록 해야 한다. 그리고 신제품 사용과정에서의 부작용 발생가능성 및 응답자의 실수 등에 대비하여 미리 예비 표본수를 확보하고 사전 대처 방안을 강구해야 한다.

H.U.T의 장점은 실제 소비자의 반응을 살펴볼 수 있다는 점 때문에 효과적인 사용테스트 방법이긴 하지만 다른 테스트 방법보다 시간이 오래 걸린다는 단점을 가지고 있다. 또한 신제품 개발에 대한 정보가 기업 외부로 노출 될 위험이 높음에 따라 응답자의 제품 사용에 대한 철저한 통제를 통하여 기업의 신제품 정보가 기업 외부로 유출되지 않도록 보안에 신경써야 한다.

이 테스트는 CLT(Central Location Test)조사와 마찬가지로 전국적인 조사 보다는 대도시 지역에서 소규모로 진행된다. 일반적으로 표본의 규모는 150~300명 정도의 소비자들을 대상으로 하는 경우가 대부분이며 표본당 조사 비용은 조사 기간에 따라서 차이가 발행하는데 대부분 CLT 조사와 비슷하거나 약간 높은 수준으로 알려져 있다.

C.L.T 테스트는 상설 또는 임시의 시험회장을 만들고 조사대상자를 모아 테스트를 실시하는 것이다. 응답자들을 일정한 장소에 모이게 하거나 조사 장소 주변에서 표본에 해당하는 응답자들에게 협조를 의뢰한 후 조사원과 일대일 면접형태 조사를 시행한다. C.L.T 테스트는 실제 소비자가 제품을 구매하는 상황과 유사한 상황하에서 조사가 이루어질 수 있도록 주의를 기울여야 한다.

이러한 조사 과정 때문에 심도 있는 정보를 얻어낼 수 있다는 장점을 갖고 있다. 예를 들어, 여성용 신제품 화장품을 출시하기 전에 목표고객이 많이 다니는 여대 앞 거리에서 미니 화장대를 설치 한 후 여학생들에게 화장품을 직접 사용해 보도록 하여 제품에 대한 사용 정보를 일대일 면접을 통해 얻을 수 있다.

4) 내부직원 평가법

내부직원 평가법은 회사에 대한 충성도, 회사 내 무언의 압력, 라이프 스타일 및 습관 등에 따라 테스트에 대한 의견이나 태도의 결과가 왜곡될 수 있다는 비판에도 불구하고 가장 유용하게 쓰이는 방법 중에 하나이다. 그러나 이러한 종업원 테스트의 단점은 제품에 대한 정보를 철저히 숨기고 피험 직원들에게 철저한 교육과 훈련 등을 통해 객관적인 결과를 얻도록 하는 등의 노력을 통해 극복되고 있다.

사례
경영 혁신을 불러오는 디자인 싱킹 세 가지 개념

디자인은 산업에서 필수적인 영역이 된 지 오래다. 마케팅 반응이 저조하거나 매출이 떨어지면 디자인에서 원인을 찾는 경우도 많다. 이제 디자인은 제품을 만들거나 홍보물을 꾸밀 때만 사용하는 단어가 아니다. 디자인은 기획, 경영, 제품공정 모든 분야에 쓰이는 단어다.

산업이 발전할수록 신제품과 서비스를 만드는 일은 복잡해진다. 비즈니스 모델은 새롭게 진화해 경영자는 적응하기 바쁘다. 새로운 종류의 경영 문제를 풀기 위해 디자인 싱킹(Design Thinking)이 등장했다. 경영 문제를 디자인적 사고로 접근하는 문제 해결 방법이다.

'리처드 부캐넌' 카네기 멜론대 교수가 1992년 '디자인 싱킹과 지독한 문제들'이라는 논문을 발표해, 디자인 싱킹에 대한 관심이 높아졌다. 디자인 싱킹의 시작은 사용자 관찰이다. 관찰을 토대로 빠르게 프로토타입을 개발하고 반응에 맞춰 수정하는 것이다. 예측이 아니라 대응하는 것이 핵심이다.

디자인 싱킹을 이야기할 때는 세계적인 디자인 및 컨설팅 에이전시인 IDEO(아이디오)를 빼고 이야기할 수 없다. "디자인 싱킹이란 소비자가 가치 있게 평가하고 시장의 기회를 이용하고 기술적으로 가능한 비즈니스 전략에 대한 요구 충족을 위해 디자이너의 감수성과 작업방식을 이용하는 사고방식입니다." IDEO의 CEO 팀 브라운의 설명이다.

IDEO는 1990년대부터 디자인 싱킹 개념을 토대로 다양한 분야의 인력을 끌어들였다. 접점이 없는 구성원을 상대로 '브레인스토밍 → 현장에서 사용자 관찰 → 신속한 프로토타입 제작 → 반복적 수정"이라는 업무 방식을 실험한다. 디자인 싱킹이라는 개념이 공식적으로 사용되지 않던 시기의 일로 IDEO가 디자인 싱킹 개념을 선점하는 계기가 됐다. 현재 IDEO에는 '혁신적 기업'이라는 수식어가 따라다닌다.

IDEO가 알려진 혁신 사례는 2005년 진행한 뱅크오브아메리카(BOA) 프로젝트다. 당시 뱅크오브아메리카는 신규고객 유치에 어려움을 겪었다. IDEO는 주 고객을 중년 여성으로 정하고 관찰했다. 고객의 집을 직접 찾아가 인터뷰를 했다. 생활습관을 알기 위해 오랜 시간 관찰하기만 했다. 중년 여성이 가진 문제는 크게 두 가지였다. 생활비 지출로 저축이 어려웠고 그에 따른 노후 걱정이었다.

IDEO는 중년 여성이 더욱 쉽게 저축하도록 도와주는 것이 문제해결 방법이라 생각했다. '잔돈을 가져라(Keep the change)'라는 직불카드를 출시했다. 중년 여성이 많이 소비하는 마트는 1000원 같이 딱 떨어지는 숫자보다는 조금이라도 싸 보이도록 990원 같은 가격으로 제품을 출시하는 경우가 대다수다. IDEO가 만든 직불카드로 결제하면 남은 잔돈이 예금 계좌로 자동 이체되는 방식이다. 소비자가 의식하지 않고 저축하는 편리함을 제공해준 것이다. 해당 카드의 반응이 좋아 가입자가 1년 사이에 120만 명으로 늘었다고 한다.

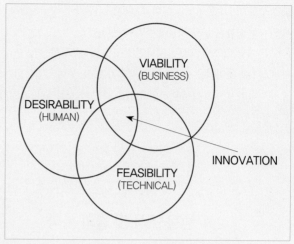

사람, 비즈니스, 기술 이 세 가지가 만났을때 혁신이 일어난다.
출처: IDEO.

디자인 싱킹을 조직에서 제대로 활용하기 위해서는 세 가지 개념을 알아야 한다.

사용자 중심

업무의 중심은 임원도 대표도 아닌 '사용자'여야 하고 가치는 사용자에게 전달돼야 한다. 그러기 위해서 사용자를 관찰하고 이해해야 한다. 공급자가 예측하는 이해가 아닌 현장으로 직접 나가 관찰하고 인터뷰하면서, 사용자의 불편한 요소를 확인하고 해결방안을 제시하는 것이 중요하다. 제3자의 처지가 아닌 공급자가 사용자 영역으로 직접 들어가 경험해야 한다.

신속한 프로토타이핑과 반복적 테스트

어떤 신제품이라도 사용자가 실제 제품을 사용하면 불만이 생긴다. 그렇다면 초기 기획단계부터 사용자를 관찰하고 만든다면 어떤 결과가 나올까? 이런 의문을 가진 것이 디자인 싱킹이다. 우선 핵심 기능이 작동하는 프로토타입을 제작해서 사용자 피드백을 받는다. 수정을 반복적으로 거듭해 사용자에게 이질감 없는 서비스가 구현되는 완성 제품을 만든다. 디자인 싱킹에서는 한 번의 시도로 완벽함을 얻겠다는 것은 욕심이라는 것을 명심해야 한다.

존중과 기다림

IDEO는 구성원 서로를 존중하고 가벼운 브레인스토밍을 꾸준히 한다. 가능한 한 많은 아이디어를 내고 다양한 문제 해결 방식을 내놓는다. 도전과 실패가 반복되는 과정이지만, 성과를 재촉하기보다는 기다릴 줄 아는 조직 문화가 있어서 가능한 일이다. 완성 단계에서의 실패는 치명적이지만, 기획 단계의 실패는 비용이 적게 들고 수정 또한 어렵지 않다. 여러 번의 테스트를 매우 빠르고 싸게 한다는 점도 기업에 큰 장점이다. 더

불어 구성원이 소통하며 도전하고 실패를 경험하면서 구성원의 서비스 이해도는 더 높아진다. 결과적으로 고객 만족도가 높은 문제 해결 방식이 나온다.

모든 경영 도구가 그렇듯 디자인 싱킹도 만능 도구는 아니지만, 톰 켈리 IDEO 총괄이사는 "아이디오의 디자인 싱킹은 호기심을 불러오는 촉매제가 된다. 우리 기업문화에서는 엉뚱함이 창조적인 결과를 가져다준다고 생각하고 받아들여서 디자인 싱킹을 주창하는 것이다. 관찰하다 보면 그 안에 의문점이 생기고 의문점은 호기심이 된다"라고 말했다. 구성원의 호기심을 자극하는 것이 디자인 싱킹의 시작이다.

출처: 아주경제, 2018. 5. 28.

2.4 반응 조사 및 결과 분석

1) 반응 조사 준비

신제품 개발자는 제품 사용 테스트를 통한 소비자 반응을 조사하기에 앞서 다음과 같은 사항을 고려해야 한다.

첫째, 사용자들과 접촉방법을 결정해야 한다. 접촉 수단에는 주로 우편을 통한 조사방법과 1:1 면접 등과 같은 개인적인 접촉을 통한 조사방법이 있다. 우편을 통한 접촉은 우편을 통해 신제품 사용에 대한 설명서와 설문지를 보내고 사용자가 완성한 설문지를 역시 우편으로 보내도록 함으로써 데이터를 수집하는 방법이다. 우편을 통한 접촉방법은 개인적 접촉보다는 제품에 대해 깊이 있는 질문을 하기 힘들다는 한계점을 가지고 있으나 한편으로 이 방법은 면접 등을 통한 개인 접촉 조사방법보다 빠르고 저렴하며 유동적이라는 장점을 가지고 있다.

둘째, 개별적인 접촉과 단체 접촉이라는 두 가지 방법 중 하나를 결정해야 한다. 개별적인 접촉은 주로 제품을 혼자 사용하는 경우에 많이 사용되며 단체 접촉은 제품 사용상황이 여러 명일 때 가능한 경우 주로 사용된다. 예를 들어, 맥주 등과 같은 주류에 대한 테스트를 할 때에는 개별적인 접촉보다는 단체 접촉이 더욱 바람직하다. 대체적으로 혼자 술을 마시는 경우보다 여러 명이서 함께 맥주를 마시는 경우가 많기 때문에 더욱 유용한 정보를 얻을 수 있기 때문이다.

셋째, 제품 사용 테스트를 하는 장소를 결정해야 하는데 제품이 사용되는 장소(집, 사무실, 공장, 주방, 쇼핑 센터, 극장 등)에 따라 테스트 장소를 결정해야 한다. 제품 사용 테스트 장소는 현실적이어야 하고 주위 환경의 변화에 영향을 받지 않도록 잘 통제해야 한다.

2) 반응 평가 실시

제품 사용 테스트에 대한 사용자의 반응 측정은 다음 세 가지 방법이 있다. 신제품 개발자는 이 반응 측정을 통해 사용자들의 신제품에 대한 반응을 수집할 수 있다.

- **리커트 척도법** 이 방법은 가장 일반적으로 사용되고 있는 사용자의 반응 측정법으로 소비자의 제품에 대한 태도를 '좋아한다/싫어한다'의 5점 또는 7점 척도를 통해 평가하는 방법이다.
- **비교 척도법** 비교 척도법은 제품 사용자가 신제품과 다른 제품을 사용해 보고 비교해 보도록 하고 그 결과를 선호도로 점수화 시켜 순위를 매기는 방식이다.
- **의미차별화 척도법** 의미론적 차별법으로 한 쌍의 대조적인 형용사나 반의어군을 이용하여 개념상의 의미를 정하고 이들에 관련된 개념은 의미공간과 관련시켜 보는 방법으로 양극 사이에 7점 척도를 두고 위치를 사용자가 마음대로 표시하도록 하고 그 결과에 의한 자료는 각 형용사 항목별로 평균치를 구해서 분석결과의 윤곽을 이해하도록 하는 방법이다.

3) 결과 분석

제품 사용 테스트를 실시하는 것도 중요하지만 결과를 제대로 해석하는 일도 매우 중요하다. 우선 사용 테스트를 통해 확인해야 될 사항은 제품이 치명적인 오류를 갖고 있지 않은지를 확인하는 것이다. 또한 경쟁사 제품과 비교했을 때에는 어떤 점이 좋게 평가되었으며 어떤 점이 나쁘게 평가되었는지 파악해야 한다. 신제품 개발자는 이러한 결과를 바탕으로 제품을 수정하거나 보완하여 소비자에게 최고의 가치를 제공할 수 있는 제품을 개발해야 할 것이다.

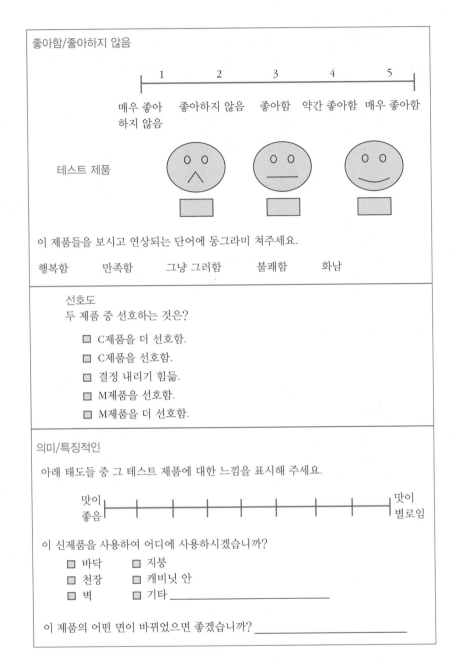

좋아함/좋아하지 않음

| | 1 | 2 | 3 | 4 | 5 |

매우 좋아   좋아하지 않음   좋아함   약간 좋아함   매우 좋아함
하지 않음

테스트 제품

이 제품들을 보시고 연상되는 단어에 동그라미 쳐주세요.

행복함   만족함   그냥 그러함   불쾌함   화남

선호도
두 제품 중 선호하는 것은?

☐ C제품을 더 선호함.
☐ C제품을 선호함.
☐ 결정 내리기 힘듦.
☐ M제품을 선호함.
☐ M제품을 더 선호함.

의미/특징적인

아래 태도들 중 그 테스트 제품에 대한 느낌을 표시해 주세요.

맛이   맛이
좋음   별로임

이 신제품을 사용하여 어디에 사용하시겠습니까?

☐ 바닥   ☐ 지붕
☐ 천장   ☐ 캐비닛 안
☐ 벽   ☐ 기타 _____

이 제품의 어떤 면이 바뀌었으면 좋겠습니까? _____

출처: Crawford, C. M., and Benedetto, C. A. (2003). *New Product Management*. 7th Ed., NY: McGraw-Hill.

  제품 사용 테스트는 신제품을 개발해 내는데 있어서 매우 중요한 단계 중 하나이다. 따라서 이 단계를 무시하거나 넘겨 버리는 것은 매우 위험한 발상이다. 우리는 신제품 사용 테스트를 누가 하며 왜 하며 어떤 방법으로 해야 하는지 위에서 알아보았다. 이러한 방법들을 통해 신제품은 사용자들에 의해 테스트되고 그 결과를 통해 문제점으로 드러난 부분에 대해서는 재조사를 통해 문제를 해결하게 되는 것이다. 그리고 이 과정을 통해 소비자들에게 하자 없이 다가갈 수 있는 신제품으로 거듭나게 되는 것이다.

참·고·문·헌

Chang, W., and Taylor, S. A. (2016). The effectiveness of customer participation in new product development: A meta-analysis. *Journal of Marketing*, 80(1), 47-64.

Crawford, C. M., and Benedetto, C. A. (2003). *New Product Management*. 7th Ed., NY: McGraw-Hill.

Homburg, C., Schwemmle, M., and Kuehnl, C. (2015). New product design: Concept, measurement, and consequences. *Journal of Marketing*, 79(3), 41-56.

Kotler, P., and Keller, K. L. (2016). *Marketing Management*. 15th ed., NJ: Pearson.

Tih, S., Wong, K. K., Lynn, G. S., and Reilly, R. R. (2016). Prototyping, customer involvement, and speed of information dissemination in new product success. *Journal of Business & Industrial Marketing*, 31(4), 437-448.

Urban, G. L., and Hauser, J. R. (1993). *Design and Marketing of New Products*. 2nd Ed., NJ: Prentice-Hall.

신제품 출시전략

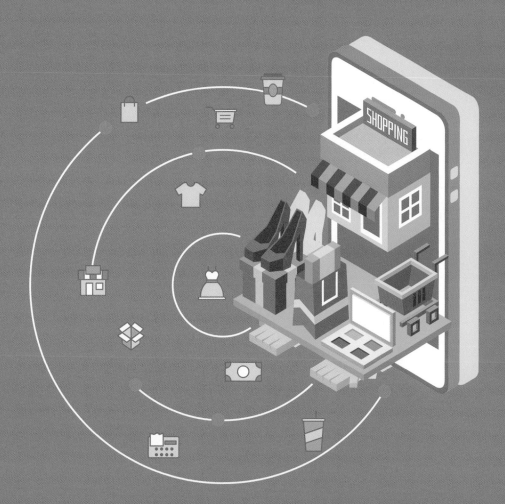

**New Product
Design
&
Development**

CHAPTER 13

시장 테스트

신제품의 실험대: 가정간편식 전용 체험매장 CJ 올리브 마켓

CJ제일제당은 서울 중구 쌍림동에 HMR(HMR, Home Meal Replacement) 브랜드 체험부터 다양한 먹거리와 볼거리 등 식문화 전반을 즐길 수 있는 HMR 플래그십 스토어 'CJ올리브마켓'을 선보였다. 단순히 식재료나 관련 제품을 판매하는 것을 넘어 특별한 미식과 새로운 라이프스타일, 식문화 트렌드를 경험할 수 있는 복합 식문화 공간을 내세운다.

식품·유통업계를 통틀어 HMR 전용 플래그십 스토어가 도입된 것은 이번이 처음이다.

CJ올리브마켓의 전경
출처: CJ제일제당.

CJ올리브마켓은 연면적 443㎡(약 134평) 규모로, HMR 메뉴를 즐기거나 쇼핑할 수 있다. 프리미엄 HMR 레스토랑인 올리브 델리(Deli)와 HMR 브랜드 스토어 올리브 그로서리(Grocery) 등 두 가지 테마공간으로 나뉜다.

먼저, 올리브 델리는 HMR 메뉴의 가치·전달에 초점을 맞췄다. CJ제일제당은 HMR 벤딩머신을 개발해 ▲햇반컵반 ▲햇반 ▲고메 등을 즉석에서 맛볼 수 있도록 하고, 제품별로 잘 어울리는 고명도 추가할 수 있도록 했다. 10여 명의 전문 셰프가 비비고 한식반상이나 고메 스테이크 정식 등을 주제로 외식 메뉴 20여 종을 개발했으며, 2개월마다 새로운 메뉴를 출시할 예정이다.

올리브 델리는 안테나숍 역할도 한다. CJ제일제당은 신제품 출시에 앞서 이 곳에서 테스트 마케팅을 실시하고, HMR 외식메뉴에 대한 소비자 반응을 살펴 중장기 신제품 로드맵에 적용할 계획이다. CJ제일제당은 앞으로 이 곳에서 ▲CJ제일제당 트렌드 전략팀의 빅데이터 ▲CJ온마트 소비자 구매 행태 ▲CJ올리브마

소비자가 CJ올리브마켓에서 HMR 전용 벤딩머신을 통해 제품을 구매하고 있다.
출처: CJ제일제당.

켓 소비자 동향 등의 자료를 종합적으로 분석해 트렌드를 창출한다는 각오다.

올리브 그로서리는 라이프스타일과 소비자 편의에 맞춰 쇼핑 서비스 차별화에 나선다. 제품을 단순 나열하는 기존 매대 운영방식을 벗어나 소비 특성을 분석해 소비자 편의에 최적화된 큐레이션 매대 시스템을 도입했다. 요리 선호도에 따라 구매하는 제품이 다르다는 점에 착안해 타깃 소비층에 적합한 상품을 구성해 진열했다.

팝업존도 도입했다. 계절 또는 주제에 맞춘 테마를 선정해 협업 상품을 구성하고, 라이프스타일에 맞춘 기획상품을 판매한다. 큐레이션을 통해 소비자 특성과 요구에 맞춘 글로벌 식재료와 상품을 구성했다.

또 증강현실(Augmented Reality)을 적용한 'CJ HMR 월드'에선 CJ올리브마켓 내 고메 상온 HMR 제품

또는 테이블매트를 스마트폰으로 스캔하면 CJ HMR 월드 앱을 내려받을 수 있도록 했다. HMR 브랜드 스토리를 체험하거나 CJ온마트를 연동해 제품을 구매할 수 있다.

CJ그룹 IT 계열사인 CJ올리브네트웍스의 기술 지원을 통해 소비자 행동에 반응하는 사물인터넷(IoT) 매대도 새롭게 선보였다. 대표 브랜드에 대한 정보를 IoT 화면으로 실시간 확인할 수 있다.

CJ제일제당은 CJ올리브마켓 개점을 기점으로 보다 적극적인 소비자 커뮤니케이션 활동을 전개할 계획이다. 대표 HMR 브랜드를 중심으로 차별화된 메뉴를 개발하고 맞춤형 큐레이션 매대 운영 및 조리법 제안, HMR 식문화 기반 라이프스타일 기획상품 제안에 집중한다. 가상현실(Virtual Reality) 기술을 활용한 올리브마켓 가상현실 플래그십스토어 개발에도 적극 나서기로 했다.

CJ제일제당은 오는 2020년까지 HMR 매출을 3조 6,000억원으로 끌어 올리고, 이 중 40%를 해외 시장에서 달성할 계획이다. ▲햇반 ▲비비고 ▲고메 등 핵심 HMR 브랜드로 지난 2016년 첫 매출 1조원을 돌파했으며, 지난해에는 전년 대비 약 40% 성장한 1조 5,000억원 매출을 달성했다.

CJ제일제당 관계자는 "CJ제일제당은 그동안 온리원(ONLY ONE)적인 발상 전환으로 햇반과 햇반컵반, 비비고, 고메 등 차별화된 브랜드를 탄생시키며 HMR 시장의 성장과 변화를 이끌어왔다"면서 "앞으로는 제품 중심의 HMR을 넘어 가정식에 대한 종합적인 솔루션(Home Meal Solution)을 제안하는 미래 지향적인 HMR 사업으로 진화시켜나갈 것"이라고 밝혔다.

출처: 매일경제, 2018. 5. 31.

신제품 테스트 방법에는 컨셉 테스트(concept testing), 제품사용 테스트(product use testing), 시장 테스트(market testing)가 있다. 이 중 시장 테스트(market testing)는 신제품 개발과정에서 본격적으로 시장에 많은 자금을 투자하여 제품을 출시하기에 앞서 지금까지 기업이 수행한 작업들은 무엇인지, 제품은 과연 성공적일 것인지 살펴보는데 사용되는 것이다.

현재 기술의 발달과 더불어 전체 시장 정보량보다 적은 수의 데이터를 가지고 판매를 예측하는 계량적 모델, 품절과 같은 재고상의 문제가 더 이상 발생하지 않는 재고관리 시스템, 과거에는 상상조차 하지 못했던 수집된 제품 데이터를 이용한 소매상의 스캐너 시스템(scanner system) 등 시장 테스트와 관련된 여러 가지 방법들이 선보이고 있다.

절대적인 확신을 얻을 수는 없지만, 마케터는 정교하게 잘 고안된 시장 테스트를 통해 궁극적으로 출시하는 제품의 높은 시장 수용확률과 수익성을 기대하게 된다. 결국 시장조사 프로그램(research program)의 마지막 단계라고 할 수 있는 시장 테스트는 이와 같은 기능을 충족시키기 위해 고안된 것이다.

본 장에서는 신제품 테스트, 그 중에서도 신제품 개발과정의 제품 출시 바로 전 단계에서 유용하게 사용되고 있는 시장 테스트의 중요성과 방법, 모형 등을 살펴봄으로써 효과적인 시장 테스트 방법이 무엇인지 살펴보고자 한다.

시장 테스트의 이해

1.1 다른 테스트와의 비교

신제품 테스트 방법은 크게 컨셉 테스트(concept testing), 제품사용 테스트(product use testing), 시장 테스트(market testing)로 나눌 수 있다.

컨셉 테스트(concept testing)의 목적은 소비자가 원하는 신제품 개발에 있어 모호한 개념을 보다 명확하게 표현한 후 실체적인 제품으로 변환하여, 원형제품(prototype)을 만드는데 있다. 컨셉 테스트는 제품 컨셉에 대하여 숙지한 상태에서 그에 대한 반응을 요청받은 예상소비자 표본을 대상으로 하여 시행된다.

컨셉 테스트는 소비자가 원하는 편익을 명확하게 하고, 시간을 절약할 수 있으며, 비용절약 효과가 있다는 장점이 있는 반면에, 평가과정시 때때로 시장에서 성공가능한 우수 신제품 컨셉을 폐기하거나, 혹은 성공 불가능하기 때문에 폐기해야 할 제품을 채택하여 개발단계로 진행하는 실수가 발생할 수 있다는 단점이 있다. 그리고 대부분의 컨셉 테스트는 표본을 선발하여 실시하지만 확률이 알려진 응답집단을 선택하지 않기 때문에 테스트 결과를 모집단 수준으로 일반화할 수 없다. 또한 실제로 정확히 측정할 수 있는 컨셉이 무엇인가에 관한 의문점이 남는다. 즉 소비자들의 모호한 개념에 대한 인지와 그들이 실제로 보고, 느끼고, 맛을 보고, 냄새를 맡고, 이해하는 실제 제품과는 여전히 넓은 괴리가 존재한다.

이러한 이유로 인해 기업은 대체로 컨셉 테스트 결과를 그대로 시장 예측에 도입하는 것은 피하고 있고 대신, 가능한 대안들 중에서 제품 속성과 마케팅 접근방법에 대한 대략적이며 일반적인 정도의 반응을 살펴보는데 컨셉 테스트를 이용하고 있다.

컨셉 테스트와 비교하여 볼 때, 제품사용 테스트(product use testing)는 경쟁제품과 관련하여 제품 그 자체를 평가하는 것이다. 즉 제품사용 테스트는 초기 컨셉의 기준을 물리적인 실체에 일치시키기 위한 과정이다. 그러나 제품사용 테스트는 판매가능성의 문제를 간과하고 있다는 단점을 가지고 있다. 즉, 신제품이 많은 판매량과 시장점유율을 확보할 것인가에 관해서는 관심이 없는 것이다. 따라서 제품사용 테스트는 신제품의 제품 속성에 대한 고객의 반응을 측정하고 이를 시장에서 경쟁 제품의 제품 속성에 대한 고객의 반응과 비교하려는 것에 그 의의가 있다 하겠다.

시장 테스트(market testing)는 기업에서 새로운 제품을 시판하기에 앞서 제품 패키지와 마케팅 계획(marketing plan)을 테스트하는 것을 말하며 시장 테스트는 두 가지 목표를 위해 시행된다. 첫 번째 목표는 다양한 가격수준에서의 판매결과를 예 측하는 것이고, 두 번째 목표는 실제 시장환경에서 제품이 수익성 있게 팔릴 수 있 는지에 관한 최종 의사결정을 하는 것이다. 더불어, 시장 테스트는 기업으로 하여 금 실제로 제품을 구매하는 고객들을 확인하고, 제품에 대해 고객이 원하는 속성을 파악하며, 고객의 사용 습성에 따라 제품이 하는 역할에 관한 완벽한 이해를 가능 하게 함으로써 기업이 사용하는 마케팅 도구들을 더욱 효과적으로 사용할 수 있도 록 해준다. 일례로 IBM이 시장 테스트를 하지 않고 PC를 시장에 출시한 적이 있었 다. 그러나 제품 출시 초기부터 12개월이 지난 후 IBM의 PC 판매실적은 참담하기 그지 없었다. 결국 시장 테스트를 하지 않고 제품을 출시한 대가로 IBM은 수억 달 러의 손실과 함께 시장점유율에서도 위기를 겪게 되었던 것이다.

출시된 신제품이 실패한 경우, 그 주요한 세 가지 실패원인은 신제품 테스트 와 연관된 경우가 많다. '욕구의 부족(lack of need)', 즉 고객의 모호한 욕구를 명확

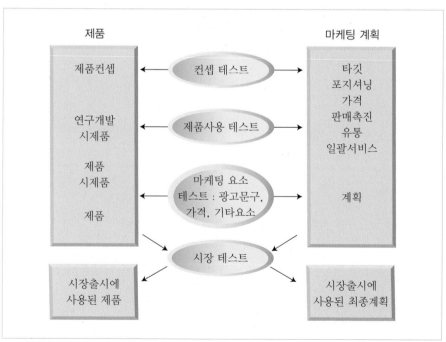

📄 그림 13-1
시장 테스트와 다 른 테스트 단계와 의 연관관계

출처: Crawford, C. M., and Benedetto, C. A. (2003). *New Product Management.* 7th Ed., NY: McGraw–Hill.

히 실체화 하지 못해서 출시한 신제품이 실패한 경우에는 컨셉 테스트와 관련이 있고, "제품이 욕구를 충족시키지 못한 경우(product does not meet need)"와 관련하여 출시한 신제품이 실패한 경우는 제품사용 테스트와 관련이 있으며, "마케팅이 형편없이 이루어진 경우(poorly marketed)"와 관련하여 신제품이 실패한 경우는 시장 테스트와 관련이 있는 경우가 많다.

1.2 시장 테스트의 기대효과와 고려 요인

(1) 시장 테스트의 기대효과

시장 테스트 결과 기대되는 효과로는 크게 두 가지가 있다. 첫째, 신제품 마케팅 계획을 수립하는 관리자는 초기에 어림잡아 예상하는 시장 수치나 일반적으로 가능한 예상 시장점유율 범위가 아닌 보다 확실한 비용과 제품 단위당 판매량에 기반한 예측치를 산정할 수 있다. 둘째, 관리자는 제품, 마케팅 노력(marketing effort)을 요구하는 신제품 출시와 관련하여 수정하거나 명확히 해야 할 다양한 진단적 정보(diagnostic information)를 수집할 수 있다.

(2) 시장 테스트시 고려 요인

신제품 테스트마다 그에 알맞은 독특한 상황이 존재하기 마련이다. 그러나 여기서는 일반적인 시장 테스트 의사결정시 가장 일반적으로 고려해야 할 중요 요인에 대해 살펴보기로 한다.

시장 테스트 시 고려해야 할 요인으로 우선, 제품 출시와 관련한 사항이 있다. 제품 출시와 관련하여 스케줄이 촉박하거나 매물급락 등으로 인해 판매량 조절에 변동이 발생한 경우, 새로운 CEO를 도와 신제품 개발에 하루빨리 착수해야 하는 경우 등 신제품 개발 단계의 여러 프로그램과 관련하여 많은 변수가 발생할 수 있다. 이 경우 기업은 발생하는 다양한 변수들을 고려하여 시장 테스트를 실시해야 한다.

다음으로, 어떤 정보가 필요한 것인가와 관련한 사항이 있다. 기업은 우선 신제품이 출시되었을 경우 그 누구도 어떤 일이 발생할지 모르는 가운데 막대한 비용과 인력이 소요된다든지 하는 상황에 대해 고려해 보아야 한다. 상황이 허락한다면 시장 테스트 실시에 대한 충분한 논의가 선행되어야 한다. 이는 비단 시장에서의 실패로 인해 입게 될 막대한 손해를 예방하기 위해서 뿐만 아니라, 너무 많은 생산량을 시장에 출하함으로써 타격을 받게 되는 것을 방지하기 위해서이기도 하다. Nabisco社는 Ritz Bitz를 시장에 출시한 직후, 자사의 베이커리 시장 제품생산 용량

보다 시장수요가 많다는 것을 발견하였다. 보다 큰 시장확대의 기회를 간과했던 경험을 겪어야만 했던 Nabisco는 현재 신(新)발매(rollout) 시장 테스트 과정을 실시하고 있다. 이와 반대로 P&G의 시장조사 관리자는 다음과 같은 시장조건에서는 시장 테스트 생략을 고려하기도 한다고 말한다(Crawford and Benedetto, 2003).

1. 자본 투자가 소액이고, 예상치가 보수적인 경우
2. 제품사용 테스트가 성공적으로 시행되었고, 고객의 관심도가 높은 경우
3. 기업이 해당 사업에 대해 잘 알고 있으며, 성공적으로 사업을 전개하고 있는 경우
4. 광고가 성공적으로 준비되어 테스트되었고, 판촉관리 계획이 판매활동에 충분히 시행되고 있지 않은 경우

마지막으로 시장 테스트를 시행함에 있어 다양한 테스트 방법의 적합성 또한 고려되어야 한다. 왜냐하면 제품에 따라, 시장상황에 따라 이용가능한 테스트 방법이 다를 수 있으며, 실제 우수하고 실용적인 테스트로 판명된 경우에도 현재 시장상황과 시간의 경과에 따라 적합하지 않을 수도 있기 때문이다.

📄 그림 13-2
나비스코社의
스낵

출처: Nabisco.

모의시험시장(Simulated Test Market)

모의시장을 이용하는 방법은 말 그대로 어떤 상품이 실제로 있다고 가정하고 그 제품을 살 것인지의 여부를 잠재 소비자들에게 묻는 방법이다. 소비자들은 실제 금전적인 지출이나 구매관련 위험 등을 갖지 않고 구매행동을 한다는 것이 특징이다. 이러한 이유로 이 방법은 가상 시험시장 방법이라고 불리운다.

신제품 개발자는 제품의 잠재적인 사용자가 가상상황의 실제로 돈을 지출하지 않는 판매에 충분히 몰입하고 그에 대한 의견을 표현하게 하는데 두 가지 접근법을 사용한다. 하나는 소비자들에게 제품을 살 것인지 아닌지의 구매여부를 물어보는 이론적 시장(Speculative sale) 방법이고, 다른 하나는 가짜 구매상황을 만들어서 소비자들이 어떻게 행동하는지를 관찰하는 가상 시험 시장(Simulative test market: STM) 방법이다.

2.1 이론적 시장 테스트(Speculative Sale Test)

이 방법은 주로 BtoB 시장이나 소비내구재 시장에서 기업들이 많이 사용하는 방법이다. 겉으로는 컨셉 테스트와 제품사용 테스트와 매우 비슷해 보이지만 실제로는 다르다. 컨셉 테스트에서는 신제품 포지셔닝 문구와 형태, 제품에 대한 정보를 주고 소비자들에게 이러한 제품을 만든다면 구매할 의향이 있는지를 묻는다. 제품사용 테스트에서는 소비자에게 제품을 제공하고 일반적인 방법으로 그것을 사용하게 한 후에, 이러한 제품을 만든다면 살 의향이 있는지 여부에 대해 똑같은 질문을 한다. 그러나 가상 시장 방법에서는 소비자에게 실제 마케팅에 가깝게 제품에 대한 광고를 설명하고 소비자의 질문에 대해 대답하고 이제까지 얘기한 바와 같은 제품을 구입할 수 있게 된다면 그 제품을 살 것인가에 대한 질문을 던진다.

이론적 시장 테스트는 대개 영업사원들에 의해 이루어지는데 가상 판매전화를 잠재 소비자에게 걸어 실제 살 수 있는 제품처럼 신제품을 소개하다. 이론적 시장 테스트가 컨셉 테스트와 다른 점은 목표고객, 제품의 가격, 출시일, 제품설명 등이 모두 결정된 상태에서 실시한다는 것이다. 이 때 소비자는 그 제품을 구매할지 말지에 대한 결정만 내리면 된다.

이 방법은 대부분의 산업제품 시장에 적합하기 때문에 주로 산업재에 사용되는 방법이긴 하지만 특정 소비재에도 사용되고 있다.

이론적 시장 방법이 적용되는 상황은 다음과 같다.

- 산업재 기업이 핵심 구매자들과 매우 가까운 관계를 가지고 있을 경우.
- 신제품 작업이 기술 지향적이고, 해당 기업의 전문 분야에 속해 있어서 시장으로부터 얻어야 하는 관찰과 정보가 크지 않을 경우
- 신제품이라는 모험에 대한 위험이 매우 적어서 비용이 많이 드는 방법에 의존할 필요가 없는 경우.
- 새로운 재료나 완전히 새로운 제품 유형처럼 아이템이 아주 새롭고 핵심적 진단이 필요할 경우. 예를 들어, 잠재 소비자가 어떤 종류의 대안제품을 생각하고 있는지, 제일 먼저 생각나는 가능한 제품 이용상황은 무엇인지에 대한 진단이 필요할 경우.

2.2 예비시험시장(Pre-test Market)

신제품 마케팅 전략을 총체적으로 테스트하는 정확한 방법은 시험시장(test market)이지만 시험 마케팅은 많은 비용과 상당한 시간이 요구되고 경쟁사에게 노출된다는 단점이 있기 때문에 시험시장을 실시하기 전이나 시험 마케팅 대신 예비시험시장 분석을 실시한다. 예비시장 분석방법은 ① 예측의 정확성, ② 진단적인 정보 제공 능력, ③ 시간과 비용이라는 세가지 기준을 가지고, 개발된 신제품의 성격에 맞는 분석방법을 선택하여 좀더 정확하게 시장수요를 예측하는 데 그 목적이 있다.

예비시장 분석방법에는 경영자의 판단이나 과거의 경험에 의존하는 방법, 위에서 설명된 소비자들의 시용과 반복구매를 다양하게 측정하는 방법, 태도변화 모형을 이용하는 방법, 그리고 몇 가지 방법을 동시에 사용하는 수렴적(convergent) 접근법이 있다.

(1) 경영자의 판단과 과거의 경험에 의한 예측방법

예비시장 예측의 한 방법으로, 신제품의 성패를 좌우하는 요인들을 과거경험으로부터 찾아내고 요인들을 측정하여 신제품 성패를 예측하는 과거의 경험에 의존하는 접근방식이 있다. 예를 들어, Claycamp and Liddy(1969)의 모형에서는 신제품의 성패를 좌우하는 광고상기율, 초기구매, 반복구매를 결정하는 요소들을 과거의 경험과 자료에서 찾아내고 회귀분석으로 결정적 요인들과 소비자반응 사이의 관계를 추정해 신제품의 광고상기율, 초기구매, 반복구매를 예측한다.

이 접근법은 회귀방정식이 만들어지면 비교적 적은 비용으로 신속한 예측이 가능하다는 장점이 있지만 과거 경험을 사용하기 때문에 신제품 모형에 맞지않는

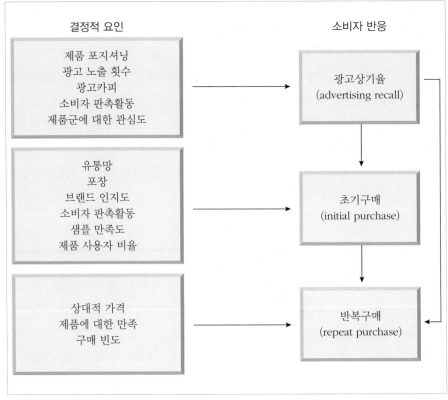

출처: Claycamp, H. J., and Liddy, L. E. (1969). Prediction of new product performance: An analytical approach. *Journal of Marketing Research*, 6(4), 414–420.

경우가 발생할 수 있고, 신제품의 결정적 요인들의 값을 모두 측정하는 것이 어렵다. 또한 전문가의 판단에 오류가 있을 경우 예측의 정확성이 떨어진다는 단점이 있다.

(2) 시용과 반복구매 측정을 통한 예측방법

장기적으로 보아 신제품의 매출은 시용과 반복구매에 의해 좌우된다. 만일 표적시장의 소비자들 중에서 신제품을 시용하는 소비자들의 비율과 신제품 시용해본 소비자들 중 반복구매하는 소비자들의 비율을 정확하게 예측할 수 있다면 신제품의 장기적인 수요를 큰 오차 없이 추정할 수 있을 것이다. 따라서 비교적 현실적인 상황에서 신제품을 소비자들에게 제시하고 소비자들로부터 반응을 얻어내어 소비자들의 시용과 반복구매를 예측하기 위한 모형들이 많이 개발되었는데 대표적인 예측방법으로 확률적 모형과 가정배달을 통한 측정, 그리고 실험실 측정법을 들 수 있다.

1) 확률적 모형

이 접근법은 과거의 구매경험을 근거로 판촉비용, 유통경로, coverage 등이 어떻게 시용이나 반복구매에 어떤 영향을 미치는가를 모형화하여 시장수요를 예측한다. 이 모형들은 앞서 언급한 Claycamp and Liddy(1969)의 모형과 비슷하긴 하지만 제품의 position, 광고 카피의 질 등 전문가의 판단에 의존하는 변수들을 포함하지 않는다는 점에서 다르다고 하겠다.

2) 가정배달을 통한 측정

시장수요 예측을 위한 또 하나의 접근법은 실제로 소비자의 가정에 신제품을 배달하여 시용과 반복구매를 측정하는 방법이다. 즉, 판매원이 소비자의 가정을 직접 방문하여 매달 발행되는 제품 카탈로그를 통해서 소비자들로부터 주문을 받고 그 제품을 당일로 배달해 주고 판매 기록을 컴퓨터에 수록하는 방식으로 자료를 수집하게 되는데 보통 1,000가구 정도를 대상으로 실시한다. 이 방법을 사용하여 신제품을 테스트하는 경우에는 카탈로그에 신제품 광고를 내보내고 시용과 반복구매를 관찰하여 시장점유율을 예측한다. 이 같은 패널접근법은 실제 소비자들의 반응을 얻어내는 것이기 때문에 예측의 정확성이 높다는 장점이 있지만 다른 예비시장 분석방법들보다 시간이 오래 걸린다는 단점을 가지고 있다.

3) 실험실 측정법

가정배달을 통한 측정의 성패는 가정배달 서비스가 얼마나 실제 구매환경과 비슷한 조건을 소비자에게 제공해 줄 수 있느냐에 달려 있다. 이 가정배달 대신에 사용할 수 있는 방법으로서는 실험실 측정법이 있는데 이 방법은 소비자들을 모아서 실험실에서 광고를 보여주고 가상적인 소매점의 환경을 제공한 뒤 제품을 선택하도록 만드는 것이다. 소비자가 가상적인 환경에서 제품을 구매한 다음 제품을 집에 가져가서 사용해 보도록 한 후에 실험자가 전화를 걸어서 반복구매 의사를 물어보게 된다. 실험실 측정방법의 성패는 실험실이라는 인위적 환경에서 비롯되는 오류를 얼마나 줄일 수 있는가에 달려 있다.

이러한 실험실 방법의 가장 큰 이점은 결과를 신속하고 저렴하게 얻어낼 수 있다는 데 있다. 또한 얻어내는 측정치들이 비교적 현실적인 구매환경 내의 소비자들의 반응이므로 정확도면에 있어서도 다른 방법들에 비해 뒤떨어지지 않는다. 그러나 소비자들이 광고에 노출된 직후에 제품을 선택한다는 점과 측정을 당한다는 것을 알고 있다는 데서 오는 체계적인 오류가 있을 수도 있다.

(3) 태도변화 모형

소비자들 제품에 대한 태도를 근거로 시장 수요를 예측하는 방법으로서는 Logit 모형이 이 방법에 해당된다고 볼 수 있다. 소비자들의 태도나 기호를 기존 제품들을 사용하여 모형화하고 소비자에게 신제품을 제공하여 이미 만들어진 모형을 이용하여 신제품에 대한 태도를 측정한다. 이 방법은 측정치들이 실험과정을 거치기 전에 얻어지는 것이므로 시용률 및 반복구매율과는 달리 실험실 방법 때문에 생겨나는 오류를 피할 수 있다는 장점이 있다. 그러나 이 방법은 태도의 측정치들이 소비자들의 반응으로부터 간접적으로 얻어내는 수치들이므로 예측의 정확도가 모형 자체의 정확성에 의존하게 되는 단점이 있다. 이런 모형들 중 가장 대표적인 Silk and Urban(1978)의 ASSESSOR 모형을 근거로 한 시장점유율 예측방법이 있다.

(4) 복수측정 방법

두 가지 이상의 방법을 사용해 측정치가 비슷한 경우에는 더 자신 있는 측정치를 얻을 수 있고, 측정치들이 서로 다를 경우에는 결과치들을 비교 분석해 측정상의 오차나 모형의 구조적인 문제점을 찾아내어 좀더 정확한 예측치를 얻어내는 것이 가능하다.

이 방법의 단점은 비용이 많이 든다는 점이 있으나 두 가지의 다른 방법들을 사용한다고 해서 비용이 두 배로 드는 것은 아니다. 왜냐하면 두 개의 다른 모형을 사용하는 경우에도 자료는 한꺼번에 수집할 수 있을 뿐더러 두 개의 모형이 같은 자료를 사용하는 경우도 많기 때문이다. 복수측정 방법의 대표적인 예는 위에서 이미 언급한 ASSESSOR가 있다.

지금까지 살펴본 예비시험시장 예측은 주로 비내구재에 적용될 수 있는 기법들이다. 소비자의 반응면에서는 가전제품이나 자동차와 같은 내구재의 경우에도 비내구재와 유사한 점이 많지만 몇 가지 중요한 점에서 차이가 있다. 내구재의 경우에는 시장에서의 성패가 소비자들의 첫 구매에 의해서 좌우된다. 물론 반복구매가 없는 것은 아니지만 비내구재의 경우와 달리 그 중요성이 낮다. 또한 내구재의 가격은 비내구재에 비해 높은 편이고 표적시장에서의 침투속도가 늦다.

이와 같은 내구재, 비내구재의 차이점 때문에 시장 수요의 예측방법도 달라지게 된다. 실험실에서 얻어진 구매확률에 대한 측정치는 혁신의 확산과정이 일어나고 나서의 구매확률보다 낮을 가능성이 많다. 따라서 내구재에 있어서는 이러한 현상을 포착할 수 있는 예비시장 예측 모형이 필요하다고 하겠다. 산업재의 경우에는 품목에 따라 소비재 시장에서와 마찬가지로 시용 및 반복구매 모형이 그래도 적용될 수 있는 분야도 있지만 많은 경우에 소비재와는 다른 특징을 가지고 있다. 즉, 구매의사 결정이 한 사람 이상에 의해 이루어지고, 구매자의 수가 제한되어 있으며 구매가격이 높은 것이 보통이다. 또한 상품정보를 전달함에 있어 판매원의 역할이 매우 중요하며 판매과정이 상당히 복잡하다. 이러한 산업재의 고유한 특징들을 고려한 예비시장 예측 모형은 아직까지 별로 개발된 것이 없지만 그 중요성을 감안할 때 그와 같은 모형의 필요성은 매우 크다고 하겠다.

2.3 ASSESSOR 모형

(1) ASSESSOR 모형의 목적과 구조

시장 수요 예측을 위해서 과거 경험과 관리자의 판단에 의한 방법, 시용과 반복구매를 측정하는 방법, 그리고 태도변화 모형에 의한 방법들이 사용된다. 이 방법들은 각각 장단점이 있어서 어느 하나가 가장 좋다고 할 수는 없다. 따라서 두 가지 이상의 방법을 병행해서 사용하고 그 결과를 비교하는 수렴적 접근법(convergent approach)이 등장하게 되었다. 수렴적 접근법의 장점은 한 가지 방법만을 사용했을 때보다 더 정확한 예측치를 얻을 가능성이 커지고 예측결과에 대해서 더 큰 확신을 가질 수 있다는 점과, 한 가지 방법에만 의존하였을 때보다 상품 또는 마케팅 계획을 향상시킬 수 있는 진단적 정보를 더 많이 얻을 수 있다는 점이다. 그러나 수렴적 접근법의 단점은 비용이 상승한다는 점이다. 물론 두 가지 방법을 사용한다고 해서 반드시 비용도 두 배로 상승하는 것은 아님에 유의해야 한다. 이와 같이 수렴적 접근법은 장점이 단점에 비해 우수하다는 점이 부각되면서 시험시장분석에 널리 사용되고 있다.

수렴적 접근법을 사용하는 모형들 가운데 대표적인 것이 ASSESSOR 모형이다. ASSESSOR 모형의 목적은 인지(awareness), 시용(trial), 반복구매(repeat purchase)의 측정을 근거로 한 신제품의 시장점유율을 예측하는 것이다. 광고(인지에 영향을 미침), 유통(이용가능성에 영향을 미침), 판매촉진(수용하는 시제품의 수에 영향을 미침) 등의 마케팅 믹스 변수들에 근거하여 장수 제품이나 꾸준히 팔리는 제품의 시용과 반복구매를 측정하는 것이 ASSESSOR 모형의 목적이라고 할 수 있다.

ASSESSOR 모형은 신제품의 시장점유율을 예측하는데 있어 두 가지 방법을 사용한다. 첫 번째 방법은 제품 선호도를 구매와 연관지어 고려하는 방법이고, 두 번째 방법은 보다 전통적인 방법으로, 시용과 반복구매로부터 비롯된 장기적인 구매수준 결과로 볼 수 있는 꾸준한 시장점유율을 직접적으로 측정하는 방법이다. ASSESSOR 모형은 시험 마케팅 사전에 신제품 평가측정에 관한 마케팅 관리를 돕

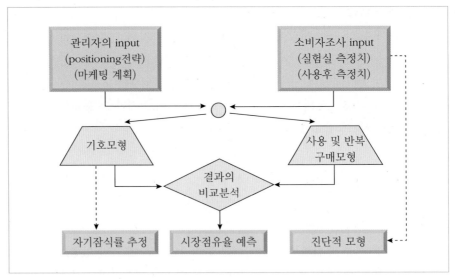

출처: Silk, A. J., and Urban, G. L. (1978). Pre–test–market evaluation of new packaged goods: A model and measurement methodology. *Journal of Marketing Research*, 15(2), 171–191.

는 데 목적이 있다 하겠다.

　ASSESSOR 모형의 구조는 [그림 13-4]와 같다. ASSESSOR 모형은 신제품의 시장점유율과 매출을 예측하기 위하여 태도변화 모형과 시용 및 반복구매 모형을 병행해서 사용하고 있다. 이 모형들을 이용하는 데 필요한 자료는 기업과 소비자로부터 수집하게 된다. 기업으로부터 수집하는 자료에는 제작이 완료된 TV 또는 인쇄광고와 마케팅 계획(가격, 광고예산, 판매촉진예산, 판매원활동의 규모) 등이 있으며, 소비자로부터 수집하는 자료에는 고려상표군, 태도, 시용률, 반복구매율 등이 있다.

　ASSESSOR 모형을 이용하여 다음과 같은 일들을 수행할 수 있다.

① 균형상태하에서의 신제품의 장기적인 시장점유율을 예측할 수 있다.
② 신제품의 시장점유율의 원천을 추정하여 자사의 기존 제품의 시장잠식(canniballization) 정도를 예측할 수 있다.
③ 제품을 개선하고 광고카피를 개발함에 있어 사용가능한 진단적인 정보를 제공한다.
④ 저비용으로 몇 개의 마케팅 계획들 중 효과적인 계획을 선택할 수 있다.

(2) ASSESSOR 모형의 연구설계와 측정치

　ASSESSOR 모형의 연구설계는 신제품에 대한 소비자의 반응과정의 각 단계에 맞도록 짜여 있다. ASSOSSOR 연구의 응답자들은 제품군에서 그들이 알고 있는 모든 상표를 열거하라는 요청을 받고 지시대로 행동한 후에는 열거한 상표들 중에서 선호하는 순서대로 선택하도록 지시받게 된다.

먼저 반응과정 중에서 인지 및 시용단계를 재연하기 위해서, 응답자들은 테스트 중인 신제품에 대한 광고와 경쟁제품의 광고를 같이 보게 된다. 다음 단계에서 소비자들은 모의점포(simulated store environment) 내에서 신제품 또는 기존 제품을 구매할 기회를 갖게 되며 이 때 소비자들에게는 상점 내에서 구매할 수 있도록 소액을 지급받게 된다. 일부 참가자들은 자신이 본 광고에 근거하여 테스트 중인 신제품을 구매하는 것으로 나타나며, 그 제품을 구매하지 않은 나머지 참가자들은 해당 제품의 샘플을 받아 귀가하게 된다. 그리고 가정에서 제품을 사용해 볼 수 있을 정도의 충분한 시간이 경과한 후 전화 등의 사후 인터뷰를 통해 반복구매율을 측정하게 된다.

보다 구체적으로 ASSESSOR 모형에서의 자료수집 절차를 살펴보면 [표 13-1] 과 같다.

1) 응답자 확보(O_1)

ASSESSOR 모형은 통행량이 많은 쇼핑센터 내 또는 그 부근에서 실시된다. 조사원들은 지나가는 사람들과의 간단한 질의응답을 통해 신제품의 목표고객이 될 만한 사람들을 선별한 다음 이들을 쇼핑센터 내 또는 그 부근에 마련된 실험실로 안내한다. 이 때 다양한 응답자들을 확보하고 쿼터를 채우기 위해 여러 지역에서

단계	절차	측정치
O_1	응답자 선별 및 확보(대인면접)	표적집단을 가려낼 수 있는 기준 (예: 상품의 사용 여부)
O_2	기존 상품들에 대한 태도조사(설문지)	고려상표군을 구성하고 있는 브랜드들, 속성에 대한 중요도, 지각, 태도
X_1	광고상영(기존 브랜드와 새 브랜드)	
O_3	광고에 대한 반응조사(설문지)	생략할 수도 있음(예: 호감도, 신뢰성)
X_2	신제품과 기존 상품들이 진열된 모의점포	
O_4	구매상품 기록	응답자가 구매한 상품(들)
X_3	신제품 사용 또는 소비	
O_5	사용 후 조사(전화면접)	신제품 사용빈도, 만족도, 재구매의도, 고려상표군에 속한 기존 상품 및 신제품 에 대한 속성지각 및 태도

📄 표 13-1
ASSESSOR
모형의 자료수집
절차

O=측정, X=광고 또는 제품에의 노출

출처: Claycamp, H. J., and Liddy, L. E. (1969). Prediction of new product performance: An analytical approach. *Journal of Marketing Research*, 6(4), 414–420.

실시하는 것이 보통이다. 응답자의 수는 300명선이 적당하다.

2) 기존 상품들에 대한 태도조사(O_2)

실험실에 도착하는 대로 응답자들은 설문지를 작성하게 된다. 이 설문지에서는 응답자 개개인의 고려상표군(consideration set)과 상품속성들의 중요도 등을 조사한다. 또 고려상표군에 속하는 기존 상품들에 대해서는 속성지각과 태도를 측정(일정 합 쌍대비교법)한다.

3) 광고상영(X_1)

설문지 작성을 마친 응답자들은 개별적으로 실험실 내의 별도의 장소로 안내되어 신제품의 광고가 포함된 5~6편의 광고를 보게 된다. 광고의 순서는 응답자 별로 순환시킴으로써 특정 순서에 의한 편의(bias)가 발생하는 것을 최소화한다.

4) 광고에 대한 반응조사(O_3): 선택적

필요한 경우에 한하여 광고에 대한 반응(예: 광고의 호감도, 신뢰성 등)을 설문지로 조사한다.

5) 신제품과 기존 상품들이 진열된 모의점포(X_2)

응답자들에게 사례비 명목으로 일정액수의 돈을 지불한 다음 실험실 내 별도의 장소에 마련된 모의점포로 안내한다. 이 점포에는 기존 상품들이 실제 점포와 같은 형태로 진열되어 있는데 신제품에는 예정된 가격이 매겨져 있고, 기존 상품들에는 해당 지역의 평균소매가격이 매겨져 있다. 응답자들에게는 지급된 돈을 가지고 원하는 제품(들)을 구매하게 하고, 남는 돈은 가져도 좋다고 설명한다. 이 때 응답자들은 아무것도 구매하지 않은 경우도 무방하다. 지불하는 돈의 액수는 약 8,000원 정도로 하고 제품의 가격보다는 높은 액수를 주어야 한다. 그리고 응답자들이 구매 전에 제품들을 살펴볼 수 있도록 충분한 시간을 주어야 한다.

6) 구매상품 기록

응답자 개개인이 구매한 상품(들)을 계산대에서 기록한다. 구매유형에 따라 응답자늘은 크게 세 가지로 분류할 수 있다. 첫 번째는 신제품을 구매한 사람들이다. 두 번째는 다른 제품을 구매하였기 때문에 신제품을 구매하지 않은 사람들이다. 세 번째는 아무것도 구매하지 않은 사람들이다. 이 부류에 속하는 사람들은 대개 소수이다. 이 때 두 번째와 세 번째에 속하는 사람들, 즉 신제품을 구매하지 않은 사람들에게는 신제품의 무료 샘플을 지급한다. 이와 같이 하는 이유는 신제품을 점포에서 구매하여 시용하는 소비자들과 샘플을 받고 시용하는 소비자들 사이에 반복구매율의 차이가 있는지를 분석하기 위해서다.

7) 신제품 사용 또는 소비(X_3)

모의점포에서 신제품을 구매했거나 샘플을 받은 응답자들이 집으로 돌아가서 신제품을 사용하거나 소비하는 것을 말한다.

8) 사용 후 조사(O_5)

신제품을 구매한 경우이든 샘플을 받은 경우이든 사용할 수 있는 충분한 시간이 경과한 후에 전화 인터뷰를 실시한다. 이 인터뷰에서는 신제품의 사용빈도, 사용량, 만족도, 재구매의사 등을 묻는다. 또 각 응답자의 고려상표군에 속하는 제품들과 신제품에 대해서 속성지각과 태도를 측정(일정 합 쌍대비교법)한다. 2차 반복구매율을 조사할 필요가 있을 때에는 전화인터뷰를 한번 더 실시한다.

이상의 절차에서 시용 및 반복구매 모형에 사용되는 자료는 O_4단계와 O_5단계에서 얻어짐을 알 수 있다. 즉 O_4단계에서 시용률을 측정하고, O_5단계에서는 단순 반복구매율 및 재전환율을 측정하여 이를 일정 등식에 대입하여 확보율을 계산할 수 있다. 그리고 태도변화 모형에 사용되는 자료는 O_2단계와 O_5단계에서 일정 합 쌍대비교법으로 측정됨을 알 수 있다.

사례

편의점서 떠야 인정… 유통업계 테스트베드

연간 시장 규모가 22조원까지 성장한 편의점이 최근 유통업계의 신제품 시험무대인 '테스트 베드(Test Bed)'로 급부상하고 있다. 최근 1·2인 가구의 성장과 함께 바쁜 현대인들의 일상으로 유통업계의 무게중심이 기존 대형마트와 백화점에서 편의점으로 옮겨가고 있기 때문이다.

산업통상자원부가 발표한 2017년 주요 유통업체 매출에 따르면 편의점은 즉석식품·수입맥주 등 1인 가구가 선호하는 제품 판매를 확대하며 매출이 10.9% 증가했다. 반면 대형마트는 1인 가구가 늘어나는 소비 트렌드 변화와 온라인 부문 성장세에 밀려 매

CU 커피엔 디저트
출처: 뉴데일리.

출이 0.1% 감소했다. 동네 가게에 불과했던 편의점이 1인 가구 증가 등으로 성장하면서 국내 유통의 핵심인

대형마트를 위협하고 있다.

떴다 하면 '히트'…히트상품 제조기

불황과 소비침체에 식품업계에 '히트작품'이 계속 나오지 않은 가운데 편의점 제품의 선전이 돋보인다. GS25가 롯데제과와 손잡고 지난해 2월 선보인 '유어스 스크류바 젤리'는 젤리 상품 50여종 가운데 매출 10위 안에 드는 인기 제품이 됐다. 이 제품은 인기 아이스크림 스크류바 특유의 꽈배기 모양을 그대로 재현했다.

요구르트도 편의점에서 젤리로 선보이며 선풍적인 인기를 끌고 있다. 세븐일레븐의 PB요구르트맛젤리는 2016년 5월 출시 이후 지난달까지 출시 1년 만에 누적 판매량 1800만개를 돌파했다. 지난해엔 세븐일레븐 전체 판매 순위에서 9위를 기록했다.

세븐일레븐이 동원참치와 함께 2016년 3월 출시한 PB동원참치라면도 2018년 1분기 라면 판매 순위 5위에 오르며 꾸준한 인기를 끌고 있다. 푸르밀 역시 지난해 농심과 협업해 바나나킥을 그대로 재현한 바나나킥 우유와 초코 바나나킥 우유를 선보여 출시 이후 누적 판매량이 630만개를 돌파했다.

최근 가격 인상 여파로 알뜰 소비문화가 확산되며 가성비를 앞세운 편의점 커피도 히트상품이다. GS25의 카페25는 2016년 2300만잔, 2017년 6400만잔이 판매되며 누적 판매량이 1억잔을 넘었다. CU의 카페 겟은 2015년 2500만잔 판매를 시작으로 2016년 4500만잔, 2017년 6000만잔 이상 판매됐다.

건강과 맛을 모두 챙기는 고급화된 제품도 인기다. GS25가 2017년 선보인 유어스 속초 붉은대게딱지장은 출시 한 달 만에 43만개가 팔렸고 최근까지 290만개가 판매됐다. 세븐일레븐이 출시한 밥통령 연어장도 출시 40일만에 50만개 이상 팔렸다. 업계 관계자는 "1인 가구들은 대용량을 저렴하게 판매하는 대형마트 대신 소용량, 소포장으로 출시되는 편의점 제품을 선호하는 경향이 있다"며 "맞벌이 및 1인 가구가 증가하는 추세인만큼 향후 편의점에서 구매하는 소비자들의 비중이 더 높아질 것으로 보인다"고 예측했다.

출처: 뉴데일리, 2018. 5. 4.

신제품이 이미 존재하는 시장에 진입하는 경우에는 태도변화 모형에서 추정된 시장점유율에 해당 시장의 총매출액을 곱하여 신제품의 매출액을 예측하고, 이 예측치를 시용 및 반복구매 모형으로부터의 예측치와 비교한다. 이와 달리 신제품이 전혀 새로운 시장을 창조하는 경우에는 태도변화 모형은 사용할 수 없으며 시용 및 반복구매 모형만을 사용하여 매출을 예측하여야 한다. 그러나 이와 같은 경우는 신제품 가운데 5%에 불과하다.

태도변화 모형과 시용 및 반복구매 모형으로부터의 예측치가 거의 일치하면 예측결과에 대한 확신이 높아진다. 그러나 예측치가 일치하지 않은 경우에는 다음의 순서에 따라 그 원인을 밝혀야 한다. 우선, 신제품의 시용률 예측치와 신제품의 고려가능성을 비교하여야 한다. 시용률 예측치는 실험실에서 관찰한 시용률을 인지도(awareness) 및 구득가능성(availability) 예측치들을 감안하여 조정한 것이고, 신제품의 고려가능성 예측치도 인지도 및 구득가능성 예측치들을 기초로 얻어진 것이다. 따라서 시용률과 고려가능성 예측치들이 상당히 불일치하다면, 각각을 계산하는데 사용된 인지도 및 구득가능성 예측치들이 상이하기 때문이라고 할 수 있다. 시용률과 고려가능성을 일치시킨 후에도 문제가 지속된다면 식에서 구한 구매확률과 반복구매율간의 관계에 초점을 맞추어 살펴보아야 한다.

이렇게 불일치의 원인을 찾아서 예측치들을 조정해 주는 작업은 객관적인 자료만으로 가능한 경우도 있지만, 신제품 관리자의 주관적인 판단을 요구할 경우도 많다. 따라서 객관적인 사실과 주관적인 판단 사이의 균형을 유지하는 것이 중요하다.

ASSESSOR 모형을 이용하는 주된 목적은 신제품의 시장점유율과 매출예측에 있지만, 부수적으로 다른 유용한 정보들도 얻을 수 있다. 첫째, 신제품의 점유율 가운데 얼마만큼이 경쟁사의 제품으로부터 빼앗은 것이고, 얼마만큼이 자사의 다른 제품으로부터 빼앗은 것인지(이를 cannibalization, 즉 시장잠식이라고 부른다)를 알 수 있다. 둘째, 신제품이나 광고 문구(copy)를 개선시킬 수 있도록 도와주는 진단적인 정보도 얻을 수 있다. 셋째, 신제품의 마케팅 믹스 요소들의 수준을 변화시키면 시장점유율과 매출에 어떤 영향을 주는지를 분석할 수 있다. 이를 "what-if" 분석이라고 한다. 예를 들어, 광고예산을 증액하면 제품의 인지도가 상승하고, 이는 신제품의 시용률을 향상시켜서 궁극적으로 시장점유율과 매출에 긍정적인 영향을 줄 것이다. 따라서 광고예산을 몇 % 증액하면 시장점유율과 매출에 어느 정도의 영향을 주는지를 분석할 수 있게 되고, 이를 비용과 비교하여 적절한 광고예산의 규모를 결정할 수 있게 되는 것이다.

(3) ASSESSOR 모형의 문제점과 한계점

예비시장 분석도구의 하나인 ASSESSOR 모형 같은 시스템은 기업에게 소비자들로부터의 신제품에 대한 반응을 수집하여 제품 또는 기타 마케팅 믹스를 개선할 수 있도록 해주므로 시장에서의 실패율을 최소한으로 줄일 수 있는 유용한 방법이라 할 수 있다. 그러나 ASSESSOR 모형을 이용하여 시장점유율을 예측할 때 실제 시험장에서의 시장점유율과 차이가 나타나는 것을 종종 볼 수 있다. 오차의 상당부분은 예비시장 분석시에 계획되었던 마케팅 계획(marketing plan)들이 시험시장에서 계획대로 실시되지 않았기 때문에 기인하는 것으로 분석되고 있다. 대부분의 신제품에서 오차는 1.0%를 넘지 않기 때문에 보다 면밀한 계획과 정확한 예측방법을 통해 신제품의 시장점유율을 예측하는 연구가 수행되어야 할 것이다.

통제된 시험시장(Controlled Test Market)

한국, 아시아 뷰티, 패션 선도… '테스트베드 부상'

글로벌 뷰티 및 패션 브랜드가 한국 시장에 주목하고 있다. 깐깐한 한국 소비자들에게 통하면 다른 아시아 지역은 글로벌 시장에서도 성공 가능성이 크다는 판단 때문이다.

한국의 뷰티 및 패션시장이 이른바 글로벌 뷰티제품의 '테스트베드'로 자리매김한 것이다. 이에 따라 글로벌 브랜드들이 신제품의 최초 또는 단독으로 한국의 소비자들에게 데뷔하며 적극적으로 시장을 공략하고 있다.

'글로벌 테스트베드'로 부상

업계에 따르면 프랑스 화장품 브랜드 로레알은 신제품 '키엘 민감성 수분 크림'을 한국시장에 가장 먼저 출시했다. 민감한 피부 타입의 한국 여성들을 대상으로 테스트를 진행하고 소비자의 의견을 적극적으로 수렴해 글로벌 마케팅에 활용하기 위해서다.

키엘은 앞서 2017년 10월 한국을 방문하는 관광객과 국내 고객을 위해 오직 한국에서만 만날 수 있는 '키엘 러브스 코리아' 컬렉션을 한정 출시하기도 했다. '키엘 러브스 코리아'는 키엘의 베스트셀러인 울트라 훼이셜 크림에 한국적 디자인 요소를 가미한 한정판 제품이다. 제품 패키지에는 한국을 테마로 한복, 세종대왕, 남산타워 등 한국을 상징하는 요소와 키엘의 헤리티지가 함께 어우러져 큰 인기를 모았다.

이탈리아 바디케어 브랜드 지오마는 신제품 '웨딩스타 바디스크럽' 특별판을 한국에 처음 출시했다. 웨딩스타 특별 패키지는 신제품 웨딩스타 바디스크럽과 함께 스크럽 후 바디에 더욱 진한 향기를 더해주는 스노우 바디숍이 함께 구성된 세트다.

뷰티.패션 신제품 속속 데뷔

패션 브랜드들도 한국을 글로벌 시장 진출의 관문으로 삼고 있다. 고기능 백팩으로 유명한 미국 아웃도어 브랜드 그레고리는 티셔츠와 모자로 구성된 의류 컬렉션을 한국에서 처음 선보였다. 그레고리의 관계자는 "세계 트렌드를 선도하는 한국에서 성공적으로 데뷔한 의류 컬렉션은 그레고리가 아웃도어에 기반을 둔 토탈 라이프스타일 브랜드로 도약하는 출발점이 됐다"고 말했다.

노트북 가방으로 유명한 미국 가방 브랜드 타거스 역시 신상품인 캘리포니아 라인을 한국 시장에 가장 먼저 선보였다. 이 제품은 한국 지사에서 주도적으로 기획한 제품이기도 하다. 타거스의 관계자는 "캘리포니아 라인은 여성과 젊은층을 겨냥한 세련된 디자인의 백팩인데 여성용 백팩시장이 한국에서 가장 빠르게 확산되고 있기 때문"이라며 "여성의 경제활동이 증가하고 모바일 오피스 환경의 확대로 인해 여성들의 백팩 사용률이 증가하고 있어 한국 시장이 가장 트렌디한 곳으로 꼽힌다"고 말했다.

속옷 브랜드 원더브라는 2018년 첫 신상품인 '프리미엄 블랙 에디션'을 세계 최초로 한국에서 공개했다. 원더브라측은 미국 원더브라 본사에서 트렌드에 민감하고 아시아 유행을 선도하는 한국을 2018 첫 신상품의

미국 아웃도어 브랜드 그레고리가 국내에서 첫선을 보인 신제품 티셔츠 및 모자

프랑스 뷰티브랜드 로레알이 한국에 첫선을 보인 신제품 '키엘 민감성 수분 크림'

테스트 마켓으로 결정했기 때문이라고 밝혔다.

출처: 파이낸셜뉴스, 2018. 1. 7.

가상시장을 이용하는 시장 테스트 방법은 비현실적인 것이다. 그리고 가상시장 방법은 초기 테스트로써 유용하고, 소비자들이 상업적 배경에서 제품의 컨셉에 어떻게 반응하는가에만 그 이슈가 달려있을 경우에 믿을 수 있는 방법이다. 그러나 통제된 시장을 이용한 시장 테스트 방법에서는 가상시장 방법과는 달리 소비자가 실제로 구매행위를 하며 제한된 조건 아래서 그 구매가 행해진다. 제품이 일반적인 판매를 위해 출시되는 것이 아니므로 이 방법도 여전히 시장 조사에 불과하며 몇몇 핵심요소들은 다 드러나지 않고 설계되지만, 제한된 시장을 이용하는 방법은 가상시장 방법보다 더 강력하고 반면에 훨씬 더 많이 노출과 누설의 위험을 가지고 있다.

(1) 직접 마케팅(Direct Marketing)

직접 마케팅이란 용어는 다양하게 쓰이는데 여기서는 제조사가 우편, 전화, TV, 팩스, 컴퓨터 네트워크 등을 통해 직접적으로 소비 단위와 접촉함으로써 소비재를 판매하는 것을 얘기한다. 기업들은 새로운 종류의 서비스나 신 제품, 새로운 제품 라인을 회사 제품 카달로그 리스트에 끼워넣고 그 주문양을 새는 것만으로도 쉽게 신제품을 테스트해 볼 수 있다.

직접 마케팅은 다음과 같은 장점들을 가지고 있다.

- 다른 어떤 통제된 시장 방법보다 비밀이 보장된다.
- 즉각적으로 피드백을 얻을 수 있다.
- 더 많은 정보를 보낼 수 있고 손쉽게 다양한 테스트를 해볼 수 있기 때문에 제품 포지셔닝과 이미지 개발이 쉽다.
- 다른 테스트 방법보다 비용이 저렴하다.
- 신용카드, 전화 주문, 데이터베이스 편집과 같이 발전하는 현대기술에 적절한 테스트 방법이다.

(2) 축소시장(Minimarkets)

직접 마케팅 방법이 본질적으로는 유통업자들과 도·소매상들을 비껴가는 방법이라면 축소시험시장은 지형적으로 주변과 격리된 매우 제한된 범위 안의 상점들을 포함시킨다. 축소시험시장은 작은 크기의 시장에서 테스트가 진행되기 때문에 시험시장의 작은 버전이라고 볼 수 있다. 실제로 신제품이 할인판매점에서 유통되고, 실제 매체와 교환망을 통해 홍보되고, 시장반응이 관찰된다. 신제품 관리자는 첫 번째로 신제품 판매에 적합한 하나 혹은 대여섯 개의 할인점을 선택한다. 이방법은 도시 전체를 시험시장으로 이용하지 않고 각 상점을 작은 도시 혹은 작은 시장으로 이용하기 때문에 축소시장이라고 불린다.

축소시험시장 방법은 좀더 현실적인 맥락을 가진다. 실제로 구매가 일어나고 가격변화와 다른 변수들에 있어서 유동성이 인정되며, 시험 마케팅보다 좀더 비밀성이 보장될 뿐 아니라 비용도 적게 든다. 또한 범위가 좁기 때문에 제한된 상점 내에서 재고 확인을 위해 자주 방문하거나 광고와 홍보를 적절히 조정하는 등 전형적인 시험시장에서는 불가능한 통제가 가능하다는 장점이 있다. 그러나 전국적 유통능력이 테스트되지 않는다는 점에서 축소시험시장은 여전히 통제된 시장 방법이다. 더구나 상점 직원들은 신제품에만 너무 과도한 주의를 기울이게 되고, 작은 지역의 소비 습관이나 취향, 소비 패턴이 전국적으로 일반적일 것이라고 간주할 수 없기 때문에 작은 시장에서의 매출이 전국적인 매출 규모를 예측할 수 없다는 문제점이 있다.

몇몇 시장조사기업들은 예전에 미리 관계를 맺어놓은 상점을 이용해서, 그리고 그들의 운송차량을 이용해서 제품을 빠르게 여러 상점으로 전달해 주는 방식으로 이러한 축소시험시장 테스트 서비스를 제조업자에게 제공한다. 이 방법이 그렇게 과학적이지는 않기 때문에 단지 실제 시장판매에 대한 맛보기 정도로 사용되거나 브랜드 혼란, 가격, 포장 설명서, 제품 오용 등과 같은 제품 개발자가 염려하는 특정한 사안들에 대한 사전 테스트 방법으로 많이 사용된다.

미국의 가장 유명한 제품 중 하나인 Pampers는 처음에 작은 시장에서 테스트된 10센트로 제품을 내놓고 실패한 후, 포장을 단순화하고 원가비용을 낮추어 가격을 6센트로 다시 조정했다. 이와 같이 작은 시장 테스트는 시험시장을 대체하는 것이 아니라 보충해 주는 개념으로 사용되어야 한다.

시험마케팅(Test Marketing)

시험마케팅은 기업에서 새로운 제품을 전국적으로 시판하기에 앞서, 개발된 신제품을 전국을 대표할 수 있는 몇 개의 중소도시에서 시판해 보는 과정이다. 이 과정을 통해서 기업은 개발된 제품만이 아니라 전국 시판시 사용될 전반적인 마케팅 프로그램을 테스트함으로써 신제품을 성공여부에 관한 정보, 마케팅 프로그램을 개선하기 위해 필요한 진단적 정보(diagnostic information) 등을 얻게 된다. 그러나 시험마케팅은 많은 투자를 필요로 하고, 경쟁사에게 신제품을 전국시판 이전에 노출시켜 불필요하게 경쟁사의 신경을 곤두세우게 만들거나 경쟁사에 의해 모방을 당하게 될 가능성이 있는 등의 단점이 있으므로 신중하게 고려한 후에 시행여부를 결정할 필요가 있다. 따라서 이 장에서는 시험마케팅과 관련된 여러 가지 모형들을 살펴보고, 이 모형들을 기업에서 적용하는 데 있어서의 문제점들을 파악한 후 가장 적절하다고 생각되는 모형을 선발해 내고자 한다.

4.1 시험마케팅의 장단점

(1) 장점

시험마케팅의 장점으로는 첫째, 신제품의 시판에 따르는 위험을 감소시켜준다. 즉 신제품의 시판에 수반되는 위험은 전국 시판에 따르는 위험을 감소시켜 준다는 말이다. 신제품의 시판에 수반되는 위험은 시판에 실패할 경우 이에 따르는 막대한 금전적인 손실뿐만 아니라 유통경로 구성원과의 관계 악화, 판매원들의 사기저하, 투자자들의 회사에 대한 신뢰감 상실 등을 들 수 있다.

둘째, 신제품을 판매하기 위한 마케팅 계획을 개선시켜 줄 수 있는 진단적인 정보를 제공한다. 잘 짜여진 시험마케팅 계획은 광고 문안(advertising copy)의 개선, 유통경로계획의 미비점 파악, 촉진 및 가격정책의 확정에 많은 도움을 줄 수 있으며, 또한 생산설비를 가동했을 때의 문제점들을 파악할 수 있는 기회를 제공함으로써 전국규모의 신제품 판매 이전에 미비점들을 개선할 수 있도록 해 준다.

(2) 단점

시험마케팅의 단점으로는 첫째, 시험마케팅을 실시하는 데는 많은 비용이 소요된다. 내구재의 경우 전국 시판에 드는 비용과 거의 맞먹는 시험마케팅 비용 때문에 시험마케팅은 포장된 비내구재(packaged consumer nondurables)에 한정되는 경우가 대부분이다.

둘째, 시험마케팅을 실시하는 데에 보통 9개월에서 12개월의 시간이 소요되므로, 시험마케팅 기간 중에 경쟁사에서 시험시장에 나와 있는 자사상품을 예의주시하게 되며, 최악의 경우에는 신제품을 완전히 모방한 제품을 경쟁사에서 미리 전국규모로 시판하여 시장에서는 선두주자의 위치를 차지해 버릴 가능성마저 존재한다.

셋째, 경쟁사에서 자사의 시험마케팅을 혼란시킬 목적으로 경쟁사의 마케팅 전략을 시험시장에서만 변경할 가능성이 있다. 즉, 자사의 신제품이 성공적이리라고 예상되는 경우 경쟁사에서는 경쟁사의 제품가격을 시험시장에서 인하한다든지, 광고를 늘린다든지, 사은품을 증정한다든지 하는 방법을 통해서 자사 신제품에 대한 시험시장에서의 점유율을 낮출 수 있으며, 그와는 반대로 자사의 신제품에 대한 소비자들의 호응이 별로 좋지 않으리라고 예상되는 경우, 경쟁사에서 일부러 시험시장에서의 광고나 판촉활동의 수준을 낮추거나, 심지어 자사 신제품의 구입을 통해서 전국 시판을 유도할 가능성도 존재한다.

따라서 시험마케팅은 제품별로 이와 같은 장단점을 고려하여 시행여부를 결정하게 되는데, 이를 결정하기 위해서 Bayesian 분석에 기초한 의사결정기법(decision analysis)을 사용할 수 있다.

다이슨이 한국에 가장 먼저 신제품을 내놓은 이유는?

엘지(LG)전자와 삼성선사가 올해 새 무선정소기를 내놓으며 도전장을 내밀자, 영국 다이슨이 신제품을 우리나라에서 가장 먼저 선보이며 맞불을 놨다.

다이슨은 기존 V8 모델에 견줘 흡입력이 30% 향상된 'V8 카본 파이버'를 세계 첫 출시한다고 밝혔다. V8 카본 파이버의 흡입력은 155에어와트(AW)이며, 무게는 이전 모델과 같은 2.55kg, 작동시간은 최대 40분(일반모드)의 성능을 갖추고 있다.

현재 국내 무선청소기 시장은 4조 5,000억 원(200만대) 규모로 추산되는데 100만 원대 고가 제품의 점유율이 확대되고 있는 추세다. 가전업계는 고가 무선청소기 시장이 지난해 금액기준 10% 수준이었지만, 올해 상반기에 25% 수준까지 성장한 것으로 분석하고 있다. 다이슨은 그동안 소비자들의 입소문을 타면서 이 시장의 강자로 군림해왔다. 국내 시장에서 상대적으로 비싼 값에 팔리면서, 국외 직구를 통해 다이슨 무선청소기를 구입하는 사람도 많았다.

다이슨의 새 무선청소기의 흡입력을 시연하고 있는 엔지니어
출처: 다이슨.

국내 가전업체들도 이를 가만 보고 있지 않았다. 엘지(LG)전자는 무선청소기 '코드제로 A9'을 출시하며 다이슨 공략에 나섰다. 엘지전자는 A9이 인기를 끌며 8주 만에 국내 판매량 4만대를 돌파했다고 밝혔다. 밀려드는 주문량을 소화하기 위해 창원공장은 주말에도 생산라인을 돌렸다.

삼성전자는 한발 늦었다. 삼성전자는 이달 초 독일 베를린에서 열린 국제가전전시회(IFA)에서 새 무선청소기 '파워건'을 공개했다. 삼성전자 관계자는 "먼저 나왔다 늦게 나왔다가 중요한게 아니라, 시장에서 판을 바꿀 수 있느냐에 중점을 두고 있다"고 말했다.

먼지를 빨아들여야 하는 청소기의 핵심인 흡입력을 제품별로 따지면, 최근 공개한 다이슨의 신제품이 제일 앞선 것으로 나온다. 2017년 6월 공개된 엘지 A9의 흡입력은 140와트이며 출시가 예정된 삼성 파워건은 150와트다. 다이슨은 기존에 판매되던 모델(V8·115에어와트)의 성능이 엘지와 삼성의 신제품에 추월당하자, 이보다 더 센 155에어와트(AW)의 V8 카본 파이버를 전격적으로 내놨다.

제품의 성능을 따지는 기준이 다른 것에 대해 다이슨은 에어와트와 와트는 다르다고 주장하고, 삼성은 에어와트가 와트보다 힘이 세다는 주장은 맞지 않다고 말한다. 다이슨의 엔지니어 샘 트위스트는 "에어와트는 흡입력을 말하고, 와트는 청소기 모터의 기계적 힘을 말한다"고 구별했다. 배터리는 세 업체의 제품 모두 최대 40분 사용이 가능하다고 설명한다.

케빈 그란트 다이슨 청소기 사업부 수석 엔지니어는 "한국 소비자들이 기술과 제품에 대한 이해도가 높아 먼저 신제품을 출시하게 됐다"고 했다.

출처: 한겨레 신문, 2017. 9. 12.

4.2 시험마케팅 모형의 구조

신제품에 대한 시험마케팅을 실시하기로 결정하고 나면 구체적인 자료수집 및 분석에 대한 계획을 세워야 한다. 이 과정에서 어떤 시험마케팅 모형을 사용하느냐에 따라 자료수집방법 및 분석방법이 달라질 뿐만 아니라 제공되는 정보의 내용도 다르기 때문에 당연한 상황에 가장 적합한 모형을 선택해야 한다. 그리고 이런 시험마케팅 모형들은 비교적 간단한 구조를 가지고 있는 Fourt and Woodlock(1960)의 모형에서부터 Urban(1970)이 제시한 매우 복잡한 구조를 지닌 SPRINTER까지 다양한 모형이 있다.

(1) 소비자들의 신제품 채택과정

대부분의 시험마케팅 모형들은 소비자가 새로운 제품이나 서비스를 완전히 채택하기까지 세 가지 단계를 거치는 것으로 가정하고 있다(Narasimhan and Sen, 1983). 즉, [그림 13-5]에서처럼 소비자들은 우선 신제품에 대한 인지단계(awareness stage)를 거쳐서 신제품을 사용해 보는 단계(trial stage)를 거치게 되고 마지막으로 신제품을 반복 사용하는 단계(repeat stage)에 이르면 그 신제품을 완전히 채택하게 된다.

📄 그림 13-5
시험마케팅 모형의 틀

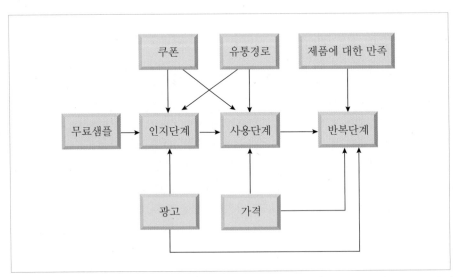

출처: Narasimhan, C., and Sen, S. K. (1983). New product models for test market data. *Journal of Marketing*, 47(1), 11–24.

이러한 시험마케팅 모형은 인지, 사용, 반복의 세 단계를 적절히 모형화할 수 있어야 예측력이 높은 모형으로 평가될 수 있다. 이와 같은 시험마케팅 모형들을 각 단계별로 살펴보면 다음과 같다.

1) 인지단계

소비자들은 [그림 13-5]에 나타나 있는 바와 같이 신제품에 대하여 여러 가지의 경로를 통해서 알게 된다. 즉, 쿠폰, 무료샘플, 광고 등의 마케팅믹스 변수들이 소비자들에게 새로운 제품의 존재를 알리는 데 중요한 역할을 담당한다. 그런데 여기서 주의할 점은 무료 샘플을 통해서 신제품을 알게 된 소비자는 그 샘플을 사용해 봄으로써 쉽게 제품의 품질을 확인해 볼 수 있고, 쿠폰을 통해서 알게 된 사람들은 정상가격보다 싼 값에 신제품을 구입할 수 있으므로 광고를 통해서 신제품에 대한 정보를 얻는 소비자들보다 시용확률(trial probability)이 높다는 것이다.

2) 시용단계

신제품의 존재를 알게 된 소비자는 그 제품의 사용여부를 결정하게 되는데, 이 때 중요한 것은 유통경로에 있어서 신제품의 구득가능성과 신제품의 가격이다. 신제품의 시용과정(trial process)을 모형화함에 있어 주의할 점은 소비자가 어떤 경로를 통해서 신제품을 알게 되었는가에 따라 시용확률이 달라진다는 것이다 (Narasimhan and Sen, 1983). 즉 광고를 통해서 신제품의 존재를 알게 된 소비자보다는 무료 샘플을 얻게 된 소비자가 당연히 신제품을 시용해 볼 확률이 더 크다고 하겠으며, 어떤 기(t기)에 신제품의 존재를 처음 알게 된 소비자가 t기에 신제품을 시용해 볼 확률이 $t-1$기 이전에 신제품의 존재를 알면서도 시용해 보지 않은 소비자가 t기에 처음 신제품을 시용해 볼 확률보다 크다.

3) 반복단계

일단 신제품을 시용해 본 소비자가 그 제품을 다시 사용할 것인가, 말 것인가를 결정하게 된다. 이 단계에서 가장 큰 영향을 미치는 요소는 시용의 결과 소비자가 신제품에 대해 얼마나 만족하였는가 하는 점이며, 그 이외에도 신제품의 가격, 유통경로에서의 구득가능성 등이 반복구매에 영향을 미친다.

소비자의 반복구매를 모형화함에 있어 주의할 점은 시제품이 시장에 나오자마자 구입하는 소비자는 뒤늦게 처음으로 구입하는 소비자보다 일반적으로 더 많은 양의 반복구매를 한다는 것이다(Parfitt and Collins, 1968). 그 이유는 신제품의 시판 초기에 신제품을 구입하는 소비자는 그 제품에 대해서 호의적인 태도를 가지고 있을 가능성이 높을 뿐만 아니라 그 품목(product class)을 많이 사용하는 소비자인 경우가 많기 때문이다. 또한 시용을 마친 소비자들이 얼마나 자주 반복적으로 신제품을 구매하는가 하는 점도 반복구매 비율을 추정함에 있어 중요한 고려 요소이다. 즉, 신제품을 여러 번 반복구매한 소비자는 앞으로도 계속해서 신제품을 반복구매할 확률이 높다고 할 수 있고 단 한번의 반복구매에 그친 소비자는 앞으로도 반복구매 확률이 낮다. 그런데 이를 염두해 두지 않고 평균적인 반복구매 확률을 구하게 되면 통합에서 오는 편의(aggregation bias) 때문에 부정확한 매출액의 추정치를 얻게 되는 일이 종종 있다(Kalwani and Silk, 1980). 신제품의 시험시장에 있어서 소비자들의 상품채택과정을 모형화 하기 위해서는 위에서 언급한 세 가지 고려 사항들을 염두에 두어야 하며, 좋은 시험마케팅 모형은 이런 점들을 포착할 수 있어야 한다.

(2) 각 단계별 모형

시험마케팅 모형들은 위에서 언급한 세 단계를 각 단계별로 모형화하여 이를 종합하게 되는데, 각 단계별 모형에 있어 중요한 점은 [그림 13-5]에 나타나 있는 여러 가지 마케팅믹스 변수들의 효과를 어떻게 모형에 포착할 수 있는가 하는 점이다. 예를 들면, 시용확률을 추정하기 위한 모형이 가격이라는 변수를 포함하지 않고 있다면 그만큼 추정치의 정확도가 낮아질 것이다. 그 밖에도 시험마케팅 모형은 경쟁사의 반응, 자사의 광고, 판촉, 유통전략의 효과를 적절히 포착할 수 있어야 이상적인 모형이라고 할 수 있다. 그러나 이러한 변수들을 모두 포함하는 경우, 모형이 수학적으로 복잡해지고 자료 수집량이 증가하며 모수 추정의 어려움이 커지게 된다. 따라서 모형을 만들거나 선택할 때에는 이론적인 정교성과 모형의 실용성 사이에 적절한 균형을 유지해야 한다.

(3) 자료의 수집

시험마케팅 모형을 위한 자료는 소비자 패널 자료(consumer panel data)나 설문 조사에 의한 자료(survey data)를 사용하게 되는데, 매출액을 예측하는 데는 일반적으로 패널 자료가 설문조사 자료보다 더 정확한 것으로 알려져 있다. (Wind and Learner, 1979). 그러나 패널 자료는 수집비용이 많이 들며, 설문조사를 통해서 얻을 수 있는 소비자들의 상표인지도, 상표선호도 등의 자료를 얻을 수 없다는 단점을 가지고 있다.

(4) 진단적 정보의 제공

시험마케팅 모형의 주목적은 균형 상태하에서의 매출액이나 시장점유율을 예측하는 것이지만, 그에 못지않게 중요한 것은 여러 가지 마케팅믹스 변수들의 효과에 관한 진단적인 정보(diagnostic information)를 제공하는 일이다. 만일 제품상 하자가 없는 듯이 보이는 신제품의 매출이 예상보다 저조한 경우, 경영진측에서는 그 이유를 알고 싶어할 것이다. 예를 들면, 신제품에 대한 인지도가 낮다면 회사의 광고, 또는 판촉활동에 문제가 있다는 것을 알 수 있을 것이고, 신제품의 시용률(trial rate)이 낮다면 유통정책이나 가격정책에 문제가 있음을 시사해 준다고 하겠다. 문제가 어디에 있건 간에 좋은 시험마케팅 모형은 문제점을 파악할 수 있도록 해주며 이에 대한 적절한 조치를 취하는 것을 가능하게 만들어 준다. 또한 여러 가지 마케팅 수단들 중에서 어떤 것이 상대적으로 더 효과적인지를 알기 위해서도 시험마케팅 모형이 사용될 수 있다. 이를 위해서 시험마케팅 모형은 신제품 채택과정의 각 단계를 모형화 함에 있어 마케팅믹스 변수들의 효과를 명시적으로 포착할 수 있도록 구성되는 것이 중요하다.

(5) 시험마케팅 모형의 분류

위에서 제시된 여러 가지 기준에 따라 기존의 시험마케팅 모형들 중 가장 대표적인 9개의 모형을 분류해 보면 [표 10-2]와 같다(Narasimhan and Sen, 1983).

[표 13-2]에서 모형의 복잡성 수준(level of model complexity)이라 함은 모형에

📄 표 13-2
시험마케팅 모형
의 분류

모형	모형의 특성					
	모형의 목적	모형의 복잡성	모형의 질	요구되는 자료의 분류	진단적 정보의 제공능력	상업적 수용 가능성
Fourt and Woodlock (1960)	판매량 예측	낮음	불만족스러움	패널자료	낮음	낮음
Partiff and Collins(1968)	시장 점유율 예측	낮음	불만족스러움	패널자료	낮음	높음
STEAM (Massy 1969)	판매량 예측	높음	불만족스러움	패널자료	낮음	낮음
SPRINTER (Urban 1970)	판매량 예측	높음	좋음	패널자료	높음	중간
Eskin(1973)	판매량 예측	중간	불만족스러움	패널자료	낮음	중간
Nakanishi(1973)	판매량 예측	높음	불만족스러움	패널자료	중간	낮음
NEWPROD (Assmus 1975)	시장 점유율 예측	중간	만족스러움	설문조사 자료	중간	낮음
TRACKER (Blattberg and Golanty 1978)	판매량 예측	중간	좋음	설문조사 자료	높음	높음
NEWS(Pringle, Wilwon and Brody 1982)	판매량 예측	중간	좋음	설문조사 자료	높음	높음

서 사용하고 있는 분석 및 추정기법의 복잡성과 모형구조(변수의 수, 방정식의 수 등)의 복잡성을 뜻하고 있다. 그리고 모형의 질은 두 가지 기준으로 평가되었다. 즉, 신제품 채택과정상의 여러 단계가 얼마나 잘 모형화 되었는가 하는 점과 모형에 적절한 마케팅믹스 변수들이 포함되어 있는가 라는 두 가지 기준에 의해서 평가되었다.

우선 기업에서 시험마케팅 모형을 선택할 때 중요한 기준으로서는 예측을 위한 자료수집에 드는 비용 과다를 들 수 있겠는데, 그런 측면에서 보면 패널 자료를 사용하는 모형들보다는 설문조사 자료를 사용하는 모형들이 비용상 이점을 갖고 있다. 그러나 패널 자료를 사용하는 모형들 중에서도 Parfitt & Collins 모형은 모형의 복잡성이 낮은 간단한 모형이라는 점에서 그리고 SPRINTER 모형은 모형의 질이 높다는 점에서 사용을 고려해 볼 수 있는 모형들이다. 한편 설문조사 자료를 사용하는 모형들 중에서 NEWPROD는 모형의 질적인 면과 진단적인 정보의 제공 능력 면에서 TRACKER나 NEWS 모형에 비해 떨어지므로 고려대상에서 제외된다. 따라서 Parfitt & Collins 모형, SPRINTER, TRACKER, NEWS의 네 가지 모형이 고려대상으로 남는데, 이를 중 SPRINTER는 약 500개의 방정식으로 구성되어 있어 지나칠 정도로 복잡하다는 단점을 가지고 있다.

SECTION 05 / 요약정리

제품이 고급화되고 기업들간의 경쟁이 점점 더 치열해지면 질수록 시장에서의 신제품의 실패는 기업에게 치명타를 입히게 된다. 따라서 좀더 정확한 시장수요예측 모형에 근거한 마케팅 계획의 수립이 절대적으로 필요하다. 또한 예비시장 분석 도구의 하나인 ASSESSOR 같은 시스템은 기업에게 소비자들로부터의 신제품에 대한 반응을 수집하여 제품 또는 기타 마케팅믹스를 개선할 수 있도록 해주므로 시장에서의 실패율을 최소한으로 줄여줄 수 있을 것이다.

이 장에서는 여러 가지 시험마케팅 모형들을 소개하였다. 그러나 무엇보다 중요한 일은 과학적 마케팅 기법 도입을 통해 종래의 주먹구구식의 방법에서 과감히 탈피하여 과학적 방법에 근거한 시장 테스트 과정을 제도화 시키는 것이 신제품의 전국 시판에 따르는 위험을 최소화하는 것이 현명한 방법일 것이다.

참·고·문·헌

Assmus, G. (1975). NEWPROD: The design and implementation of a new product model. *Journal of Marketing*, 39(1), 16-23.

Blattberg, R., and Golanty, J. (2010). Tracker: An early test market forecasting and diagnostic model for new product planning. In *Perspectives On Promotion And Database Marketing*: The Collected Works of Robert C Blattberg (pp. 177-187).

Cameron, T. A., and James, M. D. (1987). Estimating willingness to pay from survey data: an alternative pre-test-market evaluation procedure. *Journal of Marketing Research*, 24(4), 389-395.

Claycamp, H. J., and Liddy, L. E. (1969). Prediction of new product performance: An analytical approach. *Journal of Marketing Research*, 6(4), 414-420.

Crawford, C. M., and Benedetto, C. A. (2003). *New Product Management*, 7th Ed., NY: McGraw-Hill.

Eskin, G. J. (1973). Dynamic forecasts of new product demand using a depth of repeat model. *Journal of Marketing Research*, 10(2), 115-129.

Fan, T., Golder, P. N., and Lehmann, D. R. (2017). Innovation and New Products Research: A State-of-the-Art Review, Models for Managerial Decision Making, and Future Research Directions. In *Handbook of Marketing Decision Models* (pp. 79-116): Springer.

Fourt, L. A., and Woodlock, J. W. (1960). Early prediction of market success for new grocery products. *Journal of Marketing*, 25(2), 31-38.

Guo, S., and Choi, S. C. (2016). Optimal free trial strategy of software in the digital environment. *International Journal of Business Environment*, 8(1), 43-64.

Harmeling, C. M., Moffett, J. W., Arnold, M. J., and Carlson, B. D. (2017). Toward a theory of customer engagement marketing. *Journal of the Academy of Marketing Science*, 45(3), 312-335.

Kalwani, M. U., and Silk, A. J. (1980). Structure of repeat buying for new packaged goods. *Journal of Marketing Research*, 17(3), 316-322.

Massy, W. F. (1969). Forecasting the demand for new convenience products. *Journal of Marketing Research*, 6(4), 405-412.

Nakanishi, M. (1973). Advertising and promotion effects on consumer response to new products. *Journal of Marketing Research*, 10(3), 242-249.

Narasimhan, C., and Sen, S. K. (1983). New product models for test market data. *Journal of Marketing*, 47(1), 11-24.

Parfitt, J. H., and Collins, B. J. K. (1968). Use of consumer panels for brand-share prediction. *Journal of Marketing Research*, 5(2), 131-145.

Pringle, L. G., Wilson, R. D., and Brody, E. I. (1982). NEWS: A decision-oriented model for new product analysis and forecasting. *Marketing science*, 1(1), 1-29.

Silk, A. J., and Urban, G. L. (1978). Pre-test-market evaluation of new packaged goods: A model and measurement methodology. *Journal of Marketing Research*, 15(2), 171-191.

Urban, G. L. (1970). Sprinter Mod III: A model for the analysis of new frequently purchased consumer products. *Operations Research*, 18(5), 805-854.

Urban, G. L., Katz, G. M., Hatch, T. E., and Silk, A. J. (1983). The ASSESSOR pre-test market evaluation system. *Interfaces*, 13(6), 38-59.

Wind, Y. and Learner, D. (1979). On the measurement of purchase data: Surveys versus purchase diaries. *Journal of Marketing Research*, 16(1), 39-47.

New Product
Design
&
Development

CHAPTER 14

제품 출시 관리 및 상업화

작지만 강한 유혹, 모바일 쇼핑도 진열의 법칙

오픈마켓 옥션의 모바일 쇼핑에서 제일 잘 팔리는 상품은 과일이다. 모바일 매출 톱 10을 살펴보면 국내산 과일, 수입산 과일, 간편조리식 등 식품이 3개, 티셔츠, 반팔티셔츠, 레깅스 등 의류가 3개를 차지하고 있다. 반면 PC에서는 커피믹스나 전구, 파일 등 문구용품이 잘 팔려 대조를 보인다. 모바일에서 잘 팔리는 제품들의 공통점은 바로 '사진발을 잘 받는 상품'이라는 것이다.

옥션의 관계자는 "모바일 화면이 PC 화면보다 좁기 때문에 1, 2초만 보고 구매결정을 할 수 있는 요소가 있어야 하는데 알록달록한 시각적 요소가 효과가 있을 것이라 판단했다"며 "색감이 좋은 과일이나 요리된 음식사진으로 식욕을 자극할 수 있는 간편조리식, 다양한 색상의 티셔츠가 모바일 쇼핑에서 특히 강세를 띠고 있다"고 분석했다.

모바일 쇼핑의 신장세가 두드러지면서 온라인몰들도 모바일에 적합한 진열의 법칙을 강화하고 나섰다. 모바일 화면은 작기 때문에 한정된 상품과 내용을 담을 수밖에 없다. 또 소비자들이 적극적으로 검색하기보다는 화면에 제시된 상품을 선택하는 경우가 많기 때문에 이용자의 눈길을 바로 끌 수 있는 시각적인 요소를 강조하고, 사용자의 성별 연령 등에 따라 다른 상품을 제시하는 큐레이션 기능도 강화하고 있다.

옥션은 그 동안 상품이 1,000만개에 달하기 때문에 검색을 통해 원하는 제품을 찾는 목적쇼핑을 유도하는 데 초점을 둬 왔지만 모바일 시장이 커지면서 영감구매(inspiration shopping) 요소를 강화하고 있다. 옥션에서 모바일 매출 비중은 2013년 초 5%에 불과했으나 2014년 30%까지 확대됐다. 옥션은 시각적 이미지를 강조하기 위해 모바일에서는 2014년 6월부터 상품 이미지 내 설명을 따로 달지 않고 사진만 잘 보이게 배치하고 상품마다 글씨 크기도 규격화 했다. 또 모바일 첫 화면 상단코너에는 특가상품, 추천상품, 베스트, 쿠폰 순으로 배치하고 한 페이지에 구매자수, 만족도, 상품평 개수를 담아 한 눈에 파악할 수 있도록 했다.

홈쇼핑인 GS샵의 모바일 쇼핑에서도 식품과 인테리어 소품이 상위권을 차지하며 패션의류가 대부분인 TV와 차이를 보였다. 가장 많이 팔린 상품은 스타킹과 덧신양말. 또 사과, 견과류 등의 식품도 잘 팔렸다. GS샵은 가격에 민감하고 즉흥 구매 현상을 나타내는 모바일 고객을 겨냥해 특가 상품을 주력으로 선보이는 것으로 진열방식을 바꿨다. 또 빅데이터를 활용해 개인별로 추천상품을 다르게 보여지도록 한 것도 특징이다. 같은 20대라 하더라도 여성고객의 경우 이들이 주로 찾는 패션, 이미용상품을 상단에 배치한다.

오픈마켓 11번가도 모바일 매출 비중이 30%에 달하는 데다 식품, 생활용품을 찾는 고객들이 늘면서 대형마트의 진열대를 연상하게 하는 바로마트라는 코너를 운영 중이다. 같은 상품이라도 입점업체에 따라 가격이 다른 웹과 달리 상품 종류별로 상품기획자(MD)가 최적의 상품을 선정해 제시하는 방식으로 1,300여개의 상품을 선보이고 있다.

출처: 한국일보, 2014. 9. 16.

옥션 웹과 모바일 상반기 판매순위

출처 : 한국일보.

시험마케팅까지 무사히 통과한 제품이라 할지라도 시장에서 반드시 성공하는 것은 아니다. 시장에 대한 시험마케팅을 성공적으로 마쳤을 경우 위험이 감소하기는 하지만 여전히 시장에서의 위험은 남아 있다. 더구나 신제품을 시판하는 데는 많은 비용이 든다는 사실과 신제품 개발의 궁극적인 목적이 시판에서의 성공이라는 점을 볼 때 제품 출시에 대한 관리가 체계적이고 계획적으로 이루어져야 한다.

따라서 제품을 개발하는 것도 중요하지만 적당한 시기와 장소를 결정하여 제품을 잘 출시하는 것도 매우 중요한 일이다.

이번 장에서는 제품 출시 및 상업화에 대한 내용을 다루도록 하겠다.

SECTION 01 제품 출시 전략수립

언제 제품을 출시할 것인지를 결정하는 것은 매우 중요한 일이다. 제품의 판매가 계절을 타는 것이라면 계절을 고려해야 하고, 제품이 회사의 다른 제품과 자기잠식의 위험이 있는 것이라면 다른 제품의 재고가 어느 정도 감소할 때까지 시판을 늦춰야 될지도 모른다. 만일 비슷한 제품을 개발하고 있는 경쟁자가 있으면 그들의 움직임도 잘 고려하여 자사제품의 시판시점을 정해야 한다.

또한 제품 출시 시점과 함께 고려해야 하는 것은 시판 지역이다. 모든 지역에서 시판을 시작하는 것은 위험할 경우에는 제품 출시를 단계적으로 실시해야 한다. 일단 하나의 시장에 제품을 출시한 후 성공하였을 경우, 다른 시장으로 확장시키고 필요할 경우 전체 시장으로 확산시켜 가는 것이다.

시판의 초기단계에서는 선택한 표적시장에 대해 마케팅 노력을 집중시켜야 한다. 이는 신제품도입 초기에 많은 판매실적을 올림으로써 마케팅실무진의 사기를 높이고 제품을 구매해 본 소비자들로 하여금 제품에 대해 호감을 갖게 하여 제품에 대한 좋은 평판을 퍼뜨리게 함으로써 제품의 확산을 촉진시킬 수 있다.

1.1 문제점 파악

신제품 출시를 준비하는 동안 소비자의 기호, 제품 가격, 경제 상황, 유통 채널 등 여러 가지 변수들이 변할 수도 혹은 그렇지 않을 수도 있다. 그러나 분명한 것은 자사의 신제품 출시에 맞춰 경쟁사는 대응책을 마련할 것이라는 점이다. 신제품 출시에 따른 경쟁사의 반응은 상당히 거셀 것이고 또한 다양하게 나타날 수 있다. 경쟁사의 반응은 자사의 신제품 출시에 있어 결코 무시할 수 없을 만큼 자사의 당초 계획과 목적에 차질을 줄 수 있으므로, 이러한 변화들은 반드시 모니터링 해야 하고 이에 적절한 대응을 할 수 있도록 사전에 진단해야 한다. 왜냐하면 주변 상황의 변화에 대한 소극적인 대응과 부적절한 대응은 곧 제품의 수익성과 직결될 수 있으며 신제품의 성공과 실패를 갈라놓을 수도 있기 때문이다. 그러므로 기업은 환경변화를 모니터링하면서 왜 그러한 변화가 발생했는지를 분석하고 변화에 대한 적절한 행동계획(Action plan)을 재빨리 도출(formulate)해내야 한다.

잠재적 문제점들을 파악하는 데는 세 가지 기법이 사용된다.

첫째, 마케팅 계획단계에 사용하는 상황분석(Situation analysis)이다. 예를 들어, 소비자단체에서 제품에 사용되는 원료에 대해 비판할 수 있으며 또는 구매자가 현재 판매되는 제품에 대한 높은 만족 수준을 보일지라도 해당 신제품을 구하기 어렵다는 불만을 제기할 수도 있다. 이러한 여러 가지 발생가능한 상황을 미리 고려하여 문제발생시 신속한 대응책을 마련해야 한다.

셋째, 신제품 관련 파일에서 축적된 모든 데이터들을 조사하는 방법이 있다. 기존에 신제품과 관련된 자료를 바탕으로 발생가능한 문제점들을 파악할 수 있다.

넷째, 기존 고객 또는 사용자를 대상으로 발생가능한 문제점을 미리 파악할 수 있다. 기존 고객은 제품 사용에 대한 많은 지식을 갖고 있으므로 개발자가 미처 생각하지 못한 사실을 발견할 수 있다.

1.2 상황에 따른 Contingency Plan 수립

문제점이 파악이 되면 여러 가지 상황이 예측가능하다. Contingency plan이란 문제점 파악에서 예측했던 문제점이 실제로 발생했을 경우 수행할 수 있도록 미리 만들어 놓은 계획들을 말한다. 각각의 계획들은 완전할 수는 없지만 최상의 Contingency plan은 즉각적인 대응 및 현실 적용이 가능해야 한다. 예를 들어, 신제품 출시 후 할인점의 매출이 경쟁사의 과도한 판촉 경쟁 때문에 오르지 않았을 경우, Contingency plan은 "모든 할인점의 구매 담당자들에게 전화로 신제품 판매 마진을 7%에서 10%로 올려주겠다라고 전달한다"와 같이 실행가능하고 현실 적용이 편리하게 구성되어야 한다.

또한 제품이 시장에서 이렇다 할 반응을 이끌어 내지 못하고 있는 경우, 마케팅 관리자는 제품 인지도를 높이기 위해 광고나 전화를 이용한 판촉활동 다양한 조치를 취할 수 있다. 소비자들이 신제품을 실제로 사용하려 하지 않는다면, 마케팅 관리자는 우편을 이용한 샘플 제공이나 샘플과 교환가능한 쿠폰 등을 발송하여 제품 사용을 유도할 수 있도록 계획을 미리 수립해 놓아야 한다.

1.3 출시 정보 시스템 구축

예상치 않은 변화에 대응하고 새로운 시장기회를 구별해 내기 위해서는 제품 출시 정보 시스템을 구축해야 한다. 시스템 구축을 통해서 소비자들의 인지, 시도, 재구매 더 나아가 구전이나 만족과 같은 소비자들의 반응에 대한 예상도 가능해지기 때문이다.

이러한 출시 정보 시스템은 실제 마케팅 노력에 대한 결과와 처음 예상했던 결과를 비교하여 새로운 계획을 수행하고 초기 예상과 달리 나타났을 경우 원인을 파악하여 수정할 수 있도록 한다. 이렇게 시스템적으로 실제 결과와 예상 결과를 비교하는 것을 'tracking'이라고 하며 이러한 tracking을 제품 출시를 시작함과 동시에 실시하기 시작하여 지속적으로 자료를 축적하고 시간이 경과함에 따라 변화하는 내용들을 업데이트하는 작업이 필요하다.

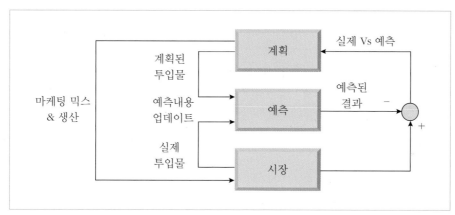

📄 그림 14-1
제품 출시 정보
시스템

출처: Urban, G. L., and Hauser, J. R. (1993). *Design and Marketing of New Products.* 2nd Ed., NJ: Prentice-Hall.

표 14-1
신제품 출시 관리
계획의 예제

잠재 문제점 파악	관련 정보(Tracking)	상황에 따른 계획
판매원이 예상된 목표치 만큼 시장에서 고객을 접촉하지 못할 경우	주간통화 내역 및 정보를 수집. 1주당 적어도 10통의 고객 접촉 전화가 요구	만일 3주간의 판매원 행동 내역이 그 미만일 경우, 일일 판매회의를 통해 재접촉 프로그램을 실행한다.
판매원이 목표 시장에서 제품 특성이 제품 사용에 있어 어떠한 역할을 하는지 정확히 이해하지 못할 경우	매일 판매 관리자가 전화를 함으로써 트래킹이 이루어짐 전체 판매 조직은 2개월간에 걸쳐 이루어짐	즉석에서 개개인의 판매 담당자에게 명확한 설명을 하되, 만일 처음 10통의 통화가 광범위한 문제들을 제시한다면, 특별회의를 열어 전체판매조직에게 제품 사용에 대한 내용을 반복적으로 전달한다.
잠재 고객이 해당 제품의 시험구매(trial pur-chase)를 하지을 경우	1주에 판매 프레젠테이션을 받은 이들에게 10통의 관리(follow-up)전화한 내역을 트래킹	처음 구매를 시도하는 고객에게 50% 할인 혜택 제공하고 있다고 전화를 통해 알려준다.
구매자가 시험구매는 했으나, 재구매로 이어지지 않을 경우	첫 주문을 했던 사람들까지 전화 서베이 통화 내역들을 트래킹 판매예측은 적어도 6개월 내에 10개 이상의 재주문하는 50%의 시험(trial)구매자를 근거로 함	만일 고객이 재구매를 하는다면, 제품 사용에 어떤 문제 발생 여부를 확인한다. 제품이 확실히 개선이 된 후, 현장 방문을 통해 문제를 찾아내고, 적절한 조치를 취한다.
경쟁자가 me-too 전략을 통해 비슷한 제품을 출시하려고 하는 경우	이 상황은 본질적으로 트래킹이 불가 유통업자와 소비자의 요구를 신속하게 파악해야 함	판매 활성화 계획을 원래 60일간 관측 기간에서 머물지고 지속적으로 실시한다.

출처: Crawford, C. M., and Benedetto, C. A. (2003). *New Product Management*. 7th Ed., NY: McGraw-Hill.

제품 출시 전략의 실행

성공적인 마케팅을 하기 위해서는 고객의 욕구를 충족시켜 주는 상품을 만들고 적정한 가격에 판매하는 것만으로는 충분치 않다. 좋은 상품이 있다는 것을 현재 또는 잠재 고객에게 알리고 구매하도록 유도하며 이를 위한 여러 가지 인센티브를 제공해야 한다.

한 기업에서는 탁월한 신제품을 개발하고 판매사원에게 영업실적을 향상시킬 것을 요구했다. 하지만 영업사원은 판매에 익숙한 기존 제품의 판매에 주력했지 신제품 판매에는 큰 노력을 기울이지 않았다. 이와 같이 신제품을 개발하는 것만으로는 상업화의 성공을 가져올 수 없다. 고객들이 신제품을 구입하도록 유도하는 마케팅의 노력도 중요하다.

특히, 고객에게 친밀하지 않은 신제품을 출시할 경우에는 지속적으로 신제품을 육성하는 마케팅지원이 수반되어야 하는데, 그러면 어떻게 고객들을 설득시켜서 우리 회사의 제품을 구입하게 할 것인가 하는 문제에 대해 이번 절에서 논하고자 한다.

2.1 커뮤니케이션 전략

커뮤니케이션에서 가장 먼저 선행되어야 하는 것은 소비자들에게 신제품에 대한 정보를 알려서 소비자들이 인식하도록 만드는 것이다. 소비자들이 그 제품을 인식했다면 인식을 항상 상기시킬 수 있도록 메시지에 대한 강화를 지속적으로 해줘야 하고 목표 고객들에 대해서는 신제품 구매를 유도할 수 있도록 더 많은 커뮤니케이션 활동이 이루어져야 한다.

메시지를 강화하고 신제품에 대한 고객들의 반응을 이끌어 내는 것은 제품에 대한 고객들의 인식이 먼저 선행되어야 하기 때문에 마케터는 신제품에 대한 고객들의 인식을 향상 시키는데 노력을 기울여야 한다.

[그림 14-2]에서 신제품에 대한 고객들의 반응을 살펴보면 기업의 마케팅 커뮤니케이션에 대해서 인식하고 있는 63% 고객 중에서 54%가 기업의 마케팅 노력에 대해 제대로 이해하고 있다. 이는 29%의 소비자가 커뮤니케이션에 대해 이해를 하지 못하고 반응을 나타내지 않은 것이라고 볼 수 있다.

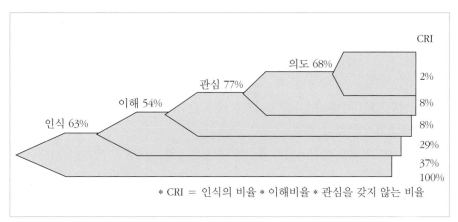

📄 그림 14-2
마케팅 커뮤니케이션의 효과

출처: Best, R. (2012). *Market-based Management*: Pearson.

신제품에 대한 마케팅 노력을 인식한 목표 고객 중에서 마케팅 컨텐츠를 이해하고 있는 77%의 고객이 제품에 대해서 흥미를 보이고, 최종적으로 신제품을 구매한 소비자는 16%를 나타내고 있다.

위에서 살펴본 바와 같이 소비자 제품을 인식하고 실제구매를 하기까지 많은 단계를 거치게 되는데 각 단계마다 적절한 마케팅 커뮤니케이션 노력이 선행되어야 높은 고객반응을 받을 수 있는 것이다. 그러면, 신제품에 대한 높은 고객반응을 어떻게 하면 효과적으로 이끌어 낼 수 있는지 각 단계별로 알아보도록 하겠다.

(1) 광고

1) 메시지 작성

시장에 출시된 신제품을 소비자들에게 효과적으로 광고하기 위해서는 목표로 하고 있는 소비자들의 소비행태에 대한 정확한 이해가 바탕이 되어야 한다. 어떠한 소비자 계층을 대상으로 하느냐에 따라 광고 메시지의 내용, 메시지를 전달하는 방법, 시기, 장소 등이 달라져야 하기 때문이다. 또한 목표시장의 소비자들의 현재 자사제품에 대해 어떠한 상태에 있는지 파악해서 구매단계까지 이를 수 있도록 하는 것이 궁극적인 광고의 목적이라고 볼 수 있다.

이러한 현재 소비자의 상태에 대해 파악하기 위한 방법으로 AIDA 모델이 이용되고 있다.

AIDA 모델에 따르면 소비자는 먼저 제품에 대하여 주의(attention)을 하게 되고, 그 제품에 관심(interest)을 갖게 되며, 나아가서 그 제품을 갖고 싶어하게 되고(desire), 마침내는 그 제품을 사게 되는 단계(action)에 이르게 된다는 것이다. 이 모델에 근거하여 마케팅 관리자는 먼저 소비자들이 자사가 출시하는 제품에 대해 주의를 가질 수 있도록 제품이 주는 편익을 소개하거나 감각적인 영상물들을 통해서 관심을 끌 수 있도록 해야 한다. 현대를 살아가는 소비자들은 광고를 스트레스라고 여길 정도로 수많은 광고에 노출되어 있다. 그러므로 자사가 출시한 제품에 대한 광고 메시지를 작성하는 데 있어서는 제품이 전달하고자 하는 주된 효익을 중점적으로 부각시키도록 해야 한다. 즉, 소비자가 우리 제품을 사야 하는지, 경쟁사와 비교하여 어떤 점이 차별적인지를 인식시킬 수 있는 중심 메시지를 작성하는 것이 무엇보다 중요하다고 할 수 있다.

메시지의 효과는 메시지의 내용뿐만 아니라 그것을 어떻게 전달하느냐에도 달려 있다. 특히 새로운 제품에 대해서는 소비자들의 주의와 흥미를 끌어낼 수 있도록 메시지를 전달해야 한다. 예를 들어 세제 광고시에는 일반 주부가 세제에 대한 긍정적인 사용 경험과 효용을 전달하게 하여 동일집단의 소비자들이 그러한 사람

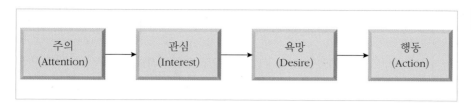

그림 14-3
AIDA 모델

의 말이라면 믿을 수 있다고 느끼게 한다던지, 의약품인 경우 전문가들의 증언을 하게 하는 방법을 이용하는 것이 효과적이라고 볼 수 있다. 또, 인기배우나 운동선수들을 광고에 출연시킴으로써 먼저 광고에 대해 호감을 느끼게 되고, 따라서 제품에 대해서도 관심을 가지게 될 가능성이 크게 된다.

2) 매체의 선정

메시지를 작성한 후에는 광고 메시지를 전달한 광고 매체를 선정해야 한다.

이 단계에서 마케팅 관리자는 첫째, 자사의 광고를 몇 명의 고객에게 얼마나 자주 어느 정도의 효과로 노출시킬 것인가, 둘째 어떤 유형의 매체를 통해 광고를 할 것인가 셋째, 어떤 특정한 매체에 광고를 줄 것인가 넷째, 언제 광고를 할 것인가 등을 결정해야 한다.

만일 노출효과가 더 좋은 매체를 통해 광고를 하기로 했다고 한다면 노출의 단가가 올라가므로 회사가 같은 예산으로 구입할 수 있는 노출의 숫자는 줄어들게 된다. 따라서 노출빈도를 그대로 하려고 하면 노출범위가 적어지고, 노출범위를 유지하려고 하면 노출빈도가 줄어들게 된다. 신제품을 시장에 내놓기 위해서는 가능하면 많은 사람들에게 제품의 존재를 알리는 것이 중요하므로 노출범위를 많이 하도록 해야 한다.

마케팅 관리자는 광고 매체를 고르는데 있어서 목표 고객들의 매체관습을 고려해야 한다. 예를 들어 시사문제에 관심이 많은 중산층이 표적집단이라면 '신동아'나 '월간조선' 같은 잡지들이 효과적일 것이고, 10대 청소년들이 목표 고객이라면 라디오나 텔레비전이 좋을 것이다. 그리고 메시지의 내용이 전문적인 내용을 많이 담아야 한다면 전문잡지를 이용하는 것이 효과적이고, 여성복 광고일 경우 화려한 색깔로 여성잡지에 내는 것이 효과적일 것이다.

광고를 어느 정도 지속적으로 내보낼 것인가 즉, 어느 달, 어느 주, 어느 요일에 광고를 한 것인가를 정하는 것도 계획적으로 이루어져야 한다. 제품의 판매가 계절을 타는 경우, 제품에 대한 수요가 많은 시기에 광고를 대폭 늘린다던가 신제품인 경우 새로운 광고 캠페인을 시작할 때 광고비를 집중적으로 투자하는 노력이 필요하다.

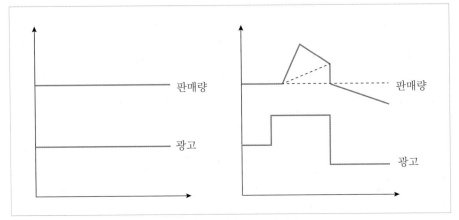

그림 14-4
파상형 광고와
지속형 광고의
비교

판매량

광고

판매량

광고

출처: 권익현 · 임병훈 · 안광호(2002). **마케팅 관리적 접근**, 경문사.

최근에는 많은 범주의 상품에 대해 주기적으로 광고비 지출을 줄였다 늘였다 하는, 즉 파상광고전략(pulse advertising)을 써야 한다는 주장이 많다. 이는 광고비를 늘리면 판매량이 급격히 증가하고 반대로 광고비를 줄이면 판매량이 천천히 줄어든다는 실험결과에 근거를 두고 있다.

예를 들어, [그림 14-4]에서 보듯이 왼쪽 그림은 기업이 매월 일정하게 1천만원씩 광고비를 투입하는 경우이다. 판매액은 매월 1억원에 이르고 있다. 오른쪽 그림은 파상전략을 썼을 때의 상황이다. 이 경우 출발시점에서의 판매상황은 같다고 가정하자. 다만, 두 달 동안의 광고예산 중 첫째 달에 1천 5백만원 둘째 달에 5백만원을 투입한 경우다. 그림의 빗금친 부분은 광고계산의 증감에 따라 증감된 판매량 중 서로 상쇄되는 부분이다. 그러나 점들로 표시된 부분은 광고비를 효과적으로 배분함으로써 얻게 되는 추가적인 판매량 증가를 나타내 준다. 이러한 효과는 많은 내구재 및 비내구재에 대한 실증분석에서 증명된 바 있지만 모든 상품에 적용되는 것은 아니다. 따라서 마케팅관리자는 우리 회사의 제품과 시장의 특성에 비추어 보아 광고목표를 가장 잘 달성할 수 있는 광고일정을 짜야 한다(권익현 · 임병훈 · 안광호, 2002).

(2) 판매촉진

신제품의 경우 사용경험이 없기 때문에 소비자들은 제품의 성능에 대한 불확실성으로 인한 위험을 느끼게 된다. 이러한 위험을 감소시키기 위하여 무료 견본을 사용하거나, 혹은 소형의 시용 제품을 써보거나, 혹은 쿠폰을 이용해 봄으로써 제품의 성능에 대한 불안감을 줄이고자 한다. 따라서 이러한 판매촉진 전략을 효율적으로 운영하기 위해서는 중간상 판촉과 소비자 판촉의 예산적정배분, 단기적 매출

표 14-2
식기세척제
DAWN의 판매
촉진 연간 계획표

1월	2월	3월	4월	5월	6월
우편쿠폰(20% 할인)과 중간상 물량비례할인(케이스당 1.90달러 할인)		할인포장(32 온스 짜리 27 센트 할인)		전단지쿠폰(20센트 할인)과 중간상 물량비례할인(케이스당 1.80달러 할인)	

7월	8월	9월	10월	11월	12월
전단지쿠폰(20센트 할인)과 중간상물량비례할인(케이스당1.80달러)		할인포장(32 온스 짜리 20 센트 할인)			전단지쿠폰(20센트 할인)과 중간상 물량비례할인(케이스당 1.80달러 할인)

출처: 유필화 · 김용준(1998). 현대마케팅론, 박영사.

증대와, 장기적 매출증대의 균형 등의 문제를 잘 다루어야 한다.

판매촉진에 있어서 밀기(push)전략 중간상 판촉으로 끌기(pull)는 소비자 판촉으로 불린다. 소비자 판촉은 중간상의 협조가 필요 없고 직접 소비자에게 혜택을 제공한다는 장점이 있는 반면, 대부분의 소비자 판촉의 경우 소매점의 가격할인에 비하여 반응이 약하고 단기매출증대의 효과가 떨어진다는 단점이 있다. 반면에 중간상 판촉은 일단 중간상이 제조업체로부터 받은 판촉비용을 모두 소비자를 위해 쓰면 매우 효율적으로 매출을 증대시킬 수 있는 장점이 있는 반면, 제조업체가 중간상의 행동에 대한 통제력이 없는 경우 중간상의 판촉비용을 자신의 이익극대화를 위하여 다른 용도로 사용할 가능성이 높은 것으로 나타나고 있다.

따라서 판매촉진 전략을 효율적으로 운영하기 위해서는 중간상 판촉과 소비자 판촉의 시너지효과를 끌어 내는 것이 관건이라고 할 수 있다.

Procter & Gamble에서 식기세척제 'DAWN'을 출시하였을 때의 연간 판촉계획을 [표 14-2]에서 살펴보자. 이 회사는 초기에 중간상 판촉인 물량비례보조금을 제공하여 중간상으로 하여금 DAWN의 재고를 갖추게 만들고 소비자 판촉인 견본과 쿠폰의 우편배포를 통하여 소비자의 DAWN 제품에 대한 초기수요를 유도하였으며 그 후 불량비례보조금, 쿠폰, 할인포장을 통하여 공급 측면과 수요 측면을 동시에 관리했다(유필화 · 김용준, 1998).

온라인 마케팅이 대세? 방문판매 무시 못한다

한국에서 기업 차원의 방문판매 방식을 도입해 운영한 건 1960년대부터다. 화장품회사 태평양(현 아모레퍼시픽)에서 방판 전용 브랜드인 아모레를 출시하며 방문판매 유통경로를 개척했다. 1985년 기준으로 전국 화장품 매출에서 방문판매가 차지하는 비중은 90%에 가까웠다. 1970년대엔 한국야쿠르트가 아줌마 판매원을 등장시키면서 건강음료 시장으로 방문판매 영역을 확장했다. 방문판매는 이후 어린이용 전집, 학습지 등으로 영역을 넓히면서 화려한 전성기를 맞이했다.

비록 1980년대 할인 판매점의 등장을 비롯해 다양한 유통채널의 등장으로 위축되는 듯 보였으나 여전히 현장에서 주요한 판매채널이다. 온라인 시대에도 방문판매의 위상은 줄어들기는커녕 최근 들어 오히려 커지고 기업들은 인원 채용을 확대할 조짐까지 보인다. 왜일까?

연간 3조 원 시장 … 전국 방문판매원 37만 명 규모

공정거래위원회에 따르면 국내 방문판매 시장규모(2016년 기준)는 약 3조 3,417억 원에 이른다. 2013년 만 하더라도 약 2조 원 수준에 불과했다. 방문 판매원수도 37만 2,000명에 달한다. 이처럼 침체될 것만 같았던 방문판매는 매년 상승세를 기록하고 있다.

방문판매가 커지는 이유는 무엇일까? 온라인 판매망이 확대될수록 역설적으로 이와 같은 흐름에서 소외된 고객들이 늘어나고 있기 때문이다. 화장품 업계 관계자는 "40대 등 비교적 젊은 고객층조차 온라인으로 쇼핑하는 것을 번거롭게 여기는 사람들이 많다. 온라인 채널이 커지고, 올리브영 등 복합쇼핑몰이 늘어나지만 대부분 20대를 타깃으로 하고 있어 이를 벗어난 연령대에서 접할 수 있는 유통채널 자체가 다양하지 않다"라고 말했다. 게다가 온라인 시장은 지나치게 많은 상품 때문에 오히려 결정하는 게 어렵게 느껴질 수 있다. 또한 화장품은 개개인마다 피부 고민이 다르기 때문에 상담을 통해서 물건을 사는 것을 선호하는 성향을 보이는 소비자들이 여전히 많다. 아날로그 마케팅이 비집고 들어갈 수 있는 여지가 큰 것이다. 온라인과 상품의 홍수 속에서 자신에게 적합한 물건을 골라주는 선별의 기능이 더 부각되는 현상이다. 여기에 판매사원이 가진 판촉물을 푸는 경우도 많기 때문에 오히려 가격 경쟁력 면에서도 백화점 등을 앞서는 경우도 많다.

2000년대 후반만 하더라도 30%에 달했던 화장품 방문판매 비중은 온라인 바람 탓에 최근 들어 10%대까지 떨어졌다. 그러나 방문판매 매출액은 오히려 더 늘어나는 추세다. 고가 브랜드 판매는 방문판매에서 오히려 더 선호도가 높기 때문이다. 브랜드에 대한 충성도는 높고 비교적 경제력을 갖춘 중장년층이 대상이라는 점 때문이다. 주요 업체들도 고가 브랜드에 속하는 설화수, 헤라, 오휘, 후 등의 판매량이 높아 방문판매 비중을 높이고 있다. 이유는 또 있다. 방문판매는 고가 브랜드를 통해 마진은 높이면서도 재고관리에 대한 부담은 적다.

최근 화장품 방문판매는 영업 담당자가 고객을 만나서 소통하면서 고객 개개인의 피부 타입에 다른 제품과 관리방법 등 맞춤형 서비스를 제공하고 있다. 방문판매사원도 이와 같은 전문지식을 학습하고 현장에 나온다. LG생활건강 등 방문판매사업 매출 비중이 높은 회사들은 자사 방문판매사원에게 화술은 물론이고 피부관리법 등의 직무교육을 제공하고 있다. 최근엔 부모 세대를 넘어 젊은 층에게도 미용 상식과 화장법 등을

고객에게 피부상태 측정기 등을 통해 전문적 관리를 해주는 방식으로 화장과 관련된 실습교육을 받고 있는
진화하고 있는 방문판매   아모레퍼시픽 방문판매 직원들
출처: LG생활건강.   출처: 아모레퍼시픽.

알려주며 친밀감을 쌓으려는 전략도 펴고 있다. 코웨이는 최근 20대로 구성된 방문판매 영업조직을 만들면서 심폐소생술 교육까지 진행했다. 고객이 위험할 때 도와줄 수 있는 사원으로 신뢰를 쌓기 위해서이다. 소비자의 건강까지 생각하는 마음을 교육을 통해서 심어주고 있는 셈이다.

유리한 확장성 … 야쿠르트는 간편식 시장으로, 정수기에서 의류관리로

탄탄한 방문판매 조직을 갖춘 기업은 사업품목 확대가 용이하다. 소비자와 쌓은 유대감과 신뢰 덕분에 다른 제품을 추천할 때에도 소비자가 이를 쉽게 받아들이기 때문이다. 사업 품목을 확장할 때마다 새로운 시장 전략을 짜야 하는 다른 기업과는 차별화된 강점이다.

정수기 사업이 주력인 코웨이는 최근 의류관리기(스타일러) 렌털 시장으로 사업영역을 확장했다. 700만 명에 가까운 렌털 계정을 가진 코웨이는 이를 바탕으로 다양한 가전사업까지 진출할 발판을 마련했다. 코웨이는 정수기와 가전에 이어 화장품 시장으로 영역을 확장하고 있다.

한국야쿠르트는 방문판매 사원을 통해 성공적으로 사업영역을 확장한 사례로 꼽힌다. 주력사업으로 꼽혔던 발효유 시장이 정체된 가운데 가정간편식과 밀키트 사업으로 확장했다. 야쿠르트 아줌마로 대표되는 1만 3,000명의 방문판매 채널 덕분에 신선식품을 빠르게 전달하고 이렇게 쌓은 기업 이미지를 최대한 활용하고 있다. 최고 히트상품은 출시 반 년만에 1,300만 개를 판매한 '콜드브루 by 바빈스키'. 유통기간이 짧은 제품의 경우 그날그날 물건을 받아 바로 판매하는 방판 채널의 강점을 극대화하고 있다.

방문판매 확대는 온라인 시대에 역행하는 현상임에 틀림없다. 방문판매 채널의 특성상 관리의 어려움이 큰 탓에 기업 입장에서 꺼릴 것으로 여겨지는 시장이기도 하다. 상당수 방문판매 업체들은 본사 차원에서 매출 압박과 재고 떠밀기 행위 등으로 사회적 문제가 된 바 있다. 언제든지 사회 문제가 불거질 경우 시장의 반응도 싸늘해질 가능성은 존재한다.

그럼에도 기업 입장에서 느끼는 오프라인 장점 또한 명확하다. 온라인 시대에도 한동안 방문판매의 영향력은 줄어들지 않을 것으로 보인다.

출처: 네이버 블로그 인터비즈, 2018. 6. 22.

(3) 인적 판매

신제품 출시에 있어서 판매원의 역할은 매우 중요하다. 많은 경우 생소한 제품에 대해서 판매원의 권유를 통해서 제품을 접하게 되기 때문이다. 따라서 판매원들에게 새로운 제품에 대해 긍정적인 이미지를 형성하게 할 수 있도록 왜 판매원들이 새로운 제품을 구입하고자 하는지에 대해서 사전 조사를 하고 제품구입의 목표를 효과적으로 달성할 수 있는 제품과 그 제품에 대한 교육기회를 제공해야 한다.

1) 인적 판매과정

인적 판매의 과정은 크게 준비단계, 설득단계, 고객관리단계의 3단계로 구성된다. 각각의 세부 단계는 [그림 14-5]와 같은데, 이를 아래에서 자세히 살펴보기로 한다.

① 고객예측(Prospecting)

인적 판매는 잠재 고객을 탐색하는 데서 시작한다. 잠재 고객에 대한 정보는 관련업체 명부, 판매기록, 소개명부, 전화번호부, 마케팅 정보 시스템 등을 통해 찾을 수 있다.

욕구 존재 여부 및 지불 능력 여부에 따라 잠재 고객 목록이 작성되면 이들의 시장잠재력을 평가한다. 또한 선별된 잠재 구매자의 우선 순위를 결정하도록 한다.

② 사전준비(Preparing)

판매원이 잠재 고객에게 제품에 대한 정보 제공에 필요한 자료를 수집하는 단계를 말한다. 잠재 고객의 제품에 대한 기호, 욕구, 선호 브랜드 등에 관한 정보를 수집해 이를 근거로 잠재 고객과 효율적으로 커뮤니케이션 할 수 있다.

③ 접근(Approaching)

접근은 자사의 제품을 소개하기 위해 잠재 고객과 만나는 과정을 이르는데,

그림 14-5
인적 판매과정

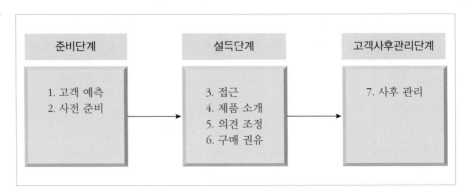

이는 고객의 구매의도 형성에 중요한 역할을 한다. 이 때 판매원의 첫인상이 고객의 제품 태도에 큰 영향을 미치며 오랜 기간 동안 지속된다. 그러므로 판매원은 고객과 처음으로 대면할 때, 제품 구매를 유도하기보다는 지속적인 관계 형성에 노력을 기울여야 한다.

④ 제품소개(Presenting)

제품소개는 자사 제품이나 서비스의 특징과 장점 등의 여러 정보를 잠재고객에게 전달하는 과정을 말한다. 제품을 소개하는 동안 판매원은 잠재 고객으로 하여금 제품에 대한 호감과 매력을 느끼도록 구매욕구를 자극해야 한다. 이 과정에서 판매원은 고객의 의견과 궁금증 등을 경청함으로써 잠재 고객의 정확한 욕구를 파악하는 것이 매우 중요하다.

⑤ 의견조정(Handling questions & Objections)

제품을 소개하고 구매를 유도하는 과정에서 소비자들은 구매에 대해 부정적인 태도를 보일 수도 있다. 이 때 판매원은 고객이 구매를 망설이는 이유를 찾아내어 이를 해소시킬 수 있는 객관적인 근거를 제공해야 한다. 의견조정 단계에서 고객이 제품에 대해 질문할 때, 성의 있는 답변과 타 경쟁제품에 비해 자사제품의 경쟁 우위적 특성 및 장점을 어필함으로써 자사제품에 대한 부정적인 태도 및 구매 거부가능성을 사전에 막을 수 있다.

⑥ 구매 권유(Closing)

구매 권유는 위 과정을 모두 거친 뒤 최종적으로 잠재 고객에게 제품 구매의사를 물어보는 단계이다. 이 때 고객은 곧장 구매의사를 보일 수도 있고 그렇지 않을 수도 있다.

망설이는 고객에 대해서는 이에 대한 원인 파악, 대처 방법, 대안 제시를 통해 제품 구매를 유도할 수 있어야 한다. 그러나 지나친 강압적인 구매 설득은 소비자로 하여금 제품에 대한 부정적인 태도를 형성할 수 있으므로 세심한 주의가 필요하다.

⑦ 사후관리(Following-up)

판매를 했다고 해서 판매과정이 종료되는 것은 아니다. 판매원은 판매 계약 후 상품의 배송과 설치가 제대로 됐는지 확인하고, 제품 사용 전 제품 사용 교육이 필요한 경우에는 이를 적절히 도와야 한다. 이후 지속적인 관계 유지를 통해 사용과정에서 발생하는 문제점들을 해결해 주는 등 고객에게 지속적인 관심을 보이도록 한다. 이는 고객에게 상표와 해당 기업에 대한 충성도(Loyalty)를 높임으로써 향후 재구매로 연결이 될 수 있다.

신제품과 브랜드 관리

미국의 소비자는 하루에 평균 약 1,500개의 각종 브랜드에 노출된다고 한다. 우리나라의 소비자도 이 정도까지는 안되더라고 매우 많은 숫자의 브랜드에 매일 노출되고 있음이 틀림없다. 먼저 상표에 대한 개념을 알아보고 왜 이토록 많은 상표가 우리 주변에 널려 있는지 알아보기로 한다.

브랜드란 특정 기업의 제품이나 서비스를 소비자에게 식별시키고 경쟁자들의 것과 차별화하기 위하여 사용되는 독특한 이름과 상징물(로고, 디자인 등)의 결합체를 의미한다. 중세유럽의 상인조합은 고객들에게 제품 품질을 확신시키고 생산자들을 법적으로 보호하기 위해 상표를 사용하기 시작했다.

우리나라에서 브랜드의 중요성이 인식되기 시작한 것을 1980년대 이후부터라고 할 수 있는데 이는 1970년대까지만 해도 기업의 시장 경쟁력의 주요 요인이 제품간의 기술격차였으나 그 이후로는 대부분의 경쟁사들이 유사한 제품을 생산할 수 있는 능력을 갖추게 되었기 때문이다. 이러한 시장상황하에서 강력한 브랜드의 구축은 경쟁사들이 쉽게 모방할 수 없는 유일한 마케팅 수단이 된 것이다. 강력한 브랜드를 구축하기 위해서는 마케터는 단기간의 이익을 기대하기 어렵더라도 지속적인 마케팅 투자가 요구된다.

3.1 신제품 브랜딩

브랜드는 간결하면서도 경제적인 방식으로 제품의 중요한 내용을 알 수 있게 해주며 단 몇 초만에 인지되어 그 의미가 기억 속에 저장될 수도 있으므로 제품에 대한 커뮤니케이션에 있어서도 효과적인 방법이 될 수 있다.

강력한 브랜드를 가진 기업은 소비자와 기업 모두에게 여러 가지 이점을 제공하기 때문에 브랜드에 대한 신중한 결정이 요구된다. 신제품에 대한 브랜드를 결정하는 절차에는 여러 가지 방법이 있겠지만 대체적으로 다음과 같은 절차를 통해서 결정된다.

첫째, 브랜드의 의미를 정의한다. 브랜드를 결정하기 위해서는 가장 먼저, 기업이 추구하는 브랜딩의 목표가 무엇인지를 정확히 정의해야 한다. 브랜드가 지녀야 할 이상적 의미를 정의하는 것은 브랜드를 통한 브랜딩의 목표를 설정하는 것과도 같기 때문에 중요하다. 그리고 목표시장에 대해 뚜렷한 이해와 함께 전체 시장에서 해당 브랜드가 수행해야 할 역할을 제대로 이해하고 목표시장에 대한 자세한

그림 14-6
Interbrand社의
브랜드네이밍
과정

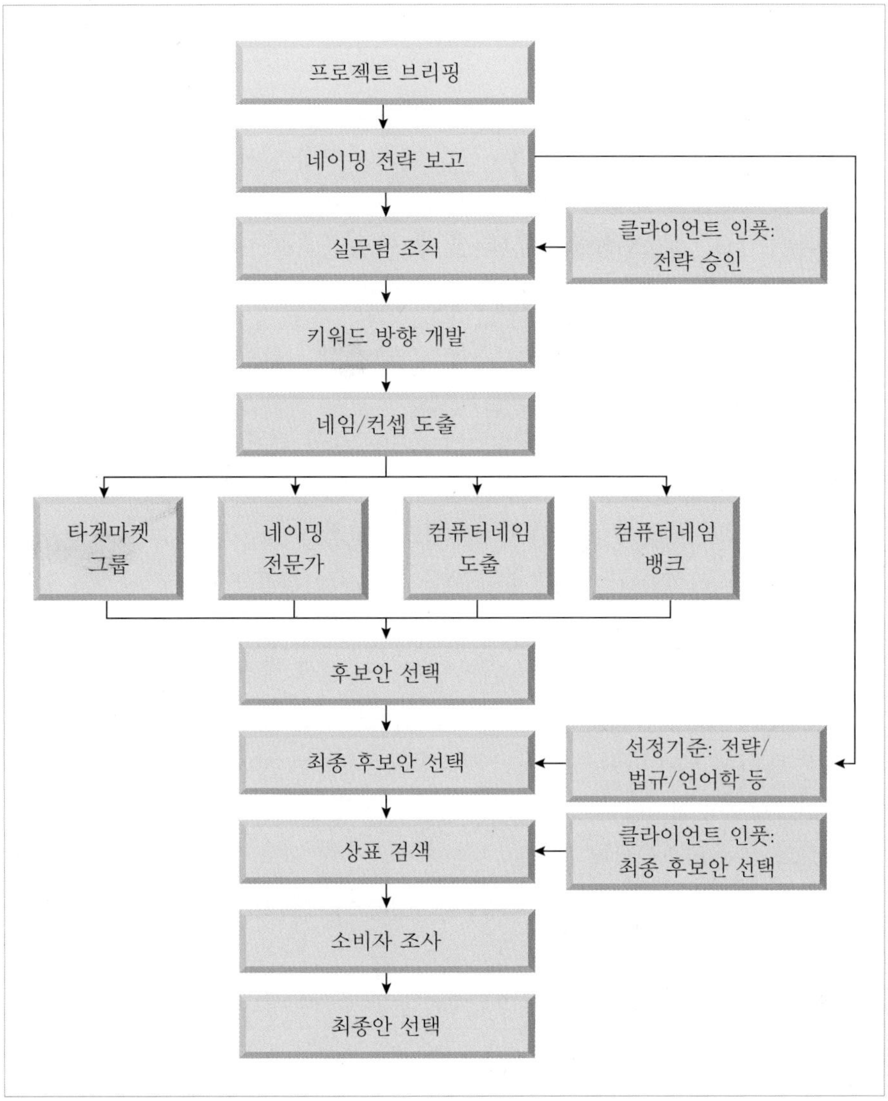

```
프로젝트 브리핑
    ↓
네이밍 전략 보고 ──────────────────┐
    ↓                              │
실무팀 조직 ←── 클라이언트 인풋:     │
    ↓          전략 승인            │
키워드 방향 개발                     │
    ↓                              │
네임/컨셉 도출                       │
    ↓                              │
┌────┬────┬────┬────┐              │
타겟마켓  네이밍   컴퓨터네임  컴퓨터네임 │
그룹     전문가   도출       뱅크      │
└────┴────┴────┴────┘              │
    ↓                              │
후보안 선택                          │
    ↓                              │
최종 후보안 선택 ←── 선정기준: 전략/ ←─┘
    ↓               법규/언어학 등
상표 검색 ←── 클라이언트 인풋:
    ↓          최종 후보안 선택
소비자 조사
    ↓
최종안 선택
```

출처: Keller, K. L. (2013). *Strategic Brand Management*. NJ: Pearson Education.

이해 또한 필요하다.

둘째, 브랜드를 도출한다. 해당 브랜드가 추구해야 할 목표를 설정했다면 그 목표를 달성할 수 있는 의미들을 포함하고 있는 브랜드를 가능한 많이 추출해야 한다. 회사명, 잠재 고객(소매, 도매상 포함) 전문, 유명인사 등 여러 분야의 다양한 자원들을 통해서 이상적인 의미를 담을 수 있는 브랜드를 도출한다.

셋째, 부적합한 브랜드를 제거한다. 브랜드들 중에서 브랜딩의 목표, 마케팅 전략들을 기준으로 브랜드로 부적합 한 것들을 제거해 낸다. 중복적인 의미를 가진 브랜드, 발음하기가 어려운 어렵거나 이미 사용중인 브랜드, 목표시장에 대해 모호한 의미를 가지고 있는 브랜드 등은 고려 대상에서 제외시켜야 한다.

넷째, 적당한 브랜드를 추출한다. 마케터는 소비자 조사를 통해 기억하기 쉽고 함축적인 의미를 담고 있는 브랜드가 어떤 것인지를 확인한다. 소비자들에게 제품과 패키지, 가격 혹은 프로모션 자료를 보여주고 소비자들이 제품에 대한 이해도를 높이게 하고 해당 제품의 이미지와 부합하는 브랜드가 어떠한 것인지를 추출해 낼 수 있도록 해야 한다. 다양한 소비자 목표시장과 다양한 소비자 표본을 통한 조사를 수행함으로써 한 집단에 치중되지 않고 여러 소비자 계층의 반응을 살펴보도록 한다.

마지막으로 최종 브랜드를 결정한다. 소비자조사 결과를 바탕으로 경영자는 마케팅 목표를 극대화 시킬 수 있는 브랜드를 결정한다. 좋은 브랜드는 기억하기 쉽고, 차별적이며 개성 있고 독특해야 하며, 쉽게 소리낼 수 있어야 한다. 짧은 이름은 기억 속에서 저장되는 것이 쉽기 때문에 상기를 용이하게 하는 측면이 있다. 쉽게 발음할 수 없는 브랜드에 대해 소비자들은 잘못 발음하는 곤혹스러움을 겪기보다는 아예 발음하는 것을 피하게 되어 구매고려 대상 제품에서 제외시키게 되는 결과는 낳는다. 또한 경쟁사의 브랜드와 선명하게 구별되는 독특한 이름이어야 한다. 예를 들어 풀무원이라는 브랜드는 생산되는 제품이 자연식품들이라는 사실을 암시하며, 경쟁이 치열한 식품업계에서 경쟁자와 쉽게 차별화 될 수 있다는 이점이 있다. 그리고 가능하면 법의 보호를 받을 수 있는 이름이어야 하고 물먹는 하마는 습기제거제, 한스푼은 농축세제제품임 알 수 있듯이 제품이 제공해 주는 편익을 암시할 수 있어야 한다.

3.2 장수브랜드 만들기

신제품 개발자는 신제품 출시 후 신제품이 장수 브랜드가 되기를 바란다. 코카콜라, 맥스웰 하우스 등과 같은 1백 년 전에 출시된 제품은 지금껏 많은 소비자에게 사랑을 받고 있다. 그러나 국내의 경우 외국에 비해 신제품이 출시 후 1~2년 후에 사라지는 경우가 많다. 특히 과자류, 빙과류, 음료 등과 같은 식음료와 의류, 화장품 등 패션류의 경우 거의 매일 새로운 신제품들이 쏟아져 나오는 듯하다. 그러나 자고 나면 어제의 신제품은 온데 간데 없고 그 자리에는 또 다시 새로운 신제품이 자리잡고 있는 모습은 우리도 모르는 사이에 일상이 되어버렸다.

그러나 국내의 많은 기업들이 매출이 아닌 수익이 경영활동에 매우 중요하다는 요소라는 것을 인식하면서 수익성을 높이기 위해서는 강력한 브랜드를 장기적으로 보유하는 것이 중요하다는 것을 인식하게 되었다. 게다가 선진국의 경우 강력한 브랜드 가치를 가진 기업이 주가도 높다는 것이 알려지면서 브랜드 육성에 대한 필요성이 높아지고 있다.

또한, 장수 브랜드에 대한 뚜렷한 성과들이 부각되었기 때문이다. 해태제과의 맛동산, 오리온의 초코파이 등 수십 년 동안 판매되었던 브랜드들은 적은 마케팅 자원에도 불구하고 지속적으로 소비자들에게 사랑을 받고 있다. 특히 이러한 성과는 IMF 등의 불경기에 더욱 뚜렷하게 나타났었다. 이에 따라 국내 기업들도 Coca cola와 같은 장수 브랜드를 만들기 위한 많은 노력을 하고 있다.

(1) 강력한 브랜드 아이덴티티의 가치

강력한 브랜드는 시장에서 타 브랜드와 비교하여 기능적 우위에 의해 형성되는 브랜드 아이덴티티에 의해 발생하게 된다. MSI(Marketing Science Institute)의 정의에 따르면 브랜드 자산은 "소비자, 유통경로 참가자, 그리고 기업의 입장에서 무상표 제품보다 더 높은 매출액과 마진을 보장하며, 경쟁자에 비해 강하고 지속적이며 차별화된 우위를 제공해 주는 집합체"라고 정의하고 있다. Keller(2013)는 고객 기반의 브랜드 자산을 "브랜드에 관련된 마케팅 활동에 대해 소비자가 반응하는 브랜드 지식의 차별적 효과"로 정의하였다. 이는 브랜드 효과를 브랜드 아이덴티티와 같은 브랜드 강도에 의해 형성되는 차별적인 효과로 보고 있으며 강력한 브랜드의 원천은 브랜드 아이덴티티와 같은 브랜드 강도에 의해 형성된다는 것이다. 또한 François and MacLachlan(1995)은 소비자 측면에서의 브랜드 자산은 유형의 제품 속성으로 설명되지 않는 효용 또는 가치를 나타내며 브랜드 충성도의 원천이라고 하였다. 브랜드 아이덴티티의 형성을 통해 브랜드 파워가 구축이 되고 이는 브랜드 충성도에 영향을 미치게 되어 소비자들로 하여금 재구매를 유도하여 장수 브랜드로 성장하는 것이다.

1) Keller의 고객 기반 브랜드 자산 모형

Keller의 고객 기반 브랜드 자산(CBBE: customer-based brand equity) 모형에서 브랜드 자산 구축을 위해서는 브랜드 아이덴티티의 구축 → 브랜드 의미형성 → 브랜드 응답유도 → 브랜드 관계형성 4단계를 거치게 된다고 설명하고 있다. 브랜드 아이덴티티의 형성은 브랜드-고객간의 관계가 형성되기 위한 필요 조건인 셈이다.

강력한 브랜드 아이덴티티를 갖고 있는 브랜드일수록 브랜드 인지도에 있어서 그 폭과 넓이의 정도가 높아 고객이 다양한 상황에서 브랜드를 생각하게 되고 그 브랜드를 충분히 구매하게 된다. 브랜드 아이덴티티는 브랜드 자산 구축 및 고객과의 충성도 제고를 통해 장수 브랜드가 만들어지는 것이다. 또한 CBBE 모형에서 브랜드 파워는 브랜드에 대해 고객이 배우고, 느끼고 보고 들은 오랜 시간 동안의 경험에 바탕을 두고 있다고 설명하고 있다. 마케팅 담당자들은 강력한 브랜드를 구축하기 위해서는 제품과 서비스 그리고 마케팅 프로그램들을 통해 고객이 적절한 경험을 가지도록 하여 바람직한 생각, 느낌, 이미지, 믿음, 인지, 의견 등이 브랜드와 연관되도록 해야 된다. 이를 통하여 강력한 브랜드 아이덴티티를 형성하고 지속적인 마케팅 활동을 통해 장수 브랜드가 될 수 있도록 해야 한다.

2) Aaker 브랜드 아이덴티티 모형

Aaker는 브랜드 아이덴티티를 브랜드 전략가가 창출하거나 유지해야 하는 브랜드 연상의 독특한 단위(set)로 설명하고 있다. 이러한 연상들은 브랜드가 무엇을 의미하는지(stands for) 그리고 기업이 고객에게 어떠한 약속을 제시하는지를 표현(represent)한다.

브랜드 아이덴티티 구조는 핵심 아이덴티티(core identity)와 확장 아이덴티티(extended identity)이다.

핵심 아이덴티티는 새로운 시장과 제품에 대해서도 지속적으로 유지되는 요소를 말한다. 핵심 아이덴티티는 브랜드의 의미달성과 성공여부의 중심에 놓여 있으며 이는 새로운 시장과 제품에도 지속적으로 이어질 수 있는 브랜드의 연상이라고 할 수 있다. 핵심 아이덴티티는 브랜드에 독특함과 가치를 창출하는 요소를 포함해야 하며 그럼으로써 신뢰도를 위한 브랜드 기반이 되는 가치제안에 기여한다.

확장 아이덴티티는 브랜드 아이덴티티 요소, 조직화된 의미단위를 포함하며 이것은 표현의 구성 요소(texture)와 완성된 형태(completeness)를 제공한다. 또한 브랜드가 무엇을 나타내는지(What the brand stands for)에 대한 구체적인 그림과 자세한 지침을 마련해 준다. 여기에는 가시적인 연상(visible association)으로 나타날 수 있는 브랜드 마케팅 프로그램의 중요한 요소가 포함된다. 확장 아이덴티티가 크다는 것은 더욱 기억하기 쉽고, 흥미로우며 고객의 삶과 연결(connect)되기 쉬운 강력한 브랜드의 조건을 의미한다.

Aaker는 핵심 아이덴티티와 확장 아이덴티티를 브랜드 에센스라고 명명하였는데 이는 브랜드 형성에 있어 핵심역량의 역할을 한다. 핵심적인 역량을 소비자에게 전달할 때에는 여러 가지 가치를 함께 제안해야 하는데 기능적, 정서적, 자기표현적 편익을 포함하는 가치제안을 통해 브랜드와 고객 간의 관계구축이 이뤄진다고 설명하고 있다.

표 14-3
Aaker의 브랜드 아이덴티티 구성 요소 및 예제

개념		정의	예제(나이키)
브랜드 에센스	핵심 아이덴티티	시장상황 또는 새로운 제품에 대해서도 지속적으로 유지되는 브랜드 요소	− 스포츠와 건강 − 기술 우위에 바탕을 둔 고성능 제품 − 운동을 통한 생활의 향상
	확장 아이덴티티	브랜드 아이덴티티의 요소 및 조직화된 의미로 형성된 다양한 구성요소	− 브랜드 퍼스널리티: 흥분, 자극, 활력, 냉정, 혁신적 등 − 서브 브랜드: 에어 조던 − 슬로건: Just Do It! − 최종 인물: 마이클 조던, 존 메켄로, A. 아가시 등
가치 제안	기능적 편익	제품 속성 또는 물리적 속성 등에 근거하는 기능적인 유용함	− 우수한 성능, 쾌적한 하이테크 슈즈
	정서적 편익	브랜드를 구매하거나 사용할 때 고객에게 전달되는 긍정적인 느낌	− 운동성능이 우수 열중, 활발, 건강
	자기표현적 편익	고객 자신의 브랜드에 대한 개념을 갖고 자아개념적으로 표현	− 유명한 운동선수와 결부된 강력한 퍼스널리티
고객관계		브랜드와 소비자 사이의 상호 작용 고객과 브랜드간의 일치된다고 느끼는 정도	− 성능이 좋은 슈즈, 스포츠웨어를 멋지게 만든다

출처: Aaker, D. A. (2012). *Building Strong Brands*. Simon and Schuster.

(2) 사례—태평양 '헤라'의 장수브랜드 만들기

'헤라' 브랜드의 핵심 아이덴티티는 최고급 품질의 제품, 美에 대한 추구 및 만족 등이 핵심 아이덴티티가 선택되었다. 핵심 아이덴티티는 소비자로 하여금 브랜드를 선택할 때 기본적인 제품의 성능 및 제품관련 연상과 밀접한 관계를 맺고 있다. '헤라'의 브랜드는 동급 브랜드 중에서 최고급의 품질을 유지하며 화장품을 사용하는 가장 기본적인 욕구인 美에 대한 만족 등을 핵심 아이덴티티로 삼았다.

또한 '헤라' 브랜드에 확장 아이덴티티를 입히기 위한 노력을 하였다. 주로 패키지, 사용자 이미지 등과 같이 간접적으로 영향을 미치고 있는 확장 아이덴티티는 성숙기 시장에서 제품 차별화를 위해 매우 중요한 요소이다. '헤라의 경우 패키지를 통한 차별화를 모색하였는데 패키지를 세련되면서 고급스러운 이미지를 나타내기 위해 보석상자와 같이 만들었다. 이는 기능적인 차별화뿐만 아니라 감성적인 디자인을 통해 경쟁제품과 차별화를 시도한 좋은 예일 것이다.

핵심 아이덴티티와 확장 아이덴티티의 구성이 끝난 후 이러한 아이덴티티를 제공할 수 있는 수단과 방법을 찾아야 한다. 앞서 설명한 바와 같이 가치를 제안하는 방법에는 크게 기능적 편익, 감성적 편익, 자기표현적 편익으로 나눠 설명할 수 있다.

첫째, 가치제안의 가장 가시적이고 일반적인 기초는 기능적 편익이다. 기능적 편익은 고객에게 기능적인 유용함을 제공하는 제품 속성을 근거로 한다. 특히, 기능적 편익은 고객의 의사결정과 사용경험에 직접적으로 연결되는 제품속성과 연관된다. '헤라'의 경우 기능적 편익으로는 우수한 사용감은 과학적 고품질, 한국인 피부개선에 우수한 제품 등과 같은 제품 속성의 우수함을 알리고자 하였다.

둘째, 특정 브랜드를 구매하거나 사용할 때 고객에게 전달되는 긍정적인 느낌이 있을 경우, 그것을 감성적 편익이라 한다. 감성적 편익은 브랜드 사용과 소유의 경험에 풍부함과 깊이를 추가해 준다. '헤라'는 고품격에 대한 만족감을 감성적 혜택으로 형성하였다. 고급스러우면서 사용하면서 느껴지는 고품격에 대한 만족감을 강조하고자 하였다.

📄 그림 14-7
'헤라'의 브랜드
아이덴티티

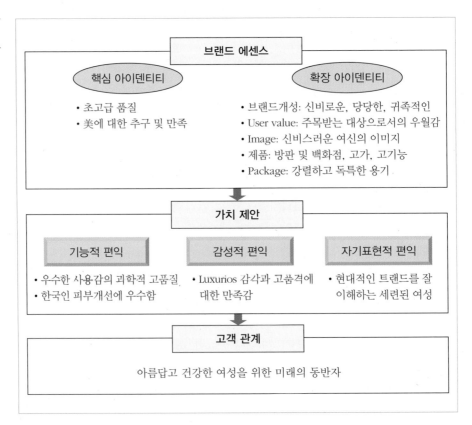

마지막으로 자기표현적 편익으로의 가치제안이다. 사람들은 각기 자신에 대한 개념을 가지고 그러한 자아개념의 표현을 필요로 한다. 브랜드의 사용과 구매는 이러한 자기표현 욕구를 채워줄 수 있는 하나의 방법이 될 수 있다. '헤라'는 자기표현적 편익으로 현대적인 트랜드를 잘 이해하는 세련된 여성이라는 자기표현을 통해 가치를 제안하였다. 즉, 제품을 사용하는 사용자 이미지가 세련된 현대 여성을 대변해 줌으로써 '헤라' 브랜드를 사용하는 사람들과 동일시 하려는 노력을 하였다.

여러 가지 가치를 제안하는데 그치는 것이 아니라 고객과 브랜드간의 관계가 형성이 되도록 계획을 세워야 한다. 많은 브랜드-고객 관계는 브랜드가 제품으로서보다는 기업으로서, 사람으로서 고려될 때 발생된다. 브랜드와 고객간의 관계는 가치 제안적인 측면으로 정확하게 개념화될 수 있는 긍정적인 느낌의 축적에 기반한다. 이러한 인간적인 측면으로 강조하여 '헤라'의 브랜드-고객 관계는 "아름답고 건강한 여성을 위한 미래의 동반자"라는 고객-브랜드 간 관계를 구축하도록 브랜드 전략을 수립하였다.

SECTION 04 / 요약정리

새로운 제품을 시장에 출시하기 위해서는 많은 마케팅 비용과 관리적 자원을 필요로 한다. 훌륭한 제품을 만들고 시장에서 테스트를 성공적으로 마쳤다 하더라고 목표로 하는 시장에서 원하는 만큼의 이익을 내는데 있어서는 항상 위험이 존재한다. 그러므로 마케팅과 제품의 적절히 조화를 이루어져야 하고 제품출시의 시점과 지역 등에 대한 상세한 계획이 필요하다.

예상하지 않았던 고객, 경쟁상태, 기술, 환경 등의 변화에 대한 위험이 항상 존재하고 있기 때문에 그러한 상황들에 대해 모니터하고 시스템적인 관리를 하는 것이 자사의 제품을 장수 브랜드로 이끌어 가는 중요한 요인으로 작용한다고 할 수 있다. 제품을 성공적으로 출시한 후에는 지속적이고 발전적인 마케팅 노력을 통해 소비자들의 기억 속에 성공한 브랜드로 기억될 수 있도록 하여야 할 것이다.

권익현 · 임병훈 · 안광호(2002). *마케팅 관리적 접근*. 경문사.

유필화 · 김용준(1998). 현대마케팅론. 박영사.

Aaker, D. A. (2012). *Building Strong Brands*. Simon and Schuster.

Best, R. (2012). Market-based Management: Pearson.

Christodoulides, G., Cadogan, J. W., and Veloutsou, C. (2015). Consumer-based brand equity measurement: lessons learned from an international study. *International Marketing Review*, 32(3/4), 307-328.

Crawford, C. M., and Benedetto, C. A. (2003). *New Product Management*. 7th Ed., NY: McGraw-Hill.

Datta, H., Ailawadi, K. L., and van Heerde, H. J. (2017). How well does consumer-based brand equity align with sales-based brand equity and marketing-mix response?. *Journal of Marketing*, 81(3), 1-20.

Fischer, M., and Himme, A. (2017). The financial brand value chain: How brand investments contribute to the financial health of firms. *International Journal of Research in Marketing*, 34(1), 137-153.

François, P., and MacLachlan, D. L. (1995). Ecological validation of alternative customer-based brand strength measures. *International Journal of Research in Marketing*, 12(4), 321-332.

Keller, K. L. (1993). Conceptualizing, measuring, and managing customer-based brand equity. *Journal of Marketing*, 57((1) 1-22.

Keller, K. L. (2013). *Strategic Brand Management*. NJ: Pearson Education.

Urban, G. L., and Hauser, J. R. (1993). *Design and Marketing of New Products*. 2nd Ed., NJ: Prentice-Hall.

국문 색인

영문 색인

delphi Method 260

descriptive research 101

direct Marketing 389

Discounted Cash Flow: DCF 251

discriminant score 221

dogs 253

E

economic Model 248

eigen value 223

electronic brainstorming 157

element replacement 58

error 102

euclidean Distance 196

expectation 97

exploratory research 101

exponential Smoothing 262

extended identity 422

extrapolation 262

F

factor analysis 221, 317

factor loading 224

factor score 221, 224

features 38, 162

FGI: Focus Group Interview 72, 100, 106, 261

field test 346

fractional factorial design 319

full factorial design 319

full−profile approach 322

function 38, 162

G

gang survey 110

gap analysis 162

GSS 157

H

hall Survey 110

heavy user 151

heterogeneity 190

hierarchical procedure 197

Home Usage Test 261

homogeneity 190

house of quality 298

H.U.T(Home Use Test) 358

I

ideal−point model 314

ideal vector 225

idea Screening 35

identifiability 189

imitation 136

indepth Interview 100, 105

K

K−mean clustering 199

L

leading indicators 263

life−cycle stage 183

likelihood function 270

LINMAP 329

logit 329

| 박흥수 |

박흥수 교수는 연세대학교 경영대학 교수로 재직하였으며 2015년 퇴직하여 현재 명예교수로 모교에 봉사하고 있다. University of Pittsburgh에서 마케팅 전공으로 경영학 박사(Ph.D.)를 취득했다. 그는 Management Science, Journal of Product Innovation Management, Psychology & Marketing, Journal of International Marketing, Journal of Business Research 등 해외 유명저널과 「마케팅연구」, 「소비자학연구」, 「경영학연구」, 「광고학연구」, 「유통연구」 등 국내 유명저널에 다수의 논문을 게재하였으며 한국경영학회에서 최우수 논문상을 수상한 바 있다. 주요 저서로는 「마케팅원론」(학현사), 「신상품마케팅」(박영사), 「크로스마케팅 경영전략 I, II」(라이트북닷컴), 「기업을 위한 신제품 개발」(중소기업진흥공단) 등이 있다. 그는 연세대학교에서 경영연구소장, 출판문화원장을 역임하였으며 한국소비자학회장과 한국경영학회장을 지냈다. 삼성, LG, 두산 등 유수기업의 마케팅자문활동을 수행했으며, SK주식회사와 삼성출판사의 사외이사를 역임했다.

| 하영원 |

하영원 교수는 University of Chicago에서 마케팅 전공으로 경영학 박사학위(Ph.D.)를 받았다. 미국 Rutgers University에서 조교수로 교직생활을 시작한 그는 1989년 귀국한 뒤 현재까지 서강대학교 경영대학 교수로 재직 중이며, 서강대학교 경영전문대학원장을 역임한 바 있다. 하 교수는 「마케팅연구」, 「소비자학연구」 편집위원장, 한국경영학회 부회장, 한국소비자학회 회장, 한국마케팅학회 회장을 역임하였고 Journal of Marketing Research, Journal of Consumer Research, Advances in Consumer Research 및 Psychological Science의 reviewer로도 활동하였다. 그는 또한 효성과 삼성카드의 사외이사 및 삼성카드 이사회 의장을 역임하였고, 현재 국내 유수기업의 자문위원으로도 활동하고 있다. 하영원 교수는 Journal of Consumer Research, Psychological Review, Journal of Experimental Psychology, Marketing Letters, Journal of International Marketing, Journal of Business Research 등 해외 유명저널과 「경영학연구」, 「마케팅연구」, 「소비자학연구」, 「광고학연구」, 「유통연구」 등의 국내 저명학술지에 다수의 논문을 게재하였으며, 한국경영학회, 한국소비자학회, 한국마케팅학회에서 수여하는 최우수 논문상을 다수 수상하였다. 이 밖에도 한국의 최고경영인상 특별상, 대한민국 경영대상 학술공헌상, 정진기언론문화상 등을 수상하기도 하였다. 주요 저서로는 「마케팅원론」(학현사), 「소비자행동」(집현재), 「마케팅전략」(박영사), 「의사결정의 심리학」(21세기 북스) 등이 있다.

| 우 정 |

우정 박사는 연세대학교에서 마케팅으로 경영학 박사학위(Ph.D.)를 취득하고, 현대차 그룹 글로벌마케팅연구소를 거쳐 현재 SK경영경제연구소 수석연구원으로 재직하고 있다. 그의 관심 분야는 신상품개발, 소비트렌드, 신사업개발, 자동차마케팅, ICT 미래전략 등이며 15여년 넘게 산업 현장에서 마케팅 Practice를 경험하고 있다. 그는 Journal of Business Ethics, Psychological Reports 등 SSCI급 해외 저널과 「소비자학연구」, 「유통연구」, 「한국마케팅저널」, 「마케팅관리연구」, 「Telecommunication Review」 등의 국내 유명저널에 다수의 논문을 발표한 바 있다. 주요 저서로는 「크로스마케팅: 이론과 실제」 (라이트북), 「누구나 알고 있는 미래 마케팅(번역서)」(무역경영사), 「고객최우선경영」(현대기아차)이 있다. 그는 한국경영학회, 한국소비자학회 이사를 역임한 바 있으며, 현재 SK그룹 사회적기업을 자문하는 프로보노 활동을 하고 있다.

| 강성호 |

강성호 교수는 연세대학교에서 마케팅 전공으로 경영학 박사학위(Ph.D.)를 취득하고 현재 조선대학교에서 부교수로 재직하고 있다. 그의 관심분야는 마케팅전략, 유통관리, 소매관리, 신제품 개발, Business-to-Business 마케팅 등이며, 이러한 관심분야에서 활발한 연구와 저술활동을 하고 있다. 그는 Journal of Business-to-Business Marketing, Cross Cultural Management, Managing Service Quality, Journal of Marketing Channels, International Journal of Mobile Communications, Corporate Social Responsibility and Environmental Management 등의 해외 유명저널과 「경영학연구」, 「소비자학연구」, 「유통연구」, 「한국마케팅저널」, 「마케팅관리연구」 등의 국내 유명 저널에 다수의 논문을 발표하였다. 주요 저서로는 「신제품 마케팅전략」(박영사), 「이제 빙그레 웃어요: 마케팅 CEO의 경영혁신」(연세대학교 출판부)이 있다. 그는 한국경영학회 이사, 한국전략마케팅학회 상임이사, 한국유통학회 상임이사, 조선대학교 지식경영연구원 사무국장을 역임했다.

제2판
신상품 마케팅

초판발행   2005년 3월 5일
제2판발행   2019년 2월 28일

지은이   박흥수·하영원·우정·강성호
펴낸이   안종만·안상준

편 집   배근하
기획/마케팅   이영조
표지디자인   김연서
제 작   우인도·고철민

펴낸곳   (주) **박영사**
            서울특별시 종로구 새문안로3길 36, 1601
            등록 1959. 3. 11. 제300-1959-1호(倫)

전 화   02)733-6771
f a x   02)736-4818
e-mail   pys@pybook.co.kr
homepage   www.pybook.co.kr
ISBN   979-11-303-0701-5   93320

정 가   30,000원